" Série. Prix : 50 centimes.

Histoire Socialiste
(1789=1900)

SOUS LA DIRECTION DE

JEAN JAURÈS

PAR

JEAN JAURÈS (Constituante et Législative), JULES GUESDE (Convention jusqu'au 9 thermidor), GABRIEL DEVILLE (du 9 thermidor au 18 brumaire), B. ROUSSE (du 18 brumaire à Iéna), TUROT (d'Iéna à la Restauration), VIVIANI (la Restauration), FOURNIÈRE et ROUANET (le règne de Louis-Philippe), MILLERAND (la République de 1848), ANDLER et HERR (le second Empire), JEAN JAURÈS (la guerre franco-allemande), DUBREUILH (la Commune), JOHN LABUSQUIÈRE (la 3ᵉ République 1871-1885), GÉRAULT-RICHARD (1885-1900), JEAN JAURÈS (Conclusion. — Le bilan social du XIXᵉ siècle).

—❦—

NOMBREUSES ILLUSTRATIONS

Jules ROUFF et Cⁱᵉ, éditeurs, Cloître Saint-Honoré, PARIS

Fin d'une série de documents
en couleur

HISTOIRE DE LA RESTAURATION

Par RENÉ VIVIANI

PREMIÈRE PARTIE

DE LA PREMIÈRE A LA SECONDE CAPITULATION DE PARIS

(Du 30 mars 1814 au 8 juillet 1815.)

CHAPITRE PREMIER

LA PREMIÈRE ABDICATION

La première capitulation de Paris. — Situation de la capitale. — La noblesse et la bourgeoisie. — Défilé des alliés. — Réunion chez Talleyrand. — M. de Vitrolles. — Le Sénat et la déchéance. — Napoléon à Fontainebleau. — Les maréchaux. — Défection de Marmont. — L'abdication. — L'île d'Elbe.

Le 1ᵉʳ janvier 1814, la coalition européenne avait jeté près d'un million de soldats sur la France. Le flot sombre des uniformes lointains avait mis près de trois mois à recouvrir le pays, depuis la frontière de l'est jusqu'à Paris. Les ennemis ne s'approchaient qu'avec une terreur mêlée de respect de cette capitale jusqu'alors inviolée, et qui semblait devoir tenir toujours en réserve quelque prodige. Mais le 30 mars, pour la première fois depuis bien des siècles, Paris aperçut la fumée d'un camp ennemi. Enserré par plus de deux cent mille hommes, il subit la mitraille continuelle. A l'intérieur de la ville, vingt mille hommes, débris d'armées épuisées et refoulées, résistaient encore, mêlés de polytechniciens, aussi d'hommes du peuple. Les chefs, Mortier, Moncey, Marmont, coupés de l'empereur depuis des jours, déshabitués, par la formidable initiative du conquérant, de toute énergie propre, se battaient en soldats, ne commandaient pas en généraux. Sous les pas de l'ennemi, peu à peu ils reculaient, ayant sous leurs ordres, quelquefois contradictoires, exactement l'effectif suffisant pour couvrir un cinquième de l'énorme enceinte qu'il eût fallu défendre. De la ville morne aucun enthousiasme ne jaillissait ; aucune peur non plus n'apparaissait. Sauf en ses quartiers populaires les plus exposés, Paris semblait absent de lui-même.

Pendant la fusillade, alors que les obus tombaient sur les quartiers qui constituent maintenant la Trinité, la population, sur les boulevards, échangeait à voix basse ses impressions.

Le matin du 30 mars, l'impératrice et le roi de Rome, sur la pression de Joseph et du conseil, en dépit de l'opposition calculée de Talleyrand, avaient quitté Paris. Leur carrosse, suivi d'innombrables voitures, avait amené hors de Paris, en Touraine, l'impératrice qui quittait sans une larme, sans un regret, un trône que la loi des diplomaties lui avait imposé. Le long convoi, le triste convoi de l'Empire, avait défilé sous le regard de quelques passants, et cette fuite d'une dynastie attestait l'inutilité de la défense. Joseph, il est vrai, restait, médiocre représentant de l'empereur, invisible et intolérable. Mais à qui n'avait pas su conserver Madrid et le trône d'Espagne, l'autorité manquait pour protéger Paris et le trône de Napoléon. Du reste, au mépris d'une promesse solennelle, lui aussi devait fuir... Cependant, il avait laissé à Marmont la latitude de capituler quand l'heure semblerait décisive.

Le duc de Raguse, dont la capacité militaire aurait répudié, si elle l'eût pu, la terrible tâche de défendre Paris, continuait le combat. Mais le cercle noir des uniformes enserrait de plus en plus la ville, l'étouffait, devenait son seul horizon. Rien que sous la pression physique de tant d'hommes, les combattants, peu à peu, reculaient. Les postes étaient intenables. Les barrières emportées et reprises, et emportées encore, ouvrirent au flot les rues de la ville. Maintenant on se battait de maison à maison, de porte à porte, et les fenêtres étaient des créneaux. Marmont, blessé, les habits en lambeaux, l'épée dans sa seule main valide, n'était plus que le chef dérisoire d'une armée fictive... Vers les quatre heures, il dépêcha vers l'ennemi des parlementaires. Si vive était la fusillade que le premier fut tué, les deux autres furent blessés. Labédoyère revint, ne pouvant se faire jour à travers la mitraille. Enfin, par la route où commandait le général Compan, et qui était plus protégée, un parlementaire se put montrer. Il parla, offrit une suspension d'armes. Le feu cessa vers les cinq heures du soir.

Etait-ce là tout l'effort que pouvait tenter Paris? N'avait-il pas des hommes et des munitions? N'aurait-il pas dû être organisé en vue d'un siège que la plus élémentaire prudence devait prévoir? Est-ce la trahison, est-ce l'inertie, est-ce l'anarchie, est-ce l'ignorance qui furent les complices de la défaite? Napoléon, en tous cas, était le premier coupable. Coupable de n'avoir pas prévu, dès le mois de janvier 1814, que la coalition tendait vers Paris; coupable de n'avoir pas armé la capitale; coupable de n'avoir pas compris que la reddition de Paris, ce n'était pas seulement une défaite militaire, mais une catastrophe dynastique.

Il a prétendu, il est vrai, avoir laissé des ordres, et le témoignage du général Dejean, son aide de camp, par lui dépêché à Joseph en fuite et qu'il rejoignit au bois de Boulogne, demeure décisif. Mais un chef tel que lui, habitué à tout prévoir et qui avait fait si souvent entrer la faiblesse humaine dans ses calculs, ne se contente pas de donner des ordres : il laisse des subordonnés capables de les comprendre et de les exécuter. Or, sur qui reposait, en ces journées décisives, la confiance de Napoléon? Sur son frère Joseph dont il avait mesuré la médiocrité en toutes matières et en toutes occasions; sur le ministre de la guerre Clarke, duc de Feltre, qu'une carrière exclusivement menée dans les bureaux prédisposait peu à des responsabilités soudaines. Puis, près d'eux Hullin, en qui le général n'avait pas effacé le simple soldat, Savary, absorbé par le contrôle minutieux et policier que comportait sa charge. Et c'est tout. Fallait-il s'étonner si ces médiocrités réunies n'avaient pu faire face au péril? Une seule explication peut être tentée : c'est que Napoléon espérait revenir à Paris. Mais cependant, s'il devait revenir, pourquoi avait-il donné des ordres inconciliables avec sa présence? Et, quand il a vu qu'il ne pouvait se rejeter dans Paris, pourquoi n'avoir pas chargé d'une mission de fermeté et de résistance un maréchal? Il y avait bien Mortier, il y avait bien Marmont. Mais ils étaient venus, sans le savoir, s'engouffrer dans Paris, les Prussiens derrière eux; et si, au lieu de se jeter dans ses murs, ils eussent bifurqué vers le centre ou vers la Loire, Paris n'avait pas un seul homme de guerre pour préparer sa défense.

La responsabilité générale de Napoléon est donc complète : c'est sur lui, à travers ses représentants médiocres et incapables, que pèse le poids de la capitulation qui se prépare. Il est vrai que, par certains détails, la responsabilité de Joseph et celle de Clarke sont mises en suffisant relief. Il n'était pas nécessaire d'être un homme de guerre accompli, il suffisait d'être un administrateur pour parer au péril. Il y avait dans Paris plus de soixante mille hommes, si l'on veut compter les gardes nationales, les officiers sans emploi et qui en réclamaient, les ouvriers anciens soldats, au nombre de vingt mille, et qui, rebutés dans leur requête, ne purent qu'errer, lamentables et inutiles, à travers une ville où, secrètement, tout ce qui était riche et possédait prenait parti pour l'ennemi. Tout cela manqua. Manquèrent aussi les canons. Il y en avait deux cents au parc de Grenelle : on en plaça six pour défendre Montmartre, six pièces de six auxquelles on apporta des boulets de huit! Le pain, le vin manquèrent : et plus de soixante mille rations de pain, vingt mille de vin étaient rentrées dans Paris après l'avoir quitté! On put nourrir les alliés, on ne put nourrir les vingt et un mille combattants du dernier jour, qui, cependant, résistèrent au delà de l'épuisement humain.

Mais qu'importe? Et même si Paris eût prolongé la résistance, même si l'empereur, tant attendu, eut pu se glisser parmi les défenseurs de la ville, même alors, le sort politique eût été semblable et semblable l'arrêt du destin. Il était trop tard pour l'empereur dont le génie militaire avait besoin, pour prendre son essor, de s'appuyer aux réalités vivantes qui, maintenant, faisaient défaut. C'était peu de chose que l'armée de Paris, presque un fantôme errant sur les remparts ébréchés. Et par-dessus tout manquait la grande âme à qui la défaite souffle un enthousiasme héroïque. Où était-elle, en ces tristes journées d'humiliation, la grande âme de Paris ? Où était le Paris des enrôlements volontaires, où étaient sa flamme, son courage et son orgueil? Où était la France? Napoléon, qui a dû poser la question, a dû entendre la réponse, et le million d'hommes que son geste de conquérant avait fauchés a dû défiler, en un éclair sinistre, devant sa mémoire...

Marmont avait donc signé la suspension des hostilités. Pour lui, la dualité effroyable des devoirs allait maintenant commencer. Chef militaire, il avait gagné des heures pour permettre à l'empereur, dont des émissaires annonçaient l'approche, de venir saisir d'une main souveraine les responsabilités dernières. Dans l'effroyable tourmente de fer et de feu qui menaçait de déraciner Paris, il avait arrêté une suspension d'armes. Mais la trêve était de courte durée et le canon devait, dès minuit, à nouveau retentir. Que faire ? Attendre? Mais l'heure courait, courait avec les contradictions ironiques du temps, courait pour lui, Marmont, avec une rapidité meurtrière, tandis que pour Napoléon, en carriole de poste sur la route de Paris, les lentes et mortelles minutes à peine se succédaient. Et puis, il subit le contact de la ville, la vue des habitants, entendit leurs plaintes. Il entendit les doléances adroites du commerce, de la finance, et les arguments ingénieux de la haute banque surent, par la bouche de MM. Laffitte et Perregaux, trouver le chemin de son cœur. Cependant, que faire? Qu'un chef militaire, submergé pour ainsi dire par le destin, signe une suspension d'hostilités, cela est possible. Qu'un chef militaire signe même une capitulation purement militaire, cela encore est dans son droit, opprimé par la force. Mais pouvait-on se faire illusion sur la portée politique de la capitulation de Paris? Ce n'était pas seulement la ville ouverte à l'ennemi, c'était le trône, c'était l'Empire qui étaient livrés... Cependant, l'heure courait : sur les hauteurs de Paris, la mort, la mort, encore la mort se dressait. Au bas, toutes les rumeurs tour à tour grondantes et adulatrices, la menace, la prière, le sentiment, l'intérêt, les hommes du monde, les hommes d'affaires, tout ce qui cherchait en la paix le repos, le plaisir, le luxe, tout fut pour Marmont une intolérable contrainte. Dans cette ville, tout ce qui possédait désirait secrètement la paix, et, puisque la paix dépendait du succès des armes ennemies, souhaitait l'abominable triomphe : l'armée épuisée, le peuple silencieux, la bourgeoisie et l'autocratie impériale ardemment attachées à la capitulation, tel était le spectacle qui s'offrait à Marmont.

« Je ne suis pas le chef du gouvernement, disait-il.

— Mais vous avez eu le pouvoir de signer un armistice qui protège les troupes, qui leur ouvre la route paisible de la Touraine; allez-vous partir et livrer la population à ce bombardement ?»

C'était là la logique. De plus, Marmont se trompait sur ses pouvoirs : il avait reçu de Joseph l'autorisation de capituler, et qu'était Joseph, sinon le représentant de l'empereur, dépositaire de ses ordres et de ses volontés ?

(D'après un dessin original de la Bibliothèque Nationale.)

Et Joseph avait, par la fuite de Marie-Louise, par la sienne, attesté deux fois que le gouvernement trouvait la ville intenable. Pourquoi des milliers d'êtres auraient-ils péri quand ceux qui avaient tiré d'eux honneurs et pouvoir tournaient le dos au péril? Tout se coalisait contre le duc de Raguse : il céda. Il choisit comme représentant dans les négociations le colonel Fabvier et la capitulation de Paris fut signée. Ainsi, par un destin singulier, c'était Marmont qui assistait à l'agonie sanglante de l'Empire : seize ans plus tard, toujours commandant en chef, il assistera à l'agonie sanglante de la Restauration. En seize ans, ses mains auront tenu et laissé choir deux couronnes.

La capitulation avait été signée à minuit. Le lendemain devait marquer le défilé à travers Paris des troupes alliées. La coalition allait enfin pouvoir chevaucher victorieuse dans les rues de cette capitale où tant de merveilles étaient accumulées. C'était la capitale de la Révolution, la capitale de l'Empire, la cité prodigieuse d'où tant d'éclairs avaient à l'Europe annoncé la foudre. Au devant des cinquante mille hommes admis à cette fête de la victoire marchait l'empereur Alexandre. Il était pâle et grave, sentant enfin qu'il tenait le rôle entrevu par un orgueil qui voulait se déguiser en bonté, maître de Paris, touchant au but, rendant à Napoléon la triomphale visite de Moscou qui avait vu les aigles victorieuses, comme Paris voyait maintenant les aigles vaincues. A sa droite, Schwartzemberg, le généralissime, représentant l'empereur d'Autriche, le père de Marie-Louise encore Impératrice des Français. A sa gauche, le roi de Prusse. Le cortège impérial s'arrêta à la porte Saint-Martin et de là le défilé commença. Il devait durer la journée entière et ne se terminer qu'à cinq heures du soir. Un ciel de printemps par sa clarté douce s'était fait le complice de cette fête de la force. Jamais, dans une journée plus lumineuse, une plus éclatante avalanche d'uniformes bariolés n'avait passé : jamais, sauf dans les autres capitales, en d'autres temps, quand l'ambition napoléonienne imposait aux vaincus la dure loi qui maintenant l'abaissait.

Une particularité, qui fut vite expliquée, causa, a-t-on dit, un malentendu politique, un peu trop grossier cependant. Tous les soldats de la coalition portaient un brassard blanc au bras droit.

Le bruit se répandit que c'était un symbole de paix auquel la population opposa le même symbole en arborant des mouchoirs blancs. On dit qu'Alexandre prit ces mouchoirs blancs pour des symboles royalistes et fut frappé de la sympathie subite dont étaient entourés les Bourbons. Cela paraît bien inadmissible, d'autant plus que la raison pour laquelle le brassard avait été placé fut divulguée : les troupes de la coalition s'étant un jour, dans la mêlée des uniformes, méconnues au point de se fusiller, le brassard leur devait servir de signe de reconnaissance.

Une foule immense, sans cesse accrue, couvrait les rues, si bien que les colonnes ennemies, presque étouffées, flottaient avant de retrouver leur route. La crainte des officiers, des officiers russes surtout, la crainte plus tard avouée par eux, fut très vive. Dans les quartiers populeux, aux environs de la Bastille, le peuple avait manifesté à la fois sa tristesse et sa fureur. Des cris de : *Vive l'Empereur* étaient partis, moins pour saluer à l'agonie une dynastie condamnée que pour condenser dans une acclamation sonore toute la colère et toute la protestation. Même un officier russe, saisi, désarçonné, blessé, n'avait été arraché des mains populaires que par la force. Mais, à mesure que le défilé s'avançait dans Paris, ceux qui le guidaient perdirent leur crainte. Dès qu'il eut pénétré dans les quartiers riches, sur les boulevards, à la fureur marquée dans les quartiers populaires succéda, sans même la transition du silence, l'accueil le plus chaleureux. Tous ceux qui possédaient, toute la richesse, toute la noblesse acclamaient la coalition victorieuse de la patrie. Une atmosphère d'adulation enveloppait les alliés. A la Madeleine, ce fut du délire, on criait : « Vivent les libérateurs ». Des cosaques libéraient la France! Mais on criait surtout : « Vivent les Bourbons ! » Une troupe de jeunes hommes, ardente, active, circulait, acclamait la royauté d'autrefois. Ce cri n'avait aucun écho. Peu d'hommes, sauf les vieillards, avaient entendu crier : « Vive le Roi. » Quant aux Bourbons, la splendeur impériale avait fait tort au pâle souvenir que l'on aurait pu garder de princes médiocres. On criait tout de même. Des balcons mondains, surchargés de femmes élégantes, descendaient des baisers. Quelques dames de l'aristocratie et de la bourgeoisie rompirent les rangs des soldats pour remercier plus tendrement « les libérateurs ». La comtesse de Dino, nièce de Talleyrand, monta en croupe sur le cheval d'un cosaque. D'autres rivalisaient de bassesse, et, tandis que les filles publiques elles-mêmes gardaient leur prostitution de cette souillure, les femmes du monde comblaient de leurs caresses les soldats meurtriers d'autres soldats — qui étaient couchés aux portes de Paris.

Quatorze mille alliés, en effet, six mille Français étaient morts, des blessés agonisaient sans soins ni remèdes, et la saturnale royaliste continuait. Les hommes ne furent pas inférieurs dans cette émulation des servitudes. Un Maubreuil attacha à la queue de son cheval la croix d'honneur. Un Sosthène de La Rochefoucauld voulut, en vain, faire tomber sur la place Vendôme la colonne. Bien entendu, il avait reçu de Napoléon un suprême bienfait : la restitution de ses biens confisqués par la Révolution, aux temps de l'émigration. L'empereur Alexandre, le grand-duc Constantin, le roi de Prusse cachaient à peine leur dégoût. L'un se rappelait que la jeunesse allemande s'était levée pour mourir en face de l'invasion. L'autre se rappelait que l'aristocratie russe avait fait de Moscou un désert avant d'en faire un brasier. Et leurs yeux étonnés mesuraient, en cette journée d'humiliation, la profondeur de la chute. C'était bien la chute, en effet. La souillure n'était pas dans la défaite qui suit la victoire, dans l'invasion d'une France vidée par le despotisme, dans la reddition de la capitale, ni certes dans le triomphe éphémère de l'ennemi. La souillure était là, dans l'accueil que la bourgeoisie enrichie par la Révolution, l'aristocratie impériale et l'aristocratie royaliste faisaient aux soldats envahisseurs. Certes la guerre avait été terrible, et la défaite napoléonienne apparaissait à quelques-uns comme le gage du relèvement de la patrie. Jamais pays n'avait plus mérité le répit que cette pauvre France. Depuis vingt ans, par mille plaies ouvertes, son sang avait coulé, et ses veines, comme les yeux des mères, étaient taries. Le spectacle offert était effroyable. Toute la jeunesse fauchée avant l'âge, l'adolescence elle-même enrôlée, les ateliers et les sillons vidés pour emplir la caserne et, dans les villes, seulement des vieillards et de tout jeunes hommes, la virilité ravie par la bataille incessante. Des réfractaires hâves, pâles, traqués ; des mères dont les lèvres se chargeaient de malédictions muettes. Ni commerce ni industrie. C'était là que l'avidité d'un homme, l'ambition désordonnée, une fureur de conquêtes avaient mené la France. C'est vrai, et jamais on ne trouvera de trop sombres couleurs pour ce tableau... Mais qui avait acclamé, au retour de ses chevauchées à travers l'Europe, l'homme néfaste par qui sombrait la patrie? Qui avait trouvé les flatteuses formules pour ajouter à l'auréole du génie qui venait de ravager le monde? Les mêmes femmes, les mêmes hommes, la même société, la même lie qui, maintenant, débordait dans les rues pour acclamer le vainqueur. Pendant tout le temps qu'avait duré l'infernale conquête, aucun d'eux n'avait élevé la voix, et les parlementaires et les nobles avaient laissé à une femme le bénéfice immortel des invectives jetées au colosse. Même, ne pouvant ou n'osant protester, ils n'avaient pas gardé devant cette débauche de la force ce silence empreint de dignité et de dédain qui inquiète la victoire elle-même.

C'est seulement en 1814, après s'être tu devant les victoires impériales, qu'à la veille des défaites de la patrie, M. Lainé, à la Chambre, avait osé parler; et même, en M. Lainé, on sentit bien plus tard que seul le royaliste, et non le patriote, s'était ému, quand on le vit, à Bordeaux, hisser le drapeau blanc sous la protection de Wellington, et accepter d'être le préfet de la Gironde avec l'appui des baïonnettes anglaises. Les uns avaient mendié, comme la famille des La Rochefoucauld, comme celle de Talleyrand. D'autres avaient trafiqué, comme les Laffitte et les Peréjoux, et ce n'est pas eux qui avaient souffert de l'interminable combat. Au contraire, le peuple avait protesté : un jour, dans le quartier Saint-Antoine, un jeune homme atteint par la conscription s'était placé derrière l'empereur et avait injurié le tyran. En vain la police impériale l'avait voulu capturer. D'autres fois, des conscrits criaient dans la capitale, appelaient au secours, et la population les ravissait aux soldats. Et maintenant, c'étaient les hommes du peuple qui étaient consternés, c'était la noblesse mêlée de roture enrichie qui fléchissait le genou devant le vainqueur. Ainsi elle remerciait le vainqueur de lui ramener le gouvernement royal, les vieux privilèges, les vieilles castes, en un mot, tout le passé. De plus, elle défendait ses richesses, cherchant dans la paix, le lucre, la rémunération, le profit, abritant ses intérêts politiques et mercantiles dans l'invasion comme elle les avait abrités hier dans l'émigration. C'était l'émigration qui revenait en armes. Au seuil de la Restauration, se rencontraient les deux courants d'autrefois, les deux ennemis, les deux races, la Révolution et l'émigration, et dans un cadre effrayant, parmi les ruines de Paris et devant l'étranger.

Cependant, le défilé terminé, et comme le soir venait, Alexandre et le roi de Prusse se retirèrent pour se retrouver un peu plus tard. Le roi de Prusse avait pris pour y résider l'hôtel du prince Eugène, rue de Lille. 42. Alexandre, sur les instantes prières de Talleyrand, avait accepté de s'aller reposer chez lui après la revue, et cela pour donner à Talleyrand une marque de confiance, fortifier son amitié, lui permettre de paraître aux yeux de tous le maître des événements auxquels, d'ailleurs, il était soumis. C'est là, dans l'hôtel de la rue Saint-Florentin, dans ce salon célèbre où s'étaient déjà essayées tant de combinaisons, que la diplomatie internationale allait maintenant régler le sort de la France. C'est là que les intrigues de la coalition et les intrigues royalistes s'allaient rejoindre, que les intérêts politiques et les intérêts mercantiles, les convoitises, les terreurs, les ingratitudes, les trahisons, toute la pourriture élégante qu'avait pu engendrer et couver le despotisme allait enfin s'étaler au grand jour.

Les royalistes attendaient tout des alliés. Quel était l'état d'esprit de ces derniers? Leur état d'esprit avait subi toutes les variations des événements et toutes les oscillations de la conquête. Il ne paraît pas douteux que quand, après Leipsig, la coalition médita de saisir les armes et de continuer la guerre, elle ne voulait que la guerre, l'offensive violente contre Napoléon, et, s'il se pouvait, imposer à son insolence meurtrière un exemplaire châtiment. A ce moment, rien ne révèle parmi les alliés le sourd travail d'intrigue par lequel les Bourbons auraient pu essayer de les gagner à leur cause. Les princes, vieillis, aigris par l'exil, médiocres héritiers d'un trône brisé, avaient fait piètre figure dans les cours étrangères, et notamment l'impression causée à Catherine II de Russie par la frivolité vaniteuse du comte d'Artois avait été détestable. Les alliés s'armaient pour eux-mêmes, pour se défendre, pour profiter de l'épuisement de la France, de la dislocation des troupes bigarrées que Napoléon avait levées en Europe, pour prendre des garanties sérieuses contre le retour de cette ambition forcenée. Et même ils ne tenaient pas à la guerre et, comme toujours, redoutaient le choc de Napoléon. Voilà pourquoi ils lui offrirent d'abord de traiter, prenant pour base de leurs propositions l'abandon des conquêtes exorbitantes, la fin des protectorats et des royautés, l'établissement de la France dans ses frontières naturelles. Au refus de Napoléon, ils avaient pénétré en France avec une aisance qui les surprit et qui accrut leurs prétentions. Cette fois encore ils veulent traiter, mais rétrécissent autour de la France le cercle des limites. Napoléon délègue ses droits à Caulaincourt, le retient, le pousse, le couvre, le désavoue, soumet le Congrès de Châtillon aux mille péripéties de ses espoirs et de ses désillusions. Les alliés avancent, ils avancent dans un pays désert, où le spectacle se révèle à eux de la lassitude générale, et, là encore, à quelques marches de Paris, ils ne savent quelle conclusion politique, peut-être, quelle conclusion militaire ils donneront à une campagne dont cependant l'issue ne leur paraît pas douteuse.

A la vérité, les alliés étaient d'accord sur Napoléon, point d'accord sur son successeur. Et cette oscillation perpétuelle, cette absence de plan positif, tout cela avait déjà communiqué, non seulement à leur diplomatie, mais à leur action militaire, une hésitation dont Napoléon ne sut pas se servir.

C'est à ce moment précis que les diplomates de la coalition reçurent la visite d'un ambassadeur royaliste, M. de Vitrolles, et que la forte impression qu'il leur communiqua décida, on peut le dire, des événements. M. de Vitrolles était un royaliste ardent, né en 1774 dans les Basses-Alpes, dont la jeunesse s'était écoulée parmi les émigrés, qui avait été lieutenant à « trois sous par jour » dans l'armée de Condé, qui avait reçu là la leçon des faits et la leçon des hommes, et ne devait jamais les perdre. Marié avec la fille adoptive de M⁽ᵐᵉ⁾ de Bouillon, M⁽ˡˡᵉ⁾ de Therville, de famille allemande depuis la révocation de l'Edit de Nantes, il avait goûté les charmes du repos dans une somptueuse alsace. Cependant le voici revenu grâce au Directoire. Son ancien maître d'armes, devenu prince de Pontécorvo, le fait rayer de la liste des émigrés, et il accepte l'Empire, reçoit de l'Empire des faveurs, devient conseiller général du département des Basses-Alpes, maire de Vitrolles, baron. Mais il ne s'était que résigné à ces faveurs et gardait en lui la nostalgie de l'ancienne cour. Il venait à Paris surveiller les rares intrigues royalistes qui, sous l'œil exercé de la police impériale et dans l'attente d'un châtiment certain, osaient se mouvoir dans l'ombre ou emprunter aux conversations frivoles des salons une apparente innocence. Homme d'action, il était rebuté par sa propre impuissance. La conspiration de Malet l'émut comme elle émut, jusque dans son avortement, les hommes même d'une perspicacité secondaire. Qu'avait-il fallu, en effet, pour qu'elle réussît? Un hasard. Et ainsi la preuve était faite que ce gouvernement formidable était précaire, que l'Empire avait un homme et n'avait pas d'âme, qu'il suffisait d'une absence, d'une captivité, d'une défaillance de l'empereur pour que fût vulnérable la puissante institution.

Plus d'un royaliste reprit courage à ce moment. Après Leipsig, Vitrolles revint à Paris. Cette fois, il ne le quittera plus que pour l'action, et cette action, voici comment il la prépare.

Il était lié surtout avec M. et M⁽ᵐᵉ⁾ de Durfort, avec le duc de Dalberg, Allemand, propre neveu du coadjuteur de l'archevêque de Mayence qui, par ordre de Napoléon, avait reçu quatre millions d'indemnités, et qui allait lui manifester sa gratitude. Bien entendu, Dalberg était lié avec Talleyrand qui se mêla à ces intrigues d'assez loin pour n'être pas enseveli dans leur échec, d'assez près pour tirer à lui leur incertain profit. Ce petit cercle d'amis devenait le foyer de la conspiration royaliste. Vitrolles se désespère à voir l'inaction des princes de Bourbon. Enfin, il apprend que le comte de Provence a débarqué sur le continent et va rallier les armées alliées. Il part pour le rejoindre. Il emporte des signes de reconnaissance que Dalberg lui donne pour les diplomaties prussienne et autrichienne. Il ne peut rien montrer de Talleyrand qui se réserve. Après avoir traversé quelques épreuves, M. de Vitrolles arrivait au siège des armées alliées, à Châtillon.

Du comte de Provence, nul n'avait entendu parler. On le croyait à Vesoul. A vrai dire, on ne s'en occupait guère. De Vitrolles, — qui se faisait appeler Saint-Vincent, — est reçu par M. de Stadion, ambassadeur d'Autriche, ennemi de Napoléon qui avait précipité sa chute comme premier ministre de l'Autriche, au profit de M. de Metternich. De Vitrolles est reçu, expose ses vues. L'aisance et la force de sa parole, la netteté de ses déductions, l'audace de ses affirmations, surprennent, émeuvent le vieux diplomate. Ce n'est plus Stadion que Vitrolles, tour à tour, séduit et entraîne, c'est Metternich. L'ardent royaliste montre aux diplomates la vanité de leurs efforts et l'incompréhensible action de leurs armes. Que veulent faire les alliés? Maintenir Napoléon après lui avoir imposé un châtiment? Et quel châtiment? Une perte territoriale que subira la France, une indemnité de guerre que supportera son budget épuisé? Quelle politique puérile! En traitant avec Napoléon, on le consolide et, en le frappant, on frappe la France, lasse de lui, mais qui se rattachera à son prestige, à son génie, si, en elle, le sentiment et l'intérêt sont blessés. Et puis, quel lendemain! L'empereur meurtri, vaincu, humilié, fera semblant de courber le front. Il retrouvera vite l'occasion propice, et son armée réorganisée fondra, d'un coup subit, sur l'Europe. Traiter avec lui, lui demander des garanties? Quelle caution pourra-t-il offrir autre que son ambition furieuse? Vraiment les alliés entreprennent une guerre inutile...

A mesure que Vitrolles parlait, les diplomates, les diplomates surtout, pour qui le profit qu'amène la campagne est toute la campagne, réfléchissaient, et la vérité se faisait jour sur leur propre situation. Jusqu'ici ils n'avaient eu qu'un espoir : vaincre Napoléon, lui imposer un traité et garder l'Europe sous les armes pour faire obstacle à tout retour offensif. Le plan qu'on déroulait sous leurs yeux était lumineux. La garantie que Napoléon pouvait donner contre son génie, c'était que son génie abdiquât et allât se consumer au loin de sa propre flamme. Mais comment faire? Et qui mettre à sa place?

— Les Bourbons...

La proposition de restauration avait été hardiment faite. Le lendemain, Alexandre faisait mander, par Nesselrode, son ambassadeur qui avait assisté à l'entrevue, M. de Vitrolles. Sans lui permettre de s'expliquer, Alexandre opposa à l'audacieux royaliste les critiques les plus vives : « Les Bourbons? Mais de quel droit? Comment les alliés peuvent-ils se permettre de modifier en France le gouvernement? C'est l'affaire des Français! Et leur vœu doit être libre? Et puis pourquoi les Bourbons? Qui parle d'eux? Voilà quelques semaines que les alliés foulaient le sol de France, et pas un cri, pas un mot, pas un geste n'avaient pu permettre aux alliés de croire que le gouvernement des Bourbons était désiré. »

C'était là l'argument décisif. Comme il arrive parfois, dans l'escrime savante de la logique, à cet argument péremptoire, M. de Vitrolles ne répondit pas, de peur de ne pas pouvoir l'ébranler. Mais il lui en opposa un autre, d'un autre ordre, et qui devait émouvoir Alexandre. « Les vœux de la France? Soit. Mais les vœux des rois? L'empereur ne devait-il aucun sacrifice à la cause de l'inviolabilité des trônes? La tête de Louis XVI était tombée, ébranlant à la même minute toutes les têtes couronnées. N'était-ce pas un exemple à donner que la réunion des rois pour relever un trône abattu sous les orages? Or, si cela devait être, quelle famille, mieux que la maison de France, méritait le bénéfice de cette restauration?... Et quant à la popularité des Bourbons, elle était éclatante. Seulement les lèvres n'étaient pas encore libres de livrer passage au cri profond du cœur. Que l'Empire tombe, et une immense acclamation emplira la France et Paris... »

L'empereur était ébranlé. Le lendemain, les armées coalisées se mirent en marche vers la capitale, de Vitrolles dans la voiture de Metternich. Elles roulèrent devant eux, tel le vent les feuilles mortes, les débris épuisés des armées de Marmont et de Mortier. Enfin, les voilà à Paris. Il fallait frapper les yeux, les oreilles d'Alexandre de manifestations royalistes. L'intrigue savante, l'activité, l'audace, rien ne manqua à la royauté déchue. Le matin du jour où les alliés devaient rentrer à Paris, à quatre heures du matin, Alexandre recevait une délégation du Conseil municipal qui lui assurait la confiance de Paris. Et le défilé commençait. Les cocardes blanches, les drapeaux blancs, les mouchoirs blancs éblouissaient Alexandre, muet, pendant que son entourage encourageait du geste et du sourire la manifestation royaliste.

M. Sosthène de La Rochefoucauld raconte dans ses *Mémoires* qu'il s'était approché d'un officier général de l'empereur Alexandre pour lui demander ses impressions.

« Il faudrait un acte décisif, avait dit ce dernier, un acte décisif qui entraînât l'empereur.

— Par exemple, la chute de la colonne Vendôme?
— Oui. »

Et la tentative fut faite, non par haine contre l'empereur, mais pour persuader Alexandre des sentiments de la population.

C'étaient là les preuves tangibles de la popularité des Bourbons, la manifestation d'opinion, « le vœu » de la France dont avait parlé Alexandre! Mais, au fond, ce dernier ne demandait qu'à être convaincu. Certes, il était à demi sincère quand il disait que la France seule avait le droit de modifier son gouvernement. Tout d'abord, il redoutait de donner un exemple, dont Napoléon debout pouvait tirer toute la conclusion en allant, par voie de représailles, édifier et détruire à son gré. Et puis, surtout, Alexandre avait

(D'après un document de la Bibliothèque Nationale)

appris ce qu'il en avait coûté à la coalition de 1792 de vouloir donner aux Français des leçons constitutionnelles appuyées par des baïonnettes. Le manifeste de Brunswick avait été expié cruellement. Il ne fallait pas recommencer, blesser, le sentiment de l'indépendance. Il le fallait d'autant moins que, par dégoût de la gloire meurtrière, la nation se dissociait de Napoléon, et, pour ainsi dire, le livrait par son silence et par sa neutralité.

Mais ce n'était là que de la diplomatie. Au fond, l'empereur du Nord avait pris parti. Il voulait abattre Napoléon. Personne ne le lui pourrait reprocher, et qu'étant devenu le plus fort, il ait usé des droits de la victoire contre celui qui n'avait jamais connu que ces droits, il y avait là, à son profit, une revanche du destin. Mais il le pouvait dire, il le pouvait faire. Au lieu de cela, maîtrisant ses sentiments de haine secrète et de jalousie, prenant attitude devant l'histoire, s'imaginant qu'il paraîtrait, dans cette nouvelle Athènes, un civilisé et non un barbare, il feignait la douleur et la pitié. Son intérêt, c'était de frapper Napoléon, de le frapper dans sa personne, dans sa femme, dans son fils, d'anéantir cette dynastie maudite, qui, sans provocation et sans excuse, était venue l'humilier devant ses sujets. Qu'il le dît, qu'il le fît, c'était bien. Il se donna toutes les formes de la bonté qui ne peut se répandre, de la générosité condamnée par une atroce destinée à une férocité qu'elle répudie. Dans ses conversations avec Caulaincourt, avec M. de Quélen (le parlementaire envoyé par Marmont pour offrir une suspension d'armes), il déplora le sort de Napoléon. Au dire de La Fayette (dans ses *Mémoires*), il aurait demandé à M. de Quélen :

« Napoléon est-il dans Paris ?
— Non, sire.
— Mais l'impératrice s'y trouve au moins avec son fils ?
— Non, sire.
— Tant pis ! »

La seule portée de ces questions, le seul sens de cette dernière exclamation semblent indiquer qu'Alexandre regrettait l'absence du gouvernement impérial, se condamnant par sa fuite... Or, à qui fera-t-on croire qu'Alexandre ignorait la situation exacte de Napoléon, et le départ officiel et non dissimulé de l'impératrice pour Blois ? Paroles, vaines paroles pour l'histoire ! Des actes lui étaient aisés : il n'avait qu'à appuyer d'un geste la régence de Marie-Louise, et l'Autriche, qui ne désirait pas ce fardeau, mais qui n'eût pu le répudier, eût été de son avis. Or, que fit-il ?

On l'allait voir dans la réunion de l'hôtel Saint-Florentin, dans la réunion des empereurs, des rois, des diplomates. Mais même cette réunion était une feinte, et tout ce qui allait s'y dire était d'avance arrêté. Dès le matin du jour qui vit à Paris l'entrée des alliés, Alexandre avait délégué à Talleyrand, pour lui porter son avis, Nesselrode. Que voulait, que pensait Talleyrand ? Talleyrand avait traversé de dures épreuves, et sa perspicacité avait dû faire effort, dans la promptitude des événements, pour qu'il ne parût pas se traîner à leur remorque. Il ne voulait que le triomphe de son intérêt, quelle que fût la forme de la victoire. Au début, bien avant l'arrivée des alliés sur les hauteurs de Paris, il avait, en lui-même, rejeté Napoléon et les Bourbons. Napoléon était un maître trop rude, dont l'œil et les mains étaient partout, qui ne lui offrait aucune sécurité, qui l'eût frappé déjà, si l'âge n'avait substitué en lui à l'activité de la jeunesse une sorte de nervosité impuissante. Donc, pas de Napoléon. Certes, les Bourbons étaient des maîtres plus doux. Leur médiocrité était à Talleyrand la garantie de son influence. Mais comment l'accueillerait-on, lui, l'évêque renégat, qui avait dit la messe sur l'autel de la Fédération, était devenu le serviteur éclatant de « l'usurpateur » ? Donc, pas de Bourbons ! Mais ce n'était pas la haine qui le poussait. Tous les sentiments extrêmes étaient inconnus de cette conscience en qui l'analyse ne peut descendre sans risquer de se perdre au néant. L'intérêt était sa seule loi. Or, l'intérêt, son intérêt, le voici : c'était d'aider à une régence. Entre Marie-Louise, rivée à Paris par sa couronne, mais rattachée à Vienne par son cœur et ses intérêts, et un enfant débile, le souple diplomate posséderait tout le pouvoir, le pouvoir dans ses réalités, dans ses profits, et, fatigué d'être le second à Rome, il devenait le premier partout... C'étaient là ses projets; il avait essayé de retenir l'Impératrice à Paris, sentant bien que, elle absente, l'établissement de la régence devenait difficile. Il avait fait effort pour obvier à cette faute qui avait entraîné parmi les défenseurs de la ville le désarroi et sonné le glas de l'empire. Vaincu par Joseph, il avait refusé de suivre l'impératrice, comme l'ordre de l'empereur le lui enjoignait, et, afin de se soustraire à la puissante colère du maître, avait feint de sortir de la ville, s'était fait arrêter par des gardes nationaux par lui placés à l'octroi, sous le prétexte que ses passeports lui faisaient défaut, et était resté à surveiller les hommes, les choses, les événements, les oscillations de la défaite, de la victoire, toujours impassible et seulement ému de ses propres risques au milieu des malheurs de la patrie...

Il suffit d'un mot à Nesselrode pour convaincre Talleyrand. Le désir de l'empereur du Nord était un ordre pour qui n'avait fait que changer de servitude. Il se rallia, du coup, à la cause des Bourbons, et fit appeler l'imprimeur Michaud. Il lui confia une proclamation rédigée par lui, sur les instructions de Nesselrode, et qu'Alexandre devait signer. On y expliquait au peuple que les alliés ne pouvaient traiter ni avec Napoléon, ni avec sa famille. L'imprimeur partit et le conseil s'assembla. Alexandre, le roi de Prusse, Schwartzemberg, Nesselrode, le comte de Dalberg, Talleyrand, Pozzo di Borgo, tels étaient les hommes qui se rencontraient. Mais ce conseil était un conseil d'enregistrement. Les résolutions étaient prises, la proclamation rédigée, et c'était une puérile discussion qui allait commencer pour couvrir hypocritement la dure autocratie russe.

Tout ce débat était vain, parce qu'il n'y avait pas un seul homme, parmi les membres de ce Conseil, où sept étrangers sur huit allaient régler le sort politique de la France, qui fût dupe une minute du débat engagé et qui n'avait qu'un but : laisser croire à la France qu'une discussion avait précédé un arrangement. La question arrêtée était celle-ci : Napoléon étant exclu et nul ne voulant plus traiter avec lui, qui le remplacerait? M. de Dalberg prit le premier la parole et feignit de défendre, comme plausible, la régence de Marie-Louise, tutrice du roi de Rome. C'était une impossible hypothèse à laquelle des esprits sérieux ne se pouvaient attacher. Et la preuve en est que ceux qui auraient dû la défendre, dont l'autorité était autre que celle de M. de Dalberg, M. de Lichtenstein et le généralissime Schwartzemberg, se turent. Et, pourtant il s'agissait de la régence de Marie-Louise, de la toute-puissance remise à la fille de l'empereur d'Autriche, de l'influence même de l'Autriche pénétrant, par l'incapable régente qui lui eût été un mandataire docile, dans les affaires de la France. Impossible situation, et pour les alliés et pour la France, mais qu'aurait dû tenter d'établir l'Autriche! Or, pas un mot ne tomba des lèvres de ses représentants attitrés! Pourquoi? Parce que cette régence était chimérique, qu'elle eût donné trop de force à l'Autriche, ou, par son fils docile à ses désirs, à Napoléon, à la fois absent et présent, et dont l'insatiable génie eût vite profité de la faute commise. Et si cette hypothèse eût été possible, est-ce que Metternich lui-même ne serait pas venu à ce Conseil, n'aurait pas, de concert avec Talleyrand, dont l'intérêt lui eût été complice, préparé les voies? Au lieu de cela, pas un diplomate n'assiste à ce conseil où siègent seulement des chefs militaires, dont l'intelligence, servie par la fortune, ne se haussait pas au-dessus des combats de la force! N'était-ce pas une preuve de plus que tout était machiné, si, après les révélations des frères Michaud, un fait était nécessaire pour corroborer leurs aveux?... Dalberg parle donc dans le vide, dans l'indifférence, pendant que Talleyrand, qui n'a même pas besoin de suivre sur les visages l'effet produit par ce discours, tient les yeux baissés. Pozzo di Borgo, le Corse dont toute la vie s'était jusque-là consumée dans la haine de Napoléon, piétinant l'ennemi personnel vaincu, répondit, et c'était chose aisée, à ces propositions. Comme il traduisait, au su de tous, la pensée intime du tzar, tout le monde se tut — et la régence fut écartée.

Nul n'osait parler. L'empereur Alexandre, comme pour se dégager d'une promesse imprudemment faite et dont il sentait la réalisation impossible, prononce le nom de Bernadotte. Talleyrand se chargea de la réponse : « Un soldat! » Pourquoi un soldat? Autant garder Napoléon. C'était décisif et chacun s'inclina, laissant à Bernadotte le soin de rechercher dans d'autres félonies le profit qui échappait à son âpre désir.

Ni Napoléon, ni Bernadotte. Qui désigner? Les Bourbons? Soit. Mais qui allait les proclamer? Ce ne pouvait être les alliés. « Sire, ce seront les autorités constituées », répliqua Talleyrand, qui savait qu'on pouvait tout attendre de l'abaissement parlementaire dont Napoléon, d'ailleurs, avait été le premier complice. Cette délégation aux autorités constituées satisfit l'assemblée et tous allaient se retirer quand, affectant la plus grande sincérité,

Talleyrand demanda à écrire le procès-verbal de cette capitale séance où des personnalités sans mandat avaient défait et fait une dynastie. Le procès-verbal, sous la main de Talleyrand, devint la proclamation arrêtée le matin entre l'empereur et lui... On l'approuve, on se retire, et Talleyrand trouve dans un salon l'imprimeur Michaud qui lui rapportait les bonnes feuilles de la déclaration déjà imprimée.

Immédiatement, elle est répandue et affichée [1].

Le soir, quelques royalistes envoyèrent une délégation à l'empereur Alexandre. Ce fut Nesselrode qui la reçut et la combla de promesses. Mais, plus que cette agitation factice, une initiative audacieuse allait servir la royauté. Un royaliste, M. de la Grange, laissant aux autres le bruit, d'accord avec la diplomatie russe, se chargea de modifier par la presse les impressions de la foule. Curieux contraste! La presse, le 30 mars, offre le morne spectacle d'une grande force asservie au silence, et qui ne se prononce pas. M. de la Grange va lui communiquer sa propre ardeur : il envahit toutes les salles de rédaction, y place des censeurs qui sont des royalistes, ou, comme au *Journal des Débats*, les anciens propriétaires expropriés. La note est uniforme, et, le 1ᵉʳ avril, l'enthousiasme pour les Bourbons déborde de toutes les colonnes. Ainsi, en une nuit, par un coup d'audace qui mit les plumes à la merci de la force, l'opinion fut ébranlée, divisée, inquiète. En même temps, elle était profondément remuée par une brochure retentissante que

---

1.   DÉCLARATION

Les armées des puissances alliées ont occupé la capitale de la France. Les souverains alliés accueillent le vœu de la nation française; ils déclarent :

Que si les conditions de la paix devaient renfermer de plus fortes garanties lorsqu'il s'agissait d'enchaîner l'ambition de Bonaparte, elles doivent être plus favorables, lorsque, par un retour sous un gouvernement sage, la France elle-même offrira l'assurance du repos. Les souverains proclament en conséquence :

Qu'ils ne traiteront plus avec Napoléon Bonaparte, ni avec aucun membre de sa famille ;

Qu'ils respectent l'intégrité de l'ancienne France, telle qu'elle a existé sous ses rois légitimes ; ils peuvent même faire plus parce qu'ils professeront toujours le principe que, pour le bonheur de l'Europe, il faut que la France soit grande et forte ;

Ils reconnaîtront et garantiront la Constitution que la nation française *se donnera*. Ils invitent, par conséquent, le Sénat à désigner sur le champ un gouvernement provisoire qui puisse pourvoir aux besoins de l'administration, et à préparer la Constitution qui conviendra au peuple français.

Les intentions que je viens d'exprimer me sont communes avec toutes les puissances alliées.

ALEXANDRE.

Paris, le 31 mars 1814.

P. S. I.

Comte DE NESSELRODE.

M. de Châteaubriand avait signé de son nom déjà illustre et qui, heureusement pour lui, n'est pas nécessaire à sa gloire : *Buonaparte et les Bourbons*. Tout ce que l'invective, la calomnie, l'outrage peuvent trouver de formes meurtrières se rencontre dans ce pamphlet qui fut jeté à des millions d'exemplaires dans la foule et servit puissamment la cause des Bourbons, dont il rappelait le nom oublié. La partie distinguée de la population, l'aristocratie et la bourgeoisie enrichie, enveloppait de ses adulations les alliés. Des chansons couraient sur Napoléon, et des hymnes en faveur des « libérateurs » étaient chantés à l'Opéra quand paraissaient Alexandre et Guillaume. C'est seulement dans les quartiers déshérités que s'était réfugiée la dignité de la défaite et aussi sa rage, car, plus d'un soir, près des barrières éventrées, on releva le cadavre de quelque officier ennemi.

Cependant, Talleyrand agit. Il fallait saisir les « autorités constituées » qui, dans cet effroyable naufrage, étaient en désarroi. Il convoque le Sénat : quatre-vingt-dix membres étaient à Paris; soixante-quatorze vinrent, hésitants, timides, emplissant sans bruit un tiers à peine de la salle des séances. Pour la première fois, le grand électeur ne voulut pas leur arracher un vote décisif et il les laissa s'habituer à la servitude nouvelle. Il se contenta de leur soumettre le nom des membres du gouvernement provisoire. C'étaient Talleyrand, le général Beurnonville, l'abbé Montesquiou, le marquis de Jaucourt, le duc de Dalberg, un Allemand, deux prêtres, un ancien général de la Révolution. On approuva en silence ce que voulait Talleyrand.

Mais les événements marchaient sans consulter la prudence du prince de Bénévent qui allait se trouver débordé. Le conseil municipal, plus hardi, sur la proposition de l'avocat Bellart, vote une motion par laquelle il réclame la déchéance et parle des Bourbons. C'est la première fois que dans un vœu politique le nom du successeur est désigné. A vrai dire, cette motion téméraire dérangeait les plans plus tranquilles de Talleyrand. Il l'accueillit avec humeur, mais dut s'y soumettre : par ses soins, le Sénat fut à nouveau convoqué pour proclamer la déchéance.

Qui allait oser se dresser du sein de cette assemblée asservie pour porter au maître, hier encore courtisé, le premier coup? C'est alors que les événements mirent au service des manœuvres étroites de Talleyrand la noble colère des rares républicains qui, flétris du nom d'idéologues par Napoléon, avaient survécu à la Révolution, à peine une poignée. Leurs chefs étaient Grégoire et Lambrecht. C'est ce dernier qui réclama la déchéance et qui fut chargé de justifier, pour le pays, ce vote. Lambrecht n'avait pas longtemps à chercher parmi les griefs que sa conscience tant de fois blessée avait pesés. D'une plume acérée il rédigea la protestation... Qu'il la signât, lui et quelques autres, c'était bien, car jamais ils ne s'étaient mis, pour l'acclamer, dans le sillage du vainqueur. Mais les autres, qui avaient abaissé leur fonction au-dessous même de la domesticité? Ils signèrent, ils votèrent, ils reprochèrent à Napoléon sa tyrannie, faite de leur servitude, et proclamèrent sa déchéance légale étroitement solidaire de leur déchéance morale. Et puis, comme ils avaient encore besoin du sourire du maître, ils allèrent vers le maître nouveau : ils apportèrent à Alexandre leur vote. Celui-ci les remercia. Quelques jours après, quatre-vingts membres du corps législatif approuvèrent la délibération sénatoriale. Et, sous les coups de ses créatures et de ses courtisans, Napoléon s'écroulait.

Quelle réponse pouvait-il faire à cette déchéance légale qui le venait atteindre dans sa personne et dans sa famille? Etait-il en état de se lever pour foudroyer ces rebelles et réduire ces révoltes à des agenouillements ? Lui restait-il une arme, une volonté, une âme? Il nous faut rappeler ses actes.

Napoléon, dans la campagne de France, avait formé le plan de ruser avec l'ennemi et de le tromper sur ses intentions propres afin de l'arracher à la route de Paris. Tout son effort fut d'empêcher l'investissement de la capitale, sentant bien qu'au cas d'une capitulation la défaite militaire ne serait que la préface de la chute dynastique. Mais l'ennemi ne prit pas garde à ces tentatives et l'empereur ne put attirer derrière lui, dans sa marche sur l'est, Schwarzenberg, qui avait, et sans grande perspicacité, deviné cette ruse secondaire. Insensiblement, la lente marée de l'invasion recouvrait la Champagne, puis les environs de la capitale, sans se soucier de poursuivre Napoléon. Celui-ci, déjoué, revint. Le 31 mars, tout seul, il arrivait à Fonmenteau, harcelant les courriers de la poste. Il se heurte, le soir, à quelques soldats. Il interroge. Le général Belliard lui répond et lui apprend la capitulation. Le lendemain il était en son palais de Fontainebleau.

Un pressentiment l'avertit sans doute de sa chute prochaine, car il ne voulut pas faire ouvrir les grands appartements. C'est là que, le lendemain, il reçut Marmont et Moncey qui lui conduisaient, après un vain et héroïque effort, les débris d'une armée épuisée. L'empereur fit bon accueil à ces chefs malheureux. Il établit Marmont à Essonne et Moncey à Mennecy, huit kilomètres plus loin. L'empereur, pour marquer sa satisfaction de la conduite de tous, passa en revue les cinquante mille hommes échappés à la tuerie et distribua toutes les décorations demandées par Marmont. Des acclamations frénétiques s'élevèrent sur le front des troupes et restituèrent au maître l'espoir en sa destinée.

Quelques heures après, cependant, Napoléon recevait par le colonel Fabvier, un des signataires de la capitulation, avis des mouvements qui agitaient la capitale. Le colonel révéla à l'empereur la déclaration des souverains alliés proclamant à la face du monde qu'ils ne traiteraient ni avec Napoléon, ni avec sa famille. L'empereur se fit répéter ce récit, cette déclaration, se fit décrire l'état des esprits et préciser jusqu'aux injures échappées à quelques royalistes ; le fait qui, surtout, le frappa et le laissa incrédule fut l'apparition de tant de cocardes blanches. Puis il se prit à réfléchir en attendant le duc de Vicence, l'ami fidèle qu'il avait, dès le 31, envoyé à Alexandre.

Aucun négociateur ne pouvait, en l'état, présenter de meilleurs titres que Caulaincourt. Ami dévoué de l'empereur, mais non dévoué jusqu'à la courtisanerie qui voile la vérité, ami d'Alexandre, il pouvait beaucoup. Mais quelle puissance humaine aurait pu, en ce moment, effacer les faits accomplis et déchaîner d'autres événements? Caulaincourt se heurta au mutisme de l'empereur Alexandre et il revint, dans la nuit du 2 au 3 avril, rapporter à l'empereur Napoléon son inutile mandat, préciser les volontés du vainqueur et lui demander l'abdication.

Abdiquer ! Napoléon avait sous la main 70000 hommes. D'autres troupes, par bandes, venaient chaque jour rejoindre la seule armée qui fût prête. Les maréchaux Ney, Berthier, Oudinot, Macdonald, avaient rallié Fontainebleau. Il pouvait vaincre encore; un détail n'échappa pas à sa perspicacité militaire. C'est que les alliés, redoutables encore le 31 mars parce qu'ils occupaient les hauteurs de Paris, avaient commis la faute de pénétrer dans la ville et de dégarnir des positions inexpugnables; il fallait marcher, s'emparer des hauteurs, foudroyer la ville et ressaisir le destin rebelle qui ne s'obstinerait pas dans ses disgrâces. L'empereur Napoléon va inspecter les cantonnements; des régiments de la garde l'acclament. Il répond par une proclamation belliqueuse et ces cris retentissent : « A Paris ! à Paris ! » Le 4, dans la matinée, l'ordre fut donné par l'empereur de porter son quartier général jusqu'à Ponthiéry. C'était la première exécution de la marche en avant.

Mais, si l'enthousiasme emportait les soldats et les officiers, l'amertume, et qui devait se changer en colère, animait les maréchaux et les généraux. Las d'une guerre éternelle qui ne laissait à leurs appétits que de courts loisirs pour se satisfaire, chargés de tous les titres, enrichis de toutes les dotations, éclairés de toutes les gloires, sans ambition puisque toutes leurs convoitises étaient comblées, ils s'insurgèrent, d'abord en silence, contre cet ordre. Et puis l'adroite diplomatie de Talleyrand avait visité ces héros qui, hors des champs de bataille, n'étaient que des hommes secondaires, victimes faciles de la plus grossière intrigue. Oudinot, surtout, à qui Talleyrand avait fait savoir que toutes les situations acquises demeureraient acquises, se montrait le plus révolté parmi ces esclaves de la veille qui avaient toléré le joug splendide. En communication avec Paris, à chaque heure ils sentaient accroître en eux leur esprit de résistance. Il fallait que Napoléon abdiquât puisqu'à ce prix étaient conservés leurs charges et leurs titres, et, pour substituer à cette raison un prétexte, ils invoqueraient la lassitude de l'armée, l'inutilité de l'effort, les impossibilités de l'opération.

Le matin du 5 avril, ils sont appelés en conseil par l'empereur. On ne sait rien de ce qui se passa dans cette entrevue tragique, rien, sinon que les maréchaux déconseillèrent l'action et réclamèrent au maître toujours obéi son abdication. Macdonald, le plus probe et le plus fidèle, le seul, avec Cau-

LE DÉPART.
(D'après un document de la Bibliothèque Nationale)

laincourt, que n'animait pas l'égoïsme, engagea le débat en remettant à l'empereur une lettre du général Beurnonville, ministre de la guerre dans le Gouvernement provisoire, lettre qui révélait officiellement, avec la volonté des alliés de ne pas traiter, la déchéance prononcée par le Sénat... L'empereur, sans doute averti, ne changea pas de visage, mais il annonça le châtiment proche pour toutes ces rébellions et, pour congédier ses lieutenants, leur dit : « Je compte sur vous, messieurs ».

Ce fut le signal de l'explosion. Tous les sentiments contenus se livrèrent passage et, devant l'infortune du maître, l'audace de ses subordonnés éclata. Ney et Oudinot refusèrent de marcher. « Mais si j'en appelle à l'armée », s'écria Napoléon. « L'armée obéira à ses généraux. » Telle fut la réponse.

C'était la fin. Du moment que les compagnons de tant de combats se refusaient, c'est que leur perspicacité avertie apercevait la catastrophe. L'empereur, sous cet écroulement, demeura debout. « Que faut-il faire ? » « Abdiquer », répondirent toutes les voix. Il écrivit docilement cet acte, le remit aux maréchaux, voulut le leur reprendre, eut un sursaut de révolte et se rendit... Enfin il pria Marmont, Caulaincourt, Ney, d'aller à Paris négocier en faveur de la régence...

Napoléon se ravisa et remplaça par Macdonald Marmont, qui devait ainsi demeurer à la tête de son corps d'armée. En se rendant à Paris, les négociateurs vinrent avertir Marmont de ce changement, ajoutant que cependant l'empereur le laissait libre d'accepter la mission s'il lui semblait préférable.

Mais, depuis quelques jours, Marmont était livré à l'intrigue et avait noué avec les alliés et le Gouvernement provisoire des liens qu'il ne pouvait plus rompre. Il avait acquiescé à la défection. Talleyrand, par l'entremise d'un de ses anciens officiers d'ordonnance, l'avait préparé à cet acte. Et son esprit, encore indécis, était presque gagné lorsqu'il reçut une lettre du généralissime ennemi, lettre dont on peut bien penser, si on la rapproche de la démarche tentée par l'envoyé de Talleyrand, qu'elle était due plus à l'habileté machiavélique du diplomate qu'à celle du soldat. Dans cette lettre Schwartzemberg l'invite à se ranger « sous la bonne cause française » ; c'était une invitation directe à la défection.

Que répondre ? Grave résolution et moment solennel ! Dans ses mains à qui Napoléon a confié l'armée Marmont tient les destinées du pays. De ses mains, qui eussent été impuissantes sans la délégation de l'empereur, il peut précipiter les choses. Il hésite, convie ses généraux à un conciliabule suprême et, enfin s'engage, infidèle à la parole donnée à son maître, infidèle surtout au malheur, rebelle aux ordres reçus, meurtrier de son propre honneur désormais perdu. Il répond à Schwartzenberg qu'il est prêt à quitter avec ses troupes l'armée de Napoléon, sous la réserve que ses troupes pourront se retirer en Normandie, et que Napoléon aura sa vie sauve et sa liberté.

La lettre était expédiée quand arrivèrent au camp, porteurs du mandat que l'on connaît, Macdonald et Ney. Marmont les met au courant, demande à aller reprendre sa parole chez le généralissime. Tous partent, mais avant de quitter ses troupes, Marmont fait appeler les généraux Bordesoulle et Souham pour leur recommander de ne pas ordonner le moindre mouvement de troupes.

Les plénipotentiaires arrivent à minuit au palais de la rue Saint-Florentin. Leur vue achève de glacer d'épouvante les ambitions qui se repentent d'une explosion prématurée. La nouvelle était venue du rapprochement de l'empereur qu'on croyait aux frontières; on connaissait le nombre de ses soldats et on escomptait les coups du génie auquel le désespoir allait redonner l'audace si l'Empereur redevenait le maître. Les cocardes blanches disparaissaient et l'enthousiasme royaliste devenait discret.

Alexandre fit aux envoyés extraordinaires l'accueil qu'il devait. Macdonald, Ney, Caulaincourt exposèrent leurs raisons. Une émotion, une émotion feinte, sans doute, paraissait sur le visage du tzar.

Le tzar écoutait et feignait de promettre, n'osant s'engager, gagnant du temps, semblant attendre; or, un moment, un officier russe arrive porteur d'un pli important :

« Messieurs, s'écrie le tzar, cette fois résolu, que me disiez-vous que vous parlez au nom de l'armée? L'armée est divisée. Le corps du maréchal Marmont vient de passer du côté des alliés. Vous comprendrez que la situation n'est plus la même... »

Rien ne les retenant plus auprès du tzar, qui ne s'était pas engagé tant que la capitale nouvelle ne lui était pas venue, les maréchaux, frappés de la foudre, ressortirent. La terreur qu'imprimait aux visages la pensée que Napoléon pouvait encore se dresser avait disparu. La foule qui emplissait les salons était joyeuse. Écrasés par l'infortune, les maréchaux passèrent... La comédie était jouée et se terminait à l'acte fatal de la défection. A qui fera-t-on croire qu'Alexandre ignorait les démarches de Talleyrand auprès de Marmont, la lettre du généralissime, la réponse du maréchal? Il ne savait seulement ce qui adviendrait et si le plan de défection organisé sous ses yeux aboutirait. Voilà pourquoi, jouant son rôle, Alexandre hésitait : si les troupes de Marmont n'eussent pas été conduites à l'ennemi, il eût peut-être accepté la régence pour éviter le choc de l'empereur, redoutable, appuyé sur une armée reposée et entraînée. Mais pourquoi craindre un chef sans soldats? Quand il apprit la défection, il se leva et congédia les envoyés de Napoléon... Cependant comment la destinée avait-elle réservé et frappé ce dernier coup?

Nous avons vu que Marmont et les envoyés de Napoléon avaient quitté le quartier général d'Essonne vers les cinq heures et qu'avant de partir il avait recommandé au plus ancien divisionnaire qu'il laissait derrière lui, le général Souham, de ne pas modifier la situation des troupes. Après ce départ, Souham, Bordesoulle, d'autres se réunirent. L'idée leur vint que Marmont, après les avoir compromis la veille dans cette sorte de conseil de guerre où il les avait consultés sur la réponse à faire à Swartzemberg, effrayé de cette réponse même, se mettait à l'abri. Ces généraux connaissaient Napoléon ; ils savaient que sa main serait prompte à châtier les fautes : ils résolurent, eux aussi, de se mettre à l'abri. Le soir, le général Souham réunit chez lui les généraux, les colonels, et la soirée se prolonge au milieu des libations. On avertit les chefs qu'il va falloir partir, mais en leur laissant croire qu'il s'agit d'un mouvement contre l'ennemi. Dans la nuit, les troupes s'ébranlent et, conduites par des chefs inconscients ou complices, quittent leurs quartiers.

Le colonel Fabvier voulut s'interposer, et, aide de camp de l'empereur, essaya de retenir ces troupes : les généraux lui firent sentir avec hauteur la différence des grades et des responsabilités. Le 6e corps s'ébranle, croyant marcher à l'ennemi. Aux premières lueurs de l'aube, il s'aperçut de la surprise : il était tout entier enveloppé de soldats russes qui lui présentaient les armes et qui empêchaient toute velléité de révolte. Seul, un régiment de dragons, sous les ordres d'Ordoner, résista. Il fallut Marmont pour le ramener.

Napoléon fut incrédule aux premières nouvelles lui rapportant cette défection. Quand il ne put douter, il laissa tomber d'amères paroles sur le maréchal qu'il avait comblé. Puis il fit une proclamation véhémente, adressée à l'armée, où les répliques incisives au vote du Sénat et à ses commentaires rendent pour les sénateurs et pour lui la flétrissure identique. Il leur reprochait leur abaissement. De quel droit puisqu'il en était l'artisan et le bénéficiaire ? Terrible et naïve déception de la tyrannie, cherchant, quand elle s'écroule, des hommes et ne trouvant que des courtisans !

Les maréchaux revinrent. Leur dur langage ne lui laissa plus d'espoir ; cette fois, il fallait aux terreurs calmées de la capitale une abdication pure et simple : en vain, l'empereur s'emporta. Etait-il vaincu vraiment et sans troupes ? Il énumérait les détachements et les soldats et parvenait à un total égal à une armée. La France restait suspendue à son prestige et habituée à ses miracles, et, après elle, l'Italie, terre où les premiers sourires de la gloire avaient récompensé et excité ses ambitions... Mais cette évocation brûlante, ces paroles d'espoir, ce rêve de grandeur, rien n'émouvait les interlocuteurs. Plus que lui, sans doute, ils se rendaient compte de la vanité du projet : ils sentaient la France épuisée et, avec raison, tenaient pour dérisoire une armée évoluant au milieu d'un peuple lassé. Eux aussi connaissaient la lassitude des guerres sans fin. Ils se turent ; tristement l'empereur signa l'abdication définitive de la famille.

Les maréchaux l'emportèrent. La nuit qui suivit ce lourd sacrifice fut troublée à Fontainebleau par des appels épouvantés. Dans cette solitude sonore, ils ne risquaient pas d'émouvoir beaucoup de cœurs, car le vide s'était fait autour de cette chute colossale. Napoléon, pâle et tremblant, à demi-étendu sur un canapé, donnait tous les signes de l'homme que la mort a failli briser. On a rapporté qu'il avait bu du poison à lui remis pendant la retraite de Russie, pour le ravir aux mains des Cosaques. C'était la même préparation donnée — dit-on — à Condorcet. Celui-ci en était mort, peut-être Napoléon n'avait pas encore épuisé son destin.

Le 13 avril, le traité fut ratifié. Napoléon n'était plus qu'un otage aux mains des alliés, un otage sur cette terre ravagée par sa gloire désastreuse, un otage dans ce palais où l'année auparavant il avait placé le pape dont la faiblesse temporelle devait sourire au loin du naufrage complet de cette force déchue. De mortelles journées, il n'entendit sur les dalles que le bruit répété et saccadé de sa démarche. En vain, il prêtait l'oreille au moindre bruit, attendant quelque ami de l'infortune qui lui fût encore attaché. Sauf Macdonald, Caulaincourt, Bassano, tous les généraux glorieux étaient allés prosterner leur prestige aux pieds des alliés, attendant la venue du maître nouveau.

L'empereur sentit-il à cette heure la vanité de l'œuvre de gloire? S'aperçut-il que l'expiation vient toujours à qui dégrade l'homme pour en faire un esclave et qu'on ne peut attendre d'un courtisan les sentiments de fierté et de noblesse qu'on eût châtiés d'ailleurs s'ils se fussent montrés?... Enfin, le dernier jour vint. Il réunit la garde, lui parla, entendit les sanglots de ces hommes qu'il avait traînés, sans autre salaire que la mitraille, dans tous les carrefours de l'Europe, et qui lui montraient un cœur ému quand les puissants lui montraient un cœur glacé. Nouvel Œdipe, mais qui avait le pouvoir de contempler sa chute, il partit. La traversée du centre de la France raviva ses douleurs par l'espérance qu'il conçut, devant le respect des foules, d'un soulèvement. La chaude atmosphère du midi lui réservait les ardentes colères : il fallut, pour le protéger, dans toute la vallée du Rhône, l'affubler d'un uniforme anglais. A Fréjus, port d'embarquement, sa grandeur foudroyée retrouva de tardifs égards : il partit pour l'île d'Elbe. Sur ce point perdu dans la profondeur des flots, il devait enfermer ses regrets, ses remords, ses ambitions. Là, au moins, il était près de la terre natale, enveloppé du même climat, traité encore en souverain, libre au moins de contempler l'horizon et d'abriter sur un rocher que son orgueil pouvait comparer à un piédestal le rêve grandiose et monstrueux d'une restauration.

CHAPITRE II

LES FAUTES DE LA PREMIÈRE RESTAURATION

L'arrivée du comte de Provence. — Déclaration du 6 avril. — La charte. — Profils royaux. — Les fautes commencent. — Contre les paysans. — Le général Dupont et l'armée. — Le congrès de Vienne. — Bonaparte quitte l'Ile d'Elbe.

Nous avons laissé le Sénat proclamer le premier avril la déchéance de son maître et nommer un gouvernement provisoire dont le chef naturel, en cette époque de duperies mutuelles et de volontaires équivoques, avait été Talleyrand. Mais ce n'était pas tout : il fallait remplir la vacance laissée par ce vote et instituer, sur les ruines d'une dynastie, un autre gouvernement. Il fallait prévenir l'opinion, et peut-être la conquérir, par une déclaration qui portât devant elle toute la signification de ces changements profonds. En un mot, il fallait comme toujours, dans l'histoire des hommes, proclamer le droit après avoir obéi au fait, et fonder sur la force une légalité. Une commission fut chargée de rédiger cet acte important, qui prend dans l'histoire le nom de *Déclaration du 9 avril*. Cette commission était composée de M. de Talleyrand, duc de Dalberg, général Beurnonville, comte de Jaucourt, abbé Montesquiou, membres du gouvernement provisoire, et en plus de MM. Barbé-Marbois, Destutt de Tracy, Eymery, Lambrecht, Lebrun, duc de Plaisance. Un étranger, le secrétaire d'État russe, M. de Nesselrode, venait compléter étrangement cette commission, et surveiller au milieu d'elle l'exécution de la volonté des alliés.

Tout de suite, dès le premier jour, eut lieu la première rencontre entre l'ancien régime ressuscité et l'ordre nouveau créé par la Révolution. L'initiative hardie de l'avocat Bellart, pour la première fois jetant le nom des Bourbons dans le public, la morne indifférence de la France défaillante sous tant de catastrophes, tout cela avait mis en honneur les princes. Le 3 avril, la main de Lambrecht traça le nom de François Xavier... Mais qui allait l'investir ? — Le peuple français le doit choisir librement, disait la majorité de la commission. — Un roi, répliquait Montesquiou, le seul royaliste, est investi par Dieu. Qu'est-ce que ces sujets qui se révoltent ? Où sont vos mandats ? — La seule réponse eût été que ces mandats dévolus par Napoléon étaient frappés de caducité, puisque Napoléon était abattu. La logique virulente de Montesquiou embarrassait les commissaires. C'était le premier conflit entre le droit divin et le fait révolutionnaire. C'était la première annonce des désordres longtemps contenus et qui éclateront peu à peu pendant toute la Restauration jusqu'au jour où la Restauration elle-même sombrera dans son impossible tentative... Mais le temps pressait. Précisément les soldats répandus autour de Paris et dont les regards se tournaient vers Napoléon, captif à Fontainebleau de sa seule inertie, la possibilité d'une terrible revanche, toutes ces rumeurs, à dessein grossies par Talleyrand, permirent de presser la solution. Il fallait en finir. La transaction vint, une fois de plus, après l'épuisement de la hautaine logique, adoucir les intransigeances. Montesquiou accepta la formule par laquelle « au nom du peuple français, le trône était librement offert » à Louis XVIII. Et de plus les sénateurs, se taillant dans la constitution une part personnelle, faisaient fixer à un maximum de deux cents sénateurs la composition du Sénat, se déclaraient maintenus, par l'acte lui-même, et, enfin, obtenant la réalisation de leur rêve, créaient l'hérédité sénatoriale calquée sur cette hérédité monarchique dont ils venaient de consacrer la vertu. Cette transaction, dont la commercialité ne cherchait même pas à se dérober, fut violemment discutée. Un nom lui est demeuré : on l'a appelée la *Constitution de Rentes*. Elle était revêtue de soixante-six signatures. Peut-être n'est-il pas inutile de rappeler que parmi ces signatures figuraient neuf signatures étrangères : comte Bilderbresch, Carbonara, de Gregori, Herwyn de Wilveld, de Micronon, Schimmelpenniuk, Van de Pol, Van Dedem, Van Juglen. Au surplus, c'est à cela que se bornait l'intérêt de cette Déclaration, publiée le 8 avril au *Moniteur*, et dont le seul article important est l'article 2 :

« Le peuple français appelle *librement* au trône de France Louis-Stanislas-Xavier de France, frère du dernier roi, et, après lui, les autres membres de la maison de Bourbon, dans l'ordre ancien. »

Cette Déclaration fut le signal de la bruyante courtisanerie que contenait, seule, jusque-là, le doute où étaient les esprits sur les événements. Tous les intérêts menacés, tous les privilèges, toutes les peurs, trouvèrent une formule adulatrice. Pendant quelques jours, ce fut une émulation dans la bassesse. Des fonctionnaires, chargés d'honneurs par Napoléon, ses généraux enrichis des dépouilles des nations, les magistrats, les avocats, toute la société dirigeante adhéra par le serment au règne nouveau. Les avocats d'Amiens ne furent cependant pas dépassés dans ce concours de servile rhétorique.

Devant cette soumission sans retenue, et qui n'attendait même pas l'ordre donné pour trouver l'attitude humiliée, le gouvernement provisoire se donna toute licence. Aucun acte ne lui parut plus ou grave ou impopulaire. Et c'est de ce jour d'aveugle confiance dans l'adhésion sans mesure de la nation que datent les fautes qui vont un peu plus tard retomber sur le régime. Il y avait dans l'armée un soldat, le général Dupont, qui avait capitulé, à Baylen. Pour cela, l'Empereur l'avait comblé d'injustes affronts. C'était, en tous cas, et réserve faite de disgrâces excessives, un soldat impopulaire. On en fait un ministre de la Guerre. L'abbé de Pradt, archevêque de Malines, devient le directeur des maisons de la Légion d'Honneur. La presse est soumise à la censure.

Entre temps, les caisses du Trésor public avaient été trouvées presque vides, garnies à peine de dix millions qui, sous la main du gouvernement provisoire, étaient devenus, presque totalement, le salaire de beaucoup de défections. On expédie à Orléans M. Dudon, qui arrache à l'ex-impératrice les diamants de la couronne, quinze millions, et les rapporte. Une autre expédition, plus malheureuse pour son auteur, fut tentée près de Paris. Maubreuil, ce Maubreuil qui caracolait auprès du tzar, à la rentrée des alliés, ayant mis à la queue de son cheval la croix de la Légion d'Honneur, enlevait, près de Paris, l'argent de la princesse de Wurtemberg. Il opérait, en vertu d'ordres formels, pour le compte du Trésor. Mais la princesse, cousine du tzar, le fit enfermer. En 1817, il fut jugé et condamné par la cour de Douai, par contumace, non sans avoir partout proclamé que Talleyrand lui avait donné l'ordre de tuer Napoléon. Talleyrand a nié. Entre ces deux versions, et surtout entre les deux hommes, l'histoire hésite faute d'autres témoignages, ne peut faire un choix.

Pendant ce temps, le comte d'Artois attendait à Nancy. Enfin, le 4 avril, par l'intermédiaire du fidèle Vitroles, Talleyrand l'appelle. Il se met en route, comble de promesses les chemins qu'il parcourt « dans une haie de cocardes blanches », dit-il, et donne surtout l'assurance, afin de ravir la popularité qui se dérobe, de l'abolition de la conscription et des droits réunis — double fardeau qui pèse aux épaules du peuple. Il arrive. La difficulté de sa situation politique apparaît alors à tous. Comment le traiter? Comment le nommer? Quel titre lui offrir? La réception fut triomphale. Toute l'émigration chevauchait à ses côtés, dissimulant mal, derrière elle, la robuste prestance de quelques maréchaux. Oudinot, Ney, Mortier, empressés à servir le maître nouveau. Une rougeur envahit le visage du comte d'Artois à la vue des cocardes tricolores dont, par un reste d'habitude, restait parée la servilité maladroite des officiers de Napoléon. Talleyrand prononça un vague discours où il mit son souci à ne pas qualifier le nouveau venu. Celui-ci balbutia quelques paroles sans portée, mais qui, le lendemain, au *Moniteur*, se transformèrent en paroles célèbres : « Il n'y a rien de changé en France : il n'y a qu'un Français de plus ». Et puis il entra aux Tuileries, sans qu'aucune émotion, au moins apparente, vînt s'offrir aux familiers, chez cet homme, revenant, pour la première fois, sous des arcs de triomphe, dans le palais qui avait été, pour son frère, l'antichambre épouvantée de la mort.

Mais ni le bruit des fanfares, ni le tumulte concerté des acclamations ne résolvaient la question. Quel titre aurait le nouveau venu? L'entêtement légendaire des Bourbons, ici encore, ne voulant pas céder, la lieutenance générale offerte fut d'abord refusée. Mais la révolte fut courte, et, de toutes parts averti, le comte d'Artois faiblit. Il accepta, des mains du Sénat, ce titre, la veille refusé. Il alla même jusqu'à le remercier par une déclaration, où la double ingéniosité de Talleyrand et de Fouché avait jeté de diplomatiques formules. Ce fut la déclaration du 14 avril. Le lendemain, le comte d'Artois recevait le Sénat et la Chambre. Son désappointement se marqua dans les paroles qu'il adressa à la Chambre, et où, pour la distinguer du Sénat dont la résistance avait réduit sa propre répugnance, il appela ses membres « les véritables représentants » de la nation. Le 16 avril, au nom de son frère, encore retenu en Angleterre, le comte d'Artois prenait en main le pouvoir.

Cet intérim ne devait durer que peu de jours. Mais il fut rempli par les fautes les plus impopulaires. Le chef provisoire inaugura son gouvernement en déléguant en province, sous le prétexte de veiller à l'exécution des mesures prises, les royalistes les plus outranciers. Leur présence, surtout dans l'ouest, réveilla toutes les colères. Le comte d'Artois avait promis, sur son passage, l'abolition des droits réunis; par une ordonnance du 20 avril, par

(D'après un document de la Bibliothèque Nationale).

une autre du 27 avril, il fait sommation aux contribuables d'avoir à verser dans les huit mois les deux tiers de leur contribution, et il maintient ce qu'il avait promis d'abolir. Enfin, il signe le honteux traité du 24 avril, par lequel la défaite de la France est consommée. Certes, la défaite n'avait apparu qu'après les ruineuses victoires, et si la France avait vu tarir l'or de ses coffres et le sang de ses veines, le crime en était à l'empereur. Un traité de paix et des concessions, apportées par lui, étaient inéluctables. Aucun pouvoir ne s'y serait soustrait. Mais le traité ne ratifie pas seulement la défaite, il désarme la France en livrant ses citadelles, leur matériel, celui des villes maritimes, et tous les approvisionnements. Bien plus, il enrichit les nations ennemies qu'une longue guerre avait ruinées, si bien que la France mutilée, non seulement était privée d'armes, mais se trouvait, vidée de toutes ressources, en face d'une Europe fortifiée. Le duc de Rovigo a pu évaluer la perte pécuniaire à un milliard et demi (plus de quatre milliards de notre monnaie).

Ce fut le comte d'Artois qui revêtit de son sceau cette honte, derrière laquelle l'histoire, même dédaigneuse des polémiques de scandale, a pu flairer une affaire profitable au véritable rédacteur du document, M. de Talleyrand. En même temps, d'un seul coup, tombaient les droits qui, pendant le blocus continental, avaient proscrit, sur les tissus et la cotonnade, la concurrence anglaise; d'innombrables vaisseaux anglais, chargés de cargaisons, prêts à l'événement, envahissaient nos ports, et le marché intérieur était disloqué... Aussi, en quelques jours, ces événements malheureux froissèrent le pays dans son honneur, sa fierté, ses intérêts. Avant même que Louis XVIII ne vint prendre possession de son trône, le régime s'alourdissait sur la nation. Qu'allait apporter le roi nouveau?

Le 20 avril, comme Napoléon abandonnait Fontainebleau, Louis XVIII quittait Hartwel où l'hospitalité anglaise l'avait protégée en dépit des sommations impérieuses de Napoléon. Ignorant de l'état des esprits, par son éloignement, sa réclusion volontaire, l'étroitesse des vues anciennes jamais abandonnées, ce roi revenait en France sans même se douter du fardeau qui allait lui être dévolu. Il débuta, à Londres, par un discours adressé au roi d'Angleterre et où il blessait à la fois, la fierté française et la susceptibilité des alliés auxquels il devait tout. Reçu avec des honneurs magnifiques dès son arrivée à Calais, il s'avança jusqu'à Compiègne. C'est là qu'il avait résolu de s'arrêter pour résoudre le conflit qui s'élevait en son esprit et qui touchait à ses prérogatives ainsi qu'à celles du Sénat.

Auprès de lui, deux confidents se tenaient, dont les contradictions violentes ne faisaient qu'obscurcir encore pour lui la notion des choses. M. Pozzo di Borgo, représentant d'Alexandre, lui conseillait le libéralisme, tandis qu'au nom du comte d'Artois, le duc de Bruges était chargé de réveiller en ce vieillard les suggestions de l'amour-propre royal. C'est ce dernier qui l'emporta. Il s'agissait de savoir si le Sénat rédigerait la constitution, si le roi lui jurerait fidélité, si, des mains de ses sujets, ce monarque accepterait le bienfait du trône, ou bien, si le monarque concèderait à ses sujets une constitution libérale, ne recevant rien que de Dieu. Au fond, le roi nouveau inclinuit au libéralisme, surtout, si on comparait ses conceptions à celles de son entourage. C'était autour d'une question de forme que se livrait toute cette bataille... Et nul ne savait qui l'emporterait, du Sénat, ou du roi, quand Alexandre intervint.

La main habile de Talleyrand avait détaché cet ambassadeur formidable au roi nouveau. Le premier ministre, qui avait besoin, pour couvrir ses anciennes trahisons de garanties présentes, ne se serait jamais contenté de quelque promesse, même souriante. Il aimait mieux une précaution constitutionnelle qu'un compliment protocolaire. Il avait pu intéresser le tzar, en le prenant par où se laissent saisir la plupart des hommes, et les plus puissants, par l'amour-propre, en le suppliant de ne pas laisser détruire, par un mouvement d'humeur, l'œuvre de l'Europe. Flatté d'être cet arbitre souverain, Alexandre accepta. Il trouva au château de Compiègne un vieillard changé physiquement, mais tenace jusqu'à en être indomptable. Et ce fut le vieillard goutteux qui triompha par la ruse du splendide et glorieux empereur. Il revendiqua le triple droit de s'appeler roi de France et de Navarre, de dater de la dix-neuvième année de son règne, c'est-à-dire de la mort de Louis XVI, ce régime nouveau, de promulguer lui-même la Constitution pour lui donner l'origine royale et lui enlever le sceau sénatorial.

L'empereur céda. En réalité, il cédait sur un principe, et non sur une formule. Permettre cette rétroactivité du règne, c'était biffer d'un trait de plume dix-neuf années, la Convention, le Directoire, le Consulat, l'Empire et déchirer l'histoire de la France au profit de l'histoire de la royauté. Dépouiller le Sénat du droit de promulguer la constitution, c'était briser l'initiative constitutionnelle dans la nation pour la restituer au roi. Mais le Sénat l'emportait sur les promesses que contenait la Charte. Le roi enfin la signait, et le 2 mai elle était promulguée.

En même temps le roi entrait à Paris. Près de lui, tous les princes de la maison de Bourbon, et la duchesse d'Angoulême se tenaient. Seule, la fille de Louis XVI attestait par son attitude que les souvenirs sinistres n'avaient pas cessé, même dans la joie, de hanter son cerveau. La même adulation bruyante montait vers le souverain affaibli, infirme, vieilli, qu'une calèche découverte traînait à Notre-Dame, devant la statue relevée de Henri IV, enfin aux Tuileries. Les maréchaux de l'empire formaient un cortège éclatant à « la dynastie la plus ancienne du monde » comme avait dit à Compiègne Berthier, qui fût demeuré sous-officier sans une autre dynastie plus récente.

Entre quels mains le sort de la France venait-il d'être remis? Le roi Louis XVIII accédait au trône à soixante ans, affaibli, malade, rivé presque à la tombe par les infirmités implacables qui martyrisaient son corps. Mais, même en un corps torturé par la maladie, une âme forte peut survivre sur laquelle le malheur vient plier. Or, ce n'était pas le cas. C'est en vain que la presse du temps, n'ayant que la liberté de la louange, le représentait « avec une démarche touchante » et quand « il était assis, sa canne entre ses jambes pareil à Louis XIV à cinquante ans ». Ni physiquement, ni au moral, le portrait ne ressemblait. Fils du Dauphin, petit-fils de Louis XV, Louis-Stanislas-Xavier avait reçu de sa mère, princesse de Saxe, du sang allemand que n'avait pas régénéré dans ses veines la sève épuisée d'une race flétrie par les vices. Toute sa jeunesse fut alourdie du patronage direct du duc de Laguyon, son précepteur, et son adolescence dissipée, comme il seyait à un frère du roi. On lui a fait un renom de libéralisme et on a écrit qu'à la cour de son frère Louis XVI il avait représenté l'élément nouveau : en fait il est exact qu'il plaisait au peuple, qu'il prit parti contre tous les princes du sang, quand se posa la question du doublement du tiers, et que chargé par le roi d'aller apporter le compte au bureau, il fut acclamé là où le comte d'Artois était obligé de se faire protéger. Mais ce n'était pas là un vrai libéralisme : ce n'était que l'esprit de fronde, assez fréquent, sur les marches du trône chez les princes du sang qui visent à l'originalité et, ne pouvant porter la couronne du pouvoir recherchent les lauriers de la popularité. En fait aussi, il s'associa contre les ministres à toutes les intrigues, combattit même par des brochures anonymes, mais qu'on lui peut justement attribuer, Turgot, et ensuite, par les mêmes armes, Necker, Loménie de Brienne, Calonne. Protégé par ses apparences libérales contre les premières colères de la Révolution naissante, il ne partit que le dernier vers l'émigration : il séjourna à Gand. Alors, loin de la Révolution, il lui montra un autre visage, le vrai visage ; celui où le mépris altier et la haine aveugle s'inscrivent. Il prit part à tous les complots, provoqua avec le comte d'Artois la coalition de Pilnitz, dirigea vers la France ces bataillons ennemis que le canon de Valmy dispersa. Après l'exécution de Louis XVI, dont il avait compromis le règne et précipité la chute, qu'il avait laissé, seul, en proie aux menaces de mort, il se proclama régent et, après le décès de Louis XVII au Temple, se proclama roi sous le nom de Louis XVIII[1]. Pendant des années il erre sur

[1]. On comprendra que nous ne puissions examiner par le menu la question de savoir si Louis XVII, fils de Louis XVI, est bien mort au Temple, le 8 juin 1795, ou s'il s'est échappé. En fait, divers personnages, dont on peut dire qu'ils furent des aventuriers, attirèrent sur eux l'attention en invoquant le titre de dauphin, une ressemblance plus ou moins frappante avec l'enfant mort au Temple des suites de l'emprisonnement et non des traitements mauvais que la légende attribue à la férocité prétendue de Simon. Ce furent Marie Harvagaout, de Saint-Lô, en 1804, Mathurin Bruneau, Richemont, Eleazar Wiliam, et le plus célèbre de tous, Naundorff et ses enfants.

Ces impostures reposent sur des faits qui semblent acquis, et qui d'ailleurs sont faussement interprétés. 1° On rappelle que Simon et sa femme furent soustraits à la garde du dauphin, et le renouvellement quotidien des soldats chargés de le surveiller. Mais ces mesures étaient prises précisément pour éviter une fuite, ou une substitution, pour déjouer un complot toujours possible. 2° On rappelle que la femme de Simon parla, aux Incurables, où elle était retirée, de la substitution. Interrogée (elle mourut en 1819), elle ne put rien préciser. 3° La sœur du dauphin a vu, par le trou de la serrure, après avoir entendu du bruit, plusieurs paquets déménagés de la chambre du dauphin. Elle a certainement aperçu des visiteurs et perçu un grand bruit : ces visiteurs n'étaient autres que les médecins et les commissaires de la Convention chargés d'une mission de contrôle.

les chemins de l'Europe, hôte, tour à tour importun ou agréable, de toutes les cours, séjourne en Italie et puis à Rome, où il marie la fille de Louis XVI au fils du comte d'Artois, le duc d'Angoulême (1799), en Allemagne et enfin en Angleterre. Il perdit là sa femme, fille du roi de Sardaigne, et veuf, sans enfants, ayant enfin trouvé l'asile devant lequel tombèrent les colères de Bonaparte, il partagea sa vie entre l'étude, la littérature, les intrigues, au demeurant, roi cultivé pour son temps, préférant la muse grivoise au labeur pénétrant qui est un des auxiliaires de l'expérience. Son esprit, aigri par les déceptions, s'il eût voulu s'élargir à ce moment, eût tenté une œuvre impossible : les courtisans de l'infortune étaient là, le comte d'Aravay, d'abord, à sa mort, le duc de Blacas, gentilhomme provençal, ancien officier de dragons, déserteur, pour l'émigration, de ses devoirs militaires, ardent royaliste, imprégné de toutes les rancunes étroites où le cœur captif finit par se dessécher. Telle fut sa vie, dans cette Angleterre qui n'était plus, à cette époque, le premier pays de la liberté humaine, mais où les menaces de Bonaparte et ses projets meurtriers avaient accumulé contre la France les haines et les préjugés, et où Pitt, pour mieux vaincre, faisait appel à toutes les passions rétrogrades. Telle fut sa vie en exil, au contact d'un peuple qui ne lui pouvait donner aucune des leçons libérales, qui cependant enrichissent ses traditions et son histoire, au contact du passé sinistre que des mains qui se croyaient pieusement fidèles ranimaient à chaque instant pour lui, tout près de l'enfant orpheline dont la tristesse lui rappelait chaque

Ce qui, d'ailleurs, rend impossible toute cette aventure, c'est d'abord le nombre des personnages qui ont invoqué leur parenté avec Louis XVIII. De plus, on n'a jamais répondu à une question : si le dauphin a échappé en 1795 et qu'on lui ait substitué un enfant scrofuleux et muet, il est bien extraordinaire qu'aussitôt hors de France, cet enfant qui avait dix ans n'ait pas manifesté tout de suite son existence. Or, non seulement il ne dira rien à ce moment, non seulement il ne se rapprochera pas de ses oncles et de sa sœur quand elle sera échangée contre le général Bournonville, mais il gardera cette attitude jusqu'en 1801! C'est à cette époque, en effet, que la première revendication de son titre a eu lieu. Comment expliquer ce silence et cette inertie?

A-t-il été séquestré de 1795 à 1804? Par qui? Où cela? Dans quel intérêt? Et surtout pourquoi l'aurait-il été dans son adolescence, et pas du tout à l'époque de sa jeunesse? Jules Favre, qui, deux fois, a prêté le prestige de sa parole aux descendants de Naundorff, plaidant devant la cour de Paris, a dit que le père de son client avait été emprisonné, puis relâché — ce qui prouve, disait-il, qu'il était de royale extraction et qu'on n'avait pas osé porter la main sur sa tête. — Mais pourquoi, dès lors, porter la main sur sa liberté? Et qui ne voit que, au contraire, ceux qui auraient eu un intérêt assez puissant pour emprisonner le jeune dauphin, auraient eu intérêt à céler davantage et plus longtemps sa personne et même à la supprimer; le crime eût été plus atroce, mais pas plus grand, en tous cas plus utile que cette dure séquestration. Quant à l'entrevue entre la duchesse d'Angoulême (sœur du dauphin) avec Naundorff en 1820, et à l'évanouissement de la princesse, le fait ne prouve rien; il est très compréhensible que, frappée par une ressemblance qui ravivait ses souvenirs douloureux, la princesse ait faibli un moment, et cet évanouissement n'est pas une preuve.

En résumé, la légende de cette évasion ne résiste pas à cette double question : si l'on a arraché le dauphin à sa prison, c'est évidemment pour le hisser à la royauté, et pourquoi ne l'a-t-on pas fait? Si on l'a arraché au Temple pour lui supprimer ensuite ses droits, on ne comprend pas pourquoi on a pris tant de peine pour le sauver. Diverses condamnations furent prononcées contre les faux dauphins.

jour le double geste du bourreau. C'est ce roi qui, sans préparation, sans transition même, venait, tout défiant d'un peuple infidèle, le gouverner. L'âge, en apportant ses douleurs et ses faiblesses à ce corps obèse, inclinait heureusement son esprit vers le repos. A ce goût du repos, le roi sacrifiera un peu de sa hautaine morgue, et s'il demeure, en principe, attaché au droit dévolu par le ciel seul, il acceptera, dans la pratique, des accommodements. A ce penchant pour la paix privée sera due un peu de la triste paix publique qui va, au début du règne, apparaître.

Ce n'était pas le comte d'Artois qui pouvait, par ses conseils, atténuer les effets néfastes que cette situation comportait. Il ne les pouvait qu'aggraver, et il n'y manqua pas. Près de lui, Louis XVIII pouvait passer pour un libéral et être traité comme un esprit ouvert. Toute sa jeunesse le montre ce qu'il demeura : cavalier élégant, homme du monde, convive aimable. Sa tenue martiale, comme colonel-général des Suisses, n'était qu'une des apparences menteuses dont le cabotinage insulte la réalité : dans toute sa vie, cet homme qui, même en 1830, disait qu'il aimait mieux « monter à cheval qu'en charrette », ne parut qu'à une action de guerre, au siège de Gibraltar, où il demeura huit jours, émerveillant l'Espagne belliqueuse et sobre par la robuste aisance avec laquelle il s'adonnait à de très pacifiques excès. Naturellement il fut à la Cour le plus hautain représentant de l'aristocratie : il encouragea toutes les mesures de résistance et, préférant monter en voiture qu'à cheval, le premier de tous, abandonnant son frère, ouvrit vers les frontières la voie à l'émigration. Il séjourna à Turin, s'agita, intrigua, provoqua directement la coalition de Pilnitz, entra même en France, mais il se tint loin des coups. Au même moment, il excite les chouans à la révolte : il leur promet de les réconforter de sa présence, et ceux-ci se lèvent. Le comte d'Artois s'embarque en effet sur la flotte de l'amiral anglais Waren, mais il se fait descendre à l'île d'Yeu pendant que, sur la presqu'île de Quiberon, où on l'attend, les roturiers royalistes meurent pour Dieu et pour le roi. C'est à cette date que Charette écrivait au comte de Provence (Louis XVIII) la lettre fameuse[1].

Charette mourait, en effet, mais le comte d'Artois, élégant et léger, volait vers d'autres intrigues. Il reçut à la Cour de Russie une épée enrichie de diamants, de la main même de Catherine II et, avec, un programme superbe, puisque cette épée lui était remise, à lui, « pour sauver son peuple ». En fait, il ne la tira que pour la vendre : il était, en effet, très prodigue, avait, avant la Révolution, toujours dépensé ses quatre millions de revenus (16 millions de la monnaie actuelle), et laissé au Trésor le soin de payer, en plus, 56 millions de dettes. Sa vie ne démentit pas sa jeunesse, et on peut dire, à

---

1. « Sire, la lâcheté de votre frère a tout perdu ; il ne me reste plus qu'à me faire tuer inutilement pour Votre Majesté. »

ce point de vue, qu'elle eut une belle unité. Il demeura, pendant la durée de l'Empire, à Edimbourg, où devait le ramener son dernier exil. Et c'est de là qu'il partit, quand les premières défaites annoncèrent la chute, pour se mêler aux rangs de l'ennemi et, par les armes prussiennes, conquérir à son frère le trône.

Cependant le roi ne se pressait pas de tenir sa promesse, qui était de faire connaître la Charte. Enfin il réunit la commission chargée de l'élaborer en lui soumettant au jour le jour ses travaux. Composée de dix-huit membres nommés par lui, de sénateurs, de députés, elle aboutit, après quelques jours à une approbation presque complète du projet royal, à elle soumis comme un ordre. Ce projet, qui devint la Charte, s'écartait déjà de la Déclaration du 2 mai, et il était visible que toute la pensée, même voilée, du régime allait être de jeter sur des ruines, non un édifice nouveau, mais des ruines semblables. Pour la religion, la Charte primitivement déclarait la religion catholique culte de l'Etat, et daignait accorder sa protection aux autres cultes. Il fallut la protestation de Boissy d'Anglas pour modifier un peu la formule où la religion catholique demeure d'ailleurs la religion d'Etat.

Pour la presse, c'est bien pis: la Déclaration avait promis la liberté. La Charte parlait « de prévenir et de réprimer ». Seul le second mot résista à la timide épreuve que fit subir au document souverain la commission. « Le roi propose la loi ». C'est à peine si, par voie d'amendement, la commission fit admettre pour la Chambre le « droit de supplier » le roi de déposer un projet de loi. Enfin la Charte supprime le Sénat, dont cependant la Déclaration faisait mention. Elle y substitue la chambre des Pairs et, ainsi, les sénateurs, qui ont proclamé la déchéance impériale, à leur tour connaissent la déchéance. Quand vint la discussion sur la Chambre, le débat fut brusqué par le président Dambray: l'empereur Alexandre s'impatientait et le roi avait demandé à la commission de presser ses travaux. On ajourna la discussion sur l'origine de la Chambre, mais il fut acquis que l'électorat serait acquis par tout homme de 25 ans payant 300 francs d'impôts et l'éligibilité par tout homme de 30 ans en payant 1 000.

Ce fut tout. Le 4 juin, une assemblée extraordinaire réunit le Parlement auquel venait rendre visite le roi. Les mêmes acclamations qui avaient assourdi Napoléon partirent des mêmes poitrines à l'adresse du souverain impotent dont la débilité physique faisait déjà l'objet des quolibets populaires. Le roi parla un langage modéré et la cérémonie fut close.

Telle fut l'histoire de cette charte hâtive, document mensonger qui devait essayer de tromper une nation, qui contenait, pour la duper, les mots nécessaires, et dont chaque acte du pouvoir allait faire éclater la perfidie.

La Charte fut affichée dans Paris. Elle promettait, comme on l'a vu, la conservation des droits acquis et le respect des situations personnelles. Au fond, par elle-même, il n'y avait rien de nouveau, et la Restauration, en apparence, devenait le plagiaire des autres régimes. Qu'avait fait la Révolution, sinon abolir les privilèges, ouvrir à tous l'accession à la propriété, décréter l'égalité devant la loi ? La Charte, en appelant tous les Français à tous les emplois, en maintenant l'ordre de propriété, en promettant de respecter les personnes, nonobstant leurs opinions, consacrait, après Napoléon, l'œuvre révolutionnaire. Elle ne l'eût pu extirper d'un coup sans fouiller jusque dans les entrailles du pays et sans risquer une révolution nouvelle, celle des intérêts compromis ou menacés. Ainsi l'œuvre sociale de la Révolution demeurait entière : elle était mêlée à l'âme et à la conscience même de la nation et l'ancien régime revenait trop tard pour en anéantir la substance.

De plus, Napoléon avait créé autour de lui des fonctionnaires et réparti entre leurs mains les délégations indispensables dont sa main avare mesurait et dosait la portée. Toutes ces créations administratives étaient respectées. On peut dire, par conséquent, que la Restauration, malgré ses prétentions, subissait l'ordre de choses présent. Elle laissait éclater son désir de rétrograder jusqu'à l'ancienne époque, plus par les discours des hommes, les excès, les provocations, les défis, le défilé des costumes, la réintégration des anciennes modes, que par le fond même des choses. Le roi, les émigrés, les royalistes se résignaient à l'état présent et aspiraient au retour vers l'état ancien. C'est de ce contraste, tour à tour atténué ou violent, entre le vœu des hommes médiocres qui s'étaient, par la main du malheur, abattus sur la France, et le vœu secret et durable des choses indifférentes, c'est de cette contradiction que viendront les difficultés, ensuite les soucis, puis les fautes, enfin les catastrophes par où s'effondrera au soleil de juillet la monarchie française.

Et ces fautes ne furent ni longues à venir, ni faciles à réparer. Napoléon avait disparu, ne laissant rien derrière lui. Suffisant à tout, il avait étouffé les initiatives, abaissé les caractères, laissé prise seulement à la rouerie d'un Fouché ou d'un Talleyrand. Personne ne pouvait se vanter d'avoir été à son école et à personne il n'avait permis de conquérir dans l'État une telle place que cet homme pût maintenant servir utilement la royauté nouvelle.

On s'en aperçut vite et c'est dès le début du règne que la folie, l'incapacité, la cupidité, par dessus tout la profonde ignorance de la France va précipiter le régime vers la ruine. Pour le tenir debout, il eût fallu des hommes qui, au rebours de la formule célèbre « aient tout oublié et tout appris », qui n'eussent pas voulu, de tous les ressorts de leur entêtement sénile ou maladif, refaire dans des cadres nouveaux une monarchie, qui eussent compris leur siècle. On l'a vu, ce n'était pas le roi, moins encore son frère, moins encore sa maison et son entourage qui étaient capables de cet effort ou même de ce désir.

On commence par froisser le commerce avec la fameuse ordonnance du 7 juin qui, soit à Paris, soit en province, rétablit l'obligation légale du repos dominical, et interdit le dimanche même le colportage, même la circulation

des voitures. Après les intérêts matériels du plus grand nombre, de cette petite bourgeoisie qui trafique, vend, transige, s'occupe, ce sont les intérêts des paysans qui, d'un seul coup, sont ébranlés. Le Gouvernement propose à la Chambre un projet de loi tendant à restituer leurs biens non encore vendus à une série d'émigrés. Cette restitution, lésait l'État seul qui perdait par là un revenu annuel de neuf millions, à un moment où le baron Louis avouait dans le premier budget de la Restauration un arriéré de 754 millions à payer, legs de l'Empire, avec des recettes minimes et précaires pour y faire face. Déjà, d'ailleurs, la Convention, après le 9 thermidor, et le Directoire, et le Consulat, et l'Empire avaient agi de même. Ce ne fut donc pas le projet qui porta atteinte à tous ces intérêts, mais le scandaleux discours du représentant du Gouvernement, Ferrand, qui annonça que cette mesure était un commencement, qu'il faudrait qu'un jour vienne où la restitution soit complète au profit des bons Français qui avaient suivi l'émigration. La cynique insolence de l'orateur royal jeta la consternation parmi les amis intelligents du régime : la Chambre donna mandat à son commissaire Didret de repousser vivement, non le projet, mais les considérants. Mais la menace était faite ; sans compter qu'à la cour des Pairs qui, après la Chambre, adoptait le projet, Macdonald déposait un amendement, non discuté, mais qui posait le principe des restitutions par voie d'indemnité et qui fut le germe du milliard des Émigrés.

En vain Chateaubriand, qui avait été un des artisans de ce régime, le suppliait-il de ne pas s'attacher au cadavre de la monarchie ; des sarcasmes venaient le souffleter, et la folie continuait. Après les intérêts matériels, ce furent les intérêts moraux. Un projet de loi sur la presse n'exemptait de la censure que les publications qui avaient plus de trente feuilles, et soumettait toute publication de journal à l'autorisation royale. Cette fois, la Chambre refusa d'accéder à ce projet dont Royer-Collard avait rêvé de faire la cuirasse du régime nouveau. Il fallut que le ministère acceptât de réduire de trente à vingt le nombre des feuilles qui échapperaient à la censure et de déclarer que cette loi, organique, au début, serait provisoire et ne durerait que jusqu'en 1816. Tous ces débats, d'ailleurs médiocres, où les orateurs se suivaient sans se répondre, lisant leur discours, n'eurent aucun retentissement ; mais le pays les supportait mal, et, divisé contre lui-même, excité par les émigrés dont l'insolence s'était accrue et qui trouvaient sans vigueur ce gouvernement, effrayé par les menaces d'expropriations prochaines et de prochaines explations, il se demandait déjà ce qu'il avait gagné à la chute de l'Empire. De plus, les mêmes impôts, et la conscription, cette plaie du Premier Empire, demeuraient. Le comte d'Artois avait bien promis, en effet, leur suppression, et la Déclaration du 2 mai avait bien souscrit à cette promesse ; mais la réalité était là.

Une autre réalité, plus dure : Louis XVIII avait signé le honteux traité du 30 mai où il avait d'ailleurs été entraîné par son frère, lequel y avait été conduit, le 23 avril, par Talleyrand. Il fut peu de traités, même au lendemain de déroutes nationales, qui égalèrent celui-ci. Il cédait tout : les colonies, une partie de l'Inde, nos forteresses, nos canons; en outre, la France, par lui, s'engageait à accepter, quel qu'il fût, le résultat du congrès de Vienne qui s'apprêtait ; de plus, huit millions étaient prélevés sur le budget en déficit pour payer les signataires de ce traité. En même temps, comme pour tenir la gageure de gouverner contre tous, c'était l'armée que le général Dupont frappait. On a peine à croire que la courtisanerie ait pu descendre à ce degré, ou la rancune contre l'empereur, auquel ce ministre devait, d'ailleurs, un injuste abaissement. Dès ses débuts, Dupont prend les mesures les plus propres à soulever des colères dans un milieu qui, déjà par les circonstances, était aigri. Certes, la Restauration ne pouvait, ne devait pas garder l'armée de l'Empire : elle se proposait un autre objet que le rapt permanent qui veut les armes prêtes et les mains promptes. Aussi, si la promesse de supprimer la conscription était une menteuse et irréalisable promesse, la France ne pouvant pas ne pas avoir de troupes, du moins le licenciement des soldats et des cadres en surcharge était-il une mesure juste et d'ailleurs nécessaire. Mais, aux yeux même d'une politique secondaire, cette mesure eût évité son propre danger qui était de créer un mécontentement redoutable, de faire de chacun des hommes renvoyés un agent violent d'opposition. Un tact incomparable était nécessaire; on eut la lourde main de Dupont. Il supprimait des officiers, mais il organisait la maison royale, la dotait de compagnies innombrables, couvrait de galons et de croix de jeunes émigrés imberbes, d'un seul coup promus. Le comte d'Artois, le roi lui-même, ayant pris l'habitude de revêtir des uniformes, la courtisanerie parodia ce travestissement : il fallut donner des autorisations de colonels et de lieutenants-généraux afin de satisfaire à cette mode : naturellement, c'était le budget qui soldait ces caprices. Ce n'est pas tout : après avoir licencié 2 400 officiers, on renvoie 1 100 invalides dont le traité du 30 mai avait supprimé le titre de Français et qui se trouvaient être nés à l'étranger, on en renvoie 1 200 dans leurs foyers avec une pension dérisoire. Ce n'est pas tout encore : un projet réprend une ordonnance de 1751 qui exigeait, pour l'entrée dans les écoles militaires, un parchemin témoignant de cent ans de noblesse ; mais devant la répugnance de la Chambre on retira le projet. On en proposa un autre : sur quatre maisons de la Légion d'honneur, on en supprime trois. Même protestation, même retraite. Mais qu'importait? Le coup était porté, l'intention perçait. Et si les actes eussent cessé d'être éloquents, restaient les paroles : un jour, le duc de Berri, qui s'essayait gauchement au métier de général, passa une revue. Un officier lui demanda la croix de Saint-Louis. — Pourquoi? dit le duc. — J'ai servi trente ans la France. - Trente ans de brigandage! s'écria le duc qui, d'ailleurs, croyant effacer la mauvaise impression produite, accorda la croix. On en accordait bien d'autres, avec des titres de marquis! L'armée subissait, en cachant mal son ressentiment, cette situation, lorsqu'en une soirée, on lui enleva Dupont, pour le remplacer, au ministère, par le maréchal Soult.

Celui-ci qui, retenu jusqu'au 10 avril à Toulouse, par l'armée de Wellington, n'avait pu venir tout de suite apporter ses services à la monarchie nouvelle, avait, depuis, regagné le temps perdu. Il avait reçu en paiement de platitudes le commandement militaire de la Bretagne : c'est là que, pour fournir un gage de plus, il prit l'initiative d'élever un monument aux Vendéens tombés à Quiberon sous les coups de Hoche. Une chapelle se dressa, qui existe encore et où la spéculation tire profit, avec des larmes, de la mort. On le récompensa en l'appelant à la tête de l'armée et il promit de la « royaliser ». Ses débuts furent malheureux ; il voulut frapper de non-activité le général Exelmans, dont une lettre à Murat avait été saisie, et le renvoyer au loin, dans la Meuse. Celui-ci, dont la femme accouchait, refusa de partir et mit l'épée à la main pour défendre son domicile. On viole le domicile, on maltraite une femme malade ; toute l'opinion se retourna contre le brutal agent de la réaction royaliste, et Exelmans — qu'un conseil de guerre allait acquitter — cingla le maréchal, son camarade de régiment, en lui rappelant en termes cruels la communauté de leur origine, la pureté de leur ancienne pauvreté et la différence actuelle de leurs revenus.

Ainsi tout conspirait contre les Bourbons, et les Bourbons eux-mêmes. Incapable de rien voir par ses yeux éteints, le vieux roi se reposait sur Blacas, lequel ne savait rien, ne faisait rien, recevait les ministres, les congédiait, et n'oubliait pas, dit-on, le salaire de ses propres services dans la liquidation de la fortune privée de Napoléon. Le mécontentement, une irritation encore voilée, apparaissaient chez ceux-là mêmes qui, au sortir du régime impérial, avaient attendu au moins le repos du régime nouveau. Or, il n'apportait que des ferments de discorde et de haine. Qu'avait-on gagné à la substitution ? Question redoutable et que les esprits, insuffisamment distraits par le débat diplomatique de Vienne, se posaient chaque jour.

C'est le 1er octobre, qu'indéfiniment retardé, s'ouvrit enfin le célèbre congrès diplomatique, où, durant des mois, toutes les petites nations, guettées comme des proies, furent dépecées par les grandes. Les rois alliés avaient renversé Napoléon pour le punir de ses œuvres de violences : et ils allaient, dans l'ombre, renouveler cette œuvre à leur profit, frapper les coups de la force, piétiner les territoires trop faibles pour se défendre, fouler trente millions d'êtres dont l'existence historique devenait l'enjeu de cette discussion. Le rôle de chacune des nations était précisé d'avance et connues ses ambitions. Pour la France, on sait que par l'article 5 du traité du 30 mai, elle reconnaissait d'avance et acceptait le résultat des négociations. La Russie, l'Autriche, la Prusse, l'Angleterre, s'étaient instituées les directrices de la discussion : elles devaient décider et ensuite, ayant terminé, entrer en conférence entre la France, l'Espagne et les petits Etats.

C'était la France exclue de toute participation directe aux discussions, expropriée de toute influence. Il fallait un peu s'y attendre après le traité du 30 mai. Aussi Talleyrand, qui en était sinon l'auteur, au moins le complice, aurait-il été réduit à l'impuissance sans l'intervention de lord Castelreagh, représentant de l'Angleterre, qui, la première, et bientôt suivie par l'Autriche, se détacha de ce redoutable concert. L'Angleterre et la France protestèrent : le cercle fut élargi et désormais toutes les puissances furent admises à l'élaboration du traité. Comment et pourquoi s'opéra cette révolution diplomatique qui rompait l'alliance entre ces amis d'hier et les transformait en rivaux ? C'est qu'unis pour arrêter la marche de Napoléon, ces gouvernements devaient tomber aux plus méprisables disputes, dès que se poserait la question du partage. Chacun avait sur les dépouilles un droit qu'il croyait supérieur. Et c'est de cette violente rencontre des gloutonneries russe, anglaise, autrichienne, prussienne, longtemps contenues, que sortit le traité de Vienne.

L'Angleterre était satisfaite, sinon rassasiée : elle avait, de par le traité de Paris, Malte, la suprématie dans l'Inde où nous ne pouvions avoir qu'une troupe de police, les îles Ioniennes et le Hanovre. Seule nation coloniale, elle ne pouvait être inquiétée par les autres, mais elle avait la crainte que la Russie, qui gouvernait trois mers, ne s'agrandît au point de devenir une redoutable rivale, et, dès lors, elle devait, au sein du congrès, combattre ses prétentions. Elle n'y manqua pas.

La Russie et la Prusse avaient, au contraire, partie liée : la Russie avait pris la Pologne, accaparé ce qui était le bien de la Prusse. Elle n'entendait rien lui céder, et elle voulait, naturellement, que son alliée eût une compensation. Elle luttait pour que la Saxe fût entièrement incorporée à la Prusse qui se déclarait satisfaite moyennant ce salaire. Mais voilà ce que l'Autriche ne pouvait accepter sans risquer d'avoir près d'elle, pour voisine, une forte nation, la Prusse, au lieu de la Saxe, et pour autre voisine, la Russie. Elle devint donc l'alliée nécessaire de l'Angleterre, au sein du congrès.

Qu'allait faire la France? Vaincue, démembrée, abaissée, voilà que les compétitions les plus sordides lui restituaient le rôle d'arbitre. Il fallait qu'elle le prît. Et il ne lui était pas défendu d'exiger, pour prix de son concours, un avantage, par exemple la revision du traité du 30 mai, déjà entamé, puisque, nonobstant la clause de l'article 5 obligeant la France à se contenter de tout résultat acquis, celle-ci était la maîtresse de la situation.

Reviser le traité du 30 mai, c'était reconquérir une partie de nos positions, regagner quelques-uns des avantages si déplorablement concédés. On pouvait attendre de Talleyrand cet effort. Mais Talleyrand était parti de Paris avec des pouvoirs assez précis : c'était d'obtenir la restauration sur le trône de Naples du roi Ferdinand de Bourbon, c'est-à-dire le détrônement de Murat. Qu'importait à la France cette restauration? Elle ne lui était d'aucune utilité. Mais elle importait au prestige de la maison de Bourbon, et ainsi, tout le plan de notre ambassadeur fut de poursuivre cette vue égoïste et de faire triompher l'amour-propre royal. Pour aboutir à ce but, Talleyrand dressa une question de principes : c'était le respect de la légitimité. Au nom de la légitimité, Louis XVIII avait été replacé sur le trône; il fallait, au nom du même principe, restaurer Ferdinand. Et Talleyrand soutenait, cette thèse avec assurance, quoiqu'il fût lié par des promesses à Murat et, au dire de M. de Rovigo, attaché à lui par le don magnifique de 1 250 000 francs; il est vrai qu'au dire du même auteur Ferdinand avait fait agréer la même offre et ainsi M. de Talleyrand devait apprécier qu'il était indépendant.

La France, par son représentant, et pour un mince hochet, la couronne de Naples, avait posé le principe de la légitimité. Mais alors, et du même coup, elle était entraînée à soutenir, contre la Russie et la Prusse, le roi de Saxe, lui aussi roi légitime et qu'on voulait déposséder. La logique l'emporta, en effet, et M. de Talleyrand s'unit à Metternich et à lord Castelreagh, non par des paroles, mais par un traité secret, défensif et offensif, entre la France, l'Angleterre, l'Autriche, contre la Russie et la Prusse. Aux termes de ce traité, chaque nation alliée conservait ce qu'elle avait acquis. Belle ressource pour la France qui avait été démembrée et à laquelle on ne restituait rien! Chacune mettrait en ligne, pour défendre les droits de l'autre, 150 000 soldats.

La résistance de l'Angleterre, de la France, de l'Autriche aux prétentions prusso-russes irritaient l'empereur Alexandre qui avait ainsi vainement tendu la main pour recevoir des Bourbons le paiement de leur restauration et qui montrait par son attitude toute la colère que lui causait cette ingratitude. Il se résolut à un coup de force : il occupait militairement la Pologne en son nom et il occupait militairement la Saxe, au nom de la coulition, comme un gage, punissant ce pays de sa fidélité à Napoléon. Le 6 novembre, il céda la Saxe à la Prusse et M. de Nesselrode annonça qu'il y avait trois cent mille Russes en Pologne prêts à la guerre. La guerre, voilà où étaient acculées, cinq mois après la déchéance de Napoléon, ces nations qui s'étaient levées pour la paix. Des mois s'écoulèrent en conversations officieuses, en négociations privées, surtout en fêtes splendides et en festins, en intrigues d'alcôves dont M. de Talleyrand qui gardait toujours l'esprit libre, fit un récit libertin au vieux roi de la France. Enfin, au mois de février 1815, on finit par une transaction : on donna à la Prusse le duché de Posen, des territoires sur le Rhin, la Westphalie, 782 000 habitants de la Saxe, dont le roi se refusa à signer la cession. La Saxe, quoique réduite, échappa aux prétentions prussiennes. La Russie gardait le reste de la Pologne qu'elle devait reconstituer en royaume. La Belgique fut réunie à la Hollande pour former les Pays-Bas, donnés au prince d'Orange. L'Autriche prit la Vénétie et la Valteline ; en Italie, le roi de Sardaigne, Gênes ; l'Angleterre, Malte, les îles Ioniennes, Heligoland, le Cap, Ceylan, l'Ile de France.

La France ne recevait rien, naturellement. Mais ce traité, par l'égoïsme de la maison de Bourbon, lui devenait plus préjudiciable qu'il n'eût dû l'être.

En effet, les plénipotentiaires prussiens offraient de former, sur la rive gauche du Rhin, un État indépendant pour le roi de Saxe : c'était supprimer tout contact, par conséquent tout conflit avec la Prusse. Talleyrand refusa, au nom du principe de la légitimité. Ce congrès, qui avait eu la prétention d'établir l'équilibre européen, où, selon la théorie du XVIII° siècle, les peuples avaient été violentés sans leur avis, était assis sur un partage cynique et précaire. La base durable manquait, qui est le Droit.

Le congrès finit ainsi le 11 mars : il était clôturé par une somptueuse réception donnée en l'honneur du souverain chez M. de Metternich. Soudain on vit se lever, décomposés, l'hôte et ses invités royaux. Une stupeur tragique figea les visages et un seul mot de bouche en bouche courut : *Il est en France!* M. de Metternich venait d'apprendre, sinon la fuite de Napoléon qu'on savait depuis quelques jours absent de l'Ile d'Elbe et qu'on croyait en route pour les États-Unis, mais son débarquement sur la côte de Fréjus. La fête finit comme une déroute. Hâtivement, les diplomates se réunirent pour mettre Napoléon au ban de l'Europe. Restait à exécuter l'arrêt.

CHAPITRE III

LES CENT JOURS.

De l'Ile d'Elbe à Paris. — Fuite de Louis XVIII. — Napoléon, la France et l'Europe. — L'acte additionnel. La Coalition. — Waterloo. — Rôle de Grouchy. — Napoléon et le Parlement. — La seconde abdication de Sainte-Hélène. — Jugement sur Napoléon.

Dans les huit derniers jours avant de quitter la France, en 1814, Napoléon, de Fontainebleau, avait pu mesurer, aux premiers ordres du comte d'Artois, sa capacité, et prévoir la longue série des fautes qui engendreraient, pour le régime, l'impopularité. De fidèles avis l'avaient rejoint à l'Ile d'Elbe, d'où il n'avait cessé de préparer son retour. Il paraît bien certain que ce retour fut hâté par les nouvelles venues de France et qui lui signalaient les fureurs de l'armée et la déception des citoyens, par les nouvelles que la princesse Pauline lui rapportait de Vienne, et qu'elle tenait elle-même de la société élégante et légère qui paradait autour du congrès. Aux derniers jours, en effet, on avait agité la question de savoir si Napoléon n'était pas, si près de l'Europe, un danger imminent pour elle, et si d'Italie, où fermentaient tant de passions, Murat, qui en pouvait devenir l'instrument, n'attirerait pas cet homme de rêve et d'action. Mais ces nouvelles ont mûri, elles n'ont pas fait naître en Napoléon un projet qu'il avait conçu au fond même du malheur.

Il regardait l'horizon et attendait l'heure, lorsque, vers la fin de février 1815, il reçut un envoyé du duc de Bassano, M. de Chaboulon. Ce dernier a donné immédiatement le récit — en 1820 — de son entrevue : il fit à Napoléon un saisissant tableau de la France, de sa colère, de sa fidélité, de sa fiévreuse attente. Aucun esprit n'est plus enclin à la crédulité que celui qui désire fortement un résultat. Napoléon prit son parti, et, maître de lui, ne laissant paraître que la flamme inquiète du regard, fit ses préparatifs. Le 27 février, avec 400 hommes, Bertrand, Drouot, Cambronne, il s'embarque sur le brick l'*Inconstant*, se réservant seulement de dire en pleine mer son projet à ses soldats transportés.

Fatale erreur d'un génie que l'ambition brûlait trop vite, lui dérobant tout sang-froid! Au moment où Napoléon partait, le congrès de Vienne n'était pas encore dissous : Napoléon n'en avait connu que les querelles, et, sur la foi de ces disputes, il partait, les escomptant comme un commencement de désunion en Europe. Il ne se disait pas qu'il était le trait de concorde entre tous ces intérêts alarmés, et qu'à la seule nouvelle de son départ tous ces appétits hostiles se trouveraient unis dans une coalition défensive. Sans doute, la coalition se serait quand même formée, mais moins vite, et Napoléon avait surtout besoin de temps.

Il débarque le 1ᵉʳ mars à Fréjus, lit aux soldats sa première proclamation, rédigée en mer, leur rappelle leur gloire, leurs combats, les entraîne. En quelques jours, Napoléon a dépassé Grasse, arrive à Digne, profite de la présence d'une imprimerie, et lance une proclamation nouvelle. Il arrive à La Mure, où seul, la poitrine découverte, il s'offre aux troupes envoyées pour lui barrer la route et qui l'acclament. Rien ne l'arrête, il veut gagner Grenoble, sentant bien que tant qu'il n'aura que des troupes bigarrées sous la main et pas un point d'appui, il sera un aventurier et non un empereur. La ville, aux ordres du général Marchand, était défendue. Mais le colonel Labédoyère entraîne vers Napoléon son régiment. La ville est fermée. Napoléon se présente, proclame la destitution de Marchand, fait lever le pont-levis et pénètre aux acclamations populaires. Là, il est l'empereur. A peine il s'arrête, brûle les étapes, va arriver à Lyon. Le comte d'Artois et le duc d'Orléans, envoyés par la cour, avec Macdonald, sont obligés de fuir tout seuls vers Paris. La foule, le peuple, les soldats, toutes les classes fraternisent et mêlent leurs acclamations : « A bas les nobles! A bas les prêtres! » Ce cri, que l'empereur a entendu, surtout dans l'Isère, qui le suit, lui montre les sentiments de tous, et qu'il ne pourra compter, dans la déchéance des corps officiels qui l'ont abandonné, que sur la rude survivance de l'esprit révolutionnaire. A Lyon, il saisit le pouvoir, et, de là, lance neuf décrets. Par ces

LE CONGRÈS.
(D'après un document de la Bibliothèque Nationale)

décrets, il révoque le mandat des chambres royales, convoque l'assemblée extraordinaire du Champ de Mai, casse les fonctionnaires, les généraux, les promotions, promet une constitution d'égalité et de liberté.

Pendant que ce rapide envahissement s'opérait, que faisait la cour à Paris? Rien : il lui était impossible de considérer comme une offensive sérieuse la marche triomphale de l' « usurpateur ». Le roi comptait sur la légitimité de ses droits contre l'illégitimité des baïonnettes qui, de plus en plus nombreuses, se rangeaient derrière Bonaparte. On finit par prendre quelques mesures : c'est ainsi que le comte d'Artois, avec le duc d'Orléans, dont certains signalaient l'ambition comme un péril, et Macdonald furent envoyés à Lyon, où l'armée, comme on l'a vu, les hua. Le duc d'Angoulême partit pour le midi, et le duc de Bourbon, pour la Vendée. La presse officieuse représentait Napoléon s'avançant difficilement sur les chemins, ne rencontrant que l'indifférence des populations ou même leur colère. Le *Journal des Débats*, au moment précis où Napoléon entrait à Lyon, le disait en fuite sur les crêtes « montagnes » du Dauphiné. Pendant ce temps, Napoléon brûle les étapes, arrive à Auxerre, où il reçoit Ney tout tremblant, Ney qui avait promis à la royauté l'éclat de son épée et qui revenait à la suite de Napoléon, lui amenant le corps d'armée de Lons-le-Saunier, ou plutôt suivant l'entraînement irrésistible de ses soldats. A partir de ce moment, la marche vers Paris ne fut qu'un long triomphe : Napoléon, en calèche, avait peine à se frayer une route.

Il fallut bien que la cour et les ministres cependant apprissent la vérité. Alors, on tint conseil. Cette discussion confuse, où la terreur planait sur toutes les têtes, ne laissa place à aucune proposition sérieuse. M. de Blacas voulait que Louis XVIII allât, entouré de toute la cour, à la rencontre de Napoléon. A son seul aspect, « l'usurpateur » et sa bande s'inclineraient. Mais Louis XVIII était d'une famille qui avait appris que Bonaparte s'inquiétait peu des titres et du rang et du nom et que les fossés de Vincennes étaient très près de la barrière. Il refusa d'être l'acteur sacrifié d'une inutile parade. Marmont, un stratège, offrait de résister dans les Tuileries! Louis XVIII pensa que, à qui avait été jusqu'à Moscou, le palais royal offrait un rempart dérisoire. Seul, M. de Vitrolles donne le conseil le moins impraticable : aller à La Rochelle, se garder à droite par Bordeaux, à gauche par Angers, dans ces régions royalistes, et résister, ayant à portée la flotte anglaise. Le roi prit un moins dangereux chemin : ce fut celui d'un nouvel exil et qu'il connaissait pour l'avoir suivi lors de l'émigration. Sans prévenir personne, il partit de soir, enveloppé, dans sa lourde voiture, d'un linceuil de pluie, accompagné de Marmont, de Macdonald, oubliant ses lettres, la correspondance de Talleyrand, mais emportant les diamants de la couronne. Après lui, le duc d'Orléans, le comte d'Artois partirent avec une pauvre armée de partisans. Le roi alla se fixer à Gand, où toute la Cour et le comte d'Artois le vinrent rejoindre. Disons tout de suite que les résistances royalistes en province furent vaines. En Vendée, le duc de Bourbon fut obligé de fuir à travers champs, le soulèvement sur lequel il comptait ne s'étant pas opéré. A Bordeaux, la duchesse d'Angoulême harangua les troupes, reçut à nouveau leur serment, puis fut abandonnée à ses sanglots, reconduite avec égards, la ville se livrant sans combattre au général Clauzel.

Le duc d'Angoulême résista plus longtemps.

Il remonta de Marseille à Montélimar, qu'il emporta. Mais, entouré par Gilly et Grouchy, il dut se rendre et fut remis en liberté aux frontières sur l'ordre de Napoléon qui portait déjà le poids du cadavre du duc d'Enghien. De Vitrolles, maître de Toulouse, fut arrêté et emprisonné à Paris.

Dans le palais déserté le 20 mars au soir, Napoléon pénétra. Les acclamations, moins nourries cependant qu'il ne l'avait pensé, l'accueillirent comme tout vainqueur, et à bras d'hommes il fut transporté dans les salles resplendissantes où, les lèvres flétries par tant de serments contradictoires, fonctionnaires et courtisans l'attendaient. Il avait réussi dans cette entreprise fabuleuse et montré une fois de plus que l'audace violente la fortune. Mais son regard, moins hautain, aussi perspicace, apercevait la vérité. Un mot, profond et triste, lui vint : « Ils m'ont laissé venir comme ils les ont laissés partir ». En effet, l'indifférence, ou plutôt la peur, dont l'indifférence est le masque obligé, était bien le sentiment d'une partie de la nation. L'armée, certes, depuis les sous-lieutenants jusqu'aux simples généraux, lui était comme un marchepied vivant pour une gloire nouvelle. Les mécontents, les aigris, tous ceux qu'un régime, quel qu'il soit, irrite, l'appelaient, mais il est injuste de dire que toute la nation se précipita vers lui : au contraire, l'élite légale de la nation lui était hostile. La plupart de ses anciens maréchaux, qui avaient le désir de savourer dans la paix les jouissances à peine goûtées, avaient rejoint Louis XVIII.

Des fonctionnaires, des magistrats résistaient.

Le reste se taisait et les clameurs de la soldatesque ne pouvaient être, même pour une oreille pervertie par la musique des louanges, le cri unanime d'une nation.

Napoléon ne s'y trompa pas. C'est une justice que de reconnaître d'ailleurs qu'il accomplit tout ce qu'il fallait pour essayer de rassurer autour de lui l'Europe et la nation. Quelle différence avec les Bourbons ! Ceux-là étaient revenus chargés de haines et de tristes souvenirs ! Napoléon, dès les frontières du Dauphiné, au rude contact d'une population qui lui parlait de « droits », d'« égalité », de « liberté », avait tout compris. Dès cette première rencontre, il se mit au même niveau et il parla un langage consulaire plus qu'un langage impérial. Il continua à Paris. « Nous avons tous fait des sottises », aimait-il à répéter. Et il appelait Benjamin Constant, en dépit d'un violent et récent article où celui-ci lui déclarait la guerre, pour lui confier le soin de rédiger une Constitution. « Je veux surtout la liberté de la presse : on ne peut pas étouffer la pensée. » La Constitution fut rédigée : elle accordait à la nation à peu près les garanties que la Charte lui avait promises et, sur ce point, la nation pouvait être rassurée. En en entendant la lecture, Napoléon dut quelquefois se contenir. Il ne fit que deux objections : la Constitution, dans l'esprit de Benjamin Constant, inaugurait une ère nouvelle et elle ne mentionnait pas l'Empire. Napoléon ne voulut pas rougir d'un passé qui était le sien et à juste titre, car comment Benjamin Constant pouvait-il s'imaginer qu'un trait de plume suffirait pour effacer l'histoire? De là le nom d'*acte additionnel* aux Constitutions de l'Empire que prit la Constitution. Napoléon voulut garder le droit à la confiscation sur les émigrés. C'était, disait-il, sa seule arme contre des ennemis irréductibles.

L'acte additionnel fut mis aux voix dans le pays et recueillit 1 557 150 voix, sur lesquelles l'armée de terre et la marine comptaient pour 250 000 voix. Il n'y eut que 4 206 non. Comme tous les plébiscites, celui-ci ne pouvait apporter aux pieds de l'empereur la vérité. Ces consultations où celui dont le sort est en jeu tient les urnes et où on se doute bien qu'en cas d'échec il résistera par la force, ne valent que comme des caricatures du suffrage universel.

Et puis la nation ne crut pas, ne put croire à ces promesses. C'est que la bouche qui les balbutiait avait trop souvent donné des ordres pour meurtrir la liberté. Napoléon fut-il sincère à cette heure? Il est permis d'en douter. Il était faible. Son étoile avait pâli, subi une éclipse, et il redoutait pour elle une totale obscurité. Il avait été vaincu : donc, il pouvait l'être. Et, fin politique, il essayait de ruiner momentanément les causes de sa défaite, de montrer qu'il n'était plus le même homme à une nation qui, elle aussi, débarrassée pendant un an de sa lourde tutelle, n'était plus la même.

Il s'aperçut vite de la défiance qu'il causait dès l'élection et la réunion des Chambres. On élut président Lanjuinais, et parmi les vice-présidents La Fayette. Ces choix lui étaient sensibles. Il ne parut pas affecté, parut à la réunion des députés, lut son discours où il prenait à témoin ses sentiments nouveaux, en appelait à la paix, se déclarait obligé de lutter contre la coalition qu'il n'avait pas provoquée, offrait non plus le masque dur et provocant du guerrier, mais le profil du monarque constitutionnel. Il dut sentir que toutes ces avances où se pliait son génie indompté étaient inutiles. Il l'avait même senti avant de se venir heurter au froid contact de la représentation. C'est pour cela, et en prévision de cela, qu'il avait organisé la réunion du Champ de Mai. Là, sur une estrade, il vit défiler tous les soldats. Entouré d'éclatants uniformes, il jura, sur l'Évangile, fidélité à la Constitution, et puis, debout sur une sorte de trône élevé, il savoura les acclamations de toute l'armée, contempla, confondues avec l'horizon, des têtes et encore des têtes dont les mille regards cherchaient le sien. Dernière et théâtrale journée de triomphe! Ce n'était pas d'ailleurs uniquement pour se montrer que l'empereur avait organisé cette parade. C'était pour dresser l'armée contre la représentation, qu'il sentait hostile, la nation militaire contre la nation légale. Certes, la nation n'était pas avec Napoléon, mais elle était bien peu avec la Chambre, dont le système d'élection faisait une réunion étroite, égoïste, glacée, minorité infime dans cette France, où le peuple se taisait loin des bruits guerriers, loin des intrigues parlementaires.

Chateaubriand, dans un brûlant pamphlet, rendit compte, de Gand, de cette revue. « Ceux qui vont mourir te saluent, César ! » C'est ainsi qu'il traduisait l'acclamation militaire qui, pendant tout un jour, enivra Napoléon. Il avait raison. L'Europe, qui avait mis « l'usurpateur » hors la loi, s'apprêtait à exécuter l'arrêt. L'armée russe, commandée par Alexandre, sortait lentement des brumes du nord et s'avançait vers la France. L'armée autrichienne, commandée par Schwartzenberg, était prête. L'armée prussienne, commandée par Blücher, passait le Rhin. L'armée anglaise était debout. Et l'effectif de toutes ces troupes montait au total formidable de 794 000 hommes.

Que pouvait leur opposer Napoléon ? Il n'avait rien trouvé en France. L'armée, les tronçons d'armée qu'il avait laissés après tant de batailles, était dissoute. Le traité du 30 mai avait livré toutes les forteresses et toutes les munitions et tous les approvisionnements. Et c'était un double dommage, car la France s'était dessaisie au profit de l'Europe. Autre péril : le traité du 30 mai avait ramené la France à ses frontières de 1700 et, par là, des villes autrefois éloignées de la frontière et sans défense étaient redevenues des villes de premier rang, avec de dérisoires ouvrages de guerre pour les protéger. La lutte paraissait impossible.

Parut-elle impossible à Napoléon lui-même ? Il faut le croire, et c'est à ce sentiment de faiblesse qui lui fut communiquée par la vision d'une telle déchéance militaire qu'est due sans doute son attitude vis-à-vis de l'Europe. Comme il convenait, un peu de politique s'y mêla, et il ne lui était pas indifférent d'apparaître à tous, non comme le provocateur, mais comme la victime de la coalition. Voilà pourquoi, à peine arrivé à Paris, il veut communiquer avec les diplomaties. Vains efforts, que même l'habileté et l'autorité de Caulaincourt, son ministre des affaires étrangères, ne peuvent seconder ; on arrête à la frontière les courriers portant à l'Europe les déclarations pacifiques de celui dont les chevaux avaient en tous sens piétiné les royaumes. Même une lettre à sa femme est décachetée, détournée par l'empereur d'Autriche, qui n'eut pas de peine à retenir à Vienne l'insensible idole à qui Napoléon avait demandé une filiation maladive. Cependant, il avait agi avec célérité et avec adresse : il avait fait placer sous les yeux d'Alexandre la correspondance de Talleyrand au congrès de Vienne, et le traité secret du 3 janvier, ce traité fait contre la Russie et la Prusse par l'Angleterre, la France et l'Autriche, et il escomptait la colère naturelle du tsar. La communication fut trop tardive, le représentant de Russie et celui de l'Autriche étant demeurés à Paris. L'empereur avait presque réussi à gagner Metternich. Mais c'est le moment que choisit Murat pour déclarer la guerre, Murat qui l'avait trahi, Murat qu'il avait fait prévenir, avant de quitter l'île d'Elbe, de ne pas gêner ses plans par un soulèvement inopportun. Metternich vit en Murat l'allié de Bonaparte et ne crut pas à la sincérité de ses propositions. L'Europe agita ses armes et, une fois de plus, la France devint le camp retranché sur lequel la fureur de tant de nations spoliées, y compris l'Espagne gagnée à la coalition, allait se précipiter.

Napoléon avait d'ailleurs prévu cet échec. Comment ne l'aurait-il pas deviné ? Qui pouvait, en France ou en Europe, croire à ses paroles de paix et s'imaginer que la main tant d'années crispée sur l'épée allait écrire tout à coup de douces idylles ? Son génie impétueux, violent, absolu, rapace, ce génie dont il avait été si souvent fier, maintenant se retournait contre lui. On ne pouvait, on ne voulait pas croire que, soudain, cette rage de conquêtes se fût concentrée en amour exclusif pour les œuvres de paix. On sentait que si un an, deux ans lui étaient laissés, il ferait une armée nouvelle, s'en servirait comme d'un instrument de rapt, de meurtre et de vengeance. Malheur aux imprudents monarques qui auraient laissé respirer le terrible ennemi ! Quelles tempêtes sur leurs trônes, et quels châtiments sur leurs têtes ! Il valait mieux lutter tout de suite, alors que, vide de sang et de force, la France, encore meurtrie et, d'ailleurs, divisée contre elle-même, ne pouvait qu'un médiocre effort.

Certes, ces empereurs, ces rois ne représentaient pas l'Europe. Ils feignaient de se lever pour la liberté des peuples contre l'oppresseur. Or, au congrès de Vienne, ils avaient mutilé l'Europe, ils avaient foulé les nationalités et, par l'instrument diplomatique, commis les mêmes violences que Bonaparte par son épée. Ils ne défendaient pas que leur couronne, leur famille, leur prestige. Ils représentaient aussi le principe de la légitimité brisé par la France, et c'est en ce sens qu'on peut dire qu'à travers Bonaparte, bénéficiaire plus qu'héritier de la Révolution, ils voulaient châtier la nation deux fois insolente qui, en exécutant son roi, avait effleuré du glaive toutes les têtes couronnées, qui, en suivant sur les champs de bataille Bonaparte, avait pendant quinze ans jeté l'Europe dans la terreur et dans le sang. Le gouverneur des Provinces du Rhin appelait les soldats prussiens au partage anticipé de la nation française, et le *Mercure du Rhin* publiait ces lignes : « Si nous avons de justes motifs pour vouloir que Napoléon disparaisse de la scène politique comme prince, nous n'en avons pas de moins grands pour anéantir les Français comme peuple... Le monde ne peut rester en paix tant qu'il existera un peuple français... Qu'on le change donc en peuple de Neustrie, de Bourgogne, d'Aquitaine... »

Et le malheur, c'est que Bonaparte, pour son compte, représentait les mêmes privilèges, défendait la légitimité récente dont il était le robuste ouvrier. La nation allait payer sa folie dernière, mais la nation n'était plus derrière lui. Ce n'est pas de sa cause qu'il était le champion ; il le vit bien de suite. Certes, il y eut dans l'armée un enthousiasme frénétique, et il serait injuste de passer sous silence bien des dévouements qui se sont manifestés. Carnot essaya de renouveler les miracles de la Révolution : on fondit des canons, on créa des ateliers, on fit appel à tous les ouvriers, on enrégimenta toutes les ardeurs et tous les courages. Bonaparte, dix-huit heures par jour, surveillait, activait, soufflait sur cette immense forge créatrice de mort de toute la force de sa vie. Mais qu'on était loin des enrôlements volontaires! Voici ce que Bonaparte recruta : l'armée, à son arrivée, possédait 175 000 hommes, il la porta à 375 000. Par quels effectifs? Il rappela les anciens soldats, les soldats retraités, l'ancienne jeune garde, et ainsi, sur 200 000 hommes nouveaux, sait-on pour quel chiffre comptaient les engagés volontaires? Pour vingt mille ! C'est la traduction exacte et brutale de tout l'enthousiasme dont l'histoire napoléonienne a créé la légende. Vingt mille hommes seulement se sont offerts! Sans doute, la France avait été épuisée. Mais elle avait des ressources. Elle ne donne que vingt mille hommes! Où étaient les enrôlements volontaires? Où était la furie patriotique d'autrefois? Où étais-tu, cité héroïque que la Révolution garda des souillures étrangères où trois fois en un siècle le despotisme noya ta liberté?

Et même cette armée tout entière ne pouvait, et pour trois motifs, lui servir d'immédiat instrument. Tout d'abord, en dépit de tous les efforts, elle n'était pas tout entière armée, équipée, aguerrie. De plus, il fallait bien garder les places, assurer la sécurité intérieure en cas de revers. Enfin il était nécessaire, dans l'ouragan effroyable qui jetait sur la France toute l'Europe, de garder toutes les frontières. De cette armée, Napoléon dut donc distraire 12 000 hommes pour surveiller la Vendée, avec Lamarque et plus de 45 000 échelonnés le long de la frontière espagnole ou sur le Rhin, ou dans le Var. Que lui restait-il exactement : 115 000 hommes distribués en corps d'armée différents, dont les chefs étaient : comte d'Erlon (1ᵉʳ corps, 18 040 h.); comte Reille (2ᵉ corps, 25 539 h.). C'est dans ce corps que le général Foy commandait une division. Vandamme (3ᵉ corps, 15 290 h.); comte Girard (4ᵉ corps, 14 160 h.). C'est dans ce corps que le général de Bourmont commandait une division. Comte Lobeau (6ᵉ corps, 11 770 h.); garde impériale (18 520 h.); Grouchy (réserve de cavalerie, 11 290 h.); artillerie (7 020 h. et 750 canons). Quant aux armées ennemies, nous voulons parler de celles qui étaient en état sur le Rhin et sur la frontière belge ; elles étaient commandées: l'armée anglo-hollandaise par Wellington, avec 102 500 hommes, et l'armée prussienne, par Blücher, avec 133 000 hommes. L'armée anglaise, qui séjournait aux alentours de Bruxelles, et l'armée prussienne, qui était sous les murs de Namur, séparées l'une de l'autre par quelques lieues, étaient donc au double de l'effectif français.

Napoléon hésita quelque temps sur le plan à suivre, et réunit un conseil de guerre. Il semblait que son ancienne hardiesse l'eût abandonné. On agita longtemps la question de savoir quel serait le théâtre de la guerre, si ce serait les plaines de la France, où l'on attendrait l'ennemi, ou si ce serait en Belgique que se livrerait le combat. Napoléon, fidèle à sa tactique habituelle, qui était l'offensive, et soumis aussi aux délibérations du conseil qui penchait pour la défensive, mêla les deux tactiques : il conservait en France des garnisons sédentaires, qui seraient la seconde ligne sur laquelle l'ennemi viendrait se briser, mais il irait en avant surprendre dans leur inertie trompeuse les armées ennemies.

Elles sommeillaient, en effet, l'une à Bruxelles, l'autre à Namur. Le 12 juin, à trois heures du matin, Napoléon ayant, sous la présidence de Joseph, installé un conseil de gouvernement, quitte Paris. Il rappelle Ney de sa terre du Coudray, rejette le concours que lui offre Murat vaincu, repentant, mendiant sur la côte de Cannes un commandement, nomme Soult major-général de l'armée. Ce choix tombant sur l'homme de guerre, d'ailleurs médiocre, qui avait si platement servi la veille encore la cause des Bourbons, causa à l'armée une pénible surprise. En quelques jours Napoléon est en Belgique. Que faire? Attaquer du même coup les deux armées, supérieures en nombre, c'est rassembler contre lui une partie de la coalition. Il faut les attaquer séparément. Par laquelle commencer? Napoléon va bondir sur Blücher. Pourquoi ? Il escompte la tranquillité britannique, et espère qu'avant que Wellington soit venu au secours de Blücher, il en aura fini avec ce dernier. Le lendemain, il jettera sur l'armée anglaise ses troupes enivrées par la victoire.

Les ordres partent : on va attaquer Blücher, dont les corps dispersés sont éloignés les uns des autres, et n'ont pas, par prodige, connu l'arrivée de Napoléon. Mais déjà la fortune, si longtemps complice, marque son infidélité. Le matin du 25 juin, à cinq heures du matin, Bourmont monte à cheval, dépasse avec son état-major les lignes françaises, et passe à l'ennemi. Il avait la veille reçu les ordres généraux de marche. En quelques heures il fut à Namur. A-t-il communiqué ces ordres? On ne sait. Mais il importe peu. Sa seule arrivée décelait la présence d'une armée proche, et le vieux Blücher allait se dresser. Au lieu de surprendre l'ennemi, Napoléon allait le rencontrer en armes. Il fallait changer de plan.

Tel fut l'effet premier de la trahison de Bourmont, qui affecta l'empereur et jeta dans l'armée le doute. De ce jour, l'armée se crut trahie par ses chefs, et quand résonnera, le soir de Waterloo, le sinistre cri : Sauve qui peut! c'est qu'on attribuera à la défection la manœuvre suprême de Blücher. Bourmont, ancien chef de chouans, avait obtenu des grades dans l'armée. Lobeau, Davoust avaient refusé ses services au début de la campagne; ce sont Girard et Ney qui l'avaient imposé. Il ne devait plus reparaître que pour poignarder Ney de son perfide témoignage devant la Cour des Pairs, et plus tard, sous les murs d'Alger, où il chercha une réhabilitation impossible, et que l'histoire, quand elle est faite de justice, doit refuser à sa mémoire.

Napoléon précipite ses mouvements. Il marche en avant sur les Prussiens, dans la direction de Charleroi, avec la moitié de l'armée. Il culbute les premières divisions stupéfaites. A ce moment Ney, convoqué, arrive.

Napoléon l'envoie sur Bruxelles par la route qui passe aux Quatre-Bras, au Mont-Saint-Jean, à Waterloo, et lui donne l'ordre d'occuper les Quatre-Bras.

en ralliant le corps d'Erlon. Ney part, arrive devant la position qui lui apparaît comme abandonnée, s'arrête, comptant sur le lendemain pour agir. A ce moment, l'armée cessa d'être concentrée dans la main de Napoléon : obligé de la disposer pour ainsi dire en éventail, il confie l'aile gauche à Ney, l'aile droite à Grouchy, garde le centre. La journée du 16 va s'ouvrir.

Grouchy doit se diriger sur Sombref, et Ney sur les Quatre-Bras : ainsi la jonction de l'armée prussienne et de l'armée anglaise est impossible. Mais Blücher déjoue ce plan. Averti par la défection de Bourmont, il quitte Namur, où l'empereur le croyait, rallie ses troupes, marche vers l'armée anglaise, et l'empereur le trouve devant lui. Il voulait surprendre. Il est surpris.

Son rapide génie va faire surgir de cette situation une conclusion inespérée. Blücher s'est établi avec 95 000 hommes à Ligny : il faut que ce plateau entouré de ravins lui soit une tombe, et que là périsse l'armée prussienne. Que faire pour cela? L'attaquer tout de suite. Mais il faut aussi, pour achever la victoire, que Ney revienne sur la gauche, se rabatte, après avoir pris les Quatre-Bras, et alors tout est fini. Ordres sur ordres partent vers Ney qui, dans la pensée de l'empereur, a dû, la veille déjà, occuper la position. On attend des nouvelles de Ney qui reste muet comme il demeurera invisible. Il faut attaquer. Vandamme et Girard se jettent sur Ligny, prennent, perdent, reprennent le village. Ce fut une tuerie formidable, Blücher charge lui-même, tombe de cheval : deux fois, les cuirassiers français passent sur lui sans le reconnaître. Enfin, il se relève. La nuit vient. Il est battu, mais non cerné. C'est que Ney, qui aurait dû l'achever, ne s'est pas montré.

Que faisait-il donc? La veille du 16, pouvant occuper les Quatre-Bras, il ne l'avait pas fait. Le lendemain matin, lent à s'ébranler, il perdit du temps. Sur la position, il n'y avait qu'une brigade, celle du comte de Saxe-Weimar. Ney, d'un geste, eût acquis cette situation. Il laisse passer le temps, se plaint de manquer d'artillerie, attend. Mais Wellington a enfin été prévenu. La veille au soir, dans un bal, à Bruxelles, la terrible nouvelle l'a surpris en habit de fête. Il part, donne rendez-vous à tous aux Quatre-Bras. Dans l'après-midi du 16, il y avait une armée, là où la veille, le matin même, à peine quelques compagnies se montraient. Ney attaque, est repoussé, revient à la charge : cet inutile combat fut meurtrier, et 12 000 hommes en devaient de leur mort témoigner. Mais Ney fut rejeté, n'ayant pu avoir, pour le secourir, le corps de d'Erlon qui, ballotté entre lui et l'empereur, passa la journée, sous des ordres contradictoires, à évoluer entre le champ de bataille de Ligny et celui des Quatre-Bras. Faute capitale! Si Ney avait agi à temps, l'armée de Blücher, qui s'échappa, aurait été anéantie, et l'armée anglaise isolée ne risquait pas Waterloo. La route était libre jusqu'à Bruxelles...

La journée du 17 juin fut pour l'armée française une journée perdue.

Les A... is, apprenant la victoire des Français, se retirèrent, et Napoléon occupa les Quatre-Bras abandonnés. Wellington s'arrête au Mont-Saint-Jean et campe. Napoléon le suit. Il laisse son aile droite, avec Grouchy, pour surveiller la retraite des Prussiens ; il se rallie à Ney, il s'arrête devant l'armée anglaise. Son plan est fait : Grouchy empêchera la jonction des débris de l'armée prussienne avec l'armée anglaise. Et comme celle-ci a commis la faute suprême de s'adosser à une forêt, la forêt de Soignes, et de se couper la retraite, elle va périr.

La journée du 18 juin eut une aube triste et morne. La pluie, d'un ciel intarissable, tombait sur l'armée, noyait les routes, rendait tellement impossible la marche que c'est seulement à onze heures du matin que les dispositions purent être prises. Alors la bataille commença : l'aile gauche des Anglais fut abordée par Reille, qui la voulait rejeter sur le centre. Mais à peine la bataille était-elle engagée qu'un point noir se montra à l'horizon : c'était Bulow, parti de Worms le matin, qui arrivait avec 30 000 hommes, et que Lobau dut arrêter, pendant une grande partie du jour, avec 10 000 hommes.

Dès le début du combat, 72 000 Français se heurtaient à 70 000 Anglais. Maintenant l'armée ennemie était montée à 100 000 hommes. Napoléon, malade, courbé sur cette cuve formidable où bouillonnaient toutes les haines des peuples, comprit qu'il lui fallait Grouchy. Soult, par son ordre, envoie un premier courrier, puis un second, puis d'autres : les uns chargés de commissions verbales, deux autres de courts et énergiques billets. Inepte incurie du nouveau major général! C'est à un officier unique qu'il confie l'ordre capital, à un officier qui peut mourir, être arrêté, tomber de cheval, se tromper de route. Où était le prince de Neufchâtel, si prompt à saisir la pensée de l'empereur, et qui mettait en selle dix courriers pour un ordre ?

La bataille continue, sombre, féroce, barbare, se dessinant de plus en plus à l'avantage de Napoléon. Cependant, si l'aile droite anglaise est emportée, à la Haie-Sainte, au Mont-Saint-Jean, une barrière de fer et de feu arrête les plus impétueux élans. Ney se précipite, emporte enfin le plateau. Mais il s'enivre de sa victoire. Maître du terrain, il le couvre de la cavalerie. Celle-ci sabre tout, artillerie, cavalerie, fantassins épars, mais cependant ne brise pas les carrés.

Napoléon ne peut voir sans pâlir cette orgie de sang, orgie inutile où une bravoure incontestée s'affirmait, où s'épuisait l'âme de l'armée... C'étaient ses réserves qui, avant l'heure, se levaient pour combattre. Les Anglais, à ce moment, furent sauvés par l'impéritie même de Wellington. Ce dernier avait adossé son armée à la forêt de Soigne, se coupant ainsi toute retraite. Nul doute que, si une route libre se fût trouvée derrière elle, l'armée anglaise, ébranlée et déchiquetée, ne s'y fût engouffrée comme un torrent. Retenue sur le champ de bataille, elle y brava assez longtemps la mort pour y attendre la fortune. Elle repousse la cavalerie épuisée :

Il faut de l'infanterie à Ney. Mais rien n'existe autour de Napoléon que sa garde qu'il faut réserver. Déjà la jeune garde avait secouru Lobau écrasé, puis trois bataillons de la vieille garde avaient fait reculer Bulow. Il était près de sept heures du soir.

Il faut cependant reprendre le plateau. Dix bataillons de la garde s'avancent au pas, comme à la manœuvre. La mitraille, sur cette chair mouvante et impassible, tombait. Mais, meurtrie, sanglante, la garde montait, montait toujours. Tout est refoulé sous cette muraille hérissée de fer qui s'avance, les Hollandais, les soldats de Nassau, ceux de Brunswick. Pâle, les larmes aux yeux, comptant sur la nuit ou sur Blücher, n'ayant plus d'espoir, Wellington, immobile, attend. Les soldats de Maitland, couchés, se lèvent, et leur feu roulant brise la marche méthodique de cette armée. La garde recule.

Enfin le soleil se couche. Huit heures et demie du soir. Soudain, la fusillade éclate. C'est une troupe nouvelle, c'est Blücher : alors tout cède, tout fuit. Le sentiment qu'ils sont trahis une fois de plus terrifie les soldats, et le cri de déroute et de désespoir retentit. En vain, Ney, et d'autres hommes indomptables veulent retenir la cohue qui s'évade de la mort. Il n'y a plus ni chef, ni hiérarchie, ni drapeau. L'épouvante mène l'armée vers l'issue du champ de bataille. Blücher rencontre Wellington, et les soldats anglais joints aux soldats prussiens, formés en éventail, s'avancent, descendent les hauteurs escaladées, balaient, sabrent, mitraillent. Entre les deux grands côtés de ce triangle formé par les ennemis, et dont le troisième est une foule en fuite, entre ces deux bras sinistres comme ceux de la mort qui va les saisir, cependant des hommes demeurent immobiles, debout sur leur tombe volontaire. Ce sont les hommes de la vieille garde. On leur crie de se rendre : un hurlement répond à cet outrage. Leur carré hérissé ne cède pas sous l'avalanche humaine. Il faut du canon pour l'entamer. Ce carré devient un triangle, puis s'amincit encore, se fond, se dilue sous l'ouragan de flammes. Alors les hommes marchent vers la mort, frappent et tombent.

Napoléon a vu depuis une heure le désastre : à ses pieds, sous les yeux, sa fortune expirait. Il ne sortit de sa stupeur que pour aller s'enfermer, l'épée à la main, dans le dernier carré. On l'entraîne, on le sauve. Quant à la nuit, elle fut sinistre, sous la lune éclatante dont chaque rayon dénonçait les replis de chemin où se cachaient les vaincus, où mouraient les blessés. La cavalerie de Blücher, lâchée, se vengea sur des hommes désarmés ou expirants, se vengea dix heures durant, par le fer et par le feu, achevant tout, tuant tout, écrasant tout de l'insolente et invincible armée qui, tant de fois, avait sillonné l'Europe de sa marche et promené les aigles dans les capitales.

Et Grouchy? Que faisait Grouchy? Comme après toutes les grandes catastrophes, on chercha à fixer sur une tête la responsabilité tout entière, et le marquis de Grouchy mourut en 1846 sans avoir pu soulever le poids de tous les reproches. Il faut d'ailleurs résolument écarter de sa mémoire l'accusation de trahison : officier exclu comme ex-noble de l'armée, par le décret de la Révolution à laquelle il avait spontanément offert ses armes, il servit au second rang, avec quelque distinction, pendant l'Empire. La veille même de Waterloo, il recevait le maréchalat comme récompense de sa fermeté avec le duc d'Angoulême, son prisonnier. Il devait être poursuivi, proscrit, condamné, et mourir écrasé en même temps sous toutes les accusations, dont la plus légère accable son incapacité militaire. Où est la vérité ? Elle n'est ni avec Grouchy qui s'excuse totalement, ni avec ses accusateurs acharnés.

Le 17 juin, Napoléon avait donné à Grouchy l'ordre suivant qui était verbal, que Grouchy reconnaît avoir reçu : « Mettez-vous à la poursuite des Prussiens... Ne les perdez jamais de vue. » Il faut dire qu'à ce moment on avait perdu dix-sept heures mises à profit par Blücher pour évoluer.

Dans la journée du 18 juin, deux ordres écrits furent envoyés au maréchal par le major-général Soult. L'un, lui recommandant de « lier les communications » avec l'armée de l'empereur, est daté de 10 heures du matin, du champ de bataille de Waterloo; l'autre, daté de 1 heure, lui recommandait « de manœuvrer dans la direction » de Waterloo et de tomber sur l'aile droite ennemie.

Certes, ces ordres annulaient l'ordre de la veille : mais le premier arriva à Grouchy à quatre heures et le second à sept heures du soir. A quatre heures, Grouchy n'était pas libre : malgré lui, soutient-il, Vandamme s'était laissé attirer dans les rues de Wavres par les Prussiens et il ne put le dégager de son âpre combat. A sept heures, il était trop tard. En fait, les officiers de Soult avaient mis six heures pour lui porter la volonté de l'empereur.

Mais les ordres verbaux, Grouchy a toujours nié les avoir reçus : pour le premier, cela paraît établi. Quant au second, le débat reste ouvert. Il ne nous paraît pas possible, quant à nous, qu'il en ait été ainsi et, afin d'enrichir d'un document de plus la discussion qui s'est élevée, nous tenons à citer partie d'une lettre qui vaut comme un témoignage et que nous tenons de l'amabilité de notre ami Gabriel Deville. Elle est écrite par son grand-père intervenant dans l'une des nombreuses querelles de presse qui s'élevèrent entre Grouchy et ses anciens lieutenants Gérard et Berthezène.

« Monsieur le rédacteur,

« Acteur très secondaire dans le drame à l'occasion duquel un débat vient de s'engager entre le général Berthezène et le maréchal Grouchy, j'en ai retenu quelques scènes.

« A ce titre, je puis, non pas donner de grands éclaircissements, mais fournir mon petit contingent dans les renseignements que ce débat doit provoquer.

« Je n'ai ni reçu, ni surpris des secrets, j'ai vu et je vais rapporter des faits, si vous avez la complaisance de leur accorder une place dans votre journal.

« Avant de raconter, que je vous dise ce qui m'autorise à m'ériger en narrateur :

« Capitaine dans un 5ᵉ bataillon du 102ᵉ régiment de ligne détruit dans le cours des deux campagnes, j'entrai, par suppression de cadre, en novembre 1813, dans le 123ᵉ régiment en garnison à Wesel.

« Le 27 avril 1814, et sur mon refus formel de signer une adhésion à l'avènement des Bourbons, je dus donner ma démission pour me soustraire aux velléités un peu despotiques de M. le général Burke, sacrifiant ainsi mes services et quatorze campagnes.

« En avril 1815, voyant la France menacée d'une nouvelle invasion, j'offris mes services pour la combattre. Ils furent acceptés et, le 2 mai, je reçus l'ordre de rejoindre, avec mon grade, le 90ᵉ régiment de ligne, ancien 111ᵉ. Ce régiment avait son rang de bataille à la gauche de la division Gérard, qui formait elle-même la gauche de l'armée commandée par le maréchal Grouchy, et se trouvait, le 18 juin 1815, aux environs de Wavre.

« Mes titres et ma qualité bien établis, voici mon récit :

« Le 18 juin, dans la matinée, un officier d'ordonnance venant du quartier général de l'empereur, demanda à la gauche de notre régiment où il pourrait trouver le maréchal Grouchy auquel il portait des ordres ; nous lui fournîmes des indications et il partit.

« Dans la journée, et au moment où la canonnade faisait trembler la terre sous nos pas, un second officier d'ordonnance venant du même point et accompagné de quelques lanciers, s'adressa à moi et me dit :

« Je viens porter l'ordre au maréchal de marcher vers sa gauche ; trans-
« mettez cet ordre à votre colonel pour qu'il commence ce mouvement qui
« sera suivi et exécuté sans retard par les autres corps, en attendant que je
« puisse parler au maréchal. »

« Je me rendis immédiatement auprès du colonel Sauzet et je lui transmis l'ordre tel que je venais de le recevoir.

« Le colonel Sauzet quitta l'ordre de bataille et prit celui de colonne pour marcher vers sa gauche. Mais, soit que les autres corps ne suivissent pas le mouvement, soit qu'il reçût un contre-ordre, ce que j'ignore entièrement, le mouvement s'arrêta là.

« Nous restâmes dans cette situation et dans une immobilité absolue jusqu'à trois, quatre ou cinq heures du soir. Alors on parut se décider à marcher, mais en hésitant, en tâtonnant, vers la canonnade qui avait considérablement diminué.

« Après une heure ou environ de marche, on s'arrêta et, une demi-heure après, nous rebroussâmes pour reprendre à peu près les positions que nous occupions dans la journée et où nous passâmes la nuit : on nous fit savoir vaguement que l'empereur avait éprouvé quelques revers...

« Tarbes, 13 juillet 1870,
« J. DEVILLE. »

Voilà donc ce qu'établit un témoin désintéressé qui a vu, qui a entendu. Il n'est pas douteux que Grouchy a reçu et connu l'ordre verbal qui l'aurait dû faire marcher vers la gauche. La gauche, c'était Waterloo. Et quand même, au surplus, les ordres ne lui seraient pas parvenus? Il entendait le canon et de l'effroyable tumulte tout tressaillait autour de lui. Des généraux, des officiers, des soldats même le suppliaient de marcher. Il hésita, marcha, s'arrêta, finit par ne plus vouloir. Il invoquait l'état des chemins. Il dit: les chemins furent les mêmes pour les Prussiens qui débouchèrent à huit heures du soir sur l'infernal plateau. La vérité c'est que Grouchy a trop interprété littéralement l'ordre de l'empereur : Il devait suivre les Prussiens. Il a pensé n'être qu'en observation. Suivre les Prussiens, c'était surveiller leur marche, empêcher leur jonction avec Wellington, et, ne le pouvant pas, joindre Napoléon pour lui apporter le secours de trente-cinq mille hommes. Il ne comprit pas, esclave de cette obéissance passive qui anémie le cerveau, brise les ressorts de l'initiative, substitue la consigne à la conscience, et, deux fois dans le siècle, en 1815, à Waterloo, en 1870, à Metz, où des généraux devaient supporter la trahison de leur chef sans murmurer, deux fois en un siècle, fit descendre le pays au fond du désastre.

Celui-là, du moins, pouvait-il être évité? Ce n'est pas douteux, et la plus âpre critique ne peut reprocher aucune faute professionnelle à Napoléon. C'est à tort que M. Thiers affirme que son plan exigeait, pour le succès, la rencontre impossible de trop de circonstances favorables. Aucun plan ne fut plus simple et plus digne de couronnement triomphal.

On a reproché à Napoléon d'avoir choisi Soult comme major-général. Ce choix, certes, était impopulaire. Mais sur qui pouvait s'arrêter le regard de l'empereur? Tous ses maréchaux l'abandonnèrent : Berthier, Marmont étaient à Gand avec Louis XVIII ; Moncey, Mortier, Macdonald refusaient de marcher ; Augereau était indigne et plus que lui encore Murat. Restaient de la grande armée Ney, Davoust, Soult, Brune qui furent employés. On lui a reproché d'avoir écarté Murat de l'armée, et on pense que, sur le plateau du mont Saint-Jean, Murat eût achevé les Anglais, à la tête d'une cavalerie qu'il eût, mieux que Ney, électrisée. Mais Napoléon, deux fois trahi, manqua de confiance et qui sait si Murat, que sa félonie dépouillait de son ancien prestige, assimilé à Bernadotte, eût eu, sur une armée qui flairait la trahison, la moindre autorité?

Quant au plan militaire, on se demande au contraire comment il n'a pas réussi. L'empereur est arrivé d'un bond, sans être arrêté entre Namur et

Bruxelles. Il allait surprendre Blücher. Qui a prévenu ce dernier ? La défection de Bourmont. Or, malgré tout, n'était-ce pas là un acte exceptionnel ? Il a enfermé Blücher dans Ligny et l'y a battu. Qui l'a empêché de l'achever ? L'inertie de Ney qui s'arrête devant les Quatre-Bras. On lui a reproché de n'avoir le lendemain engagé l'action qu'à onze heures, trop tard, et on a fait remarquer que si la bataille avait commencé plus tôt, Wellington eût été écrasé plus tôt ; avant l'arrivée de Blücher. Les historiens oublient que la pluie tombait à flots, et que si le temps eût permis un engagement plus matinal, Bulow et Blücher, qui furent retenus par l'état des routes, eux aussi, seraient arrivés plus tôt. La bataille se livre, que manque-t-il pour achever les Anglais ? Grouchy. L'inertie de Ney, la veille, celle de Grouchy, le lendemain, étaient-ce là des faits normaux et qui pussent rentrer dans les prévisions du général en chef ? Jusqu'au bout, sur le terrain de la stratégie, l'empereur est demeuré un joueur impeccable, et le désastre est dû à la défection de Bourmont, à la mollesse de Ney, à l'incertitude de Grouchy !

Mais les fautes de ces deux derniers étaient des fautes professionnelles et si le regard veut aller plus haut il découvre une responsabilité définitive, celle de l'empereur, militairement indemne, moralement, humainement coupable. Si Ney, aux Quatre-Bras, Ney dont l'ardeur et l'audace croissaient toujours avec le péril, a perdu tant d'heures, c'est que le moment était venu, pour lui et pour ses camarades, de la lassitude. La guerre leur était une corvée et non plus une joie. Chargés de titres, de majorats, de dotation, ivres de gloire, ils s'étaient amollis et Ney avec eux et comme eux. Aucun n'avait plus d'intérêt aux succès de l'empereur. Et, si Grouchy n'a pas marché vers le combat, c'est qu'il attendait des ordres précis. Napoléon avait toujours tout accompli par lui-même, tout concentré dans sa main puissante, et par là il avait habitué ses généraux à ne plus voir, à ne plus penser. Vienne l'heure de l'action et de l'initiative et la volonté si souvent annulée se refusera ! Aussi Napoléon est responsable et avec lui son système de gouvernement. Pour avoir méprisé, abaissé, flétri l'humanité, avoir voulu la gouverner uniquement par la corruption et la servitude, pour n'avoir désiré que des hochets et des instruments, Napoléon a succombé sur le champ de bataille de Waterloo. Le despotisme mourut de ses excès et ce sont certes deux sentiments très conciliables que ceux qui animent les hommes libres, à la vue de ce spectacle, quand ils pleurent sur une défaite nationale tout en se réjouissant de la défaite impériale.

Que serait-il arrivé si Napoléon eût été vainqueur ? La question, souvent posée, n'est pas, comme on l'a dit, insoluble : il eût été vaincu. Certes, s'il avait écrasé Blücher à Ligny et Wellington sur la route de Bruxelles, ou tous deux ensemble à Waterloo, il eût jeté la terreur sur les trônes, mais aussi l'exaspération et le désespoir qui font consentir à toutes les résistances. Or, Alexandre et Schwaatzenberg, avec deux armées toutes fraîches, arrivaient.

Certes, Napoléon aurait pu agir. Il aurait eu une armée électrisée par la victoire, exaltée par l'enthousiasme, il eût reçu des renforts et des secours, eût acquis des concours, mais la France était épuisée par la Révolution et par

LE DESTIN DE LA FRANCE. — Souvenir de 1815.
(D'après une estampe de la Bibliothèque Nationale.)

l'Empire et de ce pauvre corps anémié qui ne gardait qu'un peu de sang au cœur, qu'aurait-il pu tirer? Une seule hypothèse s'offre consolante : Napoléon, profitant de son décisif avantage, offrant la paix d'une main loyale, tenant sa parole. Mais voilà l'insaisissable chimère! Napoléon victorieux eût surgi devant chaque trône comme un justicier. Chacun des souverains aurait expié dans la terreur le mortel outrage dont son front à lui avait rougi au jour de l'abdication.

Quant à continuer la campagne après la défaite, cela tenait du délire et aucun homme sensé n'a été le complice de Napoléon, arrangeant un peu, dans l'exil, le récit de ses révoltes ou de ses velléités. Après la défaite dont le poids écrasait sa stature, Napoléon vint à Laon. On discuta la question de savoir s'il attendrait là l'armée, ou s'il rentrerait à Paris. Napoléon était d'avance gagné à ce second projet. Il se rappelait que son absence lui avait été, en 1814 fatale et que les intrigues l'avaient exilé à Fontainebleau. Il partit et le 20 juin, à 11 heures du soir, descendait à l'Elysée...

Ce n'était plus le même homme qui l'avait quitté, redoutable encore, le 12 juin. Quelle semaine effroyable! Vaincu, malade, les nuits sans sommeil, les jours sans repos, toutes les responsabilités de la défaite, tant de clameur tant de sang, la joie qu'il devinait chez les souverains, tout cela l'avait anéanti. Il ne devait pas retrouver, avant trois jours sa hardiesse ordinaire. La Chambre s'était réunie de plein droit sous la présidence de Lanjuinais ; elle se déclare en permanence. Que faire ? La question se posait pour elle et pour lui. Dans la vacance du pouvoir, nul n'osait prononcer le premier la parole décisive quand, surgi de son long et lointain exil, parut Lucien. Il complétait bien son frère Louis, car il avait, dans les catastrophes civiques où fléchissait la volonté fraternelle, l'audace et la décision que l'empereur retrouvait aux armées. Il conseillait la résistance, mais il la conseillait à un homme épuisé dont l'attention même ne se pouvait fixer. A la Chambre, après avoir sommé les ministres de parler, on s'enhardit. Quelques députés parlèrent d'abdication. Lucien, nommé pour la circonstance commissaire du gouvernement, arrive, monte à la tribune, spectre du dix-huit brumaire, parle d'abord devant la stupeur de l'assemblée qui attend les grenadiers, offre, de la part de l'empereur, la continuation de la guerre et pour la direction un accord avec l'assemblée. De violentes protestations accueillent le mandataire qu'on croyait l'agent d'un coup d'État nouveau et d'ailleurs impossible. La Fayette réplique par une foudroyante apostrophe et Lucien se retire.

« Il faut abdiquer ou dissoudre ». Tel est le mot de Lucien à Napoléon. Celui-ci se débat, attend. L'assemblée qui a senti le péril s'agite et se soulève. On réclame l'abdication. Le bureau tout entier est délégué au gouvernement. Celui-ci, morne, abattu, effrayé, est décidé à l'abdication. Benjamin Constant aussi. Et tandis que la pauvre foule trompée, meurtrie, qui elle, ne voit et ne sent que la souillure étrangère, acclame encore l'empereur, lentement celui-ci cède et signe.

L'assemblée lui avait fait connaître qu'elle lui accordait une heure — ou qu'elle proclamait la déchéance.

Napoléon abdique pour son fils : la Chambre accepte son abdication et aussi la Chambre des Pairs. Mais dans cette acceptation les deux chambres avaient pris soin de ne rejeter ni de n'accepter la succession de Napoléon II et à la Chambre des Pairs, un violent débat s'était élevé entre Labedoyère qui plaidait la nullité de l'abdication si les conditions n'étaient pas respectées et foudroyait d'invectives la courtisanerie de tous ceux qui, rampant la veille devant le maître, le répudiaient.

« Au nom de qui parlez vous, si ce n'est pas au nom de Napoléon ? » disaient les partisans de la régence. « Au nom de la nation », répondait Dupin. Grand mot et grande chose, mais seulement pour ceux qui le comprenaient et ne faisaient pas de ces terreurs et de ces désastres le moyen d'une restauration meurtrière de la nation elle-même ! Or, à ce moment, quand les ennemis s'avançaient, que Blücher était à Saint-Quentin et Wellington tout près de lui, l'écheveau des intrigues cosmopolites était tour à tour brouillé et débrouillé par la main souillée de Fouché. Celui-ci était devenu, à l'intérieur, le chef du Gouvernement provisoire, avait fait nommer Davoust général en chef de toutes les troupes. Il n'avait jamais eu qu'une pensée, avant et pendant les Cent-Jours : trahir l'empereur au profit du duc d'Orléans. Régicide, il se confiait au fils de Philippe-Égalité, rêvait d'un régime constitutionnel où il eût été le maître, avec un Parlement asservi, dont il aurait gouverné la pensée. Il avait fait prévenir le duc d'Orléans, en Angleterre, et s'était abouché avec Wellington. Mais, en attendant, le péril était immense : l'armée se concentrait et réclamait l'empereur. Il était impossible d'obliger cette armée à incliner ses aigles devant un autre souverain. Que faire ?

Précisément, aux visites qu'il recevait, Napoléon reprenait courage. Indigné contre l'assemblée qui n'a pu fermement décider qu'elle accueillait Napoléon II, il tente de faire préciser cette question : Defermon et Regnault-Saint-Jean-d'Angely vont aller saisir la Chambre. Le discours de Defermon séduit l'assemblée, mais la réponse de Dupin la rejette à l'extrémité opposée. A ce moment, l'infernal Fouché va profiter de tant de circonstances : il presse les députés, surtout Manuel, d'intervenir en faveur de Napoléon II. Et pourquoi ? Pour calmer l'armée en lui jetant un nom révéré et écarter Napoléon Ier. Et Manuel, dupe inconsciente de cette intrigue, parle, s'agite, triomphe ! Napoléon II est proclamé par la Chambre des députés et la Chambre des Pairs.

Reste Napoléon Ier. Fouché lui fait demander de s'éloigner à la Malmaison. L'empereur, redevenu docile, obéit, part. Il demeure là de mortelles heures, soumis à toutes les révoltes et l'instant d'après à tous les abattements, tantôt prêt à monter à cheval pour aller à Paris, tantôt enfoncé dans un fauteuil profond. Cependant, le Gouvernement provisoire, comptable de sa personne, de son évasion, effrayé de ses moindres actes, veut le presser de partir. Un navire américain est dans le port du Havre et Decrès le lui offre. Une invincible défiance le retient. Et cependant, il avait formé, en ces jours sinistres, le rêve d'aller aux États-Unis, de devenir cultivateur, de remuer d'une main légère cette terre qui, elle, au moins, n'avait pas reçu l'inutile et sanglante semence où avait crû sa gloire fatale. Les heures passent. Il offre au Gouvernement de combattre, comme général, soumis d'avance aux lois. Mais on prévoit le salaire formidable que réclamera le général et on refuse. Dernier geste du guerrier dont la main retombe inerte et désormais ne tiendra plus l'épée que comme un ornement.

Enfin il va partir. La terre, les hommes, tout semble le rejeter, tout le presse, les amis sûrs, les ennemis, les dévouements et les ingratitudes, et jamais homme peut-être n'avait pesé plus lourdement sur le sol de sa patrie. Transformé en secrétaire du général Secker qui était devenu son gardien, dissimulé dans une voiture ordinaire, en costume bourgeois, accompagné de Gourgaud, de Bertrand, de Savary, il traverse Rambouillet, tend pour la dernière fois l'oreille au canon, puis traverse Tours, Poitiers, Niort, sans incidents notables, arrive enfin à Rochefort. Il va de là à l'île de Ré. Par les soins du Gouvernement, deux frégates stationnaient, prêtes à l'emporter aux États-Unis. Mais il avait perdu, on avait perdu tant de temps que le *Bellérophon*, navire anglais, vint commander le passage. Que faire ? A considérer ce navire, débris d'Aboukir, vieux et sans vigueur, on pouvait devant lui cingler vers l'horizon. On hésite. Ne peut-on aller à l'embouchure de la Gironde ? Là se trouve un navire de guerre français dont le capitaine est sûr. On recule, on hésite. On va partir sur un navire de commerce danois. Mais sa suite retient Napoléon. Sans force, sans courage, accablé par la capitulation de Paris, ne cherchant que le repos, enfin il se décide à monter sur le *Bellérophon*, plaçant son infortune sous l'égide de l'Angleterre. C'était le 15 juillet. Il s'embarqua, reçut du capitaine Maitland et de l'amiral Hotham, sublimement survenu, toutes les marques du respect. Le voilà parti pour la côte anglaise, il arrive, il va descendre, mais on l'arrête : l'hôte est devenu prisonnier de guerre. On tente même de lui enlever son épée, on lui dérobe les tristes débris de sa splendeur et, en dépit de l'anathème où il soulagea son âme et qui souffleta l'Angleterre, il est embarqué sur le *Northumberland* et vogue vers Saint-Hélène où, trois mois après s'être rendu au capitaine Maitland sur le *Bellérophon*, il aborda.

La honte de l'Angleterre fut, il faut le dire, moins dans l'internement dont elle frappa Napoléon que dans les mesures prises par elle pour garder sa proie. Napoléon, par la puissance de son individualité et les redoutables retours de son génie, était l'effroi de l'Europe. Où le placer? Il avait demandé à séjourner en Angleterre sous le nom du colonel Muiron, un tendre ami de sa jeunesse qui se fit tuer pour lui au pont d'Arcole. Mais sa présence eût gêné l'Europe comme le voisinage d'un volcan. Sans compter la fascination extraordinaire qu'il exerçait. Singulier et véridique état d'esprit! Lord Castelreagh le redoutait à cause de la sympathie qu'il aurait conquise en Angleterre. Les équipages des navires anglais qui l'ont transporté à l'île d'Elbe et puis en Angleterre, et enfin à Sainte-Hélène lui étaient dévoués au point que, dans le trajet de l'Atlantique, l'amiral Colnburn redoutait une sédition !

L'Angleterre avait eu — ou du moins son gouvernement — le projet de le rendre à Louis XVIII comme un sujet rebelle que le roi eût fait fusiller. Malgré tout, elle recula devant cette ignominie. Et même elle s'attacha la complicité de l'Europe entière, y compris celle de la France, par le choix de l'île, par la nomination de commissaires de surveillance dont le plus dur fut le commissaire français, M. de Montchenu, ancien officier de Brienne avec Bonaparte.

L'Europe ne se sentait en sécurité que par l'éloignement du monstrueux génie qui l'avait ébranlée si souvent et elle confiait aux profondeurs de l'Atlantique l'homme qui trouvait pour lui l'Occident trop étroit et qui, maintenant, devait se contenter d'un rocher perdu. On peut trouver que le repos de l'Europe valait cette réclusion : on peut trouver que les vingt milliards (soixante de notre monnaie) que Bonaparte avait coûtés à l'Angleterre valaient qu'elle se gardât, qu'elle gardât l'Europe. Mais était-il nécessaire à l'histoire du peuple anglais qu'il vengeât sur un prisonnier les terreurs de la défaite? Or jamais persécution ne fut plus basse en sa minutie préméditée. L'amiral Colkburn refuse à Napoléon — par ordre du gouvernement — le titre d'empereur: on le traite comme un général anglais en disponibilité. Blessure d'amour-propre inutile ! A Colkburn, en 1816, succède Sir Hudson Lowe, geôlier déséquilibré, dont le haïssable profil, dès la première rencontre, fut intolérable au captif. Pendant quatre années, ce gardien fit de chaque heure du jour une amertume : surveillance étroite, suspicion aiguë, précautions outrageantes, insinuations fielleuses, partout des yeux ouverts où se lisait une joie insolente, brillant la nuit comme des regards de hyène, rien ne manqua au régime moral du prisonnier, dont le régime matériel se fit de privations honteuses et d'avaricieuses économies. Si l'on veut, par une simple anecdote, se faire une idée de la situation de Napoléon, voici qui vaut mieux qu'un tableau. Un jour, Montholon fit don à Montchenu, le commissaire français, de haricots blancs et verts. Simple présent, et bien innocent ! Hudson Lowe découvrit le germe d'un complot, transmit fièrement à son gouvernement cette trouvaille: que ces pauvres légumes étaient un symbole, les haricots blancs désignant le drapeau blanc et les haricots verts l'empereur, dont le costume avait cette couleur ! ! ! Hudson Lowe, même pour l'Angleterre, s'est déshonoré à cette besogne et il est mort disgracié, sans pension, victime du gouvernement royal qui, l'ayant employé, le répudia avec une trop tardive pudeur.

Sous cette folie délirante, Napoléon expira pendant quatre années, peu à peu, livré à toutes les misères domestiques, arbitre des querelles puériles qu'une étiquette ridicule soulevait dans son entourage, n'ayant de loisir qu'à dicter ses *Mémoires*, où il a préparé et défendu son procès devant l'avenir. Le reste du temps, des promenades à cheval, quelques rêves, la contemplation dans l'espace de l'enfant débile à qui il avait de sa propre main préparé un si dur destin, à la fin, des travaux de jardinage, telles furent ses journées jusqu'en 1821, où il mourut le 5 mai à 5 h. 50 du soir, non d'une maladie de foie inventée par le médecin anglais O'Meara, qui voulait le faire ainsi changer de résidence, mais, comme son père, d'un cancer à l'estomac. On ne put même inscrire un nom sur son cercueil, Hudson Lowe, au terme d'une querelle sacrilège avec l'entourage, ayant refusé de laisser graver le titre impérial, comme si le splendide néant de ce titre pouvait encore effaroucher le monde ! Le monde, à ce moment, l'avait oublié ; la France ne prêta qu'une attention distraite à la nouvelle, comme si, après avoir épuisé pour cet homme prodigieux ses réserves d'admiration et d'épouvante, elle ne lui pouvait plus rien donner.

Il est à la fois aisé et malaisé de juger Napoléon, car il ne fait naître aucun sentiment moyen : il emporte l'enthousiasme ou la haine, et ces sentiments extrêmes trouvent pour s'exprimer de faciles formules. Cependant l'histoire, à moins de s'assimiler à la polémique, doit se garder de ces violences dont la vérité a horreur. On a cru porter sur l'homme et sur l'œuvre un jugement certain, flatteur ou désobligeant, au gré des partis, en disant que Napoléon représentait la Révolution armée et, selon l'expression célèbre, « Robespierre à cheval ». Jamais plus injuste outrage n'a été jeté au noble vaincu de Thermidor. Ce n'est pas seulement parce que Robespierre, gardien vigilant des trésors civiques, a toujours redouté le péril militaire et fut, peut-être, le seul révolutionnaire qui ait eu la prescience de tout ce que les aventures armées coûteraient à la démocratie. C'est aussi, c'est surtout, parce que personne, plus que Bonaparte, n'a haï la Révolution. Certes, par son origine, par la violence du rapt dont il frustra la monarchie légitime, par l'audace avec laquelle il fonda devant le droit divin le droit de sa famille, il fit, dans l'ordre dynastique, une révolution. Il était bien obligé de s'appuyer à l'extérieur sur l'armée dont il rassasia les chefs, à l'intérieur sur le paysan qu'il rassura dans la juste et libre possession des biens nationaux.

Mais cela était dans la logique violente de son entreprise : pour la nation, il était le rempart devant l'émigration, non seulement parce qu'il était l'ennemi-né des nobles, mais parce que lui aussi, comme le paysan, aux yeux des nobles, était l'usurpateur. Leurs usurpations prétendues se prêtèrent appui. Mais il fut le successeur, non l'héritier de la Révolution. Il ne fut même pas son successeur nécessaire. Car pour garder les trésors humains par elle acquis, elle était, même devenue débile, assez forte, avec le million d'hommes que Bonaparte a livrés au massacre ! Les hommes de Marengo, d'Austerlitz, d'Iéna, de Wagram, de Saragosse, de la Moskowa, de Leipsick, de Montmirail, de Waterloo, auraient été capables de garder à la France ses frontières naturelles et au-dedans ses droits.

Il avait, au contraire, la haine et la terreur de cette Révolution, si justement dure aux chefs militaires, l'horreur de tout ce qui prenait même la pâle figure de la liberté, l'horreur du parlementarisme, et combien de fois ne flétrit-il pas les « idéologues », les « bavards », les « Jacobins » ? Aux Cent Jours, par ruse politique, il accepta des institutions semi-libérales, mais vainqueur, il les eût balayées. Il avait dans l'oreille, comme une obsession douloureuse les cris « A bas les prêtres ! A bas les nobles ! » que de Grenoble à Auxerre il avait entendus en revenant.

Quand Carnot lui proposa la levée en masse, il refusa, aimant mieux se priver de l'ardent élan du peuple que d'emprunter à la Révolution une de ses mesures. Depuis la défaite, les acclamations de ce peuple qui voyait en lui le seul homme capable de refouler l'invasion et avec elle les nobles, le touchèrent à peine. Il ne leur fit pas appel pour les jeter sur le Parlement rebelle, non par amour de la liberté, mais par dégoût de l'instrument populaire : le peuple ne lui pouvait apparaître que sous la livrée éclatante des batailles. Il attendait tout des baïonnettes, rien des bras nus et libres. Hors l'armée il n'y avait pour lui que « la canaille » et il aimait mieux la chute qu'une pareille élévation.

Ce qui frappe le plus, après l'éclat, c'est le vide de cette œuvre, gigantesque par les moyens et nulle par le but : il ne s'agit pas seulement de juger le résultat. C'est le but poursuivi qui doit inquiéter, et s'il fut grand et noble, encore qu'il ne fût pas atteint, l'histoire en tient compte. Qu'a-t-il voulu ? On saisit les excès de sa volonté, on n'en saisit pas le désir. Il a tendu tous les ressorts de son être vers le commandement, la domination, l'absorption des autres hommes.

Tout, pour cela, lui a été bon. Il a — par un mensonge religieux et politique — relevé les autels, qui d'ailleurs n'étaient pas abattus. Est-ce par intérêt pour la religion ? Non pas. Au cours des discussions sur le Concordat il parlait, pour faire céder l'Eglise, de rendre la France protestante ; après, quand le clergé glissa de ses mains, il l'avilit en la personne du pape et montra que ce qu'il avait voulu faire du prêtre — c'était un instrument politique.

De même pour l'instruction publique où il n'a vu dans le monopole universitaire, c'est-à-dire dans le droit naturel et éminent de l'Etat, qu'un moyen de compression pour les esprits. Il ne voulait que tenir les âmes par une gendarmerie sacrée, les cerveaux par une gendarmerie intellectuelle, les corps par une gendarmerie armée. Et dans quel but ? Son grand rêve fut de devenir l'empereur d'une confédération européenne, de rejeter le tzar en Asie, de refaire à ses pieds l'empire de Charlemagne. Mais cela, dans quel but ? Pour gouverner, dominer, pétrir l'humanité vivante, sans même songer que le débile héritier de ses convoitises ne pourrait garder ce patrimoine disparate contre les haines légitimes des peuples spoliés.

Le mal qu'il a causé, qu'il cause encore est insondable. Le mal, c'est d'abord les ressources de la France dispersées au vent, son labeur suspendu ou rançonné, des milliards et des milliards inscrits à la dette, grevant le budget, et après tout, testament de tant de victoires inutiles, la France rendue plus petite qu'il ne l'avait trouvée.

Le mal, ce sont, tant d'hommes sacrifiés, toutes ces moissons de jeunesse et de virilité levées pour l'amour, la tendresse, la joie, l'action, le travail, la vie, qu'il a fauchées en tous pays.

Le mal, c'est, par la fatalité de son nom et l'éblouissement d'une légende forgée par des ouvriers inconscients de la servitude, le triste neveu qui ne put usurper son génie et laissa la France plus petite encore, meurtrie, de telles dettes de milliards que notre budget est écrasé et que les ressources sont pauvres et rares qui doivent payer les dépenses démocratiques et les créations sociales.

Et nous serions tentés de dire que ce mal matériel si profond n'égale pas le mal moral qui par cette famille ronge le pays. Grâce à elle, grâce au premier du nom, la France se crut la première et la seule nation civilisée, dédaignant autour d'elle tous les progrès et tous les efforts, trop confiante, en proie à l'illusion ; et voilà le châtiment, c'est que maintenant elle est tombée à la défiance d'elle-même.

Quelques-uns, qui sont trop, lui disent que, victime de la force, elle ne doit croire qu'en la force, que le droit dont elle fut l'artisan souverain est une chimère, qu'elle doit répudier l'idéalisme abstrait de la Révolution pour se repaître d'avantages positifs dans un matérialisme égoïste, que les autres peuples lui sont des ennemis, que la fraternité humaine est un rêve ou une trahison... Les caisses vides se remplissent, la vie humaine ne se tarit pas, mais l'âme d'un peuple corrodée et corrompue, voilà le crime contre lequel les colères sont vaines, car elles ne peuvent être à sa mesure. Il faut pour l'expier, en réparer les conséquences, de la patience, du courage, et que l'éducation du peuple soit complète et incessante.

Ah ! que les prolétaires se disent et se répètent cette histoire maudite, et qu'ils n'oublient pas que tout, — même un lambeau de liberté, un appât d'égalité, une promesse de justice, tout, même une ombre de parlementarisme, un oripeau de République, même le gouvernement d'une faction civile rétrograde et pesante, que tout vaut mieux que l'insolence de l'oligarchie militaire, qu'elle soit représentée par un groupe ou par un individu !

(D'après une estampe de la Bibliothèque Nationale.)

DEUXIÈME PARTIE

DE WATERLOO A LA MORT DU DUC DE BERRY.

(du 8 juillet 1815 au 20 février 1820).

CHAPITRE IV

DU RETOUR DE LOUIS XVIII A L'ÉVASION DE LA VALETTE.

Retour de Louis XVIII. — La seconde Restauration. — Seconde capitulation de Paris. — Le rôle du maréchal Davoust et de Fouché. — L'entrée des Prussiens à Paris. — Fin du gouvernement provisoire et fermeture de la Chambre. — Ministère Talleyrand. — Fouché. — Leur chute. — Ministère de Richelieu. — Traité du 20 novembre. — La Sainte-Alliance. — La Terreur Blanche. — Assassinats de Brune et de Ramel. — Exécutions de Labédoyère et des frères Faucher. — Procès et mort du maréchal Ney. — Évasion de La Valette.

Pendant que Napoléon se préparait à son dernier exil, s'y acheminait à regret, se livrait à son plus constant ennemi, quittait enfin à jamais cette terre ravagée et humiliée par sa gloire, Paris et la France restaient exposés à toutes les menaces de l'étranger. D'abord avec une certaine réserve, comme s'ils redoutaient de rencontrer devant eux l'empereur, puis, le sachant à Paris, avec plus d'audace, les alliés s'avancèrent. Blücher, implacable, foulant enfin ce sol maudit d'où tant de légions avaient surgi qui avaient abaissé sa patrie, n'avait qu'un désir, prendre Paris et le livrer à la soldatesque. Wellington, plus pitoyable ou plus habile, maîtrisait à peine les élans de cette haine farouche. Les deux armées s'avançaient ne rencontrant aucune résistance. Grouchy, après Waterloo, avait rallié ses troupes, puis était descendu jusqu'à Laon, et enfin jusqu'à Paris. A Paris, dans les environs, plus de 100 000 hommes se trouvaient, ardents, réclamant le combat, trouvant d'ailleurs dans leurs officiers, sauf dans les généraux en chef, un sûr écho à leur belliqueuse requête. La situation n'était plus ce qu'elle avait été en 1814. Alors, Paris était enveloppé par 200 000 hommes, destitué de tout commandement autre que celui du duc de Feltre, sans travaux de défense, sans garnison, Marmont et Mortier n'ayant sous leurs mains que 12 000 hommes. Maintenant, surtout du côté Nord, la ville se défendait ; elle s'était hérissée aussi du côté de Vincennes, possédait plus de 1 000 canons servis par 6 000 artilleurs. Elle n'avait pas que 12 000 hommes, mais 100 000. Cependant la position de la cité semblait plus précaire : c'est que le seul facteur n'est pas, en pareil cas, le facteur matériel, et qu'il ne suffit pas, pour se rendre un compte exact, d'additionner des chiffres et de disposer des troupes. Il y a le facteur moral. Or, le sentiment du désastre, de l'inutilité de l'effort, de la trahison cachée, mais permanente, de la chute, de la fin, ce sentiment avait envahi toutes les âmes. Aucun chef n'avait d'espoir, tous attendaient la venue du pouvoir nouveau, les uns le souhaitant, les autres le redoutant. Comme toujours, les grands intérêts du commerce et de l'industrie, de l'agiotage et de la Banque menaient les intrigues en faveur de la paix, non pas de la paix attendue et voulue parce qu'elle clôt le meurtre collectif, mais de la paix fructueuse qui ouvre l'ère des profits individuels... C'était au milieu de cette cité que Fouché, sans contrôle, gouvernait.

On a vu qu'il avait été nommé chef du Gouvernement provisoire. Dès les premiers jours, il eut le dessein, ordinaire en son âme sordide, de jouer tout le monde, l'armée par Davoust qui lui devint niaisement un instrument, le Parlement par quelques intrigants, le Gouvernement par lui-même, de jouer la France à son profit. On l'a vu s'abouchant avec le duc d'Orléans, alors en Angleterre, et faisant pressentir Wellington. Ce projet était depuis longtemps inscrit dans sa tête. Même avant le retour de l'île d'Elbe, il avait organisé un complot orléaniste dont le général Lallemand et le général Lefebvre-Desnouettes tenaient les fils dans le nord, et c'était la seule irruption de Napoléon qui avait brisé ce complot. Plus tard, sentant que l'entreprise de Napoléon ne serait qu'une courte aventure et prenant des garanties pour l'avenir, il avait continué, même comme ministre de Napoléon, qui le prit à son service sans doute pour le neutraliser, le redoutant davantage hors du pouvoir que dans une fonction. Napoléon avait même surpris ses intrigues avec Metternich, en faveur du duc d'Orléans, et l'aurait fait fusiller si, appelé à la frontière, il n'eût dû ajourner cette exécution.

Fouché donc ne faisait que développer, comme chef du pouvoir, un plan depuis longtemps arrêté. Pour gagner du temps et pour apaiser l'armée, il avait fait proclamer Napoléon II par le Parlement, sachant bien que les puissances ne se rallieraient pas plus à une régence en 1815 qu'en 1814. Mais le duc d'Orléans refusa d'entrer dans ses vues et Wellington aussi. Le duc d'Orléans n'aurait pas été autre chose qu'un usurpateur, et alors à quoi bon chasser Napoléon? Fouché immédiatement se retourne : il lui faut gagner la faveur des Bourbons. Tout de suite, il agit, envoie prévenir Louis XVIII et prépare Paris et le Parlement à la rentrée solennelle du roi exilé.

Ce n'était pas chose aisée : l'armée était dévouée à Napoléon, le Parlement était presque hostile, en tous cas indifférent aux Bourbons, et le peuple, qui avait vu revenir en 1814 le spectre de l'ancien régime, ne se préparait pas à un enthousiaste accueil. Fouché gagna Davoust. Il avait précisément fait sortir de prison de Vitrolles ramené de Toulouse à Paris. Ce dernier, qui allait partir à la recherche du roi, demeura à Paris où sa présence était plus utile. C'est lui qui, conduit par Oudinot, vit Davoust; il lui parla, il le gagna à la cause des Bourbons, et celui-ci écrivit à Fouché pour lui dire que le retour du roi était nécessaire. Fouché promit, sûr des sentiments de l'armée, de faire à ce sujet et au profit des Bourbons, un message aux Chambres.

Mais l'habile intrigant était trop fin pour livrer d'un seul coup la bataille : il essaya d'abord l'effet de sa propre pensée sur ses collègues du gouvernement. Au premier mot, en entendant parler des Bourbons, ce fut un tel éclat que Fouché et Davoust se turent. Cependant Vitrolles, ignorant de l'échec que Fouché avait subi et qu'il cachait de peur de perdre son prestige, s'impatientait. Le message ne venait pas. Fouché l'avait-il lui aussi joué? Fouché l'assura de ses bonnes intentions et le pria d'attendre.

Mais des difficultés énormes l'entouraient, et de si près qu'elles allaient finir par paralyser ses actes. A l'intérieur de Paris, l'armée bouillonnait ; près de Paris, au Bourget, Blücher et ses troupes... Rien ne séparait plus les forces en présence ; un coup hardi pouvait faire jaillir la flamme, et l'incendie allumé dévorait Fouché et sa fortune. Il fallait donc, par une œuvre parallèle et ténébreuse, d'une part arrêter les alliés, d'autre part faire partir l'armée. Pour cette dernière œuvre, Fouché comptait sur Davoust, mais qui allait se charger de la première?

Fouché pensa employer Vitrolles ; il lui envoie un financier nommé Ouvrard, fournisseur aux armées, enrichi de vols et de rapines, et qui lui demande, en lui offrant deux millions pour les nécessités de l'opération, d'aller voir Grouchy, de combiner avec lui la convention qui arrêtera les alliés. Vitrolles écarte l'argent, accepte le mandat, va trouver Davoust, et se tenait dans son cabinet quand ce cabinet est envahi par une délégation de parlementaires et d'officiers. Davoust a l'imprudence de nommer Vitrolles ; alors une scène violente éclate : « On nous ramène les Bourbons, on nous trahit ». Les officiers présents signent et forcent Davoust à signer une proclamation contre les Bourbons, et le gouvernement averti, malgré Fouché, fait arrêter Vitrolles, qui, prévenu à temps, se met en sûreté.

Tout semble perdu! Tout va réussir au contraire, grâce à la ténacité scélérate de Fouché. On veut défendre Paris? Le peut-on? On réunit un conseil de guerre où Marmont, Davoust, Ney, Vandamme affirment l'impossibilité de la défense. Et pendant ce temps, Wellington écrivait à Blücher une lettre qui ne fut que plus tard connue, et où il déclarait qu'il n'était pas en force pour enlever Paris. Blücher n'avait que 35 000 hommes éparpillés, tandis que 100 000 soldats attendaient dans Paris[1].

Mais le temps presse : il faut arrêter Blücher. Déjà il est à Saint-Denis, et, par ses ordres, tous les environs de Paris sont tenus. Une commission d'armistice propose aux alliés la suspension des hostilités, convention purement militaire... Blücher ne veut rien entendre. Il lui faut Paris, ses mu-

1. Au procès du maréchal Ney, Davoust devait également avouer que la défense était possible.

sées, ses merveilles, ses splendeurs, et se vautrer dans cette cité maudite. Enfin, après une nouvelle et insistante démarche, au cours de laquelle on disposa, dit-on, d'une partie de l'argent d'Ouvrard, le feld-maréchal se montra plus conciliant. Les bases de l'armistice furent arrêtées. On se réunit à Saint-Cloud, et la signature de la France, par la main du ministre des Affaires Étrangères Bignon et par la main de Davoust, fut apposée au pied de ce document. L'armée quittait Paris pour aller se réfugier derrière la Loire. On livrait Saint-Denis, Saint-Ouen, Neuilly, Clichy. On permettait à la garde nationale de veiller à la sécurité de la ville. On garantissait les propriétés privées, et, sauf les musées et les édifices servant à la guerre, tous autres bâtiments...

Ainsi Paris fut livré par Davoust qui, avant même la nomination de la commission d'armistice, avait offert lui-même la cessation des hostilités à Blücher, et qui en avait reçu une lettre injurieuse où le feld-maréchal allait jusqu'à lui rappeler, par voie d'insinuation, les spoliations dont lui, Davoust, était accusé de s'être enrichi à Hambourg! Paris était livré par les généraux superbes! Que la nation ait frémi de la guerre, en ait souffert, en ait eu l'horreur, ait maudit ce fléau, c'était juste, c'était bien. Mais ces maréchaux qui s'y étaient enrichis, ces roturiers qu'elle avait élevés au-dessus de l'aristocratie ancienne, ceux qui lui devaient tout, c'étaient ceux-là qui maintenant fléchissaient le genou. Pouvait-on, contre toute l'Europe, emporter la victoire définitive? Évidemment non. Mais il y avait l'honneur; il y avait même l'intérêt. Car on pouvait tenir en échec les puissances, et par la vaillance préparer à la diplomatie de plus honorables issues.

Paris était livré. Pour éviter ou pour atténuer les froissements de l'orgueil national, Fouché qualifia de « convention » cette capitulation. Mais après l'avoir signée, il fallait bien l'exécuter, et le premier acte à accomplir c'était de faire rétrograder l'armée. Celle-ci refusa. Une agitation dangereuse commençait à poindre. Mais, sans chef, en proie à des généraux sans renom, et qui même lui refusaient leur épée, elle se débanda. Elle réclama sa paie en retard : Laffite offrit deux millions sur gage, et l'armée, enfin payée, quitta Paris, alla, sans combattre, se masser derrière la Loire.

La prostration était telle qu'aucune protestation notable ne se fit jour dans cette population de 700 000 âmes, dont la plus riche partie sollicitait l'étranger, dont la plus pauvre, sans armes, sans direction, se serait battue, mais ne pouvait vivre dans l'incertitude, et s'avilissait dans cette atmosphère de lâcheté. C'est dans cette ville que Blücher fit son entrée : ses troupes, arrivées par la rive gauche, passèrent le pont d'Iéna, défilèrent sur la rive droite, laissant sur leur route des détachements, contournèrent la Bastille, et revinrent, en sens inverse, jusqu'aux Champs-Elysées. Elles logeaient chez l'habitant : cette condition avait été exigée par Blücher.

Et le Parlement? Le Parlement discutait. La Chambre des pairs, présidée par Cambacérès, se réunissait pour se séparer. A la Chambre des députés, on discutait sur une constitution! Manuel parlait sur l'hérédité de la pairie, lorsqu'on apporta, sans que l'orateur s'interrompît, une communication du gouvernement, une lettre C'était de Wellington annonçant l'arrivée du roi Louis XVIII. On la lut, personne ne protesta, et on se sépara pour revenir le lendemain. Mais, dans l'intervalle, les Prussiens avaient dissous le gouvernement en pénétrant, aux Tuileries, dans la salle de ses délibérations, et, le lendemain, la porte de la Chambre était close. Contre elle vinrent se heurter, dans la matinée, des députés, dont La Fayette, revenu, avec Voyer d'Argenson, de sa ridicule mission auprès des souverains qui ne le reçurent même pas. Quant à Fouché, à l'arrivée des Prussiens, il s'était levé. Comme l'officier lui remettait une lettre, il l'ouvrit. C'était une demande de contribution de guerre de 100 millions. « Nous la laissons comme legs au bon roi Louis XVIII », dit-il, et il sortit... pour aller prendre possession du ministère de la Police, qu'il s'était réservé comme salaire de ses triomphantes démarches. Lui seul, dans ce bouleversement, où un roi et un empereur avaient abandonné tour à tour leur couronne, n'avait rien perdu, pas même l'estime, qui, depuis longtemps, l'avait quitté.

Louis XVIII allait donc revenir. Il était parti pour Gand, misérable et seul. Là-bas, il avait voulu que, même un jour, même une heure, la royauté ne fût pas suspendue, et il avait organisé son ministère, avec Blacas. Chateaubriand publia même, deux fois par semaine, une sorte de journal officiel. Il avait, cependant, au cours de la bataille de Waterloo, connu les angoisses de l'incertitude, sur la foi de quelques fuyards, fait ses préparatifs pour Ostende. Enfin, il apprit le triomphe des Prussiens, qui était celui de la monarchie française, et il s'occupa de rentrer en France. Wellington le précédait, comme une sorte de héraut chargé de l'annoncer, et chaque pas que faisait l'armée anglaise lui ouvrait à lui la voie du trône. Il avait préparé une première proclamation dont Wellington ne voulut pas, et il dut en rédiger une seconde où il promettait l'amnistie, l'oubli des fautes commises. Il le faisait de mauvais gré, sans doute, mais cependant avec un plus vif désir d'apaisement que la plupart des hommes qui l'entouraient, et qui, pour la perte de la monarchie, devaient continuer à imposer à sa débilité la tutelle de leur fanatisme. Pas à pas, il suivait Wellington, et c'est ainsi qu'il prit possession de Saint-Denis le 5 juillet, au moment même où, en exécution de la « convention », Wellington s'installait au château de Neuilly.

C'est là qu'il dut penser à organiser le ministère. On avait pu lui arracher Blacas, le favori impopulaire, que les royalistes, deux fois émigrés, chargeaient, à juste titre, de tous les reproches, et qui avait si souvent fermé, devant l'assaut de leur obséquiosité, les antichambres royales. Blacas devint ambassadeur à Naples, et comme son désintéressement était au niveau de son habileté, il se fit donner par le roi sept millions, que celui-ci avait, lors de sa fuite à Gand, déposés à Londres, ce qui, joint aux dépouilles de la fortune privée de l'empereur, constituait une rente pour sa fidélité. Talleyrand, qui avait été miné par ses collègues, prévenu, avait surgi de Vienne, avait confié sa cause à Wellington, s'était imposé; il demeurait. Mais il fallut prendre, en outre, la charge de Fouché, et de la main de Wellington. Celui-ci pensait que l'habileté de Fouché serait, en de pareils moments, l'auxiliaire naturel du trône. Et on a vu que Fouché avait reçu, après une entrevue à Neuilly avec le roi, le portefeuille de la Police. Dans les derniers jours, il cumulait le titre de président du gouvernement provisoire et de ministre du roi. Avec eux, MM. de Jaucourt (Marine), Gouvion Saint-Cyr (Guerre), Pasquier (Justice) complétèrent ce gouvernement disparate, où un évêque marié, un régicide, des royalistes allaient se mettre d'accord pour exécuter la volonté royale. Enfin, M. Decazes, jeune homme qui, commandant d'un bataillon de la garde nationale, avait refusé obéissance à Napoléon, prit la préfecture de police. Ceci réglé, Louis XVIII, le 8 juillet, à quatre heures, rentra aux Tuileries, accueilli à la barrière par M. de Chabrol, préfet de la Seine, antérieurement sous-préfet de Savone et geôlier du pape, et qui, d'avoir contemplé tant de spectacles contradictoires, avait perdu la faculté de l'étonnement.

Comme en 1814, Louis XVIII rentrait dans une capitale que lui livrait l'invasion et, quelque soin qu'il prît pour marquer sa dignité, il n'a pas pu effacer sur son nom de famille la tache qui la souille. Pendant toute la Restauration, une sourde colère circulera dans les consciences contre cette intronisation, pour aboutir enfin au tardif éclat de juillet 1830. Mais quelle différence offrait la ville en 1815 et en 1814! Paris n'était plus qu'un camp retranché où, dans le bariolement des uniformes, seul l'uniforme français faisait défaut. La ville était livrée aux armées de l'Europe. On se rappelle que Blücher avait exigé le logement chez l'habitant pour ses 50 000 soldats (son armée, la veille de son entrée dans Paris, s'était accrue). Il exigea plus: il fallut remettre à chaque soldat draps, couvertures, pain, viande, vin en quantité. A l'armée prussienne s'ajouta bientôt l'armée russe, puis l'armée anglaise, aussi exigeantes, aussi encombrantes. Toutes les requêtes insolentes, parfois cyniques des soldats, toutes leurs plaintes étaient accueillies par leurs chefs, qui se retournaient ensuite vers les autorités civiles pour réclamer l'exécution des mesures arrêtées. Autour des Tuileries, les canons prussiens, la mèche allumée; ce qui n'empêcha pas, le soir de l'arrivée du roi, les dames de l'aristocratie de se produire dans des danses de joie. Au Luxembourg, même spectacle. Blücher réclame 100 millions d'indemnité qu'il veut bien réduire, sur la plainte des alliés redoutant la gloutonnerie teutonne, à 10 millions. Il dispose des mines sous le pont d'Iéna, et va le faire sauter, quand, heureusement, le 10 juillet, les souverains arrivent, l'en empêchent et, plus humains, régularisent un peu cette anarchie. En province, c'est partout le même spectacle. Orléans doit vider ses caisses publiques et privées pour fournir 600 000 francs à l'armée prussienne. Dans l'Yonne, des maires sont arrêtés, leur pied gauche attaché à leur main droite et demeurent ainsi trois jours en attendant que leur village ait trouvé pour chacun d'eux une rançon de 600 francs. La Provence, où l'armée autrichienne piétine les moissons, n'est pas plus épargnée que la Bretagne, où la cavalerie prussienne promène dans de furieux galops sa lourde insolence. Trois préfets, dont le propre neveu de Talleyrand, ayant osé protester, furent déportés deux mois en Prusse, dans une forteresse. M. de Chabrol faillit prendre la même route pour avoir couvert l'adjoint du X° arrondissement de Paris, lequel n'avait pu livrer sur l'heure des milliers de chaussures aux Prussiens... Toute la lie de l'Europe, comme un torrent fangeux recouvrait la France entière, inondait Paris, bouillonnait dans les grandes cités, montait les escaliers somptueux des riches, pénétrait par les pauvres ouvertures de la chaumière, ruinant tout, dévastant tout, emportant tout. Il y eut en France, jusqu'au début de 1816, mis à part les soldats français, exactement 1 135 000 hommes qu'il fallut nourrir, loger, vêtir, enrichir, soigner, tolérer, amuser, sans compter le brutal tribut payé par la terreur des femmes aux lascivités surexcitées par le repos. Triste testament de l'Empire! Formidable visite rendue par l'Europe à cette France qui, elle aussi, autrefois, dans l'enivrement de la victoire, et quand elle était associée au destin d'un maître, avait emporté les capitales, séjourné dans les villes, répandu partout la terreur de ses bataillons.

Cependant la France ne pouvait pas demeurer sous cette armure de fer. Il fallait la dégager, et trois tâches s'offraient au gouvernement : les élections, le licenciement de l'armée exigé par les alliés, et enfin la négociation libératrice. Talleyrand s'était réservé cette dernière partie. Il comptait trop sur ses relations extérieures : pour reconquérir l'amitié du tsar, qu'il s'était aliéné, on s'en souvient, en écrivant à Louis XVIII, de Vienne, des lettres que ce dernier avait abandonnées derrière lui, et que Napoléon avait naturellement montrées à Alexandre, pour effacer le mauvais effet du traité du 3 janvier, où la France s'accordait, contre la Russie et la Prusse, avec l'Angleterre et l'Autriche, Talleyrand avait préparé toutes ses séductions : un titre de ministre de l'intérieur pour Pozzo di Borgo, général russe, mais qui pouvait redevenir Français, et le titre de ministre de la maison du roi pour M. de Richelieu, ancien émigré, ami particulier d'Alexandre. Mais il se trouva que ces deux hommes ne se prirent pas à cet appât et refusèrent. Et il se trouva que dès le début, les négociations, d'où la France était exclue, se tinrent entre les puissances, dont le plan se peut très sommairement résumer : c'était le démembrement de la France. Les Pays-Bas réclamaient l'annexion à la Belgique de la Flandre et de l'Artois ; les Etats de la Confédération germanique réclamaient l'Alsace et la Franche-Comté ; la Prusse voulait s'avancer dans la Champagne; la Sardaigne confisquer la Savoie, l'Autriche, la Lorraine.

Ainsi c'était la France frappée à mort. Et pourquoi? Les alliés la trai-

Le nouveau Robinson sur la solitaire Ile aux Rats, appelée Sainte-Hélène, dans l'Océan Pacifique.
(D'après une vignette allemande).
(Document de la Bibliothèque Nationale).

taient plus durement encore qu'en 1814. A cette époque, quoique la dépouillant de ses colonies, de ses frontières, ils affectaient de la considérer en victime de Napoléon, contrainte par une main brutale à une guerre que son cœur répudiait. Après l'accueil fait par Paris à Napoléon, la triomphale traversée de la France, après Waterloo, la haine s'était accrue contre cette nation qui, non seulement avait subi, mais appelé l'usurpateur. Les alliés ne pouvaient croire à une entreprise individuelle aidée de quelques concours, dont le succès était surtout dû à un prestige éclatant et à l'abaissement de la Restauration.

Ils flairaient une conspiration générale et accusaient le pays tout entier d'avoir voulu cette épopée néfaste. Incorrigible et insolente nation, que rien ne pouvait guérir de la gloriole des combats, la France, à les entendre, devait expier le crime d'un homme dont elle avait fait une seconde fois son maître. Et ce qu'il fallait anéantir en elle, ce n'était pas l'ambition dévorante d'un homme maintenant perdu dans le désert des flots, c'était un système, un système national de rapt et de conquête. Or, ce système avait en France ses auxiliaires, ses héritiers. Rien ne serait tranquille tant que vivraient impunis les généraux infidèles, les officiers révoltés, les conjurés civils ou militaires par qui Waterloo avait été possible, et ainsi la préface des arrangements diplomatiques devait être un acte de rigueur, à l'intérieur, contre des Français.

En vain, il faut le dire, Louis XVIII résista, demanda à Fouché un rapport qui pût éclairer les alliés sur l'inefficacité et l'inutilité de ces mesures. Fouché expliqua que sept ou huit individus seulement étaient coupables ; qu'ils s'écarteraient d'eux-mêmes : il fallut céder. De la même main et de la même plume, Fouché rédigea alors une liste de coupables. Il y jeta cent vingt noms. On réduisit la liste à cinquante-sept, dix-sept pour une première catégorie, trente-huit pour la seconde. En la parcourant, Talleyrand dit à Fouché : « Il y a un peu trop d'innocents ». C'était là cependant, pour Fouché tout au moins, le triste et dernier service demandé à leur servitude.

Les coupables désignés « pour punir un attentat sans exemple », disait Fouché, étaient, première catégorie : Ney, Labédoyère, Lallemant aîné, Lallemant jeune, Drouet d'Erlon, Lefebvre-Desnouettes, Bruyer, Gilly, Mouton-Duvernet, Grouchy, Clausel, Laborde, Debelle, Bertrand, Drouot, Cambronne, Lavallette, Rovigo, renvoyés devant un conseil de guerre.

Deuxième catégorie : on y voyait Soult, Alix, Exelmans, Bassano, Marbot, Thibaudeau, Carnot, Vandamme, Lamarque, Lobeau, Regnault de Saint-Jean d'Angely, Réal, Defernon, Merlin de Douai, Hullin, Mellinet, qui devaient sous trois jours se retirer à l'intérieur et attendre là les ordres du gouvernement. Enfin, l'article 4 du décret se faisait rassurant : « Les listes de tous les individus auxquels les articles 1 et 2 pourraient être applicables sont et demeurent closes par les désignations nominales contenues dans ces articles, .. ne pourront jamais être étendues... » On verra bientôt ce qu'il advint de cette réserve formelle, la seule qui, dans ce décret de mort, contenait un vague souvenir de l'amnistie promise.

On pense si ce décret, revêtu de la griffe de Fouché, jeta l'épouvante et l'émotion dans l'armée, où d'illustres têtes se sentaient marquées. Toutes les colères se retournèrent d'un coup contre Davoust. A quoi lui avait servi de livrer Paris, d'en chasser l'armée, de trahir l'empereur? Il avait obtenu, verbalement, des assurances qui maintenant se transformaient en menaces : il ne pouvait qu'accuser Fouché de l'avoir joué. Mais lui-même, pourquoi s'était-il si aisément livré aux scélératesses empressées de l'homme néfaste dont, depuis vingt ans, il connaissait la moralité? Intelligence ouverte et caractère avili, Davoust ne put que s'exécuter lui-même et disparaître par la démission d'une armée qu'il avait commandée pour la livrer tout entière, digne d'apparaître au même niveau que Marmont devant l'histoire. On le remplaça par Macdonald. Macdonald acheva l'œuvre commencée par Davoust, qui était le licenciement : il disloqua l'armée avant de la dissoudre, et peu à peu celle-ci s'égrena, se dilua, se dissipa : elle avait atteint, au moment de sa dispersion, à près de 160 000 hommes.

Satisfaits des poursuites ordonnées par le roi, satisfaits de la hâte avec laquelle tombait chaque jour l'inutile feu d'une armée lointaine, sûrs de cette France, dont chaque kilomètre carré supportait leurs pas, les alliés avaient cependant fini par se détendre : non que la générosité leur fût venue, mais, par l'éternelle fissure de l'intérêt, Talleyrand avait pu pénétrer dans la coalition. Démembrer la France, c'était bien. Mais qui devait emporter les plus riches dépouilles? La Prusse et l'Autriche. Or l'Angleterre, nantie déjà par le traité de 1814, n'avait pas à gagner, au contraire, à l'accroissement territorial de ses alliés. Et la Russie, à laquelle son éloignement géographique ne pouvait pas permettre d'accaparer un tronçon de la France, n'avait pas d'intérêt à rendre puissantes la Prusse et l'Autriche. Vaguement Alexandre sentait que sur cette pauvre terre mutilée il devait et pouvait s'appuyer. La rencontre de ces appétits contraires sauva la France du démembrement initial dont Metternich avait été le plus intransigeant avocat. Et voici l'ultimatum arrêté par les puissances :

« Le canton et la place de Condé, les territoires et les places de Philippeville, Marienbourg, le canton et la place de Givet, les places et territoires de Sarrelouis et Landau seraient cédés aux Pays-Bas et aux États allemands; le fort de Joux, à la Confédération helvétique; celui de l'Écluse, à la Sardaigne qui rentrerait en possession de toute la Savoie; la France retirerait la garnison de Monaco; les fortifications de Huningue (qui avait résisté jusqu'au dernier jour) seraient détruites. La France paierait 600 000 millions de contribution de guerre, 200 millions pour reconstruire des forteresses opposées aux siennes. Enfin 150 000 hommes de troupes alliées, payées par elle, occuperaient dix-huit places fortes pendant sept ans. » Talleyrand protesta, en vain, qu'il n'y avait pas eu de conquêtes. Les puissances persistèrent et, sans doute, Talleyrand vaincu allait se résigner à signer, quand, par un évènement qui surprit sa rouerie cependant prévoyante, la plume lui tomba des mains : le pouvoir lui était arraché. Comment ?

Au milieu de tous ces soucis diplomatiques, la Chambre avait été convoquée, et les élections devaient avoir lieu le 14 avril. On pense ce que fut cette consultation sous les baïonnettes ennemies, sur une terre conquise, au milieu des provocations et des exactions, des rapines et des pillages. La haine de l'Empire et de ses instruments, surtout de ceux qui avaient voulu survivre à la main fatale qui leur donnait la force, la haine fut le seul programme des élections. A ce moment, il y avait deux collèges : le collège d'arrondissement, qui choisissait les candidats, et le collège de département qui les élisait. Le 14 avril eut lieu l'élection : la Chambre qui sortit des urnes reflétait toutes les colères du pays. Avant même qu'elle ne se fût réunie, elle renversa le ministère. Le plus haï était Fouché. Le roi résistait à ceux qui le voulaient exclure, à Decazes surtout qui, dès ce moment, s'emparait peu à peu de son esprit. Mais il ne put rien répondre à la douloureuse requête de la duchesse d'Angoulême, revenue d'Espagne, et qui déclarait ne pas vouloir supporter la vue d'un des hommes à qui son père devait la mort. Fouché dut accepter une ambassade à Dresde, et partit, joué par les courtisans qui le répudiaient au lendemain du jour où il avait cessé de pouvoir les servir. Peu après, il devait être dépouillé même de sa petite mission et condamné à vivre en exil, fortuné, il est vrai, heureux, puisque, quelques jours avant sa disgrâce, il avait uni légalement à sa vieillesse flétrie la jeunesse de Mlle de Castellane. Là fut le terme de sa carrière, et ce fut une preuve de plus que la première habileté est la rectitude et la loyauté. Talleyrand devait faire la même expérience. En vain il se flattait d'avoir débarrassé de Fouché la scène politique. « Et l'autre ? » disait-on déjà en le désignant ; il voulut frapper un grand coup, offrit sa démission au roi. Celui-ci la retint d'une main qu'on croyait pour cela trop débile. Le ministère tout entier se retira.

Qui allait donc s'offrir pour prendre le redoutable fardeau de la défaite et les amers soucis de sa liquidation ? M. Decazes qui, comme préfet de police, approchait le roi, lui recommanda M. de Richelieu, revenu, la veille, de l'émigration, homme de conscience et de cœur, et qui, en l'occurrence, trouvait en l'amitié d'Alexandre un titre peut-être supérieur à tous les autres. M. de Richelieu accepta. Il prit avec lui MM. Decazes (ministère de la police), duc de Feltre (guerre), Dubouchage (marine), Barbé-Marbois (justice), Corvetto (finances), de Vaublanc (intérieur). M. de Richelieu se réservait les affaires étrangères. Tous étaient des émigrés, sauf M. Decazes, sauf Corvetto, d'origine italienne, serviteur irréprochable de l'Empire.

M. de Richelieu se mit à l'œuvre. Du premier coup, il put emporter un succès appréciable. On réduisit l'indemnité de 100 millions ; on nous laissa Condé, Givet, les forts de Joux et de l'Écluse ; on limita l'occupation à cinq ans, avec possibilité de dégarnir la France au terme de trois années. Mais hélas ! les requêtes n'étaient pas closes : les alliés réclamaient en outre 735 millions comme indemnités à eux dues pour les frais de la guerre depuis 1792. Au total 1 235 millions, soit près de quatre milliards de notre monnaie actuelle. C'était trop et les puissances le comprirent vite : elles abaissèrent leurs prétentions soudainement, et on décida que, sur les 700 millions, on remettrait 100 millions à tous les États autres que les puissances. On a calculé que cela faisait 425 fr. 50 par soldat !

C'est sur ces bases que le traité du 20 novembre fut signé : les cessions territoriales se bornaient à quelques villes et à une population de 435 000 âmes. Il est vrai que le traité du 23 avril 1814 ayant déjà dépouillé la France, il lui était difficile, à moins de la frapper dans sa substance même, d'aller plus avant. Mais on la ruina. Elle dut payer 700 millions d'indemnités, plus 400 millions que lui avait coûtés l'occupation de 1 145 000 soldats, plus 400 millions que lui coûta l'occupation jusqu'en 1818 de 150 000 hommes commandés par Wellington, plus l'inscription d'une rente de 3 millions au Grand Livre pour dédommager l'Angleterre de la perte des valeurs mobilières confisquées sur des sujets anglais depuis 1793, soit 70 millions de capital, en tout 1 570 millions, c'est-à-dire six milliards de notre monnaie, et sans compter les frais de guerre pour notre propre armée... C'était là le résultat des Cent-Jours, l'aboutissant de cette aventure dont chaque journée devait coûter 55 millions à la France, sans compter l'envahissement, la souillure permanente de cette marée qui ne se retire, lourde de butin, qu'en 1818, sans compter les morts, qui s'élevaient, pour la seule France, à plus de quarante mille, sans compter, enfin, la réaction sinistre qui va faire expier à la France, à la liberté, au peuple, le forfait retentissant d'un seul.

Le 7 octobre, la Chambre s'était réunie pour entendre un discours du roi. Louis XVIII y peignit ses peines et rappela la Charte à laquelle toute l'assemblée et la maison de Bourbon prêta fidélité. C'est le 20 novembre seulement que M. de Richelieu présenta officiellement à la Chambre les conventions que nous venons d'analyser et qui sanctionnaient le désastre. Le 26 septembre, deux mois auparavant, Alexandre, revenu dans ses États, avait offert à la signature des puissances et de la France une sorte de document mystique où cet esprit, ébranlé déjà, déclarait que la paix devait être universelle, en des formules quasi-religieuses : ce fut la Sainte-Alliance où la France accepta d'entrer, sans que le roi sentît l'ironie sinistre d'une fraternelle réunion avec les vainqueurs inexorables dont la main, fatiguée de frapper, changeait le glaive pour la plume. Metternich, dont l'esprit net ne comprenait rien à ces affirmations, résista et dut se résigner. Wellington refusa la signature de l'Angleterre. La seule conséquence pratique de ce traité fut qu'il provoqua entre les alliés des réunions qui furent plus tard les congrès d'Aix-la-Chapelle, de Troppau, de Leybach et de Vérone.

Cependant, l'ordonnance du 24 juillet, mettant en accusation cinquante-cinq des plus hauts personnages de l'armée et de l'administration impériale, avait jeté partout un naturel émoi. En même temps que les personnes désignées se soustrayaient par la fuite ou dans une retraite aux investigations de la police, la démagogie royaliste reprenait une audace qui allait éclater par mille coups. Il est vrai que la colère était grande qu'avait soulevée l'entreprise vaincue, la rancune inexorable et le souvenir vivant des provocations meurtrières que, pendant les Cent-Jours, les partisans de l'empereur avaient adressées aux partisans de la légitimité. Notamment dans la Provence et dans le midi, de Toulon à Bordeaux, la fureur, trop longtemps contenue au gré des royalistes, éclata. A Marseille, avant même l'ordonnance, vers la fin de juin, quand on apprit le désastre de Waterloo, après une rixe qui semblait devoir se terminer sans amener de trop violentes commotions, un coup de feu tua un jeune homme : immédiatement, les royalistes se rassemblent, se concertent, s'ébranlent. On pille les armuriers, on pille les boutiques, on met à mort plusieurs agents de l'autorité, on massacre une inoffensive colonie égyptienne ramenée par Bonaparte d'Egypte. Pendant ce temps, le général Verdier perd son sang-froid et, au lieu de ramener le calme par sa présence, évacue la ville avec ses troupes et va à Toulon.

A Toulon, le maréchal Brune commandait. Longtemps, à force de présence d'esprit, il avait tenu la ville dans la tranquillité et avait déjoué le plan des royalistes qui méditaient de livrer une seconde fois Toulon aux Anglais. En fait, sous le commandement de lord Exmouth, la flotte anglaise baignait dans les eaux françaises, prête à profiter une fois encore de la trahison. Lorsque le roi Louis XVIII fut proclamé à nouveau et dès que, dans la fin de juillet, Brune l'apprit, il dut céder le commandement au représentant du roi et, pour son malheur, désira aller à Paris s'expliquer sur la dénonciation dont il était l'objet. Il pensa gagner Paris en passant par le Piémont pour tourner les passions furieuses qu'il s'attendait à rencontrer : il lui fallait pour cela, par la voie de la mer, descendre sur la côte piémontaise. Mais lord Exmouth, à sa demande, répondit par des outrages et force fut à Brune de partir par la voie de terre. A Aix, il fut reconnu et injurié : il pouvait prendre la route de Grenoble et cheminer parmi des populations paisibles ; mais, pressé, il écarta la requête de son aide de camp et arriva à Avignon. Là aussi il fut reconnu. Il voulut tout de suite quitter l'hôtel et abandonner une ville où des rumeurs de meurtre commençaient à se faire entendre. A la barrière, un sieur Verger, sous prétexte que ses papiers ne sont pas en règle, le retient et, quand le maire a donné l'ordre, il est trop tard. La foule, irritée, soulevée, entoure sa voiture, le ramène à l'hôtel et déjà les cris de mort lui annoncent son destin. Comme pour ajouter à la fureur, le bruit mensonger circule que Brune fut de ceux qui tuèrent la princesse de Lamballe. La porte de l'hôtel se referme sur lui. Mais quinzecents assaillants, armés, se pressent et veulent pénétrer par la force. Le préfet, M. de Saint-Chamons, est renversé, le commandant de la garde nationale écarté. Cependant, la garde nationale repousse l'assaut; la foule se retire, il semble que la nuit va calmer cette fureur surhumaine. Soudain, des cris de triomphe retentissent; par la maison voisine, des malfaiteurs ont escaladé l'hôtel. Ils ont pénétré dans la chambre de Brune qui écrivait. Celui-ci se lève. Manqué par le premier coup, il est foudroyé par le second. On entoure les assassins, on les félicite. Quelques heures après, l'enterrement a lieu. Arrivé sur un pont, le cercueil est arraché aux porteurs, jeté au Rhône et, sur le corps sanglant, des coups de fusil sont tirés. Le fleuve emporte dans ses eaux rapides le funèbre dépôt : des mains pieuses vont le recueillir, mais les assassins acharnés surviennent qui refoulent dans le fleuve ce pauvre corps sans abri. Ce n'est que dix-huit lieues plus loin que la terre enfin se fit hospitalière à cette dépouille...

A Nîmes, les passions furent plus criminelles encore : le pillage, le vol, le meurtre furent les instruments de règne du royalisme provençal. C'est là que s'illustra Trestaillons, que s'illustrèrent ses complices Servan et Trupheny. Un jour, ils envahissent un temple pendant la cérémonie et les pires violences se déchaînent contre des femmes et des enfants. Un autre jour, ils envahissent les demeures, égorgent les propriétaires, et Trestaillons s'installe à leur place, le crime lui tenant lieu de titre de propriété. Dans une échauffourée, on tire à bout portant sur le général Laborde, grièvement blessé. En vain le duc d'Angoulême veut calmer la ville. Dès son départ, les fureurs à nouveau s'allument. En vain on veut poursuivre Trestaillons : aucun témoin n'ose déposer contre lui et la justice, terrifiée, le restitue à la liberté du meurtre. A Uzès, avec la complicité du sous-préfet, un sieur Valubeix, le carnage s'installe triomphant sur la place publique. Un sieur Graffan, sachant qu'il y a des prisonniers accusés d'avoir crié : « Vive l'empereur! », se rend à la geôle, oblige, sur un ordre verbal du sous-préfet, le gardien à lui livrer six malheureux que l'on fusille en plein jour. Le même Graffan, à la tête de sa bande, sort de la ville et renouvelle ses exploits à Saint-Maurice, par ordre du sous-préfet.

A Toulouse, enfin, la folie du crime touche au paroxysme. Le général Ramel, condamné comme complice de Pichegru, commandait la ville : il avait eu l'audace d'y vouloir établir l'ordre et de sévir. De ce jour sa mort fut jurée et publiquement les préparatifs s'apprêtèrent. Au soir, il fut prévenu que sa demeure était entourée d'une foule menaçante. Le maréchal Pérignon et le maire, Joseph de Villèle, avertis aussi, négligèrent, et pour cause, de prendre des mesures, et livrèrent ainsi, par la plus lâche complicité, la victime. Ramel arrive chez lui, défendu par un seul soldat qui, devant sa porte, le couvre de son corps. Ce soldat tombe. Une immense clameur emplit la place : on accuse Ramel de l'avoir tué par derrière. On fond sur lui, on le poursuit, on le frappe, on le taille en pièces, on laboure de poignards et de baïonnettes son corps déchiqueté. Enfin la foule ivre est repoussée. On porte ailleurs le mourant. La foule se rassemble, retrouve le chemin du crime et, sur ce corps où la vie s'est attardée, un orage de coups s'abat encore. Ramel expire, on frappe toujours. Le cadavre n'est plus qu'une plaie.

Voilà l'état de la Provence et du Midi. Voilà, à grands traits, cette triste histoire ! Et combien de faits isolés dans les villages ! L'abominable, cependant, ne tient pas tout entier dans ces massacres, dans ce débordement d'une démagogie que le meurtre rassasie à peine. L'abominable, ce ne furent pas seulement les pillages et les vols qui enrichirent les meurtriers, et qui placent au niveau des crimes de droit commun cette prétendue révolte politique. Le pouvoir, plaidant devant l'histoire, a dit que surpris par la montée de la colère publique, il n'avait pu prendre aucune précaution. Mais après ? Après, ce fut la capitulation devant l'assassinat. On n'osa pas poursuivre, et quand on poursuivit, on n'osa pas juger ! Trestaillons promena cyniquement son impunité à Nîmes, à Avignon et à Toulouse les meurtriers reprirent paisiblement le cours de leurs occupations : c'est seulement en 1821 que la maréchale Brune obtint des poursuites et fit condamner un sieur Guindin... par contumace, si bien qu'elle acquitta les frais judiciaires. Et quant au général Ramel, on ne cita en justice que ceux qui l'avaient achevé. Et on les acquitta sous le prétexte que les premiers coups ayant déterminé la mort, ceux qui avaient porté les seconds n'avaient pu la causer !

Mais si, pendant des années, la justice royale s'avilit devant le meurtre, elle se dresse implacable devant les ennemis de la royauté. A La Réole vivaient les frères Foucher, deux jumeaux, généraux de la Révolution, hommes pondérés et justes, au cœur noble, à l'esprit élevé, condamnés à mort sous la Révolution même, pour avoir pris comme fonctionnaires le deuil de Louis XVI et qui tout près de l'échafaud, qu'ils considéraient sans pâlir, avaient été miraculeusement graciés : ils n'avaient rien voulu de Napoléon. Aux Cent jours ils avaient cependant soutenu sa cause qui pour eux était celle de la patrie... On les dénonce, on les accuse, on les poursuit, on les arrête. On les transporte à Bordeaux le 30 juillet et là, ils demeurent dix-huit jours dans un cachot ignominieux, dévorés par la vermine, ne pouvant s'asseoir. Le gouverneur, M. de Viomenil les traduit devant un conseil de guerre pour avoir soutenu « l'usurpateur Buonaparte » comme disaient alors ceux qui avaient rampé pendant vingt ans à ses genoux. Un avocat, un ami, va les défendre, c'est M. Ravet. Le gouverneur le lui interdit et cet avocat se retire, et aucun ne le remplace ! Cette désertion du devoir et du malheur fut la honte de M. Ravet, qui d'ailleurs fut récompensé plus tard par le choix de l'assemblée et du roi comme président de la Chambre. Les frères Foucher se défendirent seuls : aussi bien toute parole était inutile. La sentence était prête, on l'exécuta le jour même, 27 août, et les fiers et nobles victimes, le corps criblé de blessures reçues à l'ennemi, marchèrent d'un pas allègre vers le supplice, marchèrent pendant quatre kilomètres, sous les

Projet de Tombeau

PASSANT, NE TE PLAINDS PAS MON SORT
SI JE VIVAIS TU SERAIS MORT

D'après un document de la Bibliothèque Nationale.

huées d'abord, et puis enfin dans le silence, presque dans le respect que leur attitude imposait. Ce fut un des premiers assassinats juridiques de la Restauration.

Paris aussi fut ensanglanté. Le jeune général de Labédoyère avait fui l'armée de la Loire dès la publication de l'ordonnance du 24 juillet qui le visait personnellement. Mais, attiré à Paris par sa jeune femme âgée de dix-neuf ans et qui allait accoucher, il y fut vu, dénoncé et pris. Il avait entraîné vers l'empereur son régiment, à Grenoble : il détermina ainsi plus vivement la prise de la ville. Il avait été à Waterloo, puis, après le désastre, soutenu à la Chambre des Pairs la fortune déchue de Napoléon en couvrant Ney d'invectives ; il fut fusillé dans la plaine de Grenelle. Louis XVIII ne voulut — ou ne put — faire grâce.

Et puis, ce fut le tour du maréchal Ney, car, par un ironique et triste destin, les deux soldats qui s'étaient si violemment heurtés à la Chambre des Pairs devaient mourir les premiers, victimes de leur attachement à l'empereur. Il ne semble pas que le roi Louis XVIII ait voulu la mort de Ney et, en fait, la promulgation d'une ordonnance annonçant des arrestations était une suffisante incitation à la fuite. Drouet d'Erlon et Grouchy, pour ne parler que d'eux, eurent le temps de s'expatrier, l'un à Munich, l'autre en Amérique. Ney voulut fuir ; mais à la frontière suisse il ne put user de son passeport et il revint dans la Loire. Las d'être l'hôte incommode d'un royaliste courageux, il alla dans le Lot, chez un parent. Il fut dénoncé par son sabre, un sabre turc resplendissant de richesses que Napoléon lui avait donné à son mariage et qu'il laissa traîner et qu'on reconnut ; entouré de gendarmes, il se livra, et d'autant plus vite qu'il était révolté par une accusation dont il voulait faire justice, celle d'avoir touché du roi 300 000 francs, au moment même où il allait trahir sa parole... Il promit de ne pas s'enfuir et, en route, dut le regretter, car il traversa l'armée de la Loire et ne put profiter de l'évasion qu'Exelmans avait pour lui préparée...

L'accusation dirigée contre Ney était d'avoir violé son serment, rejoint l'empereur, amené à « l'usurpateur » son corps d'armée, rendu plus facile le détrônement du roi... Il comparut devant un conseil de guerre, recruté à grand'peine, car Moncey, chargé de la présidence, s'était refusé à cette besogne de sang contre un camarade et avait perdu, dans sa protestation, son titre, sa pension, sa liberté. Le conseil, présidé par Jourdan avec Masséna comme premier assesseur, avec Augereau et Mortier, se réunit le 10 novembre ; la salle était était comble et offrait aux premiers rangs l'éclatante exhibition de toute l'aristocratie féminine qui venait voir comment la bête redoutable serait forcée. A la grande surprise de tous, Ney récusa la compétence du conseil, invoquant, pour être jugé par la Chambre des Pairs, son titre de pair. Nous ne concevons pas, à distance, cet étonnement. Il est impossible que les avocats du maréchal, Berryer père, Berryer fils et Dupin, n'aient pas, avant d'agir, discuté entre eux cette périlleuse procédure. Ils ont eu leurs raisons : on a dit que Ney aurait échappé à la mort. On a pu le penser sur le moment même, mais non après l'arrêt de la Chambre des Pairs, où les plus acharnés furent les maréchaux, entre autres

Marmont, les maréchaux qui ne cherchaient qu'un prétexte pour faire oublier leurs services... De plus, il n'y avait qu'au point de vue politique, que Ney put plaider sa cause. Au point de vue militaire elle était jugée. Après tout, maréchal, chargé d'un commandement, ayant prêté serment de défendre le pouvoir auquel il était soumis, il avait violé ses engagements et déserté son parti. Il n'est pas de gouvernement, il n'est pas de régime qui puisse subir impunément un pareil acte. Le pouvoir civil, si avili qu'il soit, ne peut durer s'il n'a pas la main sur l'épée des chefs militaires. On pouvait négliger de rechercher sérieusement le maréchal, mais, une fois arrêté, non de le poursuivre et de le juger. Or, sa désobéissance méritait un châtiment.

Ce châtiment devait-il être la mort? Voilà où la politique pouvait intervenir et on pouvait penser que la Chambre des Pairs, moins tenue par les règlements qu'un conseil de guerre, pourrait avoir en tout ceci de plus larges vues. Était-il utile à la cause royale de frapper à mort ce soldat? Était-il juste de ne pas se rappeler que le maréchal avait subi l'ascendant de l'empereur — et surtout qu'il avait été entraîné par ses troupes? Le maréchal devait penser que ces questions se poseraient d'elles-mêmes devant un corps politique... Et il voulut y paraître.

Mais les passions étaient surexcitées et déjà, au mépris de toute justice, M. de Richelieu, parlant à la Chambre des députés, après l'arrêt d'incompétence du conseil de guerre, avait promis un châtiment « au nom de l'Europe ». Quand le maréchal parut devant la Chambre des Pairs il dut voir qu'il s'était fourvoyé dans un prétoire où son procès ne devait être qu'une formalité. Est-ce pour cela qu'il laissa ses défenseurs utiliser les fins de non-recevoir les moins sérieuses? Ceux-ci déclarèrent d'abord que Ney était couvert par la convention militaire du 4 juillet où Blücher et Wellington avaient promis de ne pas inquiéter les personnes pour leurs actes et leurs opinions. Comme si Blücher et Wellington avaient pu parler au nom du gouvernement dont ils n'avaient pas mandat! Ils soutinrent ensuite, sans plus de succès, qu'aucune loi n'avait donné à la Chambre des Pairs compétence judiciaire et demandèrent un sursis. Enfin, ils allèrent jusqu'à réclamer l'incompétence, sous le prétexte que Ney était né à Sarrelouis, et que Sarrelouis ayant été enlevé à la France par le récent traité du 20 novembre, Ney n'était plus Français! Où peut mener la procédure? Ney protesta et déclara vouloir mourir en Français; mais ce tardif mouvement, arraché sans doute par le sentiment de la révolte générale, n'empêche pas que Ney a dû consentir à ce que ce moyen fût développé. Car, qui croira que des avocats aient pu s'engager seuls dans une pareille voie?

Il valait mieux livrer sa tête que de la vouloir dérober par de pareils artifices. Les témoins furent presque tous hostiles à Ney; au moins, il put faire la preuve que jamais il n'avait promis d'enfermer Napoléon dans une cage de fer, que jamais il n'avait sollicité ni reçu du roi la moindre somme.

Sur l'accusation même, un duel formidable, où les mots meurtrissaient comme des balles, s'engagea entre lui et Bourmont, Bourmont son lieutenant de Lons-le-Saunier, Bourmont qui, revenu de l'armée ennemie, honoré pour sa trahison, l'accabla... Les défenseurs s'attardèrent à des querelles puériles sur les dates, sur les faits, au lieu de s'élever à un débat digne de leur client et de leur cause. Il fut condamné le 6 décembre à la peine de mort par 139 voix contre 17.

Parmi ceux qui signèrent l'arrêt, qui, obligés de châtier, nous le reconnaissons, n'écoutèrent ni la générosité, ni l'intérêt du roi, qui ne comprirent pas qu'à une époque pareille toute peine irréparable était une faute, on rencontre : duc d'Uzès, duc de Chevreuse, duc de Rohan, duc de la Rochefoucauld, duc de Levis, duc de Castries, duc de Doudeauville, Latour-Maubourg, prince de Baufremont, comte de Caraman, marquis de Gontaut-Biron, comte de la Guiche, comte d'Haussonville, vicomte Mathieu de Montmorency, comte de Mun, etc. Et voici le vote des maréchaux : Marmont, Pérignon, Sérurier, Kellermann, Maison, Dessolles, Victor, Ganthaume (amiral) votèrent la mort. Le lendemain, 7 décembre, au matin, le maréchal Ney fut fusillé dans les jardins de l'Observatoire.

Au même moment, en Italie, mourait Murat : après avoir trahi l'empereur au profit de la coalition, il avait attaqué celle-ci qui le repoussait. Chassé de son trône fragile, il arrive en France, rejeté avec mépris par Napoléon, se cachant le jour dans les anfractuosités des rocs, marchant la nuit ; il put, par mer, gagner l'Italie et y accéder. Mais saisi, arrêté, jugé, condamné, par les ordres de Ferdinand, il fut fusillé.

Mais une victime avait échappé au peloton d'exécution : le comte de La Valette, directeur des Postes sous l'Empire, avait repris aux Cent Jours son emploi, ressaisi sa fonction avant l'entrée de Napoléon à Paris. Ensuite il avait refusé de se cacher, s'imaginant n'être poursuivi que pour usurpation de fonctions. Il le fut, mais pour avoir pris part, par son usurpation, à un complot. Le soir même du jour où il fut jugé, il fut condamné à mort : l'exécution devait avoir lieu le lendemain. Le soir, cependant, sa femme le vint voir : une héroïque supercherie la fit se substituer au prisonnier qui sortit habillé en femme, tandis que madame La Valette demeurait derrière un paravent, assez longtemps pour échapper aux regards du gardien. Pendant ce temps, La Valette, sanglotant, accompagné de sa fille, traversait les corridors. Une première épreuve le fit presque défaillir : on n'ouvrait pas la grille et il n'osait pas parler ! On l'ouvre et il prend place dans la chaise de poste de sa femme : les porteurs étaient partis. Dix minutes s'écoulent. Enfin, d'autres porteurs arrivent.

Mais le gardien a fini par découvrir la substitution : il veut se précipiter au dehors. Madame de La Valette se suspend à son cou. Il crie, on vient, on se jette partout, on court. La Valette fut introuvable. Le lendemain, le ministère faillit être mis en accusation ; le procureur général voulait qu'on exécutât, à la place du prisonnier, sa femme. M. Decazes, dont la suffisance ne pouvait cependant pas triompher en cette occasion, multiplia les démarches. Toutes furent vaines. Pour trouver le fugitif, il eût fallu l'aller quérir rue du Bac, dans le propre hôtel de M. de Richelieu, qui était celui des Affaires étrangères alors situé là... C'est là, qu'à l'insu du ministre, l'avait conduit l'amitié puissante de la princesse de Vaudemont. Sur cette tragi-comédie finit l'année 1815.

CHAPITRE V

ÉTAT MATÉRIEL ET MORAL DE LA FRANCE

Etat de la France. — L'œuvre sociale de la Restauration. — L'enrichissement légal de la bourgeoisie. — La classe ouvrière. — Mesures favorables et mesures hostiles. — La situation financière.— L'origine du droit parlementaire. — L'éloquence parlementaire.

Au moment où, par le licenciement de l'armée et les coups répétés de ce que fut sa justice, la Restauration est maîtresse incontestée de la France, il est bon de supputer la situation matérielle et morale de ce pays, et comment essaya d'y faire face le régime nouveau. La France avait été ébranlée jusque dans ses profondeurs par l'Empire. Les guerres l'avaient vidée d'hommes et d'argent, et cet éclatant réservoir de virilité et de richesse était à peu près tari. Rien que l'état des dépenses exigées par la guerre et la double invasion montait à 2 480 043 531 francs de cette époque. Et la seule ressource à peu près nette que le pouvoir fût sûr de trouver sous sa main, c'était l'impôt foncier produisant seulement 1 520 millions.

Du premier coup, heureusement, la Restauration avait découvert l'homme de finance qui allait être le véritable fondateur du système financier encore respecté. C'était M. Louis, ancien abbé, ancien membre de la Cour des comptes sous l'ancien régime. Il eut le mérite de comprendre que le système financier d'un régime constitutionnel ne peut ressembler au système d'une monarchie absolue comme celle dont sortait la France. Il établit le budget, fit connaître les dépenses, les recettes, entoura de publicité les comptes, veilla à ce que l'allocation des crédits fût respectée par la main chargée de leur emploi. Mais ce n'était là qu'une proclamation théorique, et il fallait payer : il fut d'une rigueur extrême et qui ne paraît que juste. Ayant appris que la maison du comte d'Artois avait dilapidé la caisse où se trouvaient les millions que Napoléon traînait dans ses fourgons, il déclara que c'était là une caisse publique, et, plus encore pour l'exemple que pour le profit, fit restituer le larcin. Il « leva un emprunt » (16 août 1815) en ce sens qu'il frappa d'un impôt de 100 millions « les principaux capitalistes, patentables et propriétaires », et s'il le leur rendit, il montre en tous cas que ce que veut, contre la fortune, la volonté politique, elle le peut. Malgré tout, les capitaux étaient timides et se refusaient à l'emprunt : un seul capitaliste, Ouvrard, s'offrait en réclamant un intérêt de 10 %. Louis écarta l'usurier, et, puisque les capitalistes français fuyaient le gouvernement, il emprunta à Amsterdam et à Londres, créa pour les banques étrangères des rentes françaises, et reçut l'argent. En vain, le comte d'Artois avait promis l'abrogation des droits réunis, il les maintint; il maintint les contributions exceptionnelles décrétées par Napoléon; il put ainsi, non seulement gagner du temps, payer, fournir l'instrument de libération, mais rassurer, autour de lui, les intérêts sur lesquels il entendait fonder la rénovation financière de la France.

C'est une chose singulière et qui montre une fois de plus la survivance robuste des grands intérêts au milieu des bouleversements politiques, que l'attitude double et contradictoire qu'eut, dès son début, la Restauration. De l'année 1814 à l'année 1815, dans ces quinze mois où chaque journée semblait être la dernière de la patrie, tout semble s'être écroulé : en réalité, il n'y a eu qu'un changement politique, et, au fond, tout est demeuré pareil à ce que l'Empire avait trouvé ou avait formé. Nous l'avons déjà dit : les grandes administrations demeurèrent, en dépit de quelques déclamations, et même Charles X s'appuiera sur leur inertie centralisatrice. L'Université a gardé son monopole, partagé avec l'Église. La magistrature est demeurée quant à ses privilèges, qui, surtout en ce temps, étaient issus du fait social que crée la fortune, ou le titre, ou le nom. Mais on suspendit l'inamovibilité, on alla même jusqu'à faire attendre trois années aux magistrats l'investiture nouvelle du nouveau pouvoir, et cela, non par protestation contre le fond de l'institution, mais pour entreprendre, par la menace, sur l'indépendance des juges, et obtenir des arrêts qui fussent des services. Le Code civil — sauf la loi du divorce et la loi de substitution — demeura intact. Le Concordat, forgé par Bonaparte, après une tentative de révision demeurera le même. Ainsi la Restauration s'asseyait, en dépit de ses intentions, sur les assises mêmes du premier Empire : c'est par un changement dans les personnes, plus que par un changement dans les choses qu'elle s'est manifestée.

Au point de vue économique, cette vérité est plus saisissante encore, soit que l'on considère son attitude vis-à-vis du grand patronat ou vis-à-vis de la classe ouvrière. L'Empire, en élevant autour de l'Angleterre la barrière du blocus continental, avait amené, au point de vue économique, une situation nouvelle; le marché intérieur, soustrait à la concurrence internationale, n'en subissait plus les fluctuations salutaires; il était livré, comme une proie, à une grande aristocratie agricole et industrielle. L'importation du blé, celle du fer, celle de la laine, étant interdites, la production française était livrée à ses seules ressources, et ces jours de folie militaire ont été pour la fortune des accapareurs nationaux des jours de victoires. Moins retentissantes que les victoires sur les champs de bataille, ces victoires enrichissaient par la spoliation légale dont souffrait le plus grand nombre, c'est-à-dire les consommateurs, une minorité insolente et cynique. Et c'est elle, cependant, qui rejeta l'Empire à qui elle devait la puissance.

Mais elle n'en rejeta que le bruit, la gloire, l'insécurité, entendant bien confisquer, sous un autre régime, par le prolongement des mêmes méthodes, le même profit. Aussi, sa colère éclata, au début de la première Restauration, au lendemain du traité du 30 mai 1814, et fut pour le gouvernement fragile un premier avertissement. Le traité avait brisé le blocus continental, ouvert les ports, les canaux au commerce anglais qui, prévenu, se tenait prêt et inonda la France de ses produits. Du coup, l'aristocratie industrielle était atteinte. Mais elle espéra une rapide revanche. Qui pouvait la lui assurer? Le vote de lois protectionnistes qui renouvelassent autour du marché la barrière de fer établie par Napoléon. Qui votait les lois? La Chambre des représentants... Immédiatement l'aristocratie de fortune va saisir l'instrument politique, afin de travailler par lui à l'œuvre économique : elle va pénétrer dans l'assemblée.

La loi électorale lui permettait d'ailleurs ce léger effort : nul ne pouvait voter s'il n'avait 300 francs d'impôts, nul ne pouvait être éligible s'il ne payait 1 000 francs. Si l'on veut bien considérer que ces chiffres n'ont pas ici eur pleine valeur et que mille francs de cette époque représentent quatre mille francs de la nôtre, on voit, même par une comparaison avec notre temps, à quoi était réduit ce qu'on appellera plus tard « le pays légal ». Le nombre des électeurs sur trente-huit millions d'habitants était réduit à moins de cent mille : le trois cent quatre-vingtième de la France suffisait à la gouverner. Bien entendu, le chiffre des éligibles était plus restreint encore : dès lors, deux aristocraties vont s'emparer du pouvoir : à la Chambre des représentants, l'aristocratie de l'argent; à la Chambre des Pairs, par la désignation du roi, l'aristocratie du nom.

Ainsi toute l'œuvre économique de la Restauration a reçu de ce fait une unité de direction qui fait contraste avec les violences et les discordances politiques. Tandis que les représentants de la France — d'une partie si minime de la France — se querellent, qu'ils se divisent entre libéraux constitutionnels et ultra-royalistes, qu'ils s'invectivent et se calomnient — au point de vue politique — ils sont unis dans le vote des lois douanières et financières. Les lois de 1819 et de 1821 votées pour prohiber l'importation des céréales, le furent à la presque unanimité (234 voix contre 28, 282 contre 54). D'autres lois, en 1816, 1817, 1818, 1820, 1822, 1826, vinrent protéger les produits de grande fabrique. Veut-on un exemple de l'audace protectionniste?

Le voici, pour le fer en barre : sous l'Empire, la taxe était de 44 francs par 1 000 kilos. Les maîtres de forges obtinrent, que, décime compris, la taxe fût de 105 francs, ce qui représentait la moitié de la valeur de la marchandise.

Et toujours, jusqu'au bout, en dépit des dissolutions, des assassinats, des exécutions, des proscriptions, la même œuvre unitaire se continue jusqu'aux journées de juillet. Jamais, à aucune époque, la puissance capitaliste, en dépit de ses antagonismes politiques, ne fut plus maîtresse de la destinée d'une nation. Et jamais aussi n'a plus nettement apparu la vérité historique dont nous voudrions que ces pages s'imprègnassent : la Restauration, mouvement politique, a tout recueilli de l'Empire, sauf le personnel.

Les ouvriers menaient, isolés de toute action, une vie misérable. Dès le début, cependant, la Restauration essaya de les attirer. C'est de cette époque que date la création du machinisme et c'est alors qu'a commencé, quoique faible encore, le groupement d'ouvriers dans les manufactures. Mais ce mouvement fut lent et la grande majorité des ouvriers, surtout au début de la Restauration, était distribuée dans la petite industrie. Le service militaire avait accoutumé aux villes une partie notable de la jeunesse à qui, plus tard, ne pouvait plus plaire la simplicité de la vie paysanne. Aussi des émigrants nombreux vidaient, dès cette époque, les sillons pour venir remplir les ateliers trop étroits. Surtout à Paris, le nombre des ouvriers s'accroissait, et surtout, à chaque développement du machinisme, le nombre des indigents.

Le Gouvernement sentit le besoin de capter les uns et les autres et d'annexer cette force encore dormante. Il fit, pour arriver au but, des efforts qui seraient louables, n'était l'intention égoïste qui les dicta.

Il rendit plus active la distribution de secours à domicile, éleva des hôpitaux. Paris possédait normalement, sur 700 000 habitants, 60 000 indigents, presque tous anciens soldats jetés hors de la caserne par une brutale et imprévoyante mesure, ouvriers sans travail, errant, piétinant sur le pavé. Toutes les mesures prises en faveur de leur misère et comme pour la désarmer la laissaient cependant entière, et dans les années de disette, comme en 1817, où le blé monta de plus de 80 centimes l'hectolitre, ne lui pouvaient apporter qu'un insuffisant remède en dépit des 1 400 000 hectolitres achetés à Odessa.

Pour les ouvriers qui pouvaient s'employer, les institutions de prévoyance furent créées et, en mai 1818, une autorisation royale va autoriser une société de secours mutuels : ce fut la caisse d'épargne et de prévoyance créée par Benjamin Delessert ; on y acceptait un versement minimum d'un franc et on achetait, quand le dépôt le permettait, une rente de 50 francs ; l'intérêt était de 5 % et s'ajoutait chaque mois au capital. De 505 versements donnant, en 1818, un capital de 54 807 francs, la caisse montait, en 1820, à 138 722 versements donnant un capital de 2 678 134 francs. Puis, en 1821, on devait fonder la société pour le placement des jeunes apprentis. Le clergé ne demeurait pas inactif : il fondait la société *la Solitude* pour les femmes condamnées et *la Providence de saint Joseph* pour les jeunes détenus qui y apprenaient le le travail.

Mais ce furent des tentatives vaines que cet effort pour fournir, aux ouvriers travaillant et à ceux que surprenait la misère, la preuve de la sollicitude royale. Que cet effort fût sincère ou cachât une arrière-pensée, il importait

(D'après un dessin original de la Bibliothèque Nationale.)

peu. Les ouvriers usaient, comme on vient de le voir, des formes nouvelles que la philanthropie politique leur destinait, mais n'étaient pas gagnés. A ce moment, ils sont isolés, sans lien, brisés par le travail, privés surtout d'instruction, encore plus de droits, mais ils vont former l'élite vaillante de toutes les associations qui prépareront, même par une immolation en apparence inutile, des jours meilleurs. C'est parmi eux que les sociétés secrètes vont recruter leurs adhérents : à vrai dire, la République ne leur apparaissait pas encore. Il est curieux que, à vingt-cinq années de la Révolution et quand survivaient des témoins du grand drame, on en uit été si éloigné. Assurément, à travers l'espace et le temps, nous sommes en ce moment plus rapprochés d'elle que ne le furent ses fils immédiats. Avait-elle emporté avec elle toute l'audace? Napoléon glanant, après elle et pour une œuvre d'ambition, sur les sillons de vie, a-t-il, ensuite, emporté ce qu'elle avait épargné? Peut-on expliquer ainsi la résignation de la nation? Celle-ci était abattue; ceux qui relevaient la tête, à mesure que le temps s'écoulait, jugeaient avec indulgence l'œuvre de l'Empire, et, gagnés par l'infatigable propagande que tous les soldats licenciés faisaient partout, ils reconcilièrent le bonapartisme et le libéralisme, d'autant plus indifférents à l'œuvre naissante quoique débile, du parlementarisme, qu'ils étaient, par la barrière censitaire, tenus éloignés de la vie politique.

Alors on leur fit durement sentir toutes les pointes dont les lois de compression étaient armées; au début, pour les attirer, on n'avait pas appliqué la loi du 22 germinal an XI... Mais une ordonnance du 25 mars 1818 vit remettre la loi en vigueur; déjà le livret est rétabli. On qualifie les coalitions « de manœuvres coupables dans le but de se procurer une augmentation de salaire ». Il fallut, à la suite d'une grève faite par des ouvriers charpentiers, que le patron fit connaître à la police, dans les 24 heures, leur nom et domicile (18 juin 1822)[1].

Ainsi la classe ouvrière fut livrée aux sociétés secrètes par l'excès même du despotisme bourgeois et, obligée de se répandre intellectuellement et moralement, ne le pouvant dans le champ trop étroit réservé à la richesse, elle le fit dans l'obscur et funèbre enclos où s'agitaient tant de rêves : rêves de restauration bonapartiste et de restauration royale sur la tête du duc d'Orléans, tentatives pour la liberté, au moins dans l'intention de leurs auteurs, tout cela réunit dans les loges, dans les ventes, dans les sections, l'acharnement des rancunes militaires et l'indomptable et inconsciente espérance d'un prolétariat misérable. Les ouvriers de cette époque n'avaient connu que l'instruction de la caserne, celle des camps, et aucune autre culture ne leur avait été fournie. La presse, qui était restreinte à quelques feuilles privilégiées, ne descendait pas jusqu'à l'atelier. Le tirage montait à peine jusqu'à 15 000 exemplaires, et les journaux se passionnaient pour des problèmes étrangers à la classe ouvrière. Aussi peu à peu s'amoncelaient les colères et les rancunes, les espérances, les déceptions, tout ce qui élève et aigrit, mais tout ce qui sauve l'homme de l'indifférence et de la servitude, tout ce qui devait faire explosion d'un seul coup sous un régime imprévoyant. Unis à quelques hommes de la bourgeoisie, les ouvriers maintinrent l'obscur dépôt, le dépôt sacré des saintes révoltes et ce sont eux qui, de leurs pauvres mains, ont ouvert la voie douloureuse et immortelle par où le progrès humain a passé.

1. Levasseur. *Histoire des Classes ouvrières.*

La vie politique était donc réservée comme un luxe de plus aux privilégiés de la fortune, lesquels, comme on l'a vu, avaient trop d'intérêt à y pénétrer pour demeurer dédaigneusement sur le seuil. Toutes les Chambres de la Restauration, avec des différences dans le tempérament des hommes et la force numérique des partis, furent vouées à la même œuvre de spoliation économique et en même temps aux pires violences politiques. Au début, la classification des partis n'existait pas : si prolongé avait été le silence politique que les traditions parlementaires de la Révolution étaient oubliées. La première Chambre de la seconde Restauration, formée des plus ardents et des plus implacables parmi les royalistes, se partagea vite cependant en deux groupes principaux : d'une part, ceux qu'on appela les ultras, puis ceux qui furent les partisans des prérogatives royales définies par la Charte.

A côté d'eux, un groupe dont la puissance numérique fut aussi faible que fut forte sa puissance morale, le groupe des doctrinaires, dirigé par Royer-Collard, et une petite fraction qui figurait timidement ce qu'on appela plus tard la gauche dans les assemblées. Le débat politique fut toujours le même, sous des formes différentes, et l'on pourrait écrire l'histoire de la Restauration en deux lignes : un parti croyait à la Charte et la défendait, un autre avait feint d'y croire et demandait au roi d'en finir avec ce mensonge constitutionnel. Or, la Charte avait laissé en suspens deux questions : la loi électorale, la liberté de la presse. C'est autour d'elles que se livrèrent tous les combats. Quant aux hommes, ils furent assez lents à se ranger dans le cadre définitif d'un parti. Ils y furent aidés par une institution qui était née avec la Restauration, et qu'on a appelée la Congrégation, quoiqu'elle ne semble avoir eu, à ses débuts, qu'un lien très lâche avec les hommes des congrégations. La congrégation fut une sorte de cercle laïque et parlementaire où se réunissaient quelques députés ultra-royalistes : la propagande individuelle recruta des adhérents assez nombreux. On y trouvait MM. Sosthènes de la Rochefoucauld, Jules de Polignac, Villèle, Corbière, Chateaubriand. On se retrouvait le soir, autour d'une table mal éclairée, et c'est là que d'abord on engagea les conversations politiques. Peu à peu, ces conversations s'érigèrent en discussions. Sous l'habile direction de Villèle, prompt à exposer, plus prompt encore à taire son avis personnel, on se concertait. C'est de ce petit parlement où par avance les coups étaient essayés que sortit l'organisation et la discipline du parti ultra-royaliste.

Et cependant c'est dans les Chambres de la Restauration, et dans les premières que fut fondé l'instrument de contrôle financier qui est encore aux mains de la représentation nationale. On ne sait si on doit l'en louer car, comme on a pu voir, l'intention qui anima la majorité ne fut pas la libérale intention qu'on lui pourrait trop tôt prêter. Mais un homme, qui est le baron Louis, mérite sur ce point la gratitude parlementaire, car, ministre des finances, pouvant avoir quelque velléité de soustraire sa fonction à tout examen, il créa, au contraire, tous les rouages de ce contrôle. Voici comment.

La Charte avait laissé dans l'ambiguïté toutes les questions touchant l'examen du budget. Le budget serait-il annuel? On ne le savait et on dut le dire par déduction à cause de l'article qui prévoyait que « l'impôt foncier serait voté tous les ans ». Le seul texte clair était celui qui accordait à la Chambre des représentants la priorité pour le vote des contributions et cet article est encore appliqué. Mais l'article 46 semblait enlever tout droit à la Chambre de discuter quoi que ce soit, car il interdisait d'amender et ne reconnaissait ce droit qu'au roi. Or comment discuter un budget si l'on n'amende pas ? Il faut donc le voter en bloc dans ses recettes et ses dépenses ; ainsi avait lieu le vote.

Ce sera l'honneur du baron Louis d'avoir tranché le débat en faveur du droit parlementaire. Dès 1814 il avait dit aux députés « Votre fonction *première* sera de reconnaître l'étendue des besoins du budget de l'Etat et d'en fixer la somme. Votre attention se portera ensuite sur la détermination des moyens. Les éléments dont la réunion forme le montant de chacun des crédits ministériels seront soumis à votre vérification. » Ainsi le droit était reconnu à la Chambre de fixer les dépenses. Peu à peu l'habitude se prit de les fixer par spécialités. C'est en 1815 le baron Louis qui l'établit en déclarant que le droit de la Chambre était de suivre « l'emploi des subsides votés afin qu'ils ne soient pas détournés de leur destination » ; un peu plus tard, la Chambre qui remplace, en 1815, la Chambre des Cent-Jours se donne le droit d'amender le budget, ou du moins le reconnut à sa commission du budget. Restait la question de savoir si elle-même aurait ce droit remis à chacun de ses membres : en 1816 elle trancha ce problème à l'avantage du droit parlementaire. M. de Marcellus demandait un crédit pour créer des croix de Saint-Louis : le gouvernement résistait, mais la majorité l'emporta.

Voilà l'origine, pour les députés, du droit d'accroître un crédit, droit atténué de nos jours, comme on le sait.

C'est donc dans cette Chambre brouillonne et violente que naquit le droit parlementaire le plus haut et qui est la garantie de tous les autres. Mais il faut bien noter l'intention des partis en présence. La majorité de la Chambre était ultra-royaliste et entendait se servir de toutes les armes, y compris l'arme du budget, pour détruire les institutions politiques de l'Empire et créer des institutions nouvelles. Dans ce sombre élan vers le passé elle était arrêtée par le roi, le gouvernement, la minorité libérale. Et voilà comment, ce sont les libéraux qui se sont opposés à toutes les mesures de contrôle réclamées par les ultras! Les libéraux ne jugeaient que l'intention rétrograde et n'apercevaient pas l'acte. L'avenir a ramassé sur le cadavre politique de cette chambre éphémère, non l'intention qui expire avec elle, mais l'acte dont nous profitons encore.

Les chambres de la Restauration n'ont pas seulement créé l'instrument précieux du contrôle financier, elles ont été le berceau de l'éloquence parlementaire. La Révolution n'avait pas eu le temps, dans son labeur immense, de bâtir sur le sol nivelé par elle une tribune durable. Et, à dire le vrai, ce n'était pas, à proprement parler, l'éloquence parlementaire qui était née avec elle. A part Danton et Guadet, à part quelquefois Vergniaud, tous les « orateurs » lisaient leurs discours. Et il faut bien reconnaître aussi que si, à la lecture, nous nous soustrayions au temps, si nous ne voyions pas sur la tribune se prolonger l'ombre de l'échafaud, nous taxerions souvent d'emphatique une rhétorique qui se sauve par l'héroïsme.

La Restauration, dès ses débuts, ne put faire mieux. L'Empire avait été le bâillon de la France. On s'était déshabitué de parler, d'écrire, d'entendre, même de penser et le flambeau se serait presque éteint si, de l'étranger, madame de Staël, Benjamin Constant, ne l'avaient tenu au-dessus des tempêtes guerrières. Quels étaie les députés des premières chambres, qui, surpris de se rencontrer, venaient délibérer en commun? C'étaient des revenants de la Révolution, Royer-Collard, Camille Jordan, eux aussi accoutumés à la lecture oratoire, ou des hommes nouveaux, qui n'avaient pu, dans la déchéance de la liberté, jeter leur jeune parole aux vents des places publiques. Ceux-là aussi lisaient. Et tous considéraient avec admiration Benjamin Constant, à cause de ce don singulier qui lui permettait, en écoutant un adversaire, d'écrire une réfutation et de la lire immédiatement. Le général Foy aurait préféré monter encore au mont Saint-Jean que d'escalader la tribune sans la cuirasse en papier de ses discours. Aussi ce fut une surprise, un événement historique, quand, armé de simples notes, très prêt certes, mais sans aucune lecture, M. de Serre se risqua à parler. C'est de ce jour qu'est née vraiment l'éloquence parlementaire, par la voix de l'homme éminent, certes, qu'une courageuse initiative cependant a un peu trop permis d'exalter. L'exemple fut suivi.

Nous ne voulons pas refuser par là le mérite de l'éloquence aux hommes de la Restauration. Il n'y a pas d'éloquence que dans le discours, mais sans discours, il n'y a pas d'éloquence parlementaire. Certes il restera de cette époque, où la France meurtrie, à genoux, cherchait la liberté dans les ténèbres et s'essayait à parler, des pages incomparables et éclatantes, des leçons de philosophie politique dûes à Royer-Collard, des apostrophes dûes au général Foy. On leur a reproché, comme à tous les hommes de ce temps, la redondance et la métaphore. Cela est vrai, et cette éloquence est souvent alourdie d'inutiles richesses, mais elle tient moins à l'époque qu'aux problèmes posés. Or, comme sous la Révolution, il fallait définir des idées générales, résoudre, ou en tout cas poser, de hautes questions morales et philosophiques, et c'est l'honneur de la parole de s'élever à la hauteur de la pensée.

Avec une époque où les problèmes se sont précisés, isolés les uns des autres, la parole a pu devenir plus simple et plus souple. Mais, malgré tout, le Parlement n'aurait pu tenir un rôle souverain si l'éloquence ne s'était pas modifiée; on ne pouvait appeler un débat cette succession d'entretiens et de discours qui ne se rencontraient jamais l'un l'autre; la fonction crée l'organe, et la tribune a créé l'éloquence. Quelques années après le début de la Restauration, de Serres, de Villèle, Manuel, Casimir Périer, enhardis par leurs succès, enfin se dressèrent à la tribune, à peine maîtres de l'agitation intérieure que jette dans l'âme la parole qui va s'échapper : l'éloquence parlementaire était née.

Avec elle était né le droit nouveau que la force a pu arracher, mais qu'elle ne peut tout à fait briser et qui prévaut sur ses excès éphémères. C'est la Restauration qui l'a créé, ou plutôt dans la Restauration un parti. Aussi, quelque tragique que soit cette histoire, quand le sang dégoutte des échafauds politiques, quand le cœur se soulève et que l'esprit se désespère à voir l'œuvre de la férocité humaine, que nul n'oublie que ce régime vaut mieux que le régime des violences. Là, au moins, même faible comme un souffle, la parole se pouvait entendre. Ce n'était pas la nuit complète, et, comme un reflet du ciel aperçu du fond d'un gouffre, la liberté attirait vers elle tous ses fils à la fois obscurs et glorieux.

CHAPITRE VI

LA CHAMBRE INTROUVABLE

Session de 1815-1816. — La loi sur la liberté individuelle. — Les cris séditieux. — Les cours prévôtales. — La Chambre ordonne des mesures de répression. — La loi électorale. — Le ministère tenu en échec. — Loi en faveur des prêtres. — Les biens non vendus leur sont restitués. — Abolition du divorce. — La Chambre réclame la main-mise sur l'Université et les registres de l'état-civil. — Clôture de la session. — Les soulèvements en province et à Paris. — Didier à Grenoble. — Le sang coule partout. — Abaissement général. — Les responsabilités.

La Chambre, réunie le 7 octobre, n'avait accueilli qu'avec un respect glacé les déclarations royales qui lui paraissaient trop pacifiques. Dans l'adresse qui fut rédigée en réponse apparut tout de suite l'esprit qui animait cette chambre et ce qu'il fallait en attendre. « Sire, disait la majorité, votre clémence a été presque sans bornes. Nous vous supplions... de faire enfin que la justice marche où la clémence s'est arrêtée... » Jamais mise en demeure plus brutale, sous l'habile enveloppement de la forme, n'avait été adressée à un roi. Louis XVIII, ému, non par la crainte de frapper trop fort, mais par la crainte de se voir contrôlé, conduit, sommé par une assemblée, même royaliste, ne put cependant résister ; le ministère, pas davantage. Et, pour répondre au vœu déposé aux pieds du monarque, des lois furent proposées.

Le Gouvernement fit connaître le 10 octobre son projet de poursuivre les cris séditieux : les bruits répandus sur l'inviolabilité des biens nationaux, le port de la cocarde tricolore, l'enlèvement d'une affiche officielle étaient en même temps prévus. Le Gouvernement frappait ces actes d'une peine de cinq années de prison. Il croyait ainsi désarmer les colères de la majorité ! Celle-ci ne lui fit qu'un reproche, c'est d'avoir temporisé et ensuite d'avoir ménagé les coupables. Sous la main de la commission, cette loi draconienne faillit devenir une loi de sang. M. de la Bourdonnaye, royaliste affolé par les souvenirs de l'Empire et de la Révolution, déclara inoffensives les peines prévues et réclama la peine de mort. L'excès même de cette rhétorique meurtrière, en dépit de M. de Broglie qui la fit aussi résonner, demandant la peine de mort pour le port de la cocarde tricolore, cet excès sauva la loi. Mais le ministre dut céder en partie et substituer à la peine de l'emprisonnement celle de la déportation (30 octobre, 293 voix contre 60).

Cependant, pour capter et satisfaire encore les instincts de cette majorité déchaînée, le ministère avait déposé un autre projet : le projet qui suspendait la liberté individuelle et permettait, sur un mandat délivré à la suite d'une délation quelconque, d'emprisonner pendant un an tout sujet du roi. Royer-Collard et Pasquier combattirent ces violences légales par où le droit de chacun était meurtri, le premier au nom des principes, avec une souveraine maîtrise du grave sujet, le second du point de vue de l'efficacité pratique. « Les mandats à décerner le pourront être par des fonctionnaires », disait l'article 2 : un commissaire de police, un garde-champêtre pouvaient donc suspendre pour un an la liberté des citoyens ! Soutenue par le rapporteur Bellart — qui allait requérir contre le maréchal Ney — et par le ministre de la police Decazes, cette loi fut votée par 204 voix contre 50 (23 octobre). Le 27 octobre, la Chambre des pairs adoptait sans débat cette loi. Elle adoptait, le 7 novembre, la loi sur les cris séditieux, non sans une violente opposition de Chateaubriand et de M. Desèze, l'avocat de Louis XVI. Mais aucune intention libérale ne dictait leurs paroles à ces deux orateurs. Il suffit de dire la vive apostrophe de Chateaubriand qui s'étonnait qu'on osât punir ceux qui douteraient de l'inviolabilité des biens nationaux... Sont-ils donc inviolables ? Ne les pourrait-on pas reprendre ? Ces questions allaient émouvoir un peu plus tard la majorité ultra-royaliste.

Le ministère, devant elle, céda encore : le 17 novembre, le duc de Feltre, au nom du gouvernement, dépose le projet de loi qui organisait les Cours prévôtales. L'exposé des motifs déclarait qu'il fallait « intimider les méchants, les isoler de cette foule d'êtres faibles dont ils font leurs instruments ». On peut concevoir à quels abus monstrueux pouvaient conduire ces vagues et sinistres formules. Chaque cour siégeait au chef-lieu sous la présidence d'un colonel appelé le prévôt, assisté de magistrats civils. Cette juridiction, qui dessaisissait la Cour d'assises et les tribunaux correctionnels, devait appliquer les lois antérieurement votées. Tout homme présumé coupable lui était déféré quelle que fût sa profession, qu'elle fût « militaire, civile ou autre ». Le prévôt, assisté d'un juge, faisait l'instruction, non pas seulement sur une plainte de l'autorité publique, mais sur une délation privée. Mais si un prévenu réclamait contre la compétence de la cour? Il en avait le droit. Mais alors la Cour royale du ressort était saisie et obligée, si le prévôt la requérait, de se transporter sur place; elle devait juger de suite. La Cour prévôtale jugeait dans les vingt-quatre heures et l'exécution suivait. Mais le droit de grâce? Il fut supprimé — ou, du moins, on ne permit au roi de l'exercer qu'au profit des condamnés qui seraient recommandés par la Cour elle-même à sa clémence. Cette loi, qui contenait 55 articles, fut votée en trois jours (du 1ᵉʳ au 4 décembre) par 200 voix contre 131.

Ainsi la Restauration, à peine établie, avait créé ses lois et la juridiction qui allait les faire valoir: on arrêtait sur une plainte privée, on soumettait de suite le prévenu à la cour prévôtale et, s'il avait contrevenu à la loi sur les cris séditieux, il était condamné — et condamné sans appel! Il semblait que, cette fois, la majorité, altérée de vengeance, ivre de toutes les terreurs et de toutes les rancunes royalistes, allait se déclarer satisfaite. Mais non, elle voulait encore, des fers, des persécutions, du sang. Les royalistes n'avaient pas accueilli avec une joie complète l'ordonnance du 24 juillet, qui livrait aux conseils de guerre dix-huit dignitaires de l'Empire, en livrait trente-huit à l'exil. Le nombre leur paraissait trop restreint des coupables que la main de la loi devait frapper ou devait proscrire. Mais comment agir? L'ordonnance avait, dans l'article 4, déclaré « close la liste des individus susceptibles d'être poursuivis » pour ces faits. Cependant, l'ingéniosité cruelle de la majorité découvrit dans l'article 2 de la même ordonnance la secrète fissure par où elle pouvait pénétrer. Cet article ne disait-il pas « que les Chambres statueraient sur ceux des individus désignés »? Or, aucune désignation n'avait encore été faite, et voilà comment l'ordonnance à la main et paraissant respecter la volonté royale, M. de Labourdonnaye et M. de Germiny avaient déposé des projets.

Le croirait-on? Par une sorte d'ironie, M. de Labourdonnaye appelait son projet un projet d'amnistie. En effet, il amnistiait tous ceux qui avaient pris part aux événements du 20 mars, à l'exception de... Puis venaient les redoutables catégories où la main de la police allait aisément trouver sa proie destinée au geôlier et au bourreau. Étaient exceptés de l'amnistie : 1° les titulaires des grandes charges administratives et militaires qui avaient constitué le Gouvernement des Cent-Jours; 2° les généraux, commandants

DE LA MORT DE LOUIS XVI AU 2e TRAITÉ DE PARIS.
(D'après une estampe de la Bibliothèque Nationale.)

de corps ou de place, les préfets qui avaient arboré le drapeau tricolore ; 3° les régicides qui avaient accepté des places. Les deux premières catégories étaient poursuivies en vertu de l'article 87 du Code pénal, qui prévoit la mort — la troisième exposée à la déportation. Bien entendu, les biens des contumaces étaient séquestrés.

Le Gouvernement considérait avec une stupeur mêlée d'effroi ces exaltations qu'aucune concession ne pouvait calmer. Certes, le Gouvernement était composé de royalistes fervents. M. de Richelieu était un émigré. Mais tous avaient cependant cette impression que la Restauration, compromise par les excès, ne s'imposerait pas longtemps à un pays pour le moment meurtri et ruiné, mais qui, dès le réveil de son énergie endormie, soulèverait un jour ce poids d'iniquités. En luttant, avec l'assentiment du roi qui avait, lui aussi, la notion du péril, en luttant contre ces déchaînements qui n'avaient pas l'excuse de répondre ou à une agression récente, ou à un péril prochain, le ministère ne luttait pas pour la liberté ni même pour un vague libéralisme : il luttait pour détourner de l'institution royale les colères, pour capter les sympathies, pour ramener au pays le calme par l'oubli. En un mot, le véritable et sincère royalisme était représenté par ces hommes, et ce sont les passions bestiales de la droite qui, seules, le pouvaient compromettre.

L'émoi du pouvoir venait d'abord de la pensée que plus de 1100 personnes comptant parmi les plus notoires, parmi celles qui s'étaient depuis rapprochées du trône, seraient frappées. Et sa situation particulière n'aurait pas manqué de prêter à rire en des moments moins troublés : un ministre était menacé, visé même par le projet, c'était M. Corvetto, ministre des finances, qui avait fait partie du Conseil d'Etat après le 20 mars ; un député, le duc de Gaëte, qui avait été ministre des finances aux Cent-Jours, et un membre de la Chambre des Pairs, M. Molé, lui aussi conseiller d'Etat de l'empereur, ce qui ne l'avait pas empêché de réclamer la mort du maréchal Ney, pour donner des gages sanglants de son nouveau servilisme.

M. de Richelieu tenta un coup d'audace : le lendemain de l'exécution du maréchal Ney, comme si cette mort devait clore l'ère des hécatombes, il présenta un projet : ce projet maintenait l'ordonnance du 24 juillet et, pour donner une satisfaction à la majorité, excluait de France les Bonaparte et leurs enfants. La commission nommée élut comme rapporteur M. Corbière, avocat à Rennes, érudit et ardent, ami inséparable de Villèle, et qui était un des chefs du mouvement déchaîné ! Naturellement, la commission accepta la proscription des Bonaparte, mais elle maintint les catégories prévues par M. de la Bourdonnaye.

Elle les maintint avec des nuances d'atténuation et de gravité : c'est ainsi qu'elle ne rendait responsables que les hommes qui avaient obéi à l'empereur avant le 23 mars et qu'elle prescrivait la confiscation des biens de tous les exilés. Comme on le va voir, c'est ce qui fit succomber une partie du projet de la commission. Ce projet, hostile après tout à celui que, par l'organe de ses ministres, le roi soutenait, fut attaqué par Sirven, Duvergier de Hauranne, Pasquier, Decazes, M. de Richelieu. Mais nul ne développa avec plus d'ampleur les arguments philosophiques que Royer-Collard, et les arguments politiques avec plus de force incisive et nerveuse que M. de Serres. « Comment frapper un homme parce qu'il s'est rallié le 22 mars à minuit et l'épargner parce qu'il s'est rallié le 23 mars à midi? Ainsi le préfet de Seine-et-Oise, plus rapproché de l'empereur que celui des Pyrénées-Orientales, uniquement pour cela et parce qu'il se sera rallié plus tôt que son collègue, sera frappé et l'autre aura les faveurs royales! » L'argument était inéluctable. « On confisque après avoir condamné et ensuite on condamne pour confisquer... » A cette phrase lapidaire se reconnaît la forte pensée de Royer-Collard. Et M. de Serres suppliait la Chambre d'écarter la confiscation. « Notre trésor est pauvre... qu'il soit pur! C'est en entretenant au sein de la nation des sentiments nobles et généreux que vous l'enrichirez... »

Mais aucune de ces raisons, aucun de ces appels, ni l'argumentation juridique, ni l'élévation morale des idées, rien ne pouvait entamer ce bloc vivant de rancunes et de haines dont M. Corbière fut l'orateur intransigeant et éloquent. En vain M. de Richelieu laissa tomber cette haute et mélancolique leçon : « En vérité, je ne vous comprends pas, avec vos haines, vos ressentiments, vos passions qui ne peuvent amener que de nouveaux malheurs. Je passe tous les jours devant l'hôtel qui a appartenu à mes pères; j'ai vu les terres immenses de ma famille dans les mains de nouveaux propriétaires; je vois dans les musées des tableaux qui leur ont appartenu. Cela est triste, mais cela ne m'exaspère ni ne me rend implacable. Vraiment, vous me semblez quelquefois fous, vous qui êtes restés en France. » Ecrasé sous cette apostrophe, M. de Villèle ne put répondre, en dépit de son habileté, que pour réclamer « une manière de gouverner plus rassurante ». Mais qu'importait la parole? La commission réclamait les vaincus, et le jour allait venir où il faudrait les lui livrer. Soudain M. de Richelieu quitte la salle avec M. Decazes et va trouver le roi.

A son retour, une transaction est offerte : le roi accepte la confiscation, il accepte de substituer le mot « descendants » au mot « enfants », et d'élargir ainsi la proscription des Bonaparte, mais c'est tout. Richelieu plaide la cause des régicides, invoque la clémence de Dieu, celle qui sort d'une tombe! La royauté demeure insensible; on vote, non sans qu'un député de Nîmes ait demandé l'amnistie pour Trestaillons et ses complices. Enfin l'article établissant les catégories (dignitaires, préfets, généraux, députés ayant accepté l'acte additionnel) est mis aux voix. M. Duvergier de Hauranne réclame la question préalable; elle est mise aux voix au milieu d'un silence pénible et votée par 184 contre 175 voix... Quant aux régicides, ils furent bannis à perpétuité par toute l'Assemblée moins trois voix ! (6 janvier 1816.) Trois jours après, la Chambre des Pairs votait, non sans une emphatique prosopopée où Chateaubriand appelait le roi mort, et demandait, ce qui fut fait, un monument expiatoire.

Restait à voter la loi électorale déposée le 17 décembre 1815 par le gouvernement. Là encore, la commission de la Chambre allait tenir en échec le gouvernement et lui créer des embarras redoutables. A vrai dire, le projet du gouvernement était le contraire d'un projet libéral, et ce spectacle fut donné d'une commission ultra-royaliste défendant les prérogatives parlementaires. Dans chaque canton se formait un premier collège, composé des 60 propriétaires les plus imposés, et auxquels s'ajoutaient les magistrats, les curés, les vicaires, les maires, les inspecteurs d'académie ; ce collège nommait les électeurs du département, auxquels se joignaient les 60 propriétaires les plus imposés du département, les évêques et les archevêques. Puis les députés ne pouvaient être élus qu'en payant 1 000 francs d'impôts et en ayant 40 ans. Enfin, la Chambre, élue pour cinq ans, était renouvelable par cinquième, et le député ne touchait aucune indemnité.

« Les ministres nommeront les électeurs qui nommeront les députés ». C'est cette boutade qui résumait le mieux la loi ; évidemment ce caractère n'avait pas échappé au gouvernement, et il devait prévoir le reproche qui lui serait fait, et qui était d'avoir rendu maîtres des élections ses fonctionnaires. Le gouvernement, ému des déchaînements ultra-royalistes, sentant bien que toutes ces violences étaient subversives du trône, avait essayé, remontant à la source, d'apaiser un peu, par la présence efficace de ceux qui lui étaient attachés, ce torrent dont avec raison il redoutait l'élan : c'était la candidature officielle opposée à la candidature d'argent, le pouvoir politique prenant des garanties contre le pouvoir économique et, afin que l'opération lui fût plus aisée, renouvelant chaque année la Chambre par cinquième, afin de pouvoir, dans une zone restreinte, faire sentir son poids.

On pense bien que Villèle, qui fut l'adroit rapporteur du projet, aperçut vite la menace cachée sous les articles. Une seule constatation, d'ailleurs, faisait déjà la ruine du projet : grâce à lui, il n'y avait plus en France que 17 500 électeurs pour élire 402 députés, représentant un pays de trente-deux millions ! Et, avec le renouvellement partiel, c'était chaque année sur quatre mille trois cents électeurs connus, choisis, en majorité ses fonctionnaires, que le pouvoir pouvait presser. La majorité substitua à cette menace de mort politique pour elle-même un projet différent : le premier collège était formé de tous ceux qui payaient 50 francs d'impôts, et qui élisaient un second collège formé de ceux qui en payaient 300 ; ce dernier choisissait les députés qui en payaient 1 000. L'âge était élevé à trente ans pour les hommes mariés, à trente-cinq ans pour les célibataires, le renouvellement intégral maintenu. Mais Villèle échoua dans sa juste tentative pour faire verser aux députés une indemnité. La loi électorale, telle que la désirait Villèle, fut votée, le 6 mars, par 150 voix contre 132.

Mais, au milieu de la surprise générale, la Chambre des Pairs, le 3 avril, repoussa le projet (89 voix contre 57). Etait-ce la jalousie de cette Chambre élue, violente certes, mais qui appelait par là-même, en la détournant de la Chambre des Pairs, l'attention publique, est-ce ce bas sentiment qui dirigea la haute assemblée? Il est permis de le penser; le gouvernement n'avait plus en main aucune loi d'élection. Le 5 avril, il déposa un projet pour que l'autorisation lui fût donnée de se servir des ordonnances de juillet, qui avaient servi à la convocation du mois d'août; le 8, Villèle allait lire son rapport quand un incident violent se produisit entre le président Lainé et lui. Désavoué par la Chambre, M. Lainé donne sa démission que le roi refuse : on verra que cet incident a eu une influence sur la destinée même de l'assemblée.

Le 10, vint la discussion du rapport de Villèle; Villèle eut le tort d'accepter ce projet provisoire, rédigé, disait le gouvernement, en attendant que le temps lui permît d'en confectionner un autre. Pourquoi cette hâte? La Chambre avait encore devant elle une carrière de quatre années. Ne pouvait-on attendre? Que cachait cette précipitation? Villèle ne le devina pas : en lui l'homme de force ne découvrit pas les projets énergiques qui commençaient à hanter le ministère. Au moins, cette courte discussion donna lieu à un incident nouveau : au milieu des applaudissements, M. de Vaublanc, ministre de l'Intérieur, se déclara contre le projet du gouvernement.

Le ministère n'avait essuyé que des défaites ou des demi-défaites; il était miné par de sourdes hostilités, et, publiquement, un de ses membres se retournait contre lui. Chaque jour l'autorité le quittait : il le comprit, et hâta le vote du budget pour se libérer de la Chambre. Mais, là encore, il se heurta à un contrôle tenace, intraitable, qui s'exerça par les yeux de Villèle, et qui, le matin et le soir, faisait entendre, dans une double séance, les plus dures critiques. L'arriéré à payer égalait 700 millions, et ils étaient dus à des créanciers antérieurs à 1814 et à des créanciers postérieurs à cette date. C'était dire que ces derniers avaient prêté à Napoléon. Pour les payer tous ensemble, on leur offrait ou une consolidation de leur dette, ou des obligations à 5 0/0, remboursables en trois ans sur le produit de la vente de 400000 hectares de bois ayant appartenu au clergé.

Double profanation! Tout d'abord, on acceptait le legs des Cent-Jours! Et, en acquittant ses dettes, on vendait les bois du clergé. De sorte qu'on légitimait du coup l'usurpation napoléonienne et l'usurpation révolutionnaire. Cervetto dut céder et, aux applaudissements enthousiastes de la droite, transigea : on tint tout en suspens; on remboursait non dans trois ans, mais dans cinq ans, tout en payant un intérêt de 5 0/0 aux obligataires. Et on attendait l'année 1820 pour délibérer sur l'acquittement total; cette suspension n'avait un sens que si le ministère avait un plan politique. Sous l'habile main de M. Decazes le plan peu à peu s'ébauchait.

En même temps, la majorité ultra-royaliste entendait profiter de sa puissance pour payer au clergé sa dette : c'était celui-ci qui recrutait pour elle dans le pays, fidèle à sa mission éternelle qui est de comprimer les esprits et les consciences. Depuis longtemps, la pensée hantait l'esprit de ces revenants attardés de l'ancien régime de restaurer la splendeur disparue du clergé. Comment faire? Des tentatives furent faites, dont quelques-unes l'emportèrent et qui méritent l'attention et le souvenir.

Tout d'abord, la Chambre décide de supprimer les lois civiles qui interdisent aux couvents de recevoir; d'abroger l'art. 409 du Code civil qui interdit au confesseur de recevoir d'une main en bénissant de l'autre, de profiter ainsi des défaillances de la volonté expirante; elle décide que les détenteurs des anciens biens du clergé les lui restituant de suite peuvent en garder les fruits... Qu'est-ce à dire, sinon que cela impliquait la restitution des biens nationaux?

La Chambre des Pairs n'osa aller si loin; elle repoussa les deux dernières dispositions, mais elle accueillit la première, par laquelle les biens de mainmorte se trouvaient juridiquement reconnus. Mais qu'importait cette demi-victoire? Les biens de mainmorte dépendaient de la générosité du testateur et, quoique le royaume de l'Eglise ne soit pas de ce monde, celle-ci ne pouvait attendre une lointaine et problématique libéralité : on va tout de suite, dans la détresse de la France épuisée et encore saignante, lui tailler son domaine et lui remettre sa richesse. Le gouvernement avait, le 2 janvier, voulu améliorer le sort du clergé, et déposé en ce sens un projet qui va être travesti : ce que voulait le gouvernement, c'est faire profiter les ministres du culte des pensions attribuées à des ministres décédés et qui tombaient à la caisse de l'Etat. On va voir ce que fit de ce projet la commission : tout d'abord elle supprime la pension faite aux prêtres assermentés et mariés et la réserve à ceux qui ne le sont pas. Les deux Chambres approuvent cette mesure qui jette dans la misère de nombreux prêtres et leur famille. Mais, est-il digne de l'Eglise de recevoir pour sa tâche si haute un humiliant salaire? Dans un autre rapport, M. de Kergolay montre qu'il ne le pense pas, et voici à quelles mesures il s'arrête : on inscrira au Grand-Livre des rentes représentant 41 021 307 francs; ces rentes seront perpétuelles et appartiendront à l'Eglise. On lui remettra les bois et les biens arrachés, quoiqu'ils servent de gage, par un contrat public, à des créanciers de l'Etat. On repoussa la première proposition et on atténua la seconde : on ne restitua que les biens non vendus.

L'action de l'Eglise cependant continuait, servie par des hommes qui lui étaient attachés de toute leur force pensante. Parmi eux, M. de Bonald, rhéteur de la théocratie, sorte de moine converti à la laïcité, sans doute pour pouvoir rendre plus de services à l'Église que par des pensées solitaires. Il fit abroger la loi du divorce, au nom de la famille, de la vertu. Enfin, deux propositions suprêmes furent faites qui reçurent à la Chambre un enthousiaste accueil. L'une restituait au clergé la tenue des livres de l'état civil, et faisait refleurir en 1816 un des abus les plus criants de l'ancien régime. L'autre étendait sur l'âme cependant asservie de l'Université la main de l'Église. Il faut citer le texte même. « La religion sera désormais la base naturelle de l'éducation ; les collèges et pensions seront désormais sous la surveillance immédiate des archevêques et des évêques ;... les évêques nommeront aux places de principal de collège. Le principal nommera les professeurs ; néanmoins les évêques pourront renvoyer parmi ceux-ci les sujets incapables ou dont les principes seraient reconnus dangereux... »

Les ministres étaient las : aussi bien qu'auraient-ils pu répondre ? Ils reconnaissaient, sous des formes violentes, leur propre pensée, et ne pouvaient que reprocher à la mesure son inopportunité. Inutile grief pour une majorité qui, chaque jour, travaillait à restituer au monde la pensée glacée du monde disparu. Jamais, même autrefois, la réaction n'avait été plus ardente, plus cruelle, plus âpre, plus sûre d'elle-même. Le roi en était effrayé, et il permit qu'on travestît devant lui le mot louangeur dont il avait salué la Chambre dès qu'il avait connu son royalisme : « C'est la Chambre introuvable ». Elle l'était, en effet, en ce sens qu'on ne pouvait trouver rien de plus rétrograde, même en fouillant les tombes, même en ranimant les royalistes morts dans l'émigration. Aussi les ministres, et surtout parmi eux M. Decazes, la renvoyèrent en clôturant la session le 27 avril, et promettant de convoquer la Chambre le 1er octobre ; le ministère devait revivre, mais non la Chambre. Tout de suite, M. Decazes s'occupa de rendre au ministère l'homogénéité qu'il avait perdue, et de remplacer M. de Vaublanc qui, on s'en souvient, avait abandonné un projet ministériel en séance publique, et M. Barbé-Marbois, dont la faiblesse et la médiocrité n'étaient plus tolérables. Ainsi devenaient vacants le ministère de la Justice, que M. Dambray prit par intérim, et le ministère de l'Intérieur, qu'après bien des hésitations, et en souvenir de l'attitude de la Chambre qu'il présidait le 10 avril, M. Lainé finit par accepter.

M. Decazes n'avait qu'une idée : ne plus revoir devant lui cette Chambre dont le spectre menaçant s'offrait partout devant lui. Le spectacle qu'elle avait donné à la France n'avait pas frappé seulement le ministère exposé à ses plus rudes coups et perpétuellement vaincu par elle. Les alliés commençaient à s'inquiéter, se demandant si ces violences n'allaient pas soulever le pays et amener une agitation où se perdraient les engagements pécuniaires pris vis-à-vis d'eux. Mais avant eux, et plus qu'eux, s'était émue la nation, que ce retour inattendu de l'ancien régime déconcertait, révoltait, épouvantait. Des rumeurs, puis des plaintes, puis des complots, puis des échafauds, toujours du sang, voilà, à côté de son œuvre directe, l'œuvre indirecte de la Chambre introuvable.

C'est le bonheur et le salut des démocraties qu'elles permettent aux colères de s'affirmer publiquement; aussi elles peuvent les mesurer et en tenir compte en même temps que les consciences allégées redeviennent maîtresses d'elles-mêmes. Ainsi l'ordre règne par la liberté. Mais les gouvernements de réaction toujours engendrent et encouragent les sourdes révoltes et, quand on les veut frapper, il est trop tard, car l'explosion a lieu. Sous les coups répétés de cette Chambre introuvable, sous la provocation, devant le spectre de l'ancien régime, le peuple fut affolé. Chassé de la place publique, il se réfugia dans l'obscurité formidable des complots. Et telle fut l'histoire prolongée de la Restauration.

A Grenoble vivait un ancien avocat au parlement de Grenoble, alors âgé de près de soixante années, et qui s'appelait Paul Didier. Noble de cœur, d'esprit léger, enthousiaste, pitoyable aux vaincus, il avait été un royaliste fervent qu'avaient mis en fuite les menaces de la Révolution. Une idée fixe habitait son cerveau surchauffé par des lectures mal comprises et ébranlé par la mêlée des événements. Cette idée était de placer sur le trône le duc d'Orléans, avec qui il avait été en relations, mais qui n'avait en rien ni sollicité ni accepté ce concours.

Voilà Didier qui s'agite et qui recrute à Grenoble d'abord, dans le département de l'Isère ensuite, les adhérents d'une société dite l'Indépendance nationale. Sous ces montagnes habitait une population qui avait vu naître, dans ce riant berceau de la nature, la Révolution, et qui avait gardé l'amour farouche de la liberté. Officiers en demi-solde, officiers en service, jeunes hommes qui voulaient suivre leur rêve dans l'avenir, hommes d'âge qui voulaient sur le présent maudit venger le passé, tous se rencontraient. Pourquoi faire? Un mouvement qui placerait sur le trône un autre prince. Lequel? Napoléon Ier ou Napoléon II. Ici Didier entraînait par un mensonge des complices dans la conspiration; jamais il n'avait eu l'intention d'agir en faveur de l'Empire, mais il redoutait la déception causée à ses amis par la révélation du nom d'un Bourbon...

Il faut agir. Un sous-officier livre le mot d'ordre de la citadelle. On se révoltera la nuit. Tout est prêt, lorsqu'une indiscrétion vient trahir le secret trop longtemps imposé à trop de lèvres. Les autorités sont prévenues; elles étaient représentées par le général Donnadieu, commandant de la division, le préfet de Molevaut, le prévôt de Bastard, tous trois, d'ailleurs, en perpétuelle mésintelligence. Le préfet veut agir, le général hésite. Malgré ce désaccord, des mesures sont prises et l'insurrection se lève. Elle est étouffée à l'intérieur de la ville et, pour l'écraser aux abords de la ville, le colonel de Vautié fut avec quelques hommes. La rencontre a lieu : les insurgés cèdent tandis que Didier, tombé de cheval, s'enfuit éperdu.

LA RELIGION TRIOMPHANTE
(D'après une estampe de la Bibliothèque Nationale.)

Le zèle féroce du général Donnadieu ne demandait qu'un aliment; il allait s'exercer avec une foudroyante rapidité. La cour prévôtale se réunit : deux têtes tombent presque en même temps sous l'arrêt et sous le couperet. Le gouvernement est prévenu. Quels reproches ne va-t-il pas encourir s'il se montre faible ou simplement humain! Une politique hardie eût montré dans ces révoltes, qui cherchaient à s'exprimer par le fer et par le feu, le désespoir d'un peuple exaspéré par un parlement rétrograde. L'âme débile de M. Decazes ne put s'élever à cette grande tâche. Il préféra sévir, et il frappa plus rudement encore pour racheter l'apparent libéralisme qu'il avait montré. Il fait mettre en état de siège le département de l'Isère; la cour prévôtale s'efface et le conseil de guerre lui est substitué, la justice demeurant la même à travers la diversité des juridictions.

Le conseil se réunit sous la présidence de M. de Vaulté; il avait capturé les vaincus, il allait les juger. Vingt et un condamnés se présentent. Trois avocats se lèvent devant eux, couverts d'invectives et de sarcasmes par le président qui affectait de manifester son opinion. Si ces pauvres êtres étaient coupables au regard de la loi, il y avait des degrés entre eux, et une justice, même implacable, aurait varié ses verdicts. Vingt et une condamnations à mort sont prononcées; cependant huit condamnés sont recommandés à la clémence royale. Quant aux treize autres, on les va quérir à la prison ; comme ils passent le seuil de la geôle, le tocsin retentit du glas funèbre de leurs propres funérailles, et ce triste bruit n'est étouffé que par les détonations des armes qui foudroient les vaincus agenouillés.

Cependant l'émotion est extrême, et aussi la colère. Le général Donnadieu lui-même, ivre de sang, mais rassasié, intervient avec le préfet auprès du pouvoir pour lui signaler l'état des esprits et que, peut-être, la grâce sera plus efficace. Sur ces entrefaites, le recours du conseil est arrivé : les ministres délibèrent. M. Lainé veut la grâce au nom de la justice; M. Decazes la repousse au nom de la politique et, sans attendre la dépêche ministérielle, ordonne les supplices.

Une fois encore le tocsin sonne, la prison s'ouvre ; huit condamnés s'agenouillent et tombent. Epouvantable holocauste! Parmi eux, il en était deux pour lesquels la preuve de l'innocence avait été fournie par un alibi sérieux, après la rapide comédie de justice, et que le général Donnadieu savait innocents, et aussi M. de Vaulté, dont les soldats tenaient les armes.

Un silence funèbre régnait, lourd et sinistre, sur cette ville si cruellement frappée. Didier cependant avait fui. Sa tête est mise à prix. Avec deux compagnons, errants, fugitifs, ployés sous le destin, il allait vers la frontière de Savoie. Un aubergiste piémontais livre Didier, mais quand il revient de sa honteuse démarche, Didier, prévenu par la femme, a quitté l'auberge. Il est recueilli par de pauvres gens à qui il se confie: il accepte tout, pourvu qu'il dorme, pourvu qu'il mange. Mais le délateur a suivi sa proie, et des carabiniers italiens arrêtent Didier dans une gorge farouche.

Le cours de la justice avait repris à Grenoble; c'est en cour d'assises que comparut Didier. Son attitude fut ferme, sa parole grave, son regard hautain. Il s'attendait à son destin. Sa femme, vaillante jusqu'à la dernière minute, demeura près de l'époux que tant d'infortune lui rendait plus cher; elle dut céder la place au général Donnadieu qui venait solliciter de suprêmes révélations. Celles-ci ne deshonorèrent pas les lèvres du vieillard stoïque, qui se contenta, donnant plutôt un avis, de conseiller au roi de se défier du duc d'Orléans. Après quoi, la dernière victime du complot alla rejoindre les malheureux que sa légèreté, cependant bien répréhensible, avait offert au peloton d'exécution... C'était pour le duc d'Orléans que mourait Didier. Quatorze ans plus tard, n'étant encore que lieutenant-général du royaume, le duc d'Orléans recevra l'offre de services du général Donnadieu! Le fils de Didier, M. Louis Didier, secrétaire général du ministère de l'intérieur, subira l'humble visite de M. de Vaulié...

Quand les complots n'existaient pas, la police les inventait afin de fournir une preuve de son zèle en les découvrant et, au gouvernement qui les châtiait, une occasion de mériter la faveur publique. Au mois d'août, à Paris, un nommé Scheltein, dans un café, s'offrait à tous pour l'exécution d'un plan tragique : apporter par des souterrains sous les Tuileries trente barils de poudre et faire sauter toute la maison royale. Personne ne lui répond. Mais on arrête deux ouvriers, Plaignier, cambreur; Tolleron, ciseleur; un écrivain public, Carbonneau. Ces trois hommes avaient auparavant jeté les bases d'une association secrète qui ne se réunissait nulle part, attendu que les membres étaient inconnus les uns aux autres, mais qui avait distribué plus de six mille cartes où se trouvaient inscrits les mots : *Union, Honneur, Patrie*. Ils étaient au cabaret lorsque les propos avaient été tenus. Cela suffisait. Mais qui donc les avait dénoncés? C'était l'auteur improvisé, celui qui faisait le projet public de l'opération, un agent de police nommé Scheltein. Il fut à son tour dénoncé par les malheureux qu'il avait fait arrêter; on ne put le trouver, la préfecture de police l'ayant fait disparaître sous le nom de Duval. Des complices furent trouvés aux trois accusés, qui furent condamnés à subir la peine des parricides, tandis que les infortunés, dont une femme, qu'on leur avait adjoint pour les aider dans un complot imaginaire, succombaient sous les mois de prison. Eux furent conduits au supplice avec le funèbre appareil qui, à ce moment, enveloppait jusqu'à la mort les parricides : ils allèrent à pied, revêtus d'un voile noir, entendirent la lecture de l'arrêt, et puis les poignets droits des condamnés tombèrent sur le sol. Après quoi leurs têtes furent tranchées.

Les délations étaient partout, et contre les anciens officiers de Napoléon les poursuites étaient reprises. Il en était comme Clausel, comme Drouet d'Erlon, qui avaient été visés par l'ordonnance du 24 juillet, et pour qui l'instruction judiciaire était légale. Drouet d'Erlon, Grouchy, Clausel furent condamnés à mort par contumace. Drouot, présent à l'appel de son nom, fut acquitté à la majorité de faveur, et Cambronne, tout couvert des blessures reçues à Waterloo, fut acquitté par cinq voix contre deux. Berryer, son défenseur, fut poursuivi devant le conseil de l'ordre pour avoir soutenu que Napoléon, à l'île d'Elbe, était devenu un souverain étranger, et que Cambronne, qui l'y avait suivi, avait pris du service auprès d'un souverain étranger et, par là, perdu la qualité de Français. Thèse paradoxale, mais qui était dans la liberté de la défense! Berryer fut d'ailleurs épargné.

D'autres généraux, Bonnaire, Chartron, Travot furent poursuivis, et c'est ici que vraiment tout l'odieux de l'accusation doit être rappelé. L'ordonnance limitative du 24 juillet ne les visait pas; de plus la Chambre avait, le 12 janvier, voté une amnistie qui écartait d'eux toute poursuite. La veille du jour où cette loi allait être promulguée, on donna l'ordre par dépêche télégraphique d'ouvrir l'instruction de Travot et d'entendre au moins un témoin; on ne le put. Le duc de Feltre fit juger que son seul télégramme valait comme un acte d'instruction, et la loi ne put couvrir les accusés. Accusés d'avoir participé aux événements du 20 mars, Chartron et Debelle opposaient en vain les dates auxquelles ils avaient agi et qui étaient de beaucoup postérieures à cette date. Ils furent condamnés à mort, et Chartron fut exécuté, Debelle soumis à la détention. Mouton-Duvernet, lui aussi, fut condamné et passé par les armes. Lefebvre-Desnouettes, Bruyer, Gilly, Gruger, Radet, qui avait arrêté le pape, les deux Lallemand furent condamnés à mort. Bonnaire fut déporté, et son aide de camp, Miclon, exécuté. Le général Travot, qui s'était attiré la haine des Vendéens en réprimant la chouannerie, fut livré au conseil de guerre de Rennes. Ce conseil était présidé par le général Canuel, instrument des haines rétrogrades, ennemi personnel de l'accusé, et qui refusa de se récuser. Le département était gouverné par M. de Viomenil, le même émigré sinistre et féroce qui avait assuré l'exécution des jumeaux de la Réole. Il voulut recommencer ses exploits, et il interdit à l'avocat qui devait défendre le général de lui prêter son ministère; mais, pour l'honneur du barreau, il ne rencontra pas à Rennes la lâcheté dont le barreau girondin donna l'exemple, et il connut d'autres caractères que ceux des Ravez, des Esmerigue et des Martignac. Trois défenseurs s'offrent, dont l'inspecteur d'académie et le savant juriste Toullier, professeur à l'école de droit. Ils rédigent une consultation écrite, que treize avocats demandent comme un honneur de signer.

Vains efforts! Travot est condamné à mort; il échappa au supplice, mais l'un de ses défenseurs, M. Courtpont, fut poursuivi. On ne lui pouvait reprocher la consultation juridique, qui était hors des atteintes de la loi : on lui demanda compte de quelques points de suspension qui suivaient une phrase, et où la pensée cachée du juriste semblait redoutable au pouvoir! Quel temps!

Et les condamnations se suivaient, amenant sur les lèvres des juges militaires ou civils la monotonie effrayante des mortelles sentences. A Lude, dans la Sarthe, on exécute. A Montpellier, cinq condamnés sont conduits à l'échafaud à neuf heures du soir, et le sang coule sous le reflet sinistre des torches. Un condamné, les yeux tournés à la fois vers la tombe et vers l'avenir, acclame la République. A Carcassonne, le baron Trouvé qui commande ordonne, sur la place, un autodafé où sont brûlés tous les drapeaux de l'Empire et un aigle vivant! Là même une scène atroce se produisit. En haine de M. Daux, propriétaire dans le département, le pouvoir local avait ordonné une poursuite; le tribunal correctionnel l'acquitte. On arrête de nouveau M. Daux et, pour le même fait, on va le soumettre aux juges. Mais l'instruction ne peut produire la preuve qu'elle a déjà vainement cherchée; alors on envoie à la prison, où d'autres accusés attendent, un agent provocateur. Par ses soins une évasion est préparée, les accusés s'apprêtent, et à ce moment le prévôt Barthez arrive, ouvre l'instruction basée sur le complot d'évasion, source de complot contre la sûreté des autorités locales. La cour prévôtale s'assemble : les condamnés sont conduits au supplice. Mais les valets du bourreau se récusent, et il fallut requérir un portefaix qui, le soir, se suicida. Le prévôt, poursuivi par des hallucinations vengeresses, devint fou.

La même ville devait revoir les mêmes excès; au milieu des prédications acharnées des prêtres, soufflant la violence du haut de la chaire de miséricorde, menaçant d'une prochaine expropriation les détenteurs des biens nationaux, un prêtre, M. Auruscy, déclare un jour que le roi est trop juste pour vouloir la violation de la Charte. Le bruit se répand qu'il a insulté le roi. La cour d'assises s'assemble. Mais, devant l'attitude des jurés, l'avocat s'émeut et, la nuit, il fait partir de la ville tous les témoins. Il fallut renvoyer à une autre session l'affaire; mais la session nouvelle arrive, le baron Trouvé recrute un jury, dont la première visite fut pour le procureur du roi afin de lui faire savoir qu'il était l'auxiliaire sûr de l'accusation! Ici encore, l'ingéniosité héroïque de l'avocat trouve une issue : il invoque le Concordat, la volonté du pape de restituer à l'Eglise son ancienne juridiction, et la cour, croyant ou feignant de croire à cette paradoxale argumentation, se dessaisit au profit du tribunal ecclésiastique. Bien entendu, la cour de Cassation casse ce singulier arrêt, renvoie le curé devant la cour d'assises des Pyrénées-Orientales; il y comparaissait le 16 août 1816 et, sauvé par toutes ces procédures, n'était condamné qu'à quinze mois de prison.

On ne peut raconter toute cette histoire à moins d'assimiler ces feuilles rapides au livre d'écrou ou au registre mortuaire des bourreaux. Dans la France entière, ce fut, pendant l'année 1815 et jusqu'à la fin de l'année 1816, une débauche d'arbitraire. Toutes les vengeances privées purent se satisfaire et toutes les rancunes s'exercer, la plainte d'un seul servant de base à un procès. Près de cent mille dénonciations vinrent émouvoir une justice dont la main inlassable s'abaissait, se levait, s'abaissait encore comme par un geste mécanique. Et pas une plainte ne s'éleva ! Aucune voix courageuse ne fit blâmer les hommes de sang qui se livraient à ces excès sur un pays sans défense. La Révolution, certes, avait fait des victimes, et tout le sang qui coula par elle ne fut pas utilement ou justement versé. Mais elle avait au moins une raison dans la violence des coups qui lui étaient portés : les émigrés agitaient contre elle l'Europe; l'Angleterre tenait le trésor de guerre de la coalition; les Prussiens étaient à Verdun; la Vendée en armes, Toulon livré à l'ennemi. La Restauration était maîtresse incontestée du pays ; Napoléon confié aux flots innombrables qui le gardaient mieux que les bataillons; une armée de 150 000 hommes sur le sol de la France, et qui l'eût garantie de tout acte pouvant compromettre le paiement annuel des indemnités, et plus de treize mois s'étaient écoulés depuis la chute de l'empereur! Tout était docile au régime nouveau, les magistrats comme les maréchaux. Même, à la voix du duc de Feltre, ceux-ci avaient prêté le serment de fidélité renouvelé de l'ancien régime, et ces fiers conquérants qui avaient cavalcadé à travers l'Europe avaient ployé le genou. La bassesse correspondait à la férocité. Pour maudire et injurier les vaincus, la démagogie des rues se joignait à la courtisanerie des salons, toutes deux fraternelles, comme la prostitution et la débauche. La presse approuvait, et le *Journal des Débats* allait jusque sous la main du bourreau souiller fièrement les mourants. A part les accusés, à part la phalange d'avocats, dont la vaillance collective efface un peu la lâcheté individuelle des avocats de Bordeaux, nul n'éleva la voix pour rappeler la clémence. Même dans les années qui suivirent, les poètes qui dans leur âge viril devaient trouver d'immortelles flétrissures pour le crime, Victor Hugo et Lamartine (ce dernier, il est vrai, fonctionnaire du roi) ne purent, en pleine jeunesse, quand la sensibilité n'est pas encore émoussée, accorder leur lyre pour en tirer de plaintifs accents.

De toute cette furie la responsabilité retombe presque tout entière sur la Chambre introuvable. C'est elle qui avait provoqué par ses excès, dans le pays tout entier, des protestations et des séditions que le ministère se crut obligé ensuite de noyer dans le sang. Et elle est à un autre titre responsable, elle a excité à plus de sévérité que n'en eût montré le gouvernement lui-même. Dès le milieu de 1816, M. Decazes, chef réel du cabinet dont M. de Richelieu, d'ailleurs occupé à la libération du territoire, n'était que le président nominal, M. Decazes voulait dissoudre la Chambre. Mais il redoutait l'événement et son lendemain; il crut devoir montrer impitoyable la main qui s'apprêtait à se montrer ferme contre les excès royalistes, afin de n'être pas accusé de déserter la cause du roi. Il savait les passions qu'il allait combattre et, dans l'instant même où il déplorait leur brutalité, il frappait ceux qu'elles avaient révoltés. Qu'auraient pu faire de plus que lui MM. de Villèle, Corbière, La Bourdonnaye? Il n'est que juste cependant de rappeler qu'il n'était pas le seul maître : la loi sur les cours prévôtales avait été voulue par la Chambre, et ces cours étaient présidées, comme les départements où elles fonctionnaient, par des émigrés impitoyables, bien prêts à le considérer lui-même comme un traître. Le pouvoir, emporté par les passions et les colères, ne put ou ne sut leur résister. Il aurait pu tenter, pour son honneur, une résistance plus noble, et les événements qui vont suivre, la dissolution de la Chambre, le calme qui accueillit cette mesure, l'échec aux élections de la plupart des royalistes terroristes, démontra qu'avec de la volonté et du courage on eût épargné à notre histoire ces jours sinistres où l'on ne peut rien retenir qui élève l'esprit et élargisse le cœur de l'homme.

CHAPITRE VII

DISSOLUTION DE LA CHAMBRE — MINISTÈRE DE M. DE RICHELIEU

M. Decazes et le roi. — La dissolution de la Chambre introuvable. — Succès électoral du cabinet. — Ouverture de la session. — Loi électorale du 5 février 1817. — Nouvelle loi sur la liberté individuelle. — Les complots de Lyon et le général Canuel. — Élections de 1817. — Succès des indépendants. — Vingt-huit exécutions dans le département du Rhône et cinq cent quinze arrestations. — Session de 1818. — Loi du recrutement. — Projet de nouveau Concordat. — La libération du territoire. — L'agiotage sur les emprunts. — Congrès d'Aix-la-Chapelle. — Élections de 1818. — Écrasement des royalistes ministériels et des ultras par les indépendants. — Élection de La Fayette et de Manuel. — Inquiétudes des alliés. — M. de Richelieu se rapproche de la droite. — Divisions des ministériels. — Démission collective. — Le cabinet Decazes.

M. Decazes désirait ardemment la dissolution : comme pour enrayer le retour des hésitations, il avait modifié le ministère et avait, par là, rendu difficile toute rencontre entre la Chambre et lui. Mais ce n'était pas tout que d'être animé d'une volonté forte : il fallait gagner à la cause le roi, les ministres, les alliés, tuteurs avides de la fortune française et qui redoutaient que leur créance fût compromise. A vrai dire, le roi était assez irrité contre la majorité : il était impatient de rejeter le joug pesant que dans son zèle elle faisait peser sur sa dignité, le conseillant, l'inspirant, écoutant ses vœux avec les propositions de ses ministres. Et surtout il n'avait pu accepter la formule injurieuse que toute la droite avait acclamée et mise en circulation : « Vive le roi quand même ! »

Mais cette irritation serait sans doute tombée avec le temps si un habile ministre n'en avait attisé les feux. M. Decazes avait depuis longtemps enveloppé le roi dans la conjuration la plus aimable et la plus douce. On ne peut pas dire qu'il ait été un courtisan, au sens vil de ce mot, ce mot désignant surtout ceux qui, sans valeur d'aucune sorte, s'élèvent pour ainsi dire en s'abaissant. Mais il avait vite vu ce qu'on pouvait tirer de ce roi débile dont l'esprit fatigué n'avait que de rapides éclairs. Des mains de M. d'Aravay, le roi était tombé aux mains de M. de Blacas, et c'est ce dernier, exilé magnifiquement à l'ambassade de Naples, que M. Decazes avait remplacé. Patient et résigné à la longueur des entretiens quelquefois moroses, causeur habile et documenté par son séjour au palais de l'Impératrice mère et par son passage à la préfecture de police, satisfaisant les goûts un peu grivois du roi, il excellait à faire naître ces débats littéraires et politiques où une stratégie habile faisait de lui l'éternel vaincu et mettait en relief la supériorité royale. Louis XVIII ne pouvait se passer de lui. Et même M. Decazes, que les nécessités de sa charge éloignaient quelquefois du roi, s'était fait suppléer auprès de lui par sa propre sœur, Mme Princeteau, femme d'un percepteur, venue de Libourne, dont la beauté et la douceur plurent au roi et qui serait devenue une favorite si ce métier n'impliquait une attitude que la dignité de la jeune femme répudia toujours.

M. Decazes se saisit vite et bien de l'immense influence que lui livrait le roi. Il l'assiégea de rapports, de récits, de communications, s'arrêtant, reprenant, bifurquant, réduisant à la lassitude cet esprit vieilli. En même temps il conquérait les ministres. M. Lainé finit par se rendre, lui aussi, irrité contre cette Chambre qui l'avait contraint à la démission. Puis M. Corvetto. Restait M. de Richelieu qu'effrayait cette dissolution, mais que le bruit du triomphe ultra-royaliste, dans le Midi, énerva. Quant aux trois autres, on les prévint et ils approuvèrent. Les alliés eux-mêmes — que M. Decazes les eût ou non avertis — étaient inquiets de la violence des hommes et redoutaient toujours quelque vote de cette Assemblée qui ne respectait pas les contrats passés et reniait la signature de la France vis-à-vis de ses créanciers. Enfin tout le monde tomba d'accord et le 5 septembre parut la célèbre ordonnance qui réduisait à 210 le nombre des députés, qui en son article 2 dissolvait la Chambre, convoquant les électeurs pour le 25 septembre et les députés pour le 4 novembre.

Cette ordonnance tomba comme la foudre sur les espérances bruyantes du parti ultra-royaliste, et il faut avoir sous les yeux les journaux de l'époque pour se rendre compte de la stupéfaction et de la colère qu'elle produisit. Le comte d'Artois, dont Louis XVIII redoutait les reproches, préféra, se défiant de sa propre violence, s'exiler à la chasse. Les autres royalistes, après être restés sans voix devant l'événement inattendu, se mirent en campagne. Ils prirent pour texte de leurs discours l'omnipotence ministérielle réduisant en captivité le roi dans son palais et il fallut que M. Decazes fît intervenir le roi pour que fût restitué à ce dernier l'acte vigoureux qu'il avait accompli. Malgré tout, les fonctionnaires hésitaient :

M. Decazes frappe un grand coup. Chateaubriand ayant violemment protesté dans un pamphlet : la *Monarchie selon la Charte*, saisi avant de paraître,

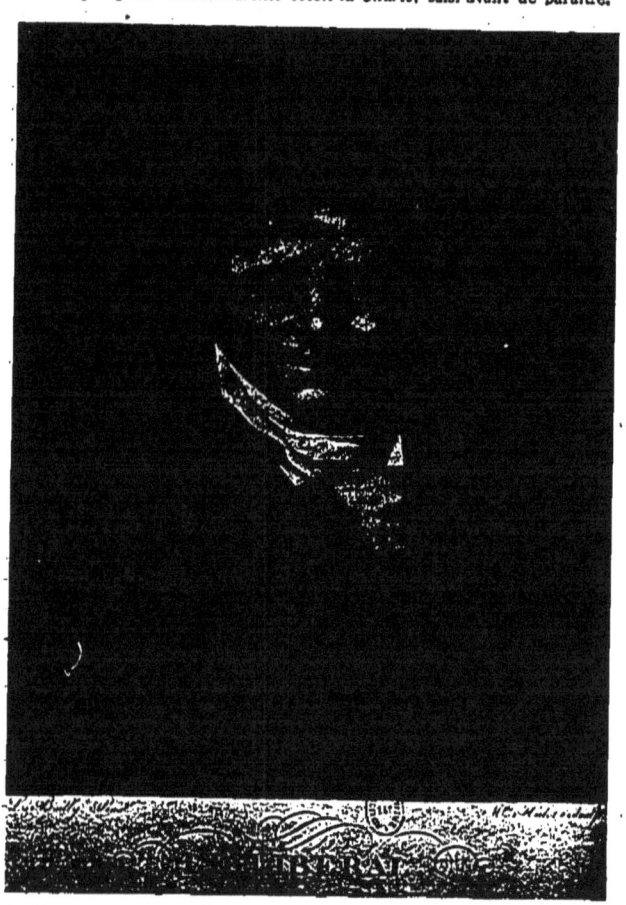

(D'après un document de la Bibliothèque Nationale.)

mais mis quand même en circulation, fut révoqué de son titre de ministre d'État. Sur sa demande, un peu humiliante, on lui laissa l'allocation de

12 000 francs que le titre rapportait. Mais on ne douta plus de la volonté royale et voici le résultat qu'enregistra avec joie le gouvernement : 100 ultra-royalistes, 150 monarchistes ministériels. Le 4 novembre, la Chambre s'ouvrit sur un discours royal qui irrita la minorité, puisqu'il lui rappelait « les écarts d'un zèle trop ardent ».

La minorité essaya de lutter : elle vit tout de suite son infériorité numérique dans l'élection du bureau où ses quatre candidats n'eurent que 80 voix, tandis que M. Pasquier et M. de Serre en réunissaient plus de 112. M. Pasquier fut choisi. En vain M. de Villèle essaya de ranimer les colères en dénonçant la pression officielle qui s'était exercée dans divers départements. La majorité demeurait compacte autour de M. Decazes qui savourait sa victoire et amoncelait en même temps, sur sa tête, toutes les rancunes meurtrières qui bientôt devaient le chasser de la scène politique.

Mais, on se le rappelle, il n'y avait pas de loi électorale : celle qu'avait présentée le Gouvernement avait échoué devant la Chambre des Pairs, toute chargée d'ailleurs des amendements ultra-royalistes qui l'avaient dénaturée, et on avait provisoirement gardé le mode électoral qui avait servi en 1815. M. Lainé présenta un projet, qui, toujours fondé sur le respect du cens, offrait le mérite de la clarté : un seul collège dans le département, composé des électeurs qui payaient trois cents francs, élirait des députés qui, eux, devaient payer 1 000 fr. C'était le scrutin de liste, restreint à une fraction privilégiée, et c'était surtout le second collège aboli, et la grande propriété atteinte dans son influence politique. La droite se sentit frappée du plus rude coup qu'elle ait encore subie. La discussion s'ouvrit le 26 décembre et, grâce à Royer-Collard, à Villèle et surtout à M. de Serre, revêtit un éclat considérable. Le débat fut plutôt un débat social qu'un débat politique et toutes les inquiétudes des hauts privilégiés dessaisis au profit des privilégiés moyens passèrent en apostrophes, en sarcasmes, en injures à travers ces discours. M. de Bonald, qui s'était proclamé le penseur de la droite dont M. de Villèle était le chef adroit et averti, résume toutes les craintes en une phrase : « Si, par des lois nées des habitudes révolutionnaires, en appelant les petits et moyens propriétaires, vous excluez de fait les *chefs de la propriété*, c'en est fait de l'ordre social... » Les chefs de la propriété, c'étaient ceux qui devaient gouverner la politique. C'était là le plan social des ultra-royalistes et ils redoutaient, comme le triomphe de la révolution, cette loi qui cependant laissait à quelques milliers de privilégiés le droit de disposer du pays.

Tous les autres orateurs, surtout Royer-Collard, défendirent la loi, après quoi M. de Serre réclama, tout en se tenant prêt à voter la loi, que le commerce et l'industrie aient une représentation directe. C'est là le germe de cette idée de représentation professionnelle qui a trouvé de notre temps quelques défenseurs. On s'étonne que cette théorie ait pu éclore en cet esprit mûri par l'étude et la réflexion. Qu'est-ce que le commerce seul et qu'est-ce que l'industrie seule? Ils ne valent que par leurs rapports avec les autres branches de l'activité nationale, et quand on les a toutes passées en revue, on s'aperçoit que mieux vaut une assemblée où elles ont toute latitude pour être politiquement représentées. Le 8 janvier 1817 la loi fut votée par 132 voix contre 100. A la Chambre des Pairs, le combat fut plus âpre et la gentilhommerie exaspérée tint en échec le projet jusqu'au 30 janvier : il fut voté par 95 voix contre 77.

M. Lainé fit ensuite triompher une loi qui, tout en maintenant les principes odieux de la loi du 20 octobre 1815, les atténuait. Cette loi donnait, sur une plainte quelconque, à tout fonctionnaire, le droit d'arrestation et de séquestration sur tout citoyen accusé de complot contre la sûreté de l'État. M. Lainé remit ce droit au président du Conseil et au ministre de la Police. C'est la droite qui fit le plus dur accueil à ce projet. Et non pas parce qu'il détruisait en partie l'œuvre néfaste de 1815, mais, cela est à peine croyable, au nom de la liberté! Imprudente et oublieuse opposition qui, la veille encore, se servait des lois comme d'instruments de torture, avait déchaîné sur le pays toutes les terreurs, était cause de séquestrations sans fin et qui maintenant flétrissait les liens dont ses propres victimes étaient garrottées. Cette étrange et inconcevable mobilité sera, à travers le siècle, la loi politique des oppositions monarchiques.

Mais ce fut sur le budget que la droite put manifester tout son zèle clérical. M. Corvetto présenta un budget qui dépassait un milliard : la seule particularité de ce budget était le relèvement, par une forte dotation, de la Caisse d'amortissement. Et avec quelle somme le ministre dotait-il la Caisse? Avec le produit de la vente des bois de l'État (150 000 hectares). C'est là que la colère cléricale éclata : « Ces bois avaient appartenu au clergé et il fallait les lui rendre! Cette mesure était une spoliation révolutionnaire ». Il faut dire qu'en échange le clergé recevait 4 millions de rentes, inscrites au grand livre et hypothéquées sur des forêts de l'État. Le budget fut voté cependant (135 voix contre 88), non sans que M. de Villèle ait réclamé 200 millions d'économies réalisées par lui sur les traitements des fonctionnaires. Bien entendu, chef de la majorité la veille encore, M. de Villèle n'avait pas reçu du ciel cette inspiration salutaire : elle ne lui venait que dans l'opposition.

Le cabinet, moins ce demi-échec, était donc victorieux à la Chambre. Dans le pays, il laissait marcher les choses et déjà un esprit clairvoyant eût aperçu les germes de la défaite. C'est que M. Decazes, soit que la vigueur de son opération eût épuisé son énergie, soit qu'il s'abandonnât à l'orgueil du triomphe, n'avait pas prolongé dans le pays sa politique. Sûr du vœu du roi, assez peu habile, au sens profond du mot, pour baser toute son influence sur une fragile amitié, il se contentait de votes parlementaires sans donner dans la nation, au gouvernement, l'armature nécessaire. Tous les fonctionnaires en place en 1815 et dont beaucoup avaient servi avec joie les passions bestiales de la Chambre introuvable, occupaient encore leur emploi. D'où des trahisons quotidiennes, des détachements qui ruinaient peu à peu un pouvoir trop confiant.

Cependant M. Decazes eut la perception du péril dans les incidents de Lyon. Lyon était militairement gouverné par le général Canuel, le triste héros des vengeances vendéennes. Envieux des titres et des lauriers qui avaient été décernés à son voisin de garnison, le général Donnadieu, pour les exécutions sommaires de Grenoble, Canuel imagina des complots. Cinq fois de suite, au mois de juin 1816, il dénonça aux autorités civiles des complots dont la première constatation montrait la vanité. Il faut dire que le commissaire général de la police était M. de Sainneville, émigré vieilli, mais de conscience droite et d'esprit net, et le préfet, M. de Chabrol, qui, avec lui, résistait à toutes les tentatives. Ce qui accuse bien le caractère policier de ces provocations, c'est qu'une nuit un capitaine nommé Ledoux, dont le zèle pour les complots ne se ralentissait jamais, fut vu par ses complices qui le surveillaient entrant chez le général Canuel, fut tué en pleine rue, à la sortie, sans que, de peur de révélations, ce général fit ordonner une enquête.

Mais l'émotion publique était portée à son comble par ces provocations. De plus, quelques personnes à Lyon et autour de Lyon, croyaient vraiment à l'existence de conspirations. Or, comme une sourde colère contre un régime pareil animait bien des consciences, comme l'occupation étrangère souillait toujours le sol du pays, comme la vie publique était le lot de quelques hommes riches et que l'esprit public ne trouvait pas à se répandre, cette croyance fut néfaste. Du moment que l'on conspirait, c'est donc qu'il y avait de nombreux et vaillants champions d'une autre cause que celle des Bourbons ! Ainsi, un soir, une de ces étincelles finit par amener l'explosion. Oh ! explosion discrète et combien timide ! Dans quelques villages autour de Lyon, quelques habitants se réunirent pour se concerter, le tocsin retentit, et ce fut tout. Un seul coup de fusil fut tiré — un seul ! Et, de l'aveu même de l'autorité militaire, il suffit — comme à Grenoble — de quelques soldats pour ramener instantanément le calme. Les autorités reçurent donc, en même temps, la nouvelle de l'inoffensive sédition et de sa fin.

On pense si le général Canuel fit effort pour cacher sa joie. Malheureusement, M. de Sainneville était à Paris. Le préfet, écrasé sous le poids d'une réalité qu'on exagérait, se rendit, et deux cent quinze arrestations furent opérées à Lyon et trois cents aux alentours. Tout de suite la cour prévôtale ouvre ses sanglantes audiences. On divise en douze catégories les accusés, une catégorie par village suspect et une pour Lyon qui ne fut pas troublé, mais d'où l'ordre, disait-on, était venu. On voulait garder les chefs pour la fin, afin que, leurs complices étant frappés, leur sort fût assuré.

M. Decazes renvoie à Lyon M. de Sainneville qui doute encore, mais qui, resté seul, est sommé de laisser sa liberté à la justice du roi. Et cette justice est prompte. Quelques jours après le soulèvement, quatorze condamnés sont exécutés, puis d'autres encore. Au mois de septembre il y avait eu vingt-huit exécutions. Et la cour prévôtale allait entreprendre le jugement des accusés de Lyon. Au milieu de cette débauche de violences, seul, M. de Sainneville gardait son sang-froid. Il fait une enquête, en communique les résultats à M. Decazes, le supplie d'arrêter le cours de ces furies. M. Decazes et M. Lainé hésitent. Cependant la lecture de quelques dossiers les émeut, la pensée que le châtiment, s'il fut juste, se perd lui-même dans l'excès, leur vient et ils donnent mandat au maréchal Marmont d'aller s'enquérir à Lyon. Quoique gênée, dès le début, par les intéressés, l'enquête du duc de Raguse fut complète et impartiale : elle mit à nu la fourberie scélérate de Canuel et la lâcheté du préfet. Le ministère arrêta les poursuites, ferma la cour prévôtale, grâcia les condamnés à trois ans de prison, mais, par respect pour une chose jugée qu'il savait criminelle, maintint, tout en les atténuant, les autres condamnations et fit payer les amendes. Épuisé par cet acte de molle vigueur, il n'eut plus de force pour châtier les coupables : M. de Chabrol fut déplacé, le général Canuel, dessaisi du commandement, mais nommé baron et inspecteur général de l'infanterie.

A Alençon, à Bordeaux, des exécutions capitales ; à Paris, l'exécution par les armes de deux sous-officiers du 2ᵉ régiment de la garde royale, au besoin, auraient suffi à démontrer que le pouvoir ne se relâchait pas. C'était toujours le même système d'équilibre, au nom duquel on résistait aux prétentions ultra-royalistes tout en exagérant la sévérité. Tout puissant, tout heureux des sourires de la fortune, M. Decazes, modifiant encore le cabinet, mettait M. Pasquier à la place de l'incapable M. Dambray, et le maréchal Gouvion Saint-Cyr à la place du ministre de la Marine Dubouchage ; puis le maréchal, remplacé à la marine par M. Molé, entrait à la guerre dont partait le duc de Feltre, le médiocre et incapable soldat, qui, chargé de la reconstitution de l'armée, laissait toute la tâche à un successeur qui en sut remplir l'ampleur.

Au mois de septembre avait lieu le renouvellement partiel : c'est alors que prit part à la lutte un nouveau parti, le parti *indépendant*, qui devint plus tard le parti libéral. Jusqu'ici les hommes de ce parti étaient perdus parmi les royalistes attachés à la Charte et qui avaient répudié les fureurs des ultras : c'étaient M. Laffitte, Voyer d'Argenson, Joby, Savoie-Rollin, de Grammont. Furent élus : Casimir-Périer, Bignon, Dupont de l'Eure Caumartin. La Fayette fut battu, ainsi que Manuel. Ce parti était représenté par 25 députés et se mêlaient en lui les défenseurs attardés de la fortune napoléonienne, les élus libéraux, et, sans se parer encore du titre, un socialiste, Voyer d'Argenson. Il y avait 75 ultras et 155 royalistes ministériels. Comme on le voit, c'est contre les ultras que les élections s'étaient faites.

Le 4 novembre 1817 vit la nouvelle réunion de cette Chambre où, affaiblis par tant de pertes, les ultras allaient cependant continuer le combat. Leur rage impuissante eut une première occasion de s'exercer : le maréchal Gouvion Saint-Cyr avait mis sur pied une loi de recrutement. On sait comment se formait l'ancienne armée : elle était, pour les soldats, constituée par la levée et par l'enrôlement ; pour les officiers, jusqu'au grade de colonel, par l'élection pour un tiers, l'ancienneté pour un tiers, le choix pour l'autre tiers. (Décret de la Convention abrogeant, le 4 avril 1793, la loi du 20 octobre 1790 qui avait tout remis à l'ancienneté). Le maréchal constituait sur d'autres bases l'armée : l'artillerie et la cavalerie devaient être composées d'engagés volontaires ; l'infanterie (140 000 hommes) devait être constituée par le recrutement. Tout Français âgé de vingt ans devait six ans de service à moins qu'il ne se fît remplacer. Les grades étaient accessibles aux sous-officiers et un tiers des sous-lieutenances leur était remis, les deux autres tiers étaient réservés aux écoles militaires. On ne devait accéder à un grade supérieur qu'après avoir séjourné quelques années dans le grade inférieur. Le choix se manifestait pour corriger les défauts de l'ancienneté. Enfin une milice constituée par les soldats, au sortir du régiment, était créée sous la forme d'une compagnie par canton : elle devait durer six années et n'être astreinte qu'à un service purement local.

Si cette loi avait le tort de supprimer l'élection, si elle avait le tort de reposer sur le remplacement, sur « la traite des blancs », comme dira plus tard M. de Bonald, elle avait de sérieux avantages : elle fixait le soldat sur son sort : pris par le recrutement, il partait ; écarté par le tirage au sort, il ne partait pas, et ainsi tombaient les incertitudes qui durèrent sous tout l'ancien régime et sous l'Empire, alors que nul ne savait si le lendemain il ne serait pas appelé et quand il reviendrait. De plus, il déracinait la faveur ; autant que cette plaie du régime d'injustice pouvait disparaître, elle disparaissait ; on ne devait plus voir les folies de Dupont et du duc de Feltre donnant des grades, distribuant des galons, écrasant sous de pauvres médiocrités les vieux services et les honorables titres. Enfin, une armée était fondée en face de l'Europe dont l'armée d'occupation allait quitter le sol. Or, cette armée étrangère était imposée à la France pour calmer les ardeurs hostiles à la royauté, et une des conditions de son licenciement c'était qu'une armée française prît sa place.

Mais ce dernier avantage importait peu aux ultras. Ils souhaitaient, au contraire, le maintien de cette armée d'occupation dont cependant chaque budget rappelait à la France la lourde et coûteuse présence et qui dévorait cent trente millions par année. Tout leur était supportable, sauf cette loi qui allait porter atteinte au privilège de caste. Quoi ! une loi électorale votée le 5 février 1817 avait déjà ravi aux grands propriétaires l'influence sociale et politique pour élever à leur hauteur le privilège moyen des petites gens qui possédaient. Maintenant, les fils mêmes de l'aristocratie allaient croupir dans le rang, ou s'humilier au seuil des écoles, et, plus barbare destinée, le fils d'un gentilhomme serait exposé à subir les ordres venus du fils de son fermier! Plus de brevets de lieutenants-généraux distribués à l'oisiveté de la jeunesse! Plus de régiments apportés par la grâce royale! Plus d'inutile parade! La droite tout entière se ligua, mais se brisa contre cette loi : soutenue par les royalistes ministériels et par les indépendants, la loi vint en discussion dès la rentrée; le 14 janvier 1818, vingt-trois orateurs se dressèrent pour elle et vingt-trois contre elle dans le champ clos parlementaire. « Une armée manquait au génie du mal, je vous la demande! » s'écria un orateur, et M. de Bonald, qui avait le mérite de trouver au sombre fanatisme de son parti des formules concises. « La force militaire d'un État doit avoir moins pour objet la défense extérieure que le maintien de l'ordre intérieur afin que « force demeure à justice », selon la belle expression de notre ancienne langue politique. » Et, pour corriger cette atroce théorie, qui sera, hélas! si souvent reprise, pour atténuer un peu ce cri de guerre contre « l'ennemi de l'intérieur » qui était l'esprit révolutionnaire, qui sera demain la République, ensuite le socialisme, M de Bonald ajoutait : « Contre un grand péril, une invasion, par exemple, on a la ressource des levées spontanées. »

C'était toute la théorie militaire et sociale, la dernière pensée des ultras : l'armée écrasant ses ennemis politiques, et, quant à l'étranger, la levée en masse lui devait répondre. Aussi ce souvenir des héroïques mêlées de la Révolution servit la théorie subtile et creuse de cette fraction. La levée en masse! mais qui pouvait dresser aux frontières ce peuple frémissant? Pourquoi se serait-il battu? Sous la Révolution, il défendait par les armes les droits dont il avait été l'artisan robuste. Mais maintenant qu'aurait-il défendu? Les biens des riches, les droits des riches, une patrie ingrate où l'échafaud était à tous les horizons? Décidément, la pensée de cette opposition, qui n'était qu'une coterie ambitieuse et mécontente, ne creusait pas bien profondément les problèmes.

Après un discours plus habile de M. de Feltre, qui, lui, invoquait seulement la charte violée, oubliant qu'en 1815 il avait répudié comme trop transigeant avec l'esprit du temps le document constitutionnel, le maréchal Gouvion Saint-Cyr défendit la loi dans un discours net et précis. Il inséra dans le discours un éloge de la « grande armée », celle que les royalistes tous les jours couvraient d'opprobre. La loi passa — sauf une modification sur la composition de la cavalerie et de l'artillerie qui restèrent ouvertes au recrutement et sauf la durée de la milice de réserve abaissée à quatre années. L'effectif de 150 000 hommes fut porté par la Commission à 240 000 hommes : le 5 février 1818, la loi fut adoptée par 147 voix contre 92. A la Chambre des Pairs, après de furibondes attaques de Chateaubriand dont la rhétorique évoquait les tombeaux, les abimes, les gouffres, la révolution et l'anarchie, la loi fut admise par 90 voix contre 74. Il est juste de rappeler qu'un parvenu militaire, le maréchal Victor, sorti du rang, combattit la loi avec le duc de Doudeauville et le marquis de Boisgelin !

Cette loi était loin d'être démocratique ou égalitaire : elle gardait encore la tare funeste des régimes déchus qui est la tare du privilège, puisque, par le remplacement, elle laissait à la fortune le droit d'échapper au patriotisme qui, n'étant pas le sentiment des riches, devint le métier des pauvres. Mais elle réalisait un progrès sensible sur les lois en vigueur, et les prévisions aristocratiques ne s'étaient pas émues en vain. Elle devait durer jusqu'en 1871 au moins dans son organisme principal.

Mais à côté de cet effort, notable certes pour le temps, obéissant à des inspirations obscures, pénétrés de la pensée qu'il ne fallait accepter une réforme libérale qu'à la condition de présenter des lois rétrogrades, MM. Pasquier et Decazes songeaient à remanier la législation sur la presse, non pour l'alléger, mais pour l'obscurcir. La loi de 1815 sur la presse permettait de poursuivre même les écrits non imprimés ! M. Pasquier, en décembre 1817, maintenait cette loi en ce qui touchait la provocation au crime, et déclarait qu'on ne poursuivrait que les écrits rendus publics : c'était évidemment une atténuation. Seulement la thèse de M. Pasquier — et qui fut celle de la jurisprudence — sur les caractères de la publicité faisait de sa réforme une comédie : le dépôt opéré à la censure équivalait à la mise en circulation. Où était le profit et que signifiait cette modification ? La Chambre fit mauvais accueil à cette loi et trois oppositions se rencontrèrent pour la combattre : celle des ultras, celle des indépendants, celle de Royer-Collard et de ses amis. Elle perdit sa disposition principale, mais les opposants ne purent y faire pénétrer le jury — car ils n'étaient pas d'accord — les indépendants voulant le jury ordinaire, la droite une sorte de jury supérieur... M. d'Incourt voulut faire assimiler à un délit la réimpression des anciens livres du siècle dernier : c'était proscrire Voltaire, Rousseau, Diderot, tant d'autres ! L'amendement fut repoussé et la loi votée le 24 décembre 1817. Mais la Chambre des Pairs ne la reçut qu'avec tiédeur : elle vota l'amendement de M. d'Incourt et sur l'ensemble, mécontente de son œuvre, repoussa cette loi par 102 voix contre 59. C'était tout ce qu'avait gagné le cabinet à cette tentative. Détestable politique de bascule, qui ne devait satisfaire aucun des partis et au contraire leur donner la pensée qu'ils étaient tour à tour trahis !

Le cabinet devait commettre une autre faute, c'était de soumettre aux délibérations de la Chambre un projet de Concordat modifiant le Concordat de 1802. Déjà, dès 1814, la royauté, désireuse de relever le prestige abattu de la papauté, avait fait accompagner à Rome le pape Pie VII à peine détaché des liens dont Napoléon l'avait attaché. De plus, la royauté, taxant d'œuvre de violence le Concordat, avait demandé au Pape s'il ne consentait pas à le modifier. M. de Blacas, avec le tact et la compétence d'un vieil

(D'après une estampe de la Bibliothèque Nationale.)

émigré, avait continué les négociations : le pape voulait bien consentir à ne pas reprendre Avignon et le Comtat Venaissin à la France en échange d'une indemnité et il obtenait le doublement des sièges épiscopaux... C'était là une impossible requête : car avec quel argent se ferait ce doublement? Où taillerait-on le domaine spirituel des nouveaux évêques, sinon dans le diocèse de ceux qui déjà étaient installés? Au terme de cette loi, il n'y avait que colères, dépossessions, dépenses. Le gouvernement retira son projet quand il sut par une lettre du pape à M. de Marcellus, un des commissaires ultras, que le Vatican souhaitait le maintien de l'acte de 1802. Sans cela, nous retombions au Concordat passé entre François Iᵉʳ et Léon X en 1515 !

Cependant, cette session vit tomber les cours prévôtales, créées jusqu'au 1ᵉʳ janvier 1818 à moins d'une prorogation. Le souvenir de leurs sanglants excès était si odieux que même les ultras n'osèrent proposer le prolongement judiciaire de cette guillotine permanente et aveugle.

Néanmoins l'année 1818 ne devait pas finir sans voir la disparition de l'armée étrangère. M. de Richelieu s'était employé à cette tâche avec un zèle exemplaire et une noble ardeur. Il était chaque jour davantage accablé par les prétentions ennemies qui croissaient à mesure que se faisait prochaine l'échéance. Les chiffres inscrits dans le traité du 8 novembre 1815 et qui faisaient ressortir une indemnité totale de 700 millions n'étaient plus respectés. Chaque roi, chaque prince apportait sa note. A la fin, ils se trouvèrent tous ensemble réclamer 1375 millions en sus de la somme promise et d'ailleurs payée. C'était trop. M. de Richelieu le fit comprendre à Alexandre et, pour lui donner la mesure de la discrétion adverse, lui montra la réclamation du duc de Ahnuet-Dembourg visant la solde pendant une année pour l'entretien de 4000 hommes prêtés à Henri IV! Alexandre s'entendit avec Wellington et, le 23 avril 1815, il fut décidé qu'une inscription de rentes de 16 040 000 francs libérerait la nation — 4 millions de rente de plus que les 12 040 000 promis en 1815 et qui devaient être absorbés par l'Espagne (1 million) et l'Angleterre (3 millions).

Pour économiser l'argent, M. Corvetto, suivant l'exemple de M. Louis, avait fait appel aux capitalistes étrangers. La colère fut vive à la Bourse de Paris. Cette fois, contraint à une opération nouvelle, le ministre fit appel aux capitalistes français pour 12 040 000. Le public se jeta sur les bons : il avait vu autrefois monter par la force du crédit de la France la valeur du récépissé de plus de 15 francs et chacun espérait garder quelques jours le précieux papier, puis le revendre à la hausse et empocher un profit notable. La hausse se manifesta d'abord, mais un événement imprévu de cette spéculation encore aveugle vint apporter par la baisse subite un désastre : les gouvernements étrangers, eux aussi, voulaient profiter de la curée. Ils jetèrent sur le marché les inscriptions par eux reçues. Cet afflux inattendu noya la Bourse et sous l'amas des offres les demandes disparurent : une baisse se produisit. M. Corvetto, naturellement décrété d'incapacité et d'improbité, quoiqu'il fût d'une scrupuleuse délicatesse, en fut très affecté.

Cependant la précipitation avec laquelle les armées alliées allaient disparaître du territoire portait le deuil et l'épouvante dans la petite cour du comte d'Artois, chef invisible mais actif de la coterie des ultras, ennemi féroce de M. Decazes. Si l'armée alliée allait disparaître, pouvait-elle disparaître sans que des conditions fussent posées? Précisément le traité du 20 novembre 1815 fixait à cinq ans la durée de l'occupation, sauf à la cesser après trois années si l'indemnité était soldée. Ne pouvait-on en retenir ces 150 000 hommes, qu'après le 23 avril Wellington avait accepté de réduire à 120 000 ? Pour cela il fallait montrer à l'Europe l'insécurité du pouvoir français, la fragilité du régime semi-libéral, accuser les ministres, calomnier leurs intentions, faire craindre aux alliés le retour de la Révolution, leur arracher enfin un ordre, celui de licencier le ministère. Mais qui allait rédiger ce mémoire patriotique et national ? M. de Vitrolles s'offrit, un peu humilié de l'ingratitude royale. Son mémoire concluait à la dispersion du ministère et au retour à l'ancien régime. On le remit au prince Orloff, qui le devait soumettre à Alexandre, arbitre des destinées françaises.

C'était de la part du comte d'Artois une impardonnable légèreté, car le prince Orloff, vu l'état des relations d'Alexandre avec M. de Richelieu, ne devait pas se compromettre dans une ténébreuse négociation contre l'ami de son maître. Son premier acte fut de porter au ministère le mémoire qualifié *Note secrète*. M. Decazes la dépouilla de son mystère, la fit publier à l'étranger, puis en France, afin d'appeler l'attention publique, à la veille des élections, sur l'état d'esprit des ultras, réclamant le maintien d'une armée qui coûtait 130 millions à la France. Cette note fut sans effet sur les puissances qui se devaient réunir le 20 septembre au congrès d'Aix-la-Chapelle.

Les ministres et les souverains s'y rendirent; M. de Richelieu, comme il convenait, représentait la France. On y accéda au traité de libération qui fut signé le 9 octobre et par lequel la France était définitivement libérée, le 30 novembre 1818, d'une occupation qui durait, totale ou limitée, depuis le mois de juin 1815. Pendant ce temps, les électeurs étaient convoqués pour le 27 octobre : les luttes, bien que circonscrites par l'absence même de l'opinion et la présence de la censure, furent âpres et ardentes. On reprochait à M. Decazes d'avoir, de toutes pièces, forgé une conspiration, dite du *Bord de l'Eau*, qui avait réuni en elle, sous la maîtrise du général Canuel, des officiers supérieurs, et qui, instrument des ultras, devait frapper le ministère. Une instruction avait eu lieu; mais, tandis que les parquets étaient impitoyables pour les pauvres gens dénoncés à leur fureur, pour les écrivains cependant timides, pour la *Bibliothèque historique*, revue périodique qu'ils venaient de déférer à la justice, ils furent très tendres aux généraux et un non-lieu clôtura, pour la confusion du cabinet, cette enquête basée d'ailleurs sur d'extravagantes délations.

M. Decazes luttait quand même. Il avait fini par lancer ses fonctionnaires qui descendaient sur le champ du combat, armés de leurs prérogatives redoutables. Il y avait là le parti du ministère, composé de fonctionnaires en activité, le parti ultra-royaliste, constitué par la grande aristocratie de nom ou de fortune, et le parti des indépendants où d'anciens officiers de l'Empire, des avocats, des médecins trouvaient place. A la veille du scrutin, pour frapper un grand coup sur les masses, M. Decazes fit révoquer le comte d'Artois de son grade de colonel-général de la garde nationale, et du même coup MM. de La Rochefoucauld et de Bruges, ses aides de camp, qui faisaient peu à peu de ce corps l'instrument armé des ambitions du prince, perdirent leur emploi. Ce coup hardi, approuvé par le roi, que la *Note secrète* avait irrité, fut décisif. Les élections du 28 octobre 1818 furent un désastre pour les ultras : ils étaient 10 députés sortants, 4 furent réélus. Les ministériels étaient 36, ils revenaient 28 avec une perte de 8 voix. Les indépendants étaient 3 et ils revenaient 23. Tout le triomphe était pour eux. La Fayette et Manuel étaient élus.

Lorsque M. de Richelieu, qui était demeuré à Aix-la-Chapelle avec les souverains et leurs ministres pour régler certaines stipulations pécuniaires, suite du traité du 9 octobre, apprit le résultat des élections, il fut atterré. Il comprenait qu'il ne pourrait atténuer auprès de l'Europe officielle le mauvais effet de la nouvelle. Il ne se trompait pas. Les colères, encore que contenues, furent vives et M. de Richelieu était d'autant moins capable de leur faire face qu'à un moindre degré, il est vrai, mais sincèrement, il les partageait. Un autre homme aurait pu demander à l'Europe de faire crédit à la France, d'avoir foi en son génie, et montrer que l'ordre véritable et profond, celui qui pouvait être le gage d'une paix durable, devait sortir du libéralisme et non de la violence déréglée des soubresauts royalistes. Mais pour M. de Richelieu, les indépendants formaient l'avant-garde de la Révolution et ses yeux étaient obscurcis des funèbres visions qui avaient attristé son jeune âge. Il se promit de faire effort pour faire dévier le cabinet et le rapprocher de la droite. En attendant, par des attitudes fort nettes, les diplomates montraient leur confiance en notre pays.

Le 1ᵉʳ novembre, avant de connaître le résultat des élections, ils avaient noué avec la France une alliance. Un peu plus tard, au reçu de la nouvelle, ils renouvelèrent le traité de 1815, ils firent de la Sainte-Alliance une concorde agressive pour nous, chacun des pays signataires s'engageant à faire appel même à la guerre pour réduire le pays de la Révolution.

M. de Richelieu revint, et même au milieu des fêtes où l'on célébra, avec raison, son succès, il ne put dérober au regard les soucis qui le minaient. Comment tenir son imprudente promesse? Il se convainquit vite que M. Decazes ne laisserait pas échapper le pouvoir et que, loin d'avoir satisfait son ambition, il l'avait accrue. Déjà, M. Decazes, qui avait été à l'intérieur le vrai premier ministre, tandis que M. de Richelieu était plutôt l'homme de l'Europe, se demandait s'il allait longtemps partager la popularité avec c rival. Précisément ce rival ne le pouvait plus être, ayant rempli sa tâche, et vivant dans un monde où la gratitude pour les services rendus n'égale jamais l'espérance des services à venir. M. de Richelieu, lui, voulait donner à la politique une orientation nouvelle. Il fallait que M. Decazes partît : mais comment le décider? M. de Richelieu se rapprocha des royalistes qui lui imposèrent des conditions de personnes et des conditions législatives très lourdes. M. de Richelieu ne les put toutes accepter : l'alliance fut donc rompue. Entre temps, M. Decazes, qui sentait la Chambre hostile au ministère de la Police, et qui voulait le supprimer, désirait remplacer à l'Intérieur M. Lainé et lui réserver la Justice dont le titulaire, M. Pasquier, retrouverait le ministère de la Maison du roi. M. Lainé refusa d'accéder à cette modification et, après une inutile réunion chez le roi, il fallut, sans prendre un parti, ouvrir la séance de la Chambre. C'était le 10 décembre 1818. M. Corvetto seul, épuisé et écœuré, avait cédé sa place à M. Roy.

On se réunit à nouveau le 12, chez M. de Richelieu. Là encore, celui-ci n'ose pas réclamer ouvertement ce qu'il désire, ce que sera le pacte avec la droite, c'est-à-dire la modification de la loi électorale. Tous se réservent, attendant l'élection des bureaux où l'on pense que les Chambres feront connaître leur volonté. Elles manifestent, en effet, contre le cabinet, et M. de Serre, qui était président, n'est pas réélu. Il faut donc que M. Decazes parte ! Mais il agit si vite et si bien que les vice-présidents élus par la Chambre sont favorables au cabinet... Alors M. Molé se retire, entraîne M. de Richelieu, lequel entraîne M. Lainé, lequel est suivi par M. Pasquier. De son côté, M. Decazes ne veut pas demeurer. Le roi se trouve le 20 décembre sans cabinet. Il fait effort sur M. de Richelieu : celui-ci accepte de prendre le pouvoir, mais il lui faut l'exil de M. Decazes qui partira en ambassade à Londres. M. Decazes consent, mais préfère aller à Libourne. M. de Richelieu transige. Il offre les portefeuilles vacants à ses anciens collaborateurs. Mais M. Lainé refuse de faire modifier la loi électorale qui est son œuvre. Plus de ministère ! Une autre combinaison où pénètre une soirée Cuvier s'effondre. M. de Richelieu a terminé son œuvre : le 27 décembre, il redemande sa parole au roi.

Restait M. Decazes qui attendait son heure et dont le cabinet était prêt : Il sonde le général Dessolles, qui, sans avoir sur le tzar l'influence de M. de Richelieu, lui est sympathique et, rassuré de ce côté, lui fait offrir la présidence du Conseil, sans aborder Macdonald ou Marmont que le duc de Richelieu avait indiqués. On se réunit, on appelle M. Decazes qui prend l'Intérieur, place M. de Serre à la Justice, M. Portal à la Marine, M. Louis aux Finances, Gouvion-Saint-Cyr à la Guerre. L'ordonnance qui porta officiellement à la connaissance de tous la nouvelle de la formation ministérielle est du 29 décembre. L'année 1819 allait s'ouvrir et se refermer sur ce ministère.

CHAPITRE VIII

LE MINISTÈRE DECAZES

La session 1819-1820. — La pension de M. de Richelieu. — La Chambre des Pairs combat le ministère. — M. Decazes lui répond en nommant 64 pairs nouveaux. — Succès du Cabinet à la Chambre. — La loi électorale maintenue. — La loi sur la presse votée. — Évolution vers la droite de M. de Serre. — Rupture avec les libéraux. — Le cabinet divisé. — Il souffre les missions cléricales à l'intérieur. — Poursuites de presse devant le jury qui acquitte. — Élections de septembre 1819. — Le conventionnel Grégoire élu dans l'Isère avec l'appoint des ultras. — Colère de la Cour. — M. Decazes veut reprendre la loi électorale. — Démissions de Gouvion-Saint-Cyr, Louis, Dessolle. — Grégoire est exclu après un violent débat. — Meurtre du duc de Berry. — Exploitation théâtrale de cette mort. — Violentes accusations contre M. Decazes. — M. Decazes multiplie les projets rétrogrades. — Ultimatum de la famille royale. — Le roi cède : départ de M. Decazes pour l'ambassade de Londres. — Jugement sur son rôle.

C'est seulement le 28 janvier 1819 que s'ouvrit cette session où tant de colères devaient se rencontrer. Un incident initial montra toute l'étendue de cœur et d'esprit des ultras exaspérés par de cuisantes et successives défaites. M. Delessert avait pris l'initiative d'une proposition tendant à remettre un majorat de 50 000 francs de revenus à M. de Richelieu qui était pauvre ; en fait, il vivait du produit des diamants par lui reçus des souverains, et dont ses sœurs, auxquelles il les avait tendrement donnés, avaient opéré à son profit la vente. Ce majorat devait être pris sur les biens de la couronne. La proposition était maladroite à un double point de vue : d'abord, au point de vue politique, les indépendants étant les adversaires des majorats ne pouvaient les consacrer ; ensuite, au point de vue juridique, les biens de la couronne étant inaliénables pendant toute la durée du règne. Deux oppositions se rencontrèrent donc sur cette proposition : celle de Manuel et celle de Villèle. Manuel montra l'immoralité du majorat, rompant dans la famille l'égalité des partages, et permettant au titulaire de frustrer ses créanciers. Villèle déclara qu'on ne pouvait lever l'inaliénabilité par une loi et tous deux avaient raison. Le débat traîna sans dignité, sans ampleur, d'autant plus douloureux pour M. de Richelieu qu'il n'avait rien demandé. Enfin, M. Courvoisier mit d'accord les royalistes et les indépendants en proposant de déclarer les biens du majorat reversibles au domaine de l'État, à défaut d'héritier direct de M. de Richelieu. On accueillit cette transaction, contre laquelle protestèrent, en s'abstenant, les ultra-royalistes, qui ne pardonnaient pas à M. de Richelieu l'ordonnance du 5 septembre. Celui-ci accepta la rente de 50 000 francs et la transmit dédaigneusement aux hospices de Bordeaux.

En dépit de l'opposition de M. de Villèle, le baron Louis put faire voter à la Chambre le changement de point de départ de l'année financière, la reporter au 1er juillet, et éviter ainsi l'abus des douzièmes provisoires rendus nécessaires par la tardive réunion de la Chambre et qui désorganisent l'administration. Il y aurait beaucoup à dire sur cette modification encore réclamée de nos jours, car la Chambre des Pairs refusa de l'admettre, et, sans élever ici un débat financier, on peut soutenir que peut-être les inconvénients des deux systèmes se valent et se neutralisent.

Cependant, la situation du cabinet, si elle était solide à la Chambre, était, au contraire, bien fragile à la Chambre des Pairs. On se retirait de lui. La retraite de M. de Richelieu était la cause de la désaffection dont le gouvernement était l'objet. Il y avait à la Chambre des Pairs un groupe assez nombreux, qui évoluait par les mains du cardinal de Beausset, archevêque de Paris, et comme celui-ci était l'intime ami de M. de Richelieu, il lui avait toujours assuré le fidèle concours de cette docile cohorte. Mais M. de Richelieu parti, sa présence ne garantissant plus la modération de la politique libérale et M. Decazes étant soupçonné d'avoir semé d'intrigues la route de son collègue, le groupe refusait son appoint.

Cette situation ne put échapper à M. Decazes, davantage homme d'expédients que de principes, et qui vit tout de suite le sort qui l'attendait. Son mérite fut cependant de demeurer ferme. Les protestants de Bordeaux se plaignant, dans une pétition émue adressée à la Chambre, que l'éducation catholique fût, dans les écoles de l'État, imposée à tous les enfants, la Chambre, malgré la droite, avait renvoyé ces pétitions au ministère, s'élevant par là-même contre le sectarisme des prêtres et affirmant sa confiance dans le cabinet. Mais la Chambre des Pairs allait agir. Depuis quelques jours le parti des ultras, maître de la Chambre Haute s'agitait; il cherchait le terrain où, sûr de la victoire, il pourrait appeler le cabinet, et ensuite l'homme qui, sur ce terrain, jetterait le premier défi. La question fut vite résolue. S'il était une loi abhorrée des ultras, par eux maudite, c'était la loi électorale, et dans le court rapprochement opéré entre M. de Villèle et M. de Richelieu, l'abrogation de cette loi avait été une des conditions, acceptée à demi, du pacte nouveau. C'est à cette loi que les ultras attribuaient tous leurs échecs : par elle le pouvoir politique était descendu des mains de la haute aristocratie foncière aux mains de moyens propriétaires, et voilà ce qu'ils ne pouvaient pardonner, encore moins que la dissolution du 5 septembre 1816, à M. Decazes. Ce qu'il fallait faire, c'était modifier profondément cette loi néfaste. Qui en ferait la première proposition? On découvrit un vieillard obscur, ancien directeur de la République, puis sénateur, puis pair, qui avait voté la loi, mais que ce souvenir importunait peu; M. Barthélemy. Et ce fut lui qui, le 22 février, proposa la discussion. Malgré M. Decazes, le développement de la proposition fut remis au 26 février : ainsi le cabinet était vaincu. Ce fut bien mieux quand vint, au milieu de l'émotion générale, le 26 février, le débat sur le fond. M. Decazes, MM. de la Rochefoucault-Liancourt, de Lally-Tollendal, défendirent la loi. Ils représentèrent que le calme qui régnait allait être troublé par cette agression injustifiée. Rien ne tint devant les colères liguées contre le cabinet. Par 98 voix contre 55, le roi « fut humblement prié » de modifier la loi. Le 4 mars qui suivait, sans même vouloir l'étudier, la Chambre des Pairs écartait la réforme financière du baron Louis.

C'était la guerre : M. Decazes était allé trop loin pour reculer. La Chambre des Pairs lui était hostile : il y noya ses adversaires sous une fournée de 64 pairs nouveaux, généraux ou revenants du premier Empire, dispensés du majorat pour pouvoir s'éger tout de suite et dont le vote lui était acquis. Ce coup de force qui avait raison de la majorité rétrograde et qui dispensait un cabinet d'avoir raison ou lui épargnait, avec l'incertitude des combats, l'amertume des défaites, accrut naturellement la colère des ultras comme il accrut l'enthousiasme libéral. Si jeune était le parlementarisme que l'on acceptait encore, comme le naturel exercice d'une prérogative respectable, cet abus qui rendait mensongère toute discussion et vain tout résultat.

Puis, M. Decazes se retourna du côté de la Chambre : il avait hâte d'y trouver une revanche nécessaire à son crédit politique. Il l'y trouva. La discussion sur la proposition Barthélemy souleva un des plus violents orages qui se soit abattu sur une assemblée. L'impudence de M. de Villèle en fut cause. Il voulut démontrer que la loi autorisait la fraude et cita à l'appui de sa thèse le département du Gard comme ayant eu un nombre d'électeurs plus élevé en 1817 qu'en 1815. M. de Saint-Antoine, député de Nîmes, bondit à la tribune, comme soufflété par un outrage : « Je vais vous donner la raison de cette différence : en 1815, les électeurs protestants furent menacés de mort par les assassins de Nîmes et, en 1817, ils ont pu voter librement ». Ce souvenir de la Terreur blanche souleva les émotions et les colères dormantes.

Les apostrophes se croisent et M. de Villèle, qui restera, comme maire de Toulouse, responsable de l'assassinat du général Ramel, se sent visé. « On aurait dû poursuivre les coupables », dit-il. Cynique imposture !] Il savait bien pourquoi ils étaient impunis et, au surplus, que n'avait-il, lui maître de la majorité, réclamé des poursuites ? Le 23 mars, M. de Serre, ministre de la Justice, répond. Il rappelle les crimes, les meurtres, les pillages, il conduit dans ce Midi ensanglanté son auditoire haletant, et il énumère les arrêts de justice innocentant Trestaillon et les assassins de Ramel. Sous cette parole qu'anime un feu contenu, la Chambre est au paroxysme : elle vote la loi électorale oubliée et la maintient par 150 voix contre 94 : la majorité était formée des royalistes ministériels et des indépendants.

Départ des troupes étrangères.
(D'après un document de la Bibliothèque Nationale.)

Le cabinet, raffermi et rassuré, va connaître, grâce à une décisive action, un triple triomphe qu'il doit t ut entier à M. de Serre, dont l'éloquence semble grandir chaque jour un peu plus. Il présente, enfin, trois projets de loi sur la presse : ils ont constitué la fameuse loi de 1819 qui [est demeurée la base sur laqu·lle tous les législateurs, même en 1831, ont mis et remis le métier parlementaire. Dans un premier projet, le cabinet visait le délit d'offense à « la morale publique ». Cette courte formule ne peut suffire. « Et la morale religieuse ? Cette loi sera donc une loi athée ! ». Il fallut combattre. M. de Serre fit avec éclat la différence entre la morale publique qui est le patrimoine d'une nation et la morale religieuse qui succombera, si elle ne vit pas par sa seule vertu et a besoin de la cuirasse des lois humaines. Cette fois, le ministre fut battu. L'article 9 du projet visa « l'offense à la morale publique et religieuse ». Texte équivoque et meurtrier ! On verra dans le développement de notre histoire nationale, ce qu'il devint aux mains de la magistrature, et combien de fois par lui la pensée libre fut frappée et humiliée.

Le second projet contenait la constitution du jury, sauf pour la diffamation contre les particuliers, pour tous les crimes de presse y compris la diffamation contre les fonctionnaires : c'est encore la base de notre loi actuelle, un peu rétrécie par une jurisprudence qui permet au fonctionnaire de déférer au tribunal correctionnel les diffamations qui n'atteignent que sa personne et de ne pas relever en cours d'assises celles qui visent sa fonction.

Enfin, dans un troisième projet, les journaux étaient autorisés à paraître, à la condition que le nom du propriétaire fût déclaré et qu'un cautionnement fût versé. En dépit de cette mesure qui accordait seulement à la fortune le droit à la pensée, ce projet était une conquête libérale, si l'on veut bien se souvenir que l'autorisation royale était, la veille, nécessaire. Ces projets furent votés, après une discussion assez longue, le 4 mai. A la vérité, la droite ultra ne les avait pas combattus ; elle était intervenue seulement en faveur de la morale religieuse, puis s'était abstenue, se disant, sans doute, que réduite à l'opposition, elle avait intérêt à se servir de ces armes qu'elle saurait bien briser le jour où elle gouvernerait.

Mais au cours de ces discussions s'était produit un incident, qui ne fut que bruyant pour les politiques superficiels, et qui contenait cependant le germe d'une déviation politique néfaste. M. Lainé avait demandé que les députés fussent couverts par l'immunité, non seulement quand ils auraient parlé, ce qui était admis, mais même s'ils n'avaient pas parlé et s'ils communiqueraient plus tard leurs discours non prononcés. C'était un abus, et M. de Serre le fit bien voir. Il parla contre M. Lainé, et, amené par sa discussion même à évoquer le droit des majorités, il fit l'éloge du régime parlementaire et prononça cette phrase : « Dans toutes les assemblées la majorité fut saine... — Même à la Convention ? cria la droite. — Oui, messieurs, même à la Convention ». Quoi ! c'était là le langage d'un émigré, d'un ancien soldat de l'armée de Condé ? Il faisait l'éloge de la Convention, c'est-à-dire d'une assemblée régicide ! Après la stupéfaction, ce fut la colère : pendant que les indépendants acclament le ministre, dans la consternation du centre, la droite le hue...

Qu'y avait-il donc ? M. de Serre n'avait péché que par entraînement de parole, et jamais il n'avait eu l'intention de louanger un régime qu'il exécrait. Improvisateur généralement maître de lui, il avait, ce jour-là, dépassé sa propre pensée. Il avait, en vain, essayé de se reprendre dans le tumulte. Pendant les jours qui suivirent, accablé d'outrages qui le peinaient, d'éloges qui lui étaient intolérables, il cherchait une issue à une situation fâcheuse. Il la trouva. Comme l'on discutait sur des pétitions réclamant le rappel des proscrits, il s'expliqua, distingua entre les bannis, et jeta cette phrase : « Quant aux régicides, jamais ! ». Le ton, l'accent, le geste, tout marquait que l'auteur avait préparé ce terrible et inexorable anathème pour ressaisir l'erreur verbale de la veille. La droite le couvrit d'applaudissements, et les indépendants d'imprécations. Où peut descendre une haute intelligence que le caractère ne soutient pas ! En quelques jours, M. de Serre avait deux fois compromis le ministère, et il se trouvait que c'était par une intervention de tribune et alors qu'il était un orateur consommé ! Au lieu de se résigner aux outrages, de suivre sa voie, d'attendre une autre heure pour préciser sa pensée, M. de Serre s'était violemment rejeté à droite. On sentit, cette fois, que c'était sa conscience qui parlait. La droite, qui ne devait pas oublier l'éloge de la Convention, ressaisit cet instrument merveilleux de tribune. Les indépendants le répudièrent. Tel fut l'effet de cette apostrophe qu'entre le cabinet et eux fut rompue la loyale et nécessaire alliance qui avait arrêté l'élan des ultras.

Il semble que cette évolution de M. de Serre ait été dans le ministère la cause d'une désunion. Après avoir hardiment arboré le drapeau du libéralisme et fait face sur tous les terrains à l'ennemi, M. Decazes fut pris d'une sorte de timidité. Il avait des velléités et non de la volonté. Une action énergique le prenait tout entier, et l'instant d'après ne trouvait plus en lui le même homme. Ce qui lui a le plus manqué à cette époque, c'est la persistance des vues et la fermeté dans le dessein. Il frappait à la Chambre un coup, ameutait les colères, et puis ne prenait du lendemain nul souci. Ainsi, il laissa s'organiser les missions à l'intérieur, et le mal qu'elles firent, dans les prédications violentes qu'elles jetaient à tout le pays, fut incalculable. A leur tête se trouvait le Père Rouyan, à qui l'idée était venue de convertir à la foi tous les Français. Il parcourut le Centre de la France, l'Ouest, la Bretagne, avec une cohorte fanatique qui soufflait le feu des discordes partout où elle s'arrêtait. Tantôt elle organisait des cérémonies à l'église, tantôt elle hissait sur une hauteur, à dos d'hommes, une croix monumentale qui semblait, de ses grands bras sinistres, gouverner au loin le pays. Les autorités militaires et civiles étaient empressées à suivre ces missions, à les accompagner, à les fêter. Toute la représentation officielle servait de cadre à cette furie en marche, qui empruntait ainsi à ses hôtes leur caractère et semblait protégée par le gouvernement. Quelquefois l'humeur des habitants s'accommodait peu de ces visites, et à Brest, par exemple, des huées et des injures furent le seul salaire que reçurent les missionnaires. Ils étaient accoutumés à de plus positifs avantages, et l'éloquence sacrée savait trouver toute la finesse de l'offre commerciale pour faire valoir les chapelets bénits, les objets de piété, amasser l'argent et enrichir la sainteté à qui le ciel et ses délices ne suffisaient pas. A Nantes, l'effet de cette visite fut tel que le théâtre fut vidé et le directeur, à la veille d'être ruiné, loua les services de Talma, et par le génie de l'artiste, put faire contrepoids à la concurrence de Dieu. Mais alors les autorités interdirent aux comédiens l'exercice de leur profession; à Saumur, à Angers, à Clermont, l'armée sacrée défila, et, bien entendu, ce qu'elle laissait derrière elle, c'était l'excitation, l'exaltation, la calomnie, l'injure au libéralisme, la menace contre la Révolution, l'assurance qu'une ère allait s'ouvrir où les biens nationaux feraient retour à leurs propriétaires, la puissance ecclésiastique à l'Église, la France au régime ancien.

M. Decazes regardait et ne disait mot. Il ne trouvait de vigueur que pour déférer au jury les journalistes hardis qui revendiquaient, non pas la République, mais les droits du raisonnement et les privilèges de l'esprit. Une fois encore la *Bibliothèque Historique* fut poursuivie; c'était la première application de la loi que M. de Serre avait fait voter et qui restituait sa compétence au jury. Le jury acquitta, malgré le réquisitoire habile de M. de Vatimesnil. Un autre écrivain dut rendre compte d'un calembour. Il avait rappelé aux Suisses arrogants qui servaient d'escorte au roi que le mot « suisside » avait un autre sens que celui qu'on lui attribuait, et M. de Vatimesnil cherchait derrière cette faute d'orthographe volontaire l'intention criminelle : le jury acquitta. Encore il acquitta un jeune professeur à l'École de droit, en même temps juge au tribunal de la Seine, M. Bavoux, qui, chargé de l'enseignement du droit criminel à la Faculté, marquait, en des cours savants et originaux, la différence qui existait entre les délits et les peines, critiquant le défaut de proportionnalité des châtiments aux fautes. La jeunesse des écoles suivait ces cours et acclamait cette jeune parole parce qu'elle était perpétuellement en quête de nouveautés. On suspend les cours, les étudiants protestent; on les frappe par la suppression des inscriptions. M. Bavoux, défendu par Persil et Dupin, est acquitté.

Ces verdicts jettent la perturbation dans le monde officiel. Les hommes du gouvernement étaient vraiment étranges. Ils avaient voulu ouvrir une voie nouvelle; ils avaient modifié le cens, rappelé la liberté de la presse, et quand les conséquences, pour ainsi dire, fleurissaient sur leurs actes, ils étaient étourdis de ce parfum enivrant. C'est au milieu de ces événements qu'un repos trompeur fut offert à l'esprit national par une exposition. A cette époque, une exposition, qui était d'ailleurs un spectacle purement national, n'offrait pas au regard l'ampleur, l'émerveillement des vastes accumulations humaines dont notre vue est lassée. Elle était une émulation modeste entre rivaux; la dernière avait eu lieu en 1806. Au mois d'août 1819 eut lieu celle qui suivit, et la Restauration tint à honneur d'appeler plusieurs fois, tous les quatre ans, à ce rendez-vous, le commerce et l'industrie français. En 1806, la France s'étendait à plus de 111 départements, et on avait compté plus de 14 000 exposants. En 1819, la France, réduite à 86 départements, offrait près de 1700 exposants (Levasseur, *Histoire des Classes ouvrières*, tome I*er*). C'est dès ce moment que les produits récompensés par le jury furent l'objet d'une distinction. Le roi visita l'exposition, affecta de traiter avec familiarité les grands industriels, surtout M. Oberkampf, distribua dix croix de la Légion d'honneur. Comme si la vie politique, les angoisses de la liberté menacée et les inquiétudes pour le lendemain n'avaient sur l'art aucune influence, Victor Hugo publiait ses *Odes*, Lamartine ses *Méditations poétiques*, Géricault exposait son *Naufrage de la Méduse*, Ary Scheffer et Delaroche apprêtaient leurs pinceaux. Par un étrange paradoxe d'esprit, le libéralisme hait ces formes nouvelles du talent, et l'esprit politique, qui attend tout de la réforme, ne se combine pas avec l'esprit littéraire qui impose sa révolution. Le Romantisme est à cette époque une forme de réaction, et tous les esprits libres restent attachés au classicisme du xviie siècle, rivés à cette source de lumière d'où a jailli l'esprit moderne.

Les élections eurent lieu le 11 septembre. La tactique des ultra-royalistes, depuis quelque temps dévoilée, était bien simple : elle consistait à faire sortir le bien de l'épuisement du mal. Pour eux, quel était le mal? C'était le libéralisme. Ainsi les ultra-royalistes allaient partout avec leur formule : Plutôt des Jacobins que des ministériels! Ceux-ci déclamaient contre les libéraux, qui représentaient la Révolution, et les ultras qui compromettaient de leurs excès la monarchie. Les libéraux avaient posé des candidats surtout dans les départements ravagés par les cours prévôtales et pour protester contre l'ignominie des iniques supplices. L'Isère, piétinée en tous sens par le général Donnadieu, était de nombre. Le comité libéral de Paris y avait posé la candidature de l'ancien conventionnel Grégoire. Au second tour, Grégoire fut élu. Il avait eu au premier tour 460 voix, le ministériel 330 et l'ultra 210. Au second tour, il eut 540 voix, le ministériel 362 et l'ultra 110. L'opération arithmétique soulignait l'opération politique : au second tour, les ultras avaient apporté 12 voix au candidat royaliste et 100 au candidat libéral, dont le nom seul avait, pour la cour, une signification outrageante.

Le coup était donc porté au roi par les ultras qui, entre un conventionnel et un royaliste, allaient au conventionnel. A quel conventionnel? On a dit à tort que Grégoire avait été régicide ; en mission dans le département du Mont-Blanc, qu'il annexait à la France, au moment du procès du roi, il avait écrit, se prononçant en faveur de la condamnation et non de la peine. Mais c'était un prêtre assermenté, et, de plus, il avait, le 21 septembre 1792, proposé l'abolition de la royauté! Voilà l'élu de la droite extrême. A Paris, la colère fut très vive. Le *Moniteur* refusa d'insérer le nom de l'élu, et le comte Decazes, atterré, abandonné de M. de Serre, qui soignait dans le Midi un mal incurable, n'eut qu'une attitude humiliée devant la cour, où le comte d'Artois triomphait des excès mêmes qu'il avait préparés.

De ce jour, M. Decazes eut peur de son œuvre et de lui-même; il voulut revenir, pour la reviser, sur la loi électorale dont le maintien avait été toute sa politique. Le cabinet était perdu par son chef. Quand un gouvernement se renie lui-même, en effet, il dégrade ses propres actes, il est à la merci du Parlement.

De plus en plus troublé, M. Decazes aborda au Conseil la question brûlante. N'était-il pas bon de reviser la loi électorale? C'était vraiment bien la peine d'avoir rendu impossible le gouvernement à M. de Richelieu et de l'avoir écarté parce qu'il ne voulait plus de la loi, pour la déchirer après son départ! Gouvion Saint-Cyr, M. Louis et le général Dessolles résistent et préfèrent remettre leur portefeuille, que, gêné par leur attitude, M. Decazes prit avec plaisir. En leur place il installa à la Guerre, le général Latour-Maubourg, aux Affaires étrangères, M. Pasquier et M. Roy aux Finances. C'était le 14 novembre.

Le 20 novembre, la session s'ouvrit et la validation de Grégoire fut mise à l'ordre du jour. Qu'il fût exclu, cela, dès le premier moment, fut certain. Mais serait-il exclu comme indigne ou comme illégalement élu? L'illégalité était flagrante, Grégoire ne payant pas un centime d'impôts dans l'Isère. Cela eût pu suffire. M. Lainé réclama l'exclusion pour indignité. Benjamin Constant fit remarquer que les royalistes étaient devenus bien délicats. Le roi n'avait-il pas confié un ministère, puis une ambassade, au régicide Fouché? M. Pasquier répliqua que ce que le roi pouvait faire, un collège électoral ne le pouvait, et c'était une réponse puérile, car il s'agissait surtout d'une question morale, et si Fouché n'avait pas déshonoré le cabinet par sa présence, ce n'était pas Grégoire qui pouvait déshonorer la Chambre en s'y tenant.

Sans qu'on se prononçât sur le caractère de l'exclusion, celle-ci fut votée, chacun ayant le droit de mettre dans son vote le sentiment de sa conscience. C'est avec l'approbation de M. Ravez, président, que ce compromis parlementaire fut accepté. M. Ravez se connaissait en dignité et en honneur, lui qui avait déserté la défense des frères Faucher, par crainte de l'opinion.

On attendait chaque jour une proposition du gouvernement touchant les lois électorales, et les jours s'écoulaient. Le président de la Chambre avait promis, pour le 14 février 1820, une communication importante. Mais, la veille de ce jour, un incident tragique se produisit et qui devait bouleverser toute la politique. Le 15 février — un dimanche — le duc de Berry quittait la loge qu'il occupait à l'Opéra pour faire monter en voiture sa jeune femme. Il l'abandonnait elle-même à ses gens et allait retourner au spectacle, quand il se sentit saisi à l'épaule et poignardé. L'homme qui, au milieu des gardes, avait porté ce coup audacieux, laissant son arme dans la blessure, s'était enfui et fut d'ailleurs tout de suite repris. Le prince fut transporté dans le théâtre, qui se trouvait rue de Richelieu en face de la Bibliothèque nationale. Il fut couché, pendant que, dans l'émotion générale, le comte d'Artois, les princes, les amis, les ministres s'agitaient autour de cette couche sanglante. La nuit passa lente et triste, les chirurgiens étaient incapables non seulement de sauver, mais de soulager la victime. Enfin, aux premières lueurs du jour, vint le roi qu'on avait hésité à appeler en pleine nuit de peur de l'émouvoir. Dans l'exaltation du délire, le duc de Berry réclamait la grâce « de l'homme », désignant ainsi l'inconnu dont le poignard l'avait déchiré. Puis il mourut.

Le meurtrier s'appelait Louvel. C'était un homme de trente-sept ans, ouvrier sellier, fanatique de Napoléon qu'il avait suivi à l'île d'Elbe, puis à Rochefort et qui depuis des années roulait en lui le projet sinistre que sa main venait sans trembler d'exécuter. Il répondit aisément à l'interrogatoire que M. Decazes lui fit subir :

— Pourquoi fuyiez-vous ?
— Pour rentrer libre afin de pouvoir frapper un autre.
— Que vous ont fait les Bourbons ?
— A moi rien, mais ils ont fait du mal au pays.
— Pourquoi avez-vous frappé le duc de Berry ?
— Pour éteindre en lui une race maudite.
— Avez-vous des complices ?
— Aucun. »

A ce moment, M. Decazes se rapprocha et lui parla bas à l'oreille : il lui demandait si le fer était empoisonné. Le lendemain, cette simple démarche était connue et travestie par la passion.

On pense, en effet, si les ultra-royalistes saisirent l'occasion de ce tragique trépas. Quand la réaction ne verse pas le sang, elle l'exploite. Sa joie, déguisée en douleur pour le vulgaire, était sans limites et la presse trouva de suite les formules expressives pour indiquer les responsabilités : « Le prince est mort d'une idée libérale ». Et M. de Chateaubriand dénonçait M. Decazes comme le complice moral du meurtrier. « Les pieds lui ont glissé dans le sang. » Le lendemain on parlait, exploitant la conversation à voix basse qui s'était tenue entre M. Decazes et Louvel, on parlait de complicité ministérielle. Et les outrages, les injures, les accusations formidables tombaient en rafales sur le ministère qui payait, à la fois et d'un seul coup, la hardiesse première de son action libérale et la pusillanimité dernière de sa politique de compensation.

La Chambre tint séance le 14 février. Dès l'ouverture, et grâce à la mollesse complice du président, M. Ravez, M. Clausel de Coussergue demanda à développer une demande de mise en accusation contre M. Decazes, considéré par l'orateur comme le complice matériel du meurtrier. L'initiative était trop violente pour n'être pas désavouée par les habiles de la droite qui, comme M. de Villèle, auraient voulu qu'on mit seulement en cause la complicité morale. L'orateur fut abandonné et quand, le lendemain, il revint à la charge pour présenter sous une forme plus acceptable ses accusations, il était trop tard, et M. de Saint-Aulaire, beau-père de M. Decazes, le soufflèta d'une injurieuse et légitime apostrophe. On se réunit pour rédiger une adresse au roi. Seul, le général Foy trouva les mots nécessaires pour en arrêter par avance l'esprit, et chacun remarqua la mélancolie de sa voix. « Sans doute, un tel événement est déplorable — dit l'orateur libéral : il l'est surtout pour les amis de la liberté; car il ne faut pas douter que leurs adversaires se prévaudront de ce crime affreux pour essayer de nous ravir les libertés... » Prophétique en même temps qu'éloquente parole! En effet, le poignard de Louvel avait ouvert la voie à une politique nouvelle, et la haine politique allait exploiter les douleurs privées, exhiber ce cadavre, faire résonner le creux de cette tombe, savourer pendant de longues années le bénéfice du sang...

Peut-être, un autre ministre que M. Decazes aurait pu résister. Il eût fallu à ce moment une âme forte, qu'une passion généreuse excitât, sur laquelle vint glisser l'orage extérieur. L'événement révéla toute la faiblesse du premier ministre, et qu'il était fait davantage pour les intrigues de Cour et de Parlement que pour les luttes suprêmes où l'homme jette toute la substance de son être. Pourquoi n'était-il pas venu à la Chambre au lendemain de l'assassinat du duc de Berry ? C'était là qu'était le péril pour lui; là qu'allaient s'amonceler les passions pour éclater ensuite en violent orage. Certes la mise en accusation de M. Clausel de Coussergue n'était pas périlleuse, mais elle offrait à l'intéressé, servi par l'excès même de la manœuvre, une suprême occasion. Il pouvait, à la place du général Foy, et s'étendant davantage, montrer ceux à qui le crime allait profiter. Il pouvait rappeler les débordements et les violences passés et présents, les suivre et dire hardiment que, dans la mesure restreinte où les passions politiques arment la main d'un solitaire, c'était l'ultra-royalisme qui avait aiguisé l'arme et dessiné la plaie mortelle. Si cette courageuse apologie de sa propre politique n'avait pas réussi, au moins elle eût été quand même tentée, elle eût vengé le libéralisme outragé et, obligé de quitter le pouvoir, M. Decazes

(D'après une estampe de la Bibliothèque Nationale.)

l'eût quitté tout entier, le front haut, la figure tournée vers l'ennemi.

Or, il ne sut ni partir, ni rester. Affolé, sur le premier moment, il reçut les consolations du roi qui adoucit, des accents d'une affection vraiment paternelle, son amertume trop visible. Réconforté par cet accueil, M. Decazes agita, en lui-même d'abord, avec d'autres ensuite, la question de savoir s'il ne pourrait pas durer : non pas durer pour agir, mais durer pour durer, car il avait pour le pouvoir un goût personnel très vif. Serait-il l'allié des libéraux ? Il aurait pu le tenter, joindre à ces 100 voix, toutes dévouées, toutes celles que la fonction ministérielle et les faveurs dont elle dispose peuvent attirer, surtout quand elle agit sur des fonctionnaires, et, à la tête de cette majorité, défendre son œuvre et combattre. Le roi ne lui aurait pas manqué. Les ultras n'étaient pas si frappés de la nécessité de sa chute, croyaient qu'il demeurerait, et rien n'est intéressant à consulter sur ce point comme la correspondance de M. de Villèle avec sa femme (tome II). M. Decaze eut peur ; et surtout son propre ministère, privé du triple concours de Gouvion Saint-Cyr, Louis et Dessolles, ne lui donna que de lâches conseils. Alors il entra à grands pas dans la voie de réaction.

Il avait demandé à la Chambre des Pairs de s'ériger en cour de justice pour se saisir du procès de Louvel. Il vint à la Chambre pour y déposer un projet : le projet de modification de la loi électorale, par lequel il détruisait son œuvre. Sa parole balbutiait sur ses lèvres pâles : c'était la bête forcée qui ne demandait qu'à se rendre. Et les ultras purent sonner l'hallali. M. Pasquier, âme complaisante, déposa un projet pour suspendre la liberté individuelle et remettre au sceau de trois ministres le droit d'arrestation et de séquestration.

Mais rien ne pouvait sauver M. Decazes. La droite se disait avec raison que, pour inaugurer sa propre politique, elle n'avait pas besoin de M. Decazes. Elle était prête, pour le mettre en échec, à repousser même les mesures rétrogrades, préférant une mauvaise loi et un bon ministère. Et M. Decazes ne comprenait pas !

Il fallut que la douleur théâtrale de la famille royale se donnât en représentation aux Tuileries pour que M. Decazes cédât la place. La duchesse de Berry, qui était princesse de Naples, avait déclaré vouloir quitter la France où le sang des Bourbons n'était pas préservé. Voyant un jour M. Decazes, elle s'était jetée dans les bras de son beau-père, le comte d'Artois : « Papa, cet homme empoisonnera mon enfant... » Habilement poussé par Vitrolles, le comte d'Artois mit à profit toutes ces larmes. Il avait déjà sondé le roi qui avait défendu son ministre. Il avait renouvelé ses prières et le roi avait résisté. Alors la duchesse d'Angoulême s'agenouilla devant Louis XVIII et lui déclara qu'aucun membre de la famille ne se trouvait en sureté... M. Decazes enfin partit. Le roi l'embrassa, pleura, le nomma ambassadeur à Londres, avec 300 000 francs d'appointements, pair, et madame Princeteau, qui partait avec son frère, reçut des mains royales le domaine de Graves...

M. Decazes n'avait pas seulement commis la faute de ne savoir pas partir à temps, ou de rester pour la lutte, et, finalement, d'être chassé avec une compensation matérielle, il avait commis la faute initiale de prendre le pouvoir trop tôt. Un homme que n'eût pas aveuglé l'ambition de place eût tout de suite vu, à contempler la société politique de 1814, que le libéralisme prématuré ne grandirait que comme une fleur étiolée sur un terrain ravagé. Il y avait encore tellement de haines et une si profonde réserve de terreurs et d'ignorances que pour leur résister il eût fallu d'abord un gouvernement qui ne fût pas lié avec les libéraux et pût résister aux entraînements de la droite. M. de Richelieu était l'homme trouvé par le destin pour l'emploi de premier ministre dans une combinaison pareille. Après tout, il avait couvert de son approbation les deux mesures capitales : la dissolution et la loi électorale du 5 février qui avait ravi à la grande propriété une partie de son influence électorale. Il eût maintenu ses mesures et, à l'abri derrière elles comme derrière un rempart légal, le libéralisme eût grandi, fût devenu un parti, eût jeté des racines profondes au cœur du pays, eût été enfin, majeur, l'axe inébranlable d'une majorité élargie. Alors le tour de M. Decazes eût pu venir... Sa faute fut d'être trop pressé et d'intervertir les rôles en minant l'influence de M. de Richelieu et en escomptant la répugnance qu'avait pour l'intrigue cette noble nature.

On peut dire que ce sont là des arrangements posthumes, et que la logique de l'histoire ne connaît pas nos hypothèses fragiles. Il se peut... Aussi bien ceci n'est-il qu'une hypothèse, en effet, et que nous transcrivons, parce qu'elle nous paraît plausible. Oui, le grand vice du gouvernement de M. Decazes est d'être venu avant l'heure. Et qu'on n'invoque pas la force du parti libéral à la Chambre et qui semble correspondre à une croissance du libéralisme dans le pays ! Cette force parlementaire était factice. La plupart des libéraux — on l'a bien vu pour Grégoire lui-même — avaient dans leurs voix un contingent ultra-royaliste. Et comment veut-on, en effet, qu'en trois années, sans propagande et sans efforts notables, le parti ait pu croître de 12 à 90 voix au Parlement ? Ce sont les ultras qui ont fait élire la plupart de ces députés afin d'invoquer leur présence pour rappeler la Révolution, armer le comte d'Artois d'un argument, effrayer le roi, modifier la politique. Contre M. de Richelieu, cette tactique n'eût pas été employée, le parti libéral aurait crû lentement, d'une croissance normale, et quand on l'eût voulu abattre, il eût été trop tard, car son armature eût été rendue complète par le temps qui est le premier collaborateur dans la tactique des partis. Certes, il est probable que Louvel eût frappé quand même le duc de Berry, car, en prononçant la peine au tribunal secret de sa conscience, Louvel ne s'était pas préoccupé des combinaisons des partis... Mais ce n'est pas le parti libéral qui eût été rendu responsable, ce n'est pas sur lui que les gouttes de ce sang eussent été jetées par le goupillon de toutes les chapelles... Maintenant, la cause du libéralisme politique, redevenue incertaine, était meurtrie. Dix années durant elle allait être, sauf une courte revanche, la cause vaincue.

TROISIÈME PARTIE

DE LA MORT DU DUC DE BERRY A LA MORT DE LOUIS XVIII

(Du 15 février 1820 au 13 septembre 1824)

CHAPITRE IX

LE SECOND MINISTÈRE DE M. DE RICHELIEU

Le nouveau ministère. — Lois suspendant la liberté individuelle. — La censure rétablie pour la presse. — Violents débats à la Chambre. — Attitude courageuse des libéraux. — La nouvelle loi électorale restitue à la grande propriété la force politique. — Débats à la Chambre. — Violentes manifestations au dehors. — Désintéressement de la classe ouvrière. — La loi du double vote votée. — Condamnation de Louvel. — Naissance du duc de Bordeaux. — Les conspirations militaires du 19 août. — Les élections. — Succès des ultras. — MM. Lainé, Corbière, Villèle, ministres sans portefeuille. — Insurrection de Naples. — Réunion, à Troppau, des puissances. — Ouverture de la session 1820-1821.

Avant de quitter le roi, M. Decazes lui avait indiqué M. de Richelieu comme le seul homme capable de prendre, dans de telles conjonctures, la responsabilité du pouvoir. M. de Richelieu pouvait, par sa loyauté, donner des gages personnels aux libéraux et, par son nom, son passé, l'éclat encore visible de ses services extérieurs, résister aux entraînements extrêmes. On le pensait du moins. M. de Richelieu hésita longtemps, et, sur l'assurance verbale que lui donna le comte d'Artois que le parti royaliste tout entier le soutiendrait, il prit la direction du pouvoir, président du Conseil sans portefeuille, afin de ne priver personne : le ministère ne fut pas modifié.

Ainsi c'était le ministère qui avait, sauf trois exceptions, inauguré en France, avec M. Decazes, la politique libérale, avait maintenu la loi électorale et le projet de loi sur la presse, qui était solidaire de son chef, c'était ce ministère qui allait demeurer aux affaires pour immoler son œuvre jour par jour. La droite, ou du moins cette partie de la droite que gouvernait du dehors la congrégation, que conduisait au dedans la très réelle habileté de MM. de Villèle et Corbière, n'en parut pas affectée. On lui livrait les ministres et elle sentait bien qu'affaiblis par les humiliations qui leur devaient venir de leur attitude contradictoire, irrités chaque jour davantage par les sarcasmes de leurs anciens amis les libéraux, ces ministres leur seraient de plus fidèles auxiliaires que d'autres. Et l'événement ne démentit pas ce pronostic.

Dès les premiers jours qui suivirent le départ de M. Decazes, le ministère demanda la discussion du projet de loi suspensif de la liberté individuelle et destructif de la liberté de la presse que, comme un triste testament politique, M. Decazes avait laissé. Il le fit défendre par M. Pasquier, conscience servile, parole enchaînée au succès, qui avait soutenu l'Empire, le libéralisme, maintenant défendait la thèse adverse, roulant de rares idées dans les flots d'une faconde fleurie. Au moins les libéraux ne désertèrent pas la rude tâche qui leur venait des événements. C'est de cette époque que date vraiment l'éloquence parlementaire. C'est alors qu'habituée à la tribune par cinq années de débats, elle s'y dresse, allégée des lourdes parures qui l'avaient accablée tout d'abord. Ce seront des discours improvisés, non lus en tout cas, pour la plupart au moins, qui retentiront comme un cliquetis où tout ce que la passion a de flamme, et aussi la haine, apparaîtra. Deux Frances vont maintenant se mêler chaque jour dans cet étroit champ clos, et leurs fils, le regard aigu, la lèvre âpre, tour à tour dans des rencontres violentes, se jetteront le dédain, le mépris, l'outrage. C'est la rencontre de la Révolution et de l'émigration, et tout ce qu'il y avait de colères contenues par les années, contenues ensuite par la volonté va faire explosion, en des journées inoubliables pour la France qui, plus attentive, plus soulevée, prendra part de loin, quand elle ne le pourra de près par le grondement de l'émeute, à ces batailles où la liberté mourante devait révéler qu'elle était immortelle.

Manuel, Benjamin Constant et le général Foy attaquèrent ces propositions, le premier avec la force intrépide d'une parole exercée à tous les combats, le second avec l'âpreté agressive d'une parole qui ne sacrifiait pas à la colère sa pureté, le troisième avec la généreuse ardeur d'une éloquence qui atteignit, à certains jours, surtout par le jaillissement de l'apostrophe, le sommet. Manuel demanda comment les ministres actuels pouvaient, sans se souffleter eux-mêmes, apporter des propositions qui étaient pour leur œuvre passée un brûlant démenti. Et Benjamin Constant, raillant les rôles successifs que, depuis tant d'années, tenait M. Pasquier, lui demanda la définition de l'arbitraire. L'impudence de M. Pasquier fut extrême : il avouait l'arbitraire, disant qu'il était légal et préférable, par là, à l'arbitraire qui s'autorise de la violation des lois. Pour son passé, il rejeta aisément le fardeau sur la route, en invoquant l'éternel argument des déviations et des trahisons : l'expérience et les années... La loi fut votée par 134 voix contre 115, c'est-à-dire avec une majorité formée par les ministres eux-mêmes... Sur la loi destructive de la liberté de la presse le débat se renouvela ardent et âpre mais n'aboutit pas pour la liberté à un résultat plus heureux. Cette loi nouvelle replaçait sous l'autorisation royale et sous la censure les journaux et même les cahiers périodiques qui, comme la *Bibliothèque historique*, y avaient jusque là échappé. La Chambre revint à la législation de 1815, rendue encore plus sévère, par 136 voix contre 100. Ainsi la liberté avait été blessée du même coup qui avait inutilement tué le duc de Berry! Ainsi en quelques jours étaient jetées au vent toutes les conquêtes de l'esprit! Les sombres jours de 1815 allaient revenir.

C'était le 31 mars qu'avaient été votées les deux mesures que nous venons d'analyser. Elles ne suffisaient pas à consolider le pacte qui unissait, par le cadavre du duc de Berry, les hommes de 1815 et ceux dont l'honneur était de les avoir combattus. A quoi eût servi de suspendre la liberté individuelle et d'éteindre la liberté d'écrire si le code électoral, source de tous les triomphes libéraux, fût demeuré le même? C'est là que M. Decazes, converti, avait médité le premier de porter la hache. Le temps lui avait manqué, non la volonté. L'exemple qu'il avait donné allait porter ses fruits. Ses anciens collègues lui demeuraient fidèles en recueillant de lui l'héritage de ses désaveux; mais, au lieu de présenter la loi électorale telle que M. Decazes l'avait écrite, ils la modifièrent encore dans le sens du pire, et voici le projet qu'ils présentèrent le 17 avril 1820:

La loi nouvelle créera un collège dans chaque arrondissement et un collège de département. Le collège d'arrondissement sera composé de tous ceux qui paient 300 francs et il choisira un nombre de candidats égal au chiffre des députés du département. Le collège de département sera composé des électeurs qui paient 1 000 francs et ils éliront les députés qui, eux aussi, devront payer 1 000 francs.

C'était le brutal retour au despotisme de la grande propriété, seule maîtresse des urnes dérisoires où sa volonté seule pourrait descendre. Cette loi livrait 28 millions d'êtres à 0 000 privilégiés. Voilà son caractère politique et son caractère social d'un seul trait dessinés.

L'émotion fut considérable dans le Parlement où cette loi tranchait, avec la netteté du couperet, la moitié des destinées parlementaires, et dans le pays dont le sort allait être confié à une élite parasite et égoïste qui pourrait transformer la loi en profit de classe.

La discussion générale s'ouvrit le 26 mai et elle dura onze jours. Elle fut éclatante, violente, éloquente, et, au point de vue politique, fit honneur aux libéraux. Mais il ne semble pas que la portée sociale de la loi ait été ou comprise ou définie par aucun de ceux qui lui manifestèrent leur hostilité. Le premier, le général Foy, la caractérisa: « Les grands propriétaires seuls sont éligibles... C'est le despotisme non d'un homme, mais d'une classe ». M. Royer-Collard flétrit la loi comme contraire à l'égalité et prononça sur le privilège ces graves paroles: « Le privilège est descendu au tombeau, aucun effort humain ne l'en fera sortir. Il serait le miracle impossible d'un effet sans cause... ». Mais son esprit philosophique ne pénétra pas au cœur des choses et il ne dit pas la tare secrète de cette loi. M. Benjamin Constant non plus. Et cependant, sans le vouloir peut-être, M. de Villèle, défenseur acharné de la loi, offrait l'occasion : « M. Royer-Collard a prétendu que le projet de loi violait l'égalité... Mais l'égalité n'exclut nullement les degrés hiérarchiques. Ainsi nous sommes tous égaux devant la loi d'élection en ce sens que nul ne pourra être électeur sans remplir telle ou telle condition exigée par elle ; il n'y aurait inégalité que si l'on admettait à voter ceux qu'elle exclura ». Monstrueux sophisme ! Et c'était là cependant que la réponse aurait dû être faite : l'égalité dont parlait la loi c'était une égalité sociale et ce qui était en question, c'était précisément l'existence de ces degrés hiérarchiques. Pourquoi existaient-ils ? Et surtout de quel droit en tenait-on compte ? Le bulletin de vote n'exprimait pas seulement un intérêt, il exprimait aussi une idée. Et tous, par conséquent, devaient avoir le droit de voter ! Aucun orateur ne fit même allusion, sur les bancs libéraux, à ce droit du nombre. Aucun, à vingt-sept années d'une Révolution où beaucoup avaient été des acteurs, ne se rappelait qu'elle avait passé sur la terre. Et aucun surtout, en protestant contre l'accaparement politique qu'allait pouvoir opérer la grande propriété, ne songeait à dénoncer l'accaparement économique dont elle allait s'enrichir : c'est que, au fond, c'était la même classe qui, divisée en fractions politiques ennemies, tenait ce pouvoir. Autant de richesses se trouvaient représentées sur les bancs libéraux que sur les autres bancs. Et ainsi, parce qu'elle ne s'alimentait pas à la complète justice, parce qu'elle répugnait à la complète égalité, l'éloquence libérale, ce jour-là, si elle ne manqua pas de hauteur, manqua de fond, de chaleur, de sincérité.

Et pendant que la Chambre luttait sur cette loi, quelle magnifique réponse faisait à son égoïsme de classe la classe expropriée même du droit de penser ! Les débats auxquels avait donné lieu la loi retentissaient dans le public. Des groupes de plus en plus nombreux, mêlés d'étudiants, d'abord, se réunissaient autour du Palais-Bourbon. A mesure que les jours passaient et que le résultat se faisait prochain, les passions montaient et les manifestants s'accroissaient. On huait au passage tel député hostile, pour acclamer tel député favorable au libéralisme, par exemple, M. de Chauvelin, qui, malade, se faisait porter dans sa chaise, pour que son bulletin ne manquât pas à ses amis. Mais des contre-manifestations eurent lieu ; des individus à figure suspecte se mêlaient à la foule, provoquaient ceux qui criaient : « Vive la charte ! » et les obligeaient à crier : « Vive le roi ! » Des coups furent échangés, jusqu'au jour où le crime fut commis : un jeune étudiant fut foudroyé par derrière.

C'était dans les premiers jours de juin. Cette manifestation, de jour en jour plus grosse, contenait l'émeute, comme la mer houleuse contient la tempête. Etouffée sur la place Louis XV (place de la Concorde), entre les dragons et les soldats d'infanterie, elle échappa un jour, et des milliers, des milliers d'hommes se répandent par la rue de Rivoli au cri : « Aux faubourgs ! » C'était l'appel aux ouvriers ; et l'appel fut entendu. Dans le faubourg Saint-

(D'après une estampe de la Bibliothèque Nationale).

Antoine, des milliers de bras robustes offrent leur vigueur à la manifestation pour le droit. Quinze mille hommes sont là : en vain les gendarmes, les cuirassiers s'assemblent. Rien ne bouge. Que va-t-il se passer? Le ciel eut pitié de la fureur humaine et il ouvrit ses cataractes sur ces déchaînements ; une pluie sans fin vint calmer les colères et dissiper cette armée populaire que recrutera éternellement la justice aux jours tristes et glorieux.

Qu'avaient à gagner à cette levée qui pouvait être meurtrière tous ces travailleurs? S'agissait-il d'un débat où leur droit fut engagé? Nullement : la loi électorale ne mettait aux prises que la bourgeoisie enrichie, et l'aristocratie foncière. D'un côté, les descendants de la féodalité terrienne formaient une catégorie hautaine, de l'autre une bourgeoisie riche, et qui protestait parce que ses droits n'étaient pas assez étendus; partout, les maîtres de la classe ouvrière, sous le masque libéral ou la figure royaliste ; à droite, de grands seigneurs égoïstes et implacables; à gauche, les Casimir Périer, les Laffitte, faiseurs d'affaires, banquiers, infatigables exploiteurs du travail humain... Et c'était avec ces derniers que se liguait la classe ouvrière, appuyant jusque devant les fusils chargés, la protestation parlementaire, contre l'insolence revenue du régime ancien... La classe ouvrière n'avait pas d'intérêts propres : mais elle a, elle avait, même en ces jours lointains où aucune lueur n'éclairait sa route douloureuse, elle avait la conscience des grands intérêts généraux que représente la civilisation. Sans doute, ce n'était pas son sort qu'elle défendait; mais, intervenant entre deux fractions privilégiées aux prises, elle allait, de premier bond, à côté de ceux qui étaient les plus rapprochés de la liberté humaine. Grand et noble exemple de désintéressement et qui prouve que ceux-là sont dignes du pouvoir qui, à travers les calomnies et les épreuves, plus que les prétendus dirigeants de la politique, ont eu la conscience des actes nécessaires.

Naturellement, au tumulte de la rue correspondait le tumulte parlementaire. La discussion de la loi était suspendue. Chaque jour un député libéral accaparait la tribune et y faisait le récit des scènes de meurtres qui, sous ses yeux, avaient ensanglanté la ville. Des protestations, des démentis, des injures, des rappels à l'ordre se croisaient sur ce chaos soulevé par les colères les plus ardentes. La droite inlassable réclamait la fermeture de la discussion, les libéraux infatigables occupaient la tribune, les bras croisés, attendant le silence, jetaient un mot dans le tumulte, se reprenaient ; Manuel demeura un après-midi à la tribune. Les jours fuyaient ainsi et, par cette résistance acharnée comme par le soulèvement extérieur les esprits libres, marquaient la capitale importance de cette loi qui remettait aux mains de quelques uns, pour leur influence et pour leur profit, les destinées mêmes de la nation.

Certes la loi se suffisait à elle-même; mais elle fut aggravée encore pendant le débat. Cette loi ne disait pas que les électeurs de l'arrondissement, après avoir pris part aux opérations électorales de l'arrondissement, auraient e droit, s'ils figuraient parmi les plus imposés, de voter encore dans le collège de département. C'était l'équivoque, et il eût peut-être mieux valu la laisser passer pour essayer plus tard d'en tirer profit. M. Courvoisier, dans un amendement, voulut faire préciser que les mêmes personnes ne pourraient pas voter deux fois. Mais M. de Serre, revenu de Nice, et qui soutenait tout le poids de la loi, répliqua : « Ce serait donner trop d'influence à la démocratie. — Alors j'abandonne l'amendement, dit M. Courvoisier. — Je le reprends », s'écrie M. Doiri; on vote, et la théorie du *double vote* est inscrite dans la loi ! Ainsi la richesse ne se contentait plus d'un privilège, elle en cumulait deux ! Enfin, le 12 juin, par 154 voix contre 95, la loi fut votée; les libéraux l'avaient repoussée avec le concours des doctrinaires Royer-Collard et Camille Jordan. Contre ces derniers avait pris violemment parti M. de Serre, leur ami ancien, qui sacrifiait tout, son autorité et son prestige, à ses nouvelles fonctions. La saison s'acheva après qu'eurent été votés des projets de moindre importance; MM. Royer-Collard et Camille Jordan, conseillers d'Etat, furent révoqués.

La clôture de la session avait eu lieu le 22 juillet. Mais auparavant la Chambre des Pairs avait jugé le procès de Louvel. Du 13 février 1820, jour du meurtre du duc de Berry, jusqu'au 20 mai 1820, pendant trois mois, le procureur général Bellart, en quête de complices, et ne pouvant croire que Louvel eût résolu son acte dans la solitude, avait lancé sur la France plus de 140 commissions rogatoires. Rien ne vint, et ce magistrat dut se résoudre à ne demander qu'une seule tête. Le procès de Louvel dura deux jours, le 5 et le 6 juin. Il fut sans intérêt. Louvel garda le maintien ferme qu'il avait eu dès la première heure, ne répudia ni le crime, ni la préméditation, jeta aux pieds de la Cour le brutal aveu de son désir qui était d'éteindre d'un coup brusque la dynastie. Il fut condamné à mort, apprit sans pâlir l'arrêt d'ailleurs attendu, demanda à dormir sa dernière nuit de la Conciergerie dans des draps moins rudes que ceux qui lui avaient été donnés, s'endormit calme, se réveilla de même et, le soir du 7 juin, vers les sept heures, au milieu d'une assistance d'autant plus considérable que Paris était soulevé contre les votes de la Chambre des députés, fut livré au bourreau. Son acte devait être stérile, puisque la duchesse de Berry était grosse et devait, le 24 septembre suivant, accoucher. Des bruits de substitution avaient couru, la Cour était accusée, en cas de progéniture féminine, de tenir en réserve un enfant mâle afin que les droits de la couronne demeurassent fixés. Il faut lire les journaux, les mémoires du temps pour se rendre un compte exact des inquiétudes du monde royaliste. Le roi Louis XVIII penchait chaque jour vers la tombe, son frère n'avait que deux ans de moins que lui, le duc de Berry était mort, et le duc d'Angoulême n'offrait aucune confiance. Que deviendrait la couronne si un enfant mâle ne naissait pas? Enfin il naquit le 24 septembre. Depuis deux jours, la duchesse de Berry, sentant les douleurs libératrices, avait pris toutes les mesures pour que l'accouchement fût public : le corps de garde voisin devait être appelé. Il fut en retard, et la duchesse attendit que des témoins irrécusables fussent présents pour laisser trancher entre elle et son fils le lien de vie. Ce fut à la Cour et dans le monde royaliste une joie délirante. Les cloches et le canon se renvoyèrent leurs échos sonores et graves. Louis XVIII, au matin, vint embrasser son petit neveu, nommé tout de suite duc de Bordeaux, apportant à la mère une magnifique parure de diamants. Il donna des croix de commandeur de Saint-Louis à divers personnages, et d'abord au tendre ami dont le départ l'affligeait encore, M. Decazes. La diplomatie, habile à trouver les formules, baptisa tout de suite la chétive créature : on l'appela l'enfant de l'Europe... Il devait, en effet, mais à un autre titre, mériter ce nom, car dix années après, jeté en exil par la branche cadette, il devait errer en Europe, connaître la froide hospitalité des cours, l'ingratitude des courtisans, la solitude du malheur. Le coup de poignard de Louvel avait donc en vain frappé la poitrine du père ; au gré du meurtrier le coup était tardif. Mais ce coup n'avait pas, pour cela, été tout à fait stérile, car grâce à lui la politique était bouleversée, les réacteurs de 1815 victorieux, les lois modifiées, les plus rétrogrades mesures prises. Cela prouvait que le libéralisme parlementaire, s'il n'était pas factice, ne correspondait pas à une force égale dans le pays, et soulignait le danger des coalitions conscientes ou inconscientes entre partis séparés par des abîmes. On ne pourra pas, en effet, croire qu'un événement tragique, si important qu'il fût, ait pu à ce point remuer l'opinion que, soudain, d'un seul coup, toutes les forces libérales se soient éteintes, que les convictions soient tombées et les courages. C'est que la réaction était encore puissante. Mais heureusement, elle avait un peu perdu de sa force, depuis 1816, et ces quatre années, si elles n'avaient pas suffi à doter le parti libéral d'une action réelle, avaient suffi à empêcher le retour, sous la même forme, des abjectes violences qui en 1815 et 1816 avaient déshonoré et ensanglanté le pays. Aussi, partout, des comités secrets, des sociétés secrètes s'organisaient et, puisque le combat nécessaire ne pouvait être public et loyal, qu'il fût caché et décisif, tel était le vœu de beaucoup. Une *Union de la liberté de la presse* qui, elle, avait fonctionné au grand jour, avait cependant servi de lieu de rencontre entre beaucoup. Là, des hommes politiques, comme La Fayette, Manuel, Laffitte, Casimir Périer, Voyer d'Argenson, Saint-Aignan se réunissaient à de jeunes étudiants que les derniers événements avaient soulevés d'indignation. Mais MM. Laffitte et Casimir Périer, s'ils étaient capables de se liguer ostensiblement contre le pouvoir, d'organiser des réunions, de recueillir et de drainer des fonds pour solder les frais de procès de presse innombrables, n'avaient pas la hardiesse suffisante pour pénétrer dans un concert secret. Benjamin Constant non plus, qui trouvait d'ailleurs à la tribune et dans la presse une issue naturelle à sa pensée. Il n'en allait pas de même des autres libéraux notoires dont nous avons donné le nom et déjà, dans leur esprit, une conviction s'était faite que des coups de main seraient nécessaires pour ébranler et briser le vieil arbre dynastique qui se survivait miraculeusement sur une terre labourée par la Révolution.

La colère certes était vive en toutes ces natures contre la race des Bourbons. Nulle part, quoique contenue, elle n'était plus ardente que dans l'armée, et dans cette demi-armée que constituaient, en marge de l'autre, les officiers révoqués, les officiers réduits à la misère de la demi-solde. Gouvion Saint-Cyr, en réorganisant l'armée au lendemain de la loi de recrutement, avait ouvert, ou du moins réouvert la carrière des armes à plus de 12 000 officiers. Depuis son départ, la rage du général Latour-Maubourg s'était exercée sur les hommes qui, comme lui, d'ailleurs, et avec moins de profits, avaient suivi Napoléon à la guerre, et les exclusions, les licenciements, les révocations avaient plu sur l'armée. Il ne faut pas oublier une mesure qui va servir d'explication à bien des actes hostiles à la Restauration : c'est que les anciens sous-officiers, pour rentrer dans la garde royale, devaient perdre leurs galons et les reconquérir péniblement dans leur nouveau corps.

On pense si les rancunes et les regrets agitaient ces hommes. Ainsi, avec l'*Union de la liberté de la presse*, les liens s'établirent vite. Une autre société, *le Rayon*, située rue Louis II, recueillait toutes les initiatives qui cherchaient une issue dans la révolte. Là se rencontrèrent le capitaine Nantil, de la légion de la Meurthe, qui tenait garnison à la caserne de la Pépinière, le commandant Bérard, d'autres officiers, comme M. Dumoulin, ancien aide de camp de l'empereur. M. de La Fayette, surtout, suivait de près les préparatifs de ces coups de main. Mais des querelles dans le comité éclataient entre M. de La Fayette et le général Turgot, partisan résolu de Napoléon II, dont l'ancien général de la Révolution ne voulait pas. Et puis des divergences de vue sur la meilleure manière d'opérer, les uns voulant agir à Paris, pour frapper un coup décisif; d'autres sur plusieurs points de la France, pour diviser la répression et la vaincre plus aisément. Enfin des retards, des contre-ordres lassaient les courages en condamnant à l'inertie des hommes dont la tête, en cas de découverte, devenait, avant tout jugement, la proie assurée du bourreau.

On avait enfin décidé, sur les désirs du capitaine Nantil, d'assiéger et d'emporter le fort de Vincennes, où les conjurés avaient des intelligences, et le plan ajourné encore allait être exécuté, quand l'autorité militaire fut prévenue. Il y avait trop de confidents, l'opération avait trop traîné, les ordres divers avaient trop mêlé leur contradiction pour qu'il n'en fût pas ainsi. Des officiers de la région du nord prévenus firent tout savoir. Le capitaine Nantil dut s'enfuir. Le commandant Bérard fut arrêté, le capitaine Dumoulin, d'autres encore, en assez grand nombre, furent incarcérés, et nous les retrouverons, au mois de juin 1821, devant la Cour des Pairs.

Le 13 octobre eurent lieu les élections, sous le régime de la nouvelle loi :

par suite de cette loi, et par le jeu naturel de l'élection partielle, il y avait à élire, députés nouveaux et députés sortants, 224 candidats. Le succès alla presque tout entier aux ultras qui, de la Chambre de 1815, revinrent 76, avec les passions acharnées d'autrefois et surexcitées un peu plus par la défaite. Les libéraux tombèrent dans la Chambre à 75 ou 80 voix. La grande propriété avait ressaisi ses armes, avait relevé la tête, et elle envahissait la Chambre avec le désir d'y voter des lois pour son enrichissement et pour la satisfaction de ses rancunes. L'ouverture de la session eut lieu le 19 décembre 1820; deux jours auparavant, M. Lainé, M. de Villèle, M. Corbière avaient été priés d'accepter le titre de ministres sans portefeuille, ce qui leur donnait droit à la délibération dans le Conseil. C'était le prix de la fidélité des ultras qui était versé aux trois représentants de la politique rétrograde. C'était un encouragement donné à la politique suivie jusqu'à ce jour, et, s'il en était besoin, la preuve que le pacte existait et allait être respecté. Il devait l'être davantage par le ministère que par ses alliés. Mais n'anticipons pas.

Au mois de juillet 1820, avait lieu à Naples une insurrection formidable contre le roi Ferdinand, de la maison de Bourbon. Ce roi, restauré après le congrès de Vienne, s'était installé sur le trône, et depuis n'avait tenu aucune de ses promesses. Ni Charte ni Constitution. Il fut face à face, depuis le 2 juillet jusqu'au 9, avec l'insurrection triomphante qui, le 13, lui dictait un serment, celui de respecter une constitution libérale.

La Russie, la Prusse, l'Autriche surtout, ne purent accueillir cette insurrection qui faisait brèche au congrès de Vienne, sans protester. Les souverains se réunirent à Troppau, sur les confins de la Silésie, le 3 octobre 1820, et devaient demeurer là quelques semaines à délibérer sur les mesures à prendre et à convaincre Alexandre de la nécessité d'une action combinée. L'esprit obsédé par des visions funèbres, en proie à la folie mystique qui, par les soins de Mme de Krüdener, va bientôt le coucher sous la terre, Alexandre fut vite vaincu. L'envoyé des insurgés napolitains fut froidement reçu par Metternich, qui lui opposa le double dogme de la légitimité pour les rois et de l'immobilité pour les peuples, et l'ambassadeur put rapporter aux Napolitains, qui s'armèrent de suite, la nouvelle qu'une expédition allait les venir châtier de leur audace. L'Angleterre, peu favorable à une intervention, ne s'opposait cependant pas au châtiment, pourvu qu'il ne fût pas le prélude d'une conquête dont les mains de l'Autriche garderaient le profit. Pour cela, l'Angleterre veillait. Mais la France garda une attitude expectative : certes, il pouvait déplaire au roi Louis XVIII que, s'agissant du royaume de Naples, ce fût l'Autriche qui mît son armée à la disposition des trônes. Mais quelle autorité avait-il pour éluder cette dure obligation? Il tenait son trône de l'intervention des puissances, leur devait son sceptre, sa place, son titre...

Il laissa faire, et d'ailleurs, d'accord toutes trois, les cours de Russie, de

Prusse, d'Autriche terminèrent les conférences de Troppau, et se donnèrent rendez-vous, pour le 8 janvier 1821, à Laybach, sur les confins de l'Italie, où l'on se réservait d'appeler Ferdinand.

CHAPITRE X

LE SECOND MINISTÈRE DE M. DE RICHELIEU.

Session de 1820-1821. — Violents débats. — La loi sur les dotations. — Eloge de l'armée de Napoléon par le général Foy. — La Cour des Pairs et la Conspiration du 14 août 1820. — Acquittement général. — Colère de la Cour et de la majorité. — Faiblesse croissante du ministère. — Les conférences de Laybach. — Entrée des Autrichiens à Naples et à Turin. — Les élections d'octobre 1821. — Succès éclatant des ultras. — Ouverture de la session 1821-1822. — Discussion sur l'adresse. — Le ministère battu se retire. — M. de Richelieu. — Ministère de Villèle. — Jugement sur la situation.

La droite tout entière n'approuvait pas cependant l'entrée dans le ministère de trois de ses représentants et, avant même de porter les responsabilités effectives du pouvoir, dans cette sorte de stage ministériel où ils se trouvaient, MM. Lainé, de Villèle et de Corbière devaient sentir la pointe de bien des irritations. Le général Donnadieu donna dès l'une des premières séances pleine licence à ces sentiments. Cet officier général était celui qui avait exterminé le département de l'Isère et qui avait trouvé dans les Bouches-du-Rhône une circonscription digne de lui. Il critiqua vivement ces ultras trop pressés qui, après avoir tant accusé l'impéritie et le libéralisme des ministres, leur devenaient les auxiliaires. M. de Villèle répondit que, ces ministres s'étant amendés, l'opposition royaliste avait dû désarmer. L'incident n'eut pas de suite, mais il devait se renouveler et créer aux trois ministres une situation équivoque.

Les premiers mois de cette session ne se signalèrent d'ailleurs que par des débats orageux mais qui n'engageaient pas de grands principes. Aucune loi de quelque importance ne vit le jour de la tribune, qui sembla réservée à des pétitions émanant d'officiers mécontents. Beaucoup avaient été révoqués, privés de leur emploi, privés de leur traitement. Ce fut l'occasion de débats violents où le général Foy, pour avoir fait l'éloge de « la glorieuse cocarde tricolore », fut hué, exposé aux rappels à l'ordre, couvert d'outrages par le côté droit, où M. de Girardin (Stanislas) subit le même sort pour avoir rappelé la noble révolte, que nous aborderons bientôt, de « l'héroïque Espagne ». Forts de leur nombre, de leur succès croissant, de la faveur électorale qui n'était que le fait de la victoire, les membres de la droite dépassaient toute mesure. L'outrage était quotidien : Manuel surtout semblait être la cible vivante et d'ailleurs intrépide que visaient ces paroles meurtrières. Aussi M. de La Fayette et le général Foy, qui, comme survivant de Waterloo, avait droit, de la part de l'émigration, à toutes les haines. Entre les libéraux qui se défendaient et portaient par l'éloquence de rudes coups à l'ennemi, et cet ennemi, entre ces deux partis déchaînés, pareil à une triste épave, le cabinet demeurait. M. de Richelieu, qui avait une nature droite et haute, était le plus détestable des orateurs, non seulement incapable de parler, mais même de lire un document. M. de Serre parlait, certes, improvisait, tenait tête aux libéraux que sa seule vue exaspérait, mais il était impossible de jeter autre chose à cette Chambre que des discours mutilés par des interruptions furibondes. Nos assemblées, même aux jours de violence, ne donnent aucune idée de cette assemblée de la Restauration, plus libre, il le faut reconnaître. « C'est faux. » « Ce n'est pas vrai. » « C'est infâme. » « Vous êtes la calomnie en personne ! » « La France n'a rien de commun avec vous ! » Telles étaient les quotidiennes répliques qui s'entrecroisaient dans l'air surchauffé. L'esprit cependant ne perdait pas ses droits et un jour que M. Casimir Périer, solennel et tragique, s'écriait, parlant à M. de Serre : « Si vous voulez ma tête, prenez-la ! », une voix répartit : « Très bien ! Les petits présents entretiennent l'amitié », force fut à l'intéressé de partager, dans une courte accalmie, l'hilarité générale. Mais l'injure avait plus souvent son emploi ; l'injustice des partis ne respectait rien et, obligés de se défendre par les armes, tels le général Foy et le général Demarcay, les libéraux cependant restaient le plus souvent les maîtres de la tribune jusqu'à épuisement des forces. Qu'on ne se hâte pas de condamner ces violences : elles étaient, éclairant les yeux, brûlant les lèvres, après avoir dévoré les cœurs, les traductrices sincères des passions comprimées pendant quinze années ! Et après tout, mieux valait forger l'instrument parlementaire au feu des colères que d'attendre, comme au Parlement impérial, du geste d'un maître le droit de lui donner raison !

A propos du budget, le général Donnadieu, que la tutelle de M. de Villèle rendait impatient, critiqua durement le cabinet, et, par ricochet, ceux de ses amis qui le soutenaient. A mesure qu'intervenait l'orateur ultra-royaliste, la situation devenait plus épineuse pour M. de Villèle au sein de son propre parti et on verra que peu à peu ce sont ces leçons données d'une voix sévère qui ont amené dans la politique une déviation. (mars 1821).

Mais un des plus furieux débats auxquels aient assisté encore les membres de la Chambre lui fut offert le 23 mai par une proposition d'essence gouvernementale. On se rappelle que le traité du 30 mai 1814, qui avait suivi la première capitulation de Paris, abandonnait aux puissances les dotations faites à des Français par le Gouvernement impérial et qui étaient gagées par des biens situés dans la zone annexée à la France et que la France venait de perdre. Ces dotations étaient représentées par le domaine

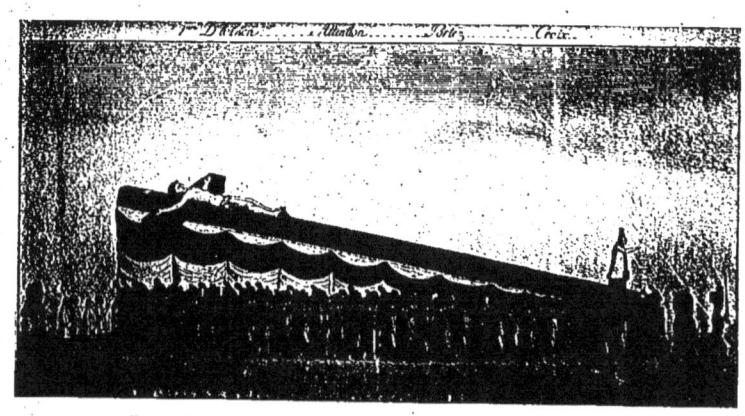

VUE DE LA CROIX DE LA MISSION ET DU BRANCARD SUR LEQUEL ELLE FUT PORTÉE A REIMS
le 23 février 1821.
(D'après un document de la Bibliothèque Nationale).

extraordinaire impérial : or, celui-ci avait été appréhendé par la Restauration en 1815. Elle devenait donc débitrice des sommes dues et force était à la Chambre de voter une indemnité qui était un droit.

Dès que la droite entendit la lecture de cette proposition, elle se dressa tout entière et dès que la proposition lui fut livrée, ce fut de sa part un éclat sans précédent. « Comment? On osait offrir une indemnité aux officiers de Bonaparte ! Et que donnerait-on aux émigrés qui, pour suivre leur roi, avaient tout sacrifié ? ». Le général Donnadieu, M. de La Bourdonnais, M. Clausel de Coussergue dénoncèrent ce projet comme une trahison de la volonté du roi, un outrage aux services éclatants et aux nobles souffrances de l'exil. Mais aucun n'atteignit le degré de violence auquel s'éleva avec une naturelle aisance M. Duplessis de Girardin, le député de la chouannerie bretonne, qui, en 1815, avait réclamé des gibets et des supplices. Prenant d'une main fiévreuse la liste des indemnitaires, il choisit avec une infernale habileté quelques noms : Lavalette, condamné à mort, Mouton-Duvernet exécuté avaient droit, ce dernier dans la personne de sa veuve, à une indemnité ! Et Drouet-d'Erlon et Lefebvre Desnouettes et les frères Lallemand et Dobelle ! Tous poursuivis, condamnés et indemnisés ! Mais l'orateur, à qui la haine vraiment donnait un tragique accent d'éloquence, avait gardé pour la fin le nom de Hullin, du juge militaire qui, après une nocturne décision de justice, avait, dans les fossés de Vincennes, prêté les mains au meurtre du duc d'Enghien ! Ce que fut l'effet de cette nomenclature sur une assemblée royaliste, on le comprend. « Je n'attends plus que les noms des parricides », dit l'orateur en descendant de la tribune. Il n'y avait plus de projet.

Manuel répondit le lendemain. Son discours grave et mélancolique ne semble pas avoir visé la vraie question. Une foudroyante réplique l'a, seule, relevé. Comme il allait finir, la droite lui crie : « Très bien, avocat, ce discours vous sera bien payé. » L'orateur demeura calme sous l'outrage et, écrasant de son mépris le groupe des insulteurs publics : « Oui, ce discours me sera payé, mais d'une monnaie qui vous est inconnue, messieurs. Quand on parle justice et raison, quand on défend les intérêts de son pays, il est impossible qu'on ne trouve pas tôt ou tard sa récompense dans l'estime publique. C'est tout ce que j'ambitionne. »

C'était au général Foy qu'il était réservé de prendre la défense de ses compagnons d'armes. Il le fit dans la séance du 25 mai avec une force où l'émotion des souvenirs avait sa part. Il commença par détruire la légende de générosité et de désintéressement dont se couvrait le royalisme, qui affectait de reprocher aux soldats de l'Empire leurs profits, de leur faire grief de tendre la main à l'Etat, en affirmant à tous que les soldats de la royauté, au temps lointain où ils se battaient, répudiaient tout avantage. D'où sortait donc la magnificence de la maison de Condé et sur quelle pauvreté avait-elle donc établi jamais sa splendeur présente? Et puis il fit l'éloge des officiers, des soldats qui s'étaient levés aux heures de l'invasion... Peut-être eut-il tort de le faire trop complet. Il était difficile, surtout au général Foy, qui était un témoin averti et informé, de n'avoir pas entendu les accusations formulées contre les maréchaux. Ayant servi en Espagne, ne savait-il pas ce qu'avait été la conduite de Soult, les malédictions qui avaient suivi sa prompte retraite et qu'à l'heure même où l'on se trouvait, il avait 26 millions déposés à la Banque d'Angleterre? Ne savait-il pas que Davoust avait 1 800 000 francs de rente? Et Junot, et Masséna, et Marmont? Pour ce dernier, le général Foy ne connaissait-il pas la terrible dépêche de Napoléon? (Bayonne, 8 mai 1808. La solde de l'armée de Dalmatie est arriérée parce que vous avez distrait 400 000 francs de la caisse du payeur pour d'autres dépenses. Vous n'avez pas le droit, sous aucun prétexte, de forcer la caisse...) Mais il restait à poser et à résoudre la seule question du débat : l'indemnité est-elle due? Si elle était due, que pouvait faire le déchaînement de colères et en quoi un contrat loyalement passé par l'État pouvait-il être sacrifié aux passions? Or l'indemnité était due, et la Restauration en avait la charge comme héritière du régime précédent : sans doute une Révolution peut se dégager des promesses antérieures, parce qu'elle est la Révolution, et qu'elle bâtit sur une terre nouvelle un édifice nouveau. Mais la Restauration n'était pas la Révolution, elle héritait les charges et les avantages du régime impérial. N'avait-elle pas soldé l'arriéré des budgets, payé les frais de la guerre? N'avait-elle pas accepté le Code civil et, après quelques hésitations, l'œuvre concordataire? N'avait-elle pas conservé les grandes administrations centralisées? N'avait-elle pas, pour le moment, comme ministres, quatre des anciens collaborateurs de Napoléon? Il semblait donc que la thèse gouvernementale allait prévaloir : elle ne fut même pas présentée. M. Pasquier balbutia quelques paroles, éleva contre les projets de la commission de timides protestations, et quand on passa aux votes, le cabinet s'abstint! La Chambre transforma en secours distribués par le caprice royal l'indemnité due : la dette fut transformée en aumône. Bien plus : on se servit de l'argent disponible pour accroître la pension des officiers émigrés! Le ministère s'abstint. De plus en plus livré à la folie de ses alliés, il commençait à voir ce qu'il avait perdu, en indépendance, en dignité, en utilité, dans ce marché politique.

M. de Serre, plus qu'aucun autre, devait sentir le poids de cette tutelle dégradante. Mais la colère qu'il éprouvait en constatant qu'il était tombé dans un piège grossier ne se manifestait que contre les libéraux. Il semblait que leur vue seule l'exaspérait, lui rappelant sans doute une communauté de combats et de souvenirs, que, pour son malheur, il avait effacée : aussi bien, c'est entre lui et les libéraux que les duels oratoires s'engageaient, que s'élevaient les redoutables querelles, que s'amoncelaient les outrages.

Rarement et avec plus de persistance ministre s'enfonça dans l'impopularité ! La session se termina le 31 juillet, après que le budget eut été voté le 21 juillet et que Manuel eut prononcé sur l'esclavage des noirs, sur les mesures auxquelles, pour éviter plus tard des résistances, il fallait recourir tout de suite de concert avec les colons, un discours pénétré de vues pratiques à la fois et généreuses, qui souleva contre lui la violente ardeur de la droite l'accusant d'exciter les noirs à la révolte.

Mais cette fin de session, lamentable pour ce cabinet chaque jour humilié, lui annonçait sa fin prochaine. Les ultras ne connaissaient plus de bornes à l'injure et, par une juste loi de répartition, c'est sur leurs tristes alliés du banc des ministres que la pluie des sarcasmes et des injures retombait le plus souvent. C'était, en même temps, la loi de la politique. M. de Serre parlait d'ingratitude, se plaignant que l'on manquât d'égards pour un cabinet qui avait donné tant de gages à la droite. Quelle naïveté ! La droite voulait gouverner pour elle-même et par elle-même, et si elle avait supporté ce ministère, c'est avec la pensée qu'il servirait de transition rapide entre le libéralisme vaincu, et non encore dompté, et le fanatisme, « l'ultracisme », comme disait M. de la Bourdonnaie. Mais, dans la sauvage sincérité de son désir, elle n'avait que mépris pour la plupart des hommes qui gouvernaient, et notamment M. Pasquier, le rhéteur à tout faire, devait subir sans se plaindre les plus grossières exécutions. « Croyez-vous, lui dit un jour, du haut de la tribune, M. de la Bourdonnaie, qu'il y ait un homme d'honneur qui puisse accepter une liaison politique avec vous ? » Voilà où en était l'alliance à la fin de la session 1820-1821.

La droite, il faut le dire, avait été irritée contre le ministère de la solution donnée par la Cour des Pairs à la conspiration du 19 août 1820. Quelques officiers avaient pu être arrêtés et aussi des conjurés non militaires ; mais Nantil, qui s'était réfugié chez un étudiant, avait pu échapper aux investigations policières de Paris, s'enfuir dans l'ouest et, telle était l'indomptable énergie de cet homme que, libre, il utilisait ses loisirs à former un complot nouveau dont nous verrons de plus près la trame et l'explosion. Bérard avait été arrêté. Après une première information, on renvoya soixante-cinq prévenus devant la Cour des Pairs. Celle-ci, siégeant comme chambre de mise en accusation, déclara, en février 1821, qu'elle ne retenait que quarante et un accusés. Et c'est alors, avec un procureur général nouveau, M. de Peyronnet, le premier ayant démissionné, que commença l'instruction. Au début, cette instruction avait été fort embarrassée. Elle reposait uniquement sur les délations de deux ou trois sous-officiers et officiers, mais ces délations même ne s'appuyaient sur rien de sérieux. Aucun écrit, aucune lettre, sauf une seule, écrite dans une forme convenue, qui affectait un tour commercial trompeur, et qui pouvait compromettre Voyer d'Argenson en ce sens qu'elle annonçait qu'une visite lui avait été faite à une auberge dont le nom était donné. Mais l'instruction, qui se heurtait aux dénégations irritées et tranchantes des conjurés, n'aurait pu aller plus loin, si elle n'avait, comme il devait toujours arriver dans ces complots de la Restauration, bénéficié des aveux de l'un des prisonniers. Le commandant Bérard était un homme droit et courageux, mais que la prison accablait et que les larmes de sa femme, le suppliant de se sauver par l'affirmation de la vérité, amollissaient. Il céda, parla, mais, honteux de lui-même, se reprit assez vite pour ne donner à l'instruction qu'un grand espoir suivi d'une grande déception, et, comme on va le voir, ce demi-aveu de ses lèvres, vite refermées, devait davantage servir le procès qu'une dénégation persistante.

Au mois de mai 1821, l'affaire fut soumise à la Cour des Pairs; cette affaire avait pris à l'instruction et devait garder jusqu'à son terme un tour singulier. La pensée générale était que cette conspiration était fictive, qu'il y avait là une grossière erreur de la police, et que le cabinet avait voulu par là tendre des pièges à des hommes légers, peut-être, et non coupables. L'attitude des accusés, auxquels leurs défenseurs soufflaient leur rôle, rendit plus précise cette pensée qui finit par devenir, en l'esprit même des juges de la Cour des Pairs, une conviction. Dans ce procès, chargé par ses co-accusés, écrasé de responsabilités, le capitaine Nantil passa pour un agent de la police, et son fin profil le céda à la louche figure de l'agent provocateur. Vingt fois, du fond de sa retraite où il complotait, il voulut s'élancer, au risque de l'échafaud, pour donner sa vie et reprendre son honneur; mais il s'immola au salut commun et se résigna au rôle qui seul pouvait arracher à la place de Grève ceux qu'elle attendait. Le commandant Bérard, lui aussi, ne tarda pas à supporter toute la responsabilité d'une conspiration avortée. Il dut subir les outrages de ses compagnons qui, afin de mieux jouer leur rôle, affectaient de ne le pouvoir garder comme voisin, et les dures et méprisantes paroles des témoins. Enfin la Cour des Pairs eut jusqu'au bout l'illusion qu'elle tenait un complot de police, et elle rendit un arrêt, le 20 juin, pour acquitter tous les condamnés présents, et condamner à cinq ans de prison cinq d'entre eux : elle avait condamné à mort les accusés contumaces. Cet arrêt irrita violemment la cour et la majorité : il fut imputé comme un acte de coupable faiblesse au cabinet. Mais qu'y pouvait-il? C'était plutôt contre lui qu'en faveur des accusés que s'était prononcée la Cour. De la part de cette assemblée, jugeant judiciairement, c'était la première manifestation politique d'une hostilité qui va s'accroître. Etait-ce jalousie d'une assemblée reléguée au loin, tandis que l'attention et l'émotion publique se portaient sur la Chambre des députés? Etait-ce influence déterminante exercée par la fournée des 64 pairs nouveaux que M. Decazes avait jetés dans la pairie? Etait-ce réveil, sinon du libéralisme, au moins des souvenirs du passé chez ces pairs, presque tous anciens serviteurs et privilégiés de l'Empire? Des sentiments complexes mènent les assemblées et il est certain qu'à cette triple cause était due cette évolution heureusement pacifique... en même temps qu'à l'insistance de M. de Talleyrand, qui recommençait à agir.

Pendant que ces faits se produisaient à l'intérieur du pays, des incidents graves et que nous avons fait pressentir éclataient coup sur coup en Europe. Les souverains de Russie, de Prusse, d'Autriche arrivaient à Laybach le 8 janvier 1821 ; ils avaient auprès d'eux appelé Ferdinand, roi de Naples, qui régnait sur un peuple en révolte au moyen d'une Constitution dictée en un jour d'insurrection. Les Chambres ne voulurent permettre à Ferdinand de partir qu'à la condition qu'il promit de défendre auprès des souverains le fait accompli. Ferdinand promit, gagna Laybach, en laissant à Naples son fils sous le titre de régent. Dès qu'il eut mis quelque distance entre l'insurrection et lui, il changea de visage et de langage, ne défendit que sa cause personnelle. Le résultat ne se fit pas attendre. Une armée autrichienne de 80 000 hommes pénétra en Italie avec le désir de mettre à la raison le peuple de Naples. Celui-ci, sur le premier moment, se leva, et jura avec ses représentants de s'ensevelir avec la liberté. L'Europe prêta quelque crédit à cette démonstration, et le général Foy prédisait aux Autrichiens qu'ils ne sortiraient pas vivants des Abruzzes. La France surtout suivait avec des sentiments divers cette lutte, les uns attendant le triomphe de la légitimité sur les peuples, d'autres la victoire de la cause populaire. L'attente fut courte. En quelques jours les Autrichiens arrivaient sur les confins du royaume de Naples ; l'armée qui leur avait été envoyée pour les arrêter se fondit devant eux et, sans tirer un coup de fusil, les Autrichiens pénétraient à Naples à la fin de mars, restauraient Ferdinand, laissaient une armée forte de 42 000 hommes pour assurer sa sécurité. Le parti des ultras triompha violemment de ce succès tout en gardant au roi rancune de son inertie. Le Piémont avait suivi l'exemple du royaume de Naples, mais il tenta au moins la fortune des combats. Cernée par les Autrichiens, sa petite armée dut se retirer lentement et ne plus s'offrir à une défaite certaine. L'Autriche occupa Turin au mois d'avril 1821, et laissa dans le Piémont une armée de 12 000 hommes.

Les élections eurent lieu le 10 octobre. Le cabinet y fut écrasé, et le ministre de l'Intérieur lui-même, M. Siméon, fut battu. Les ultras l'emportaient avec d'autant plus de facilité, qu'en outre de l'appui formidable de la grande propriété privilégiée, on le sait, même devant les urnes, ils eurent l'appui officiel et avoué du gouvernement. On sait que le gouvernement désignait lui-même les présidents de collège départemental : il eut l'imprudence de désigner soixante ultras, indiqués par là comme députés, la tradition récente, mais d'autant plus respectée, voulant que les suffrages se reportassent d'abord sur ce président. Ainsi, l'influence économique qui vient de la richesse, et l'influence politique qui venait de la consécration gouvernementale, tout s'était réuni pour permettre aux ultras de forcer la porte de la Chambre des députés ! Les libéraux décroissaient en face de l'ultra-royalisme débordant, et leurs bancs se vidaient à chaque élection; encore quelques-unes de ce genre et le libéralisme perdrait son point d'appui, qui était la tribune parlementaire.

La Chambre ouvrit ses séances le 5 novembre et accueillit le roi, un roi fatigué, courbé, qui ne put même pas se traîner jusqu'au siège de la représentation nationale, et qui fit ouvrir la séance inaugurale dans le palais du Louvre. C'est là que Louis XVIII prononça la phrase à laquelle la réponse de la Chambre devait être pour lui si injurieuse et si dure : « Nos relations avec les puissances étrangères n'ont pas cessé d'être amicales et j'ai la ferme confiance qu'elles continueront à l'être. » La Chambre se réunit, chargea une commission de répondre à l'adresse, et la commission donna le mandat de rédiger ce document à l'un des plus furieux parmi les ultras, M. Delalot. Sous la plume fielleuse et agressive de M. Delalot, la réponse, qui chaque année, n'était qu'une plate amplification du discours lui-même, devint une riposte virulente. Et cette phrase souffletait le roi et ses ministres, devant la France, devant l'Europe : « Nous nous félicitons, Sire, de nos relations constamment amicales avec les puissances, dans la juste confiance qu'une paix si précieuse n'est point achetée par des sacrifices incompatibles avec l'honneur de la nation et la dignité de la couronne. » En vain le ministère voulut faire modifier cette phrase et s'y employa d'abord officieusement. Il avait, d'humiliations en humiliations, perdu toute autorité, et, symptôme grave, MM. Lainé, Corbière, de Villèle n'assistaient plus à ses conseils, ne s'étaient pas installés au banc des ministres lors de la première séance, donnaient à tous l'assurance qu'ils n'étaient plus les auxiliaires de ce gouvernement usé, discrédité, abandonné.

La séance publique s'ouvrit enfin où la réponse à l'adresse fut discutée. M. Pasquier s'opposa à la phrase menaçante, comme il pouvait s'opposer à quoi que ce soit, avec un discours qui ne fut écouté qu'à demi. Cette fois, l'extrême-droite et la gauche se réunirent, M. de la Bourdonnaie et le général Foy mêlèrent leurs âpres reproches, demandèrent comment le roi de France avait pu ne pas intervenir dans les affaires de Naples et de Sardaigne et s'effacer aussi misérablement. L'adresse, y compris la phrase qu'elle contenait, fut votée par 176 voix contre 98. Le ministère, depuis si longtemps moralement atteint, était matériellement frappé.

Le roi hésita longtemps à recevoir la délégation qui lui devait remettre l'adresse. Il finit par l'admettre, en la restreignant au président Ravey et à son secrétaire. Il ne la lut pas, répondit par des paroles hautaines et sévères à l'insinuation qui visait sa dignité, et la congédia. Ceci n'était pas pour rendre plus facile le contact entre le ministère et la Chambre. Cependant le cabinet voulait résister : il tenta de négocier avec les libéraux, et M. de Richelieu fit des ouvertures au général Foy. Mais il était trop tard, trop d'abîmes étaient ouverts entre les libéraux et le cabinet, et les revendications libérales, qui tenaient tout entières dans l'abrogation de la loi électorale, rendirent impossible toute union. Du côté droit, aucun espoir et, le 19 décembre, M. de Richelieu et ses collaborateurs démissionnaires étaient remplacés par MM. de Villèle et Corbière, que le comte d'Artois présentait à Louis XVIII.

Voilà à quoi avait abouti cette combinaison misérable des éléments les plus disparates, où quatre anciens collaborateurs de Napoléon s'étaient mêlés à d'anciens émigrés, où la fortune de la plupart des ministres était fondée sur une abdication. Pendant un an, ces ministres furent des dupes, les dupes de la droite extrême, et le seul hommage que l'histoire leur puisse rendre, c'est qu'ils ne furent pas des dupes volontaires. Mais qu'importe à la politique l'intention dont il ne faut tenir compte que pour la sauvegarde de la probité? On peut dire de ces ministres qu'ils ont livré peu à peu le patrimoine qu'ils avaient à garder aux ultras, et que toutes les violences qui vont pendant huit années tout recouvrir leur sont dues.

M. de Richelieu ne devait que de peu de mois survivre à sa chute et, le 17 mai 1822, s'éteindre, sans agonie, d'un transport au cerveau. Il ne fut pas un politique. Il n'avait pour le gouvernement aucun goût, ne savait pas défendre ses prérogatives, tenait surtout au repos et, au demeurant, ne possédait sous un régime parlementaire aucune des qualités nécessaires, aucun des défauts admis, n'avait ni l'éloquence de M. de Serre, ni l'esprit d'intrigue de M. Pasquier. Il a rendu à la France, en hâtant la libération du territoire, un service qui ne le défendit pas contre les insinuations abjectes. N'était-il pas accusé d'avoir, lors de la disette de 1817, favorisé la venue des blés d'Odessa, pour enrichir la Russie et complaire au czar, son ami? Ecœuré, fatigué, brisé, il quitta le pouvoir avec joie et, quelques mois après, pauvre et sans tache, mourait en emportant l'estime de tous, après avoir honoré son pays et fidèlement servi la royauté.

A ce ministère, que ni le nom de M. de Richelieu, ni la parole de M. de Serre n'avaient pu défendre, et qui manqua surtout de clairvoyance et de courage, succéda le ministère de M. de Villèle. Aussi bien, depuis longtemps, la liste ministérielle, rédigée par le comte d'Artois lui-même, était prête. M. de Villèle avait montré une des qualités les plus rares de la politique, qui est la patience. Il avait su attendre son moment et ne pas saisir d'une main trop prompte les apparences du pouvoir sans être certain d'en posséder aussi la réalité. M. de Richelieu lui avait offert un portefeuille en 1818, lors de son premier ministère, et M. de Villèle avait refusé, sentant bien que l'heure de « l'ultracisme » n'avait pas encore sonné. Il attendait que périssent sous ses yeux et par ses coups, tantôt violents, tantôt sournois, les deux formes de gouvernement nécessaires, le libéralisme et le royalisme constitutionnel. Avec M. Decazes le libéralisme tomba, avec M. de Richelieu tomba le royalisme constitutionnel, et c'est alors seulement, devant l'inanité de ces tentatives et sur les débris de ces deux politiques que M. de Villèle fonda sa politique,

(D'après une estampe de la Bibliothèque Nationale.)

politique rétrograde et violente, où toutes les passions de 1815 éclatèrent, et qui, pendant huit années, sauf un court réveil de l'esprit libéral, devait accumuler en France les regrets, les colères, les vengeances, ouvrir incessamment et sûrement la voie aux lentes réparations.

CHAPITRE XI

LE MINISTÈRE DE VILLÈLE. — LA CONGRÉGATION ET LES SOCIÉTÉS SECRÈTES

La situation des partis. — La confusion dans le programme libéral. — La précision dans le programme ultra-royaliste. — La Congrégation. — Les sociétés qu'elle fonde. — Son action sur le Parlement. — Son action sur l'enseignement. — Elle introduit auprès du roi une favorite. — Mme du Cayla et Louis XVIII. — Les carbonari. — Les Chevaliers de la Liberté. — Les deux conspirations militaires de Belfort. — Exécution du colonel Caron. — Les délateurs militaires reçoivent le prix du sang. — Les quatre sergents de la Rochelle. — Impuissance du carbonarisme à les sauver. — Leur mort. — Les deux conspirations militaires de Saumur. — Exécution du général Berton et autres. — Condamnation à mort. — La chute du carbonarisme. — Ses causes. — Rôle de M. de La Fayette. — La fin des complots. — Leur inutilité politique et leur utilité morale. — Double session de 1822. — Suppression de la liberté de la presse. — Elections. — Nouvelle méthode budgétaire.

On connaîtrait mal l'action des partis pendant la Restauration si l'on se contentait de jeter les yeux sur la Chambre des députés. Même en temps de démocratie, alors que la représentation est vraiment nationale par son ampleur, le seul spectacle de la Chambre ne suffit pas à informer la juste curiosité. A plus forte raison dans une monarchie étroite, où l'action parlementaire intéressait à peine quelques milliers de privilégiés, est-il nécessaire de regarder d'un peu plus près le pays.

Les partis, comme à la Chambre, y étaient fortement hostiles les uns aux autres, et toute chance de transaction eût été impossible entre ces factions diverses. Pour bien des motifs cependant, l'ultra-royalisme dominait. D'abord il prenait la source de sa puissance dans la grande propriété, à laquelle une loi imprudente avait imparti toutes les prérogatives politiques. Quand à l'influence sociale basée sur la richesse vint s'ajouter, par l'insouciance de MM. de Richelieu et de Serre, ensuite par la ferme volonté de M. de Villèle, l'appui gouvernemental, la totalité de l'influence, celle de l'argent, celle du pouvoir, fut remise aux ultras. Mais il faut, pour être juste, rappeler une autre raison de leur prédominance : elle était tout entière dans la simplicité de leur programme et l'uniformité de leurs désirs.

Les ultras, en effet, voulaient la royauté, la voulaient sans partage, défendaient à la dignité royale de se commettre dans une charte offerte, plaçaient le pouvoir sur la tête du monarque et assimilaient la Chambre à une assemblée capable seulement de donner des conseils que le roi n'était pas contraint de suivre. Ceux qu'on appela d'abord les indépendants, ensuite les libéraux, étaient loin d'offrir aux regards cette unité de doctrine et d'action. Que voulaient-ils? Chaque interrogation adressée à des hommes différents risquait de recevoir une réponse différente. M. de La Fayette pensait à restaurer les principes de 1789, penchait à une monarchie constitutionnelle ou à la République, selon les jours, et la mobilité des événements dont il avait été l'infatigable témoin semblait lui avoir communiqué la mobilité des idées. Jusqu'à la République allait fièrement et sûrement Voyer d'Argenson, qui, seul, et le premier, dans ce parti libéral, entrevoyait un problème supérieur au problème des formes politiques et s'inquiétait, avec une curiosité plus généreuse que bien ordonnée, du sort des misérables. Manuel était devenu républicain. M. Casimir Périer était royaliste; M. Laffitte était à mi-chemin de la République, l'un et l'autre prêts à soutenir le régime qui, une fois réservées certaines libertés, assurerait un appui aux intérêts. Benjamin Constant, qui avait fui la tyrannie de Bonaparte, était un républicain. Mais le groupe des libéraux contenait en lui une faction assez forte constituée par les anciens serviteurs de l'Empire, et qui n'avaient pas renié les idées d'autrefois. Ceux-là penchaient pour un rétablissement militaire qui donnerait quelques garanties à la liberté, et le général Foy fut l'ardent interprète de ces pensées. Ainsi, dans un groupe restreint, plusieurs conceptions se faisaient jour. Les uns voulaient timidement la République, dont ils n'osaient prononcer le nom; ceux-là, la monarchie constitutionnelle; les derniers, Napoléon II. C'était là l'incurable faiblesse de ce parti, qui n'offrait que des velléités à la ferme et féroce volonté de la droite. Certes la diversité des opinions enrichit un parti, et ce sont par elles autant de lumières diverses qui le viennent réchauffer et éclairer. Mais il faut qu'il y ait un parti, c'est-à-dire un principe, et que ce soit sur l'application de ce principe que les hommes discutent. Or, là, il y avait trois ou quatre partis, en désaccord sur le principe, et qui ne se rassemblaient que pour tenir en échec les propositions de la droite. C'était une opposition. Mais qu'est-ce qu'une opposition qui ne révèle pas par avance sa puissance de gouverner? Le pays apercevait le vide derrière cette admirable façade, et c'est là la raison qui tout en laissant au parti libéral le prestige que conquerront toujours l'éloquence et le courage, tout en mettant à sa disposition les irritations soudaines ou prolongées d'innombrables mécontents, ne lui donnera pas la force et la cohésion d'un véritable parti.

Il faut dire que la droite recevait de l'extérieur une direction unique qui faisait sentir son frein jusqu'au milieu des plus déplorables violences. C'était la direction de la Congrégation; nous avons assisté déjà à la formation, dès 1815, de cette Congrégation, d'abord simple cercle d'études et de controverses parlementaires, où MM. de Villèle et de Corbière avaient appris à mesurer leurs forces amies, à connaître et à pratiquer les hommes de leur parti. Depuis, cette congrégation avait passé sous la direction effective et infatigable d'un jésuite, le Père Ronsin, et était devenue aux mains invisibles de la redoutable Société une arme souple et forte. Elle avait pris comme siège, le siège de ces missions étrangères qui avaient répandu à l'intérieur leur lave, et dont nous avons ailleurs signalé les excès. L'important pour elle, était de ne pas paraître et d'agir, d'avancer et de retirer la main, de frapper sans que rien décelât l'origine du coup. Ainsi elle étendit des tentacules formidables, visibles, celles-là, dans leur action accapareuse, mais qui semblaient entre elles sans lien alors qu'un nœud central, la Congrégation, les rattachait. Il y eut la *Société des bons livres* qui, fidèle à son nom, mettait en vente ou en circulation gratuite les livres, les brochures qui écrasaient sous l'erreur les germes de philosophie libératrice que la grande tempête de 1780 avait dispersés sur le pays. Il y avait la *Société des bonnes lettres*, cénacle littéraire et artistique, où M. de Chateaubriand daignait quelquefois montrer sa personne, et qui groupait les esprits enclins à la douceur d'une littérature où étaient flétries et répudiées toutes les audaces de la pensée. Il y avait la *Société des bonnes études*, sorte d'œuvre post-scolaire, qui réunissait, pour les former davantage, les jeunes étudiants, et habituait leur esprit à la discipline, les accoutumait à trouver dans les livres ce qui tue et non ce qui vivifie. Ainsi, par ces trois grands bras jetés sur l'avenir, toute la jeunesse était ramassée, ramenée, parquée dans l'obscurité salutaire. Mais les femmes n'échappaient pas à cette terrible absorption de la substance humaine. La *Société de l'adoration du Sacré Cœur de Jésus et du Sacré Cœur de Marie* les attirait, mystiques, rêveuses, lâchement abandonnées par la société civile qui n'a pas encore libéré les esprits dont elle attend cependant son triomphe. Enfin les ouvriers étaient intéressés au mouvement religieux par la *Société de Saint Joseph*.

Toutes ces sociétés étaient pleinement laïques, ne recevaient leurs adeptes que pour les enrôler dans la vie toute politique et sociale, ne les enlevait pas au grand courant laïque. Ces six associations étaient dirigées par la Congrégation, organe supérieur et central qui veillait sur elles, les organisait, les administrait. Chacune d'elles était réglée par un directeur, qui était un jésuite, cinq dignitaires et un conseil de six ou huit conseillers laïques. Au-dessous de ces directions particulières se tenait le directeur général de la Congrégation, qui était le Père Ronsin, et les deux coryphées, MM. Sosthène de La Rochefoucauld et Mathieu de Montmorency. Toute la société aristocratique, représentée par ses duchesses, ses généraux, ses pairs, ses députés, ses nobles, se rendait, comme à un agréable salon, à ses réunions étroites et sévères, où le rite le plus ponctuel les asservissait, où la discipline broyait la pensée. C'est là que prenait conscience de sa force le royalisme rétrograde, prêt à tout pourvu que la Révolution tant de fois condamnée fût chassée même du souvenir. C'est là que s'avisant que l'union de la religion et de la monarchie étaient indispensables, s'organisèrent toutes les tentatives par où l'on espérait reprendre sur l'ordre moderne toutes ses conquêtes et restaurer le clergé, non pas seulement dans ses pompes fragiles, mais dans sa puissance politique, religieuse et sociale, en lui remettant les actes de l'état civil, la propriété et l'instruction des enfants. Effroyable complot qui ne procédait pas par éclats soudains et par coups de poignard, où dans l'obscurité à l'abri de laquelle ils préparaient des chaînes pour les générations, les conjurés ne risquaient rien! On sait ce que le clergé avait tenté déjà d'obtenir dans les années dont le récit nous a conduit jusqu'ici, et ce qu'il a obtenu du budget (suppression des pensions pour les prêtres assermentés, accroissement des pensions aux prêtres en service, inscriptions de rentes garanties par des hypothèques sur les biens de l'État). On va voir ce que tenta la Congrégation dans les années 1821 et 1822.

Dès 1814, un enseignement s'était établi en France sur le modèle de l'enseignement de Lancaster, et s'appelait l'enseignement mutuel; par là on entendait une méthode nouvelle. Le maître n'enseignait qu'à un nombre restreint d'enfants bien choisis, qui, à leur tour, recevaient le droit d'instruire leurs camarades. C'était provoquer l'émulation dans l'enfance et attacher à l'étude un intérêt immédiat qui en doublait la valeur. Cet enseignement trouva un défenseur dans Royer-Collard, alors président du conseil de l'instruction publique. M. Decazes, lui aussi, avait recommandé cet enseignement au roi, et depuis lors, chaque budget portait une allocation annuelle de 50 000 francs destinée à cette institution. La Congrégation protesta; elle avait créé les Frères de la Doctrine chrétienne, qui avaient la mission d'accaparer l'esprit des enfants pauvres, tandis que les jésuites réservaient leurs manières plus distinguées et leur culture moins médiocre à l'instruction des enfants riches. Mais la Congrégation se brisa à la résistance de Royer-Collard. Grâce à lui, l'enseignement mutuel prospéra si bien que, après 1817, ses écoles étaient au nombre de 400 avec 12 000 élèves (Levasseur, *Histoire des classes ouvrières*, tome I), tandis que les Frères de la Doctrine chrétienne protestaient toujours. En 1820, il y avait 1 073 écoles mutuelles, et grâce à l'effort de la Congrégation; les écoles des Frères montaient de 60 à 187 (Discours de Cuvier, *Moniteur* de 1821). Cela ne pouvait durer : la calomnie fit son œuvre, on représenta que l'école mutuelle était un foyer d'incrédulité. Chaque élève apprenant à instruire son voisin faisait un effort d'esprit qui l'accoutumerait peut-être à secouer le joug de la religion. Après la calomnie, vint l'action; le 21 décembre 1820, M. Corbière remplaça M. Royer-Collard à la direction de l'instruction publique. M. Corbière était l'homme de la Congrégation; au premier budget qu'il prépare, il s'efforce, par la commission, de faire supprimer ce mince crédit. Ce crédit, défendu par le général Foy, et même par M. Lainé, ne fut maintenu sur la demande de Cuvier, qu'à la condition d'être distribué aux écoles les plus favorables à la religion. On savait ce que signifiait cette formule vague. Plus tard, Villèle et Corbière, devenus tout à fait les maîtres, donnèrent un plus vaste essor à la Congrégation. Mais, avant d'aller plus loin, qu'on retienne ces chiffres : sur 37 000 communes, il y en avait 27 000 dépourvues d'écoles et d'instituteurs. On pense si c'est avec ce crédit de 50 000 francs, disputé et devenu de plus en plus précaire, que l'on pourra lutter contre les Frères; avant peu, par eux, la Congrégation sera maîtresse du cerveau frêle de l'enfance, et M. Piet, un ultra-royaliste, n'aura pas à regretter, comme il le fit en 1821, « que les Frères fussent obligés de demander un diplôme à l'Université contrairement à leurs statuts. »

Pour l'enseignement secondaire, M. Corbière agit de même. Le 27 février 1821, le roi, sur sa demande, signait l'ordonnance suivante, dont il suffit de rapporter les premières lignes :

« Les bases de l'éducation des collèges sont la religion, la monarchie, la légitimité et la charte. »

« L'évêque diocésain exerce pour ce qui concerne la religion le droit de surveillance sur tous les collèges de son diocèse. Il les visitera lui-même ou les fera visiter par l'un de ses vicaires-généraux, et provoquera les mesures... »

Ainsi l'évêque devenait le maître absolu de l'enseignement secondaire. Chargé d'une inspection permanente, il pouvait, sous le prétexte de la religion, gouverner l'esprit des élèves. A quoi ne tient pas la religion et quelle difficulté y a-t-il de la relier aux lettres et à l'histoire et même à la science ?

La Congrégation ne se contentait pas de pousser ainsi silencieusement ses racines au cœur même de la France, de se faire verser tout le profit moral et matériel des lois, elle agissait avec plus d'audace encore. L'expérience qu'avait fournie M. Decazes n'était pas perdue pour elle, et le secret de l'influence détestée de l'ancien premier ministre avait été recueilli avec ferveur. M. Decazes avait régné tout puissant sur l'esprit du vieux roi : il avait été le compagnon patient pendant de longues heures, et le roi accoutumé à sa présence avait bien souvent pleuré son départ, moins par tendresse véritable que par égoïsme. Ce roi avait l'habitude des favoris, et il avait passé de M. d'Aravay à M. de Blacas, de M. de Blacas à M. Decazes. La Congrégation comprit que son pouvoir serait fragile tant qu'elle n'aurait pas introduit auprès du roi le personnage au charme redoutable par qui, loin du tumulte des partis, elle régnerait toute puissante. Elle chercha et ne fut pas longue à trouver son instrument.

Il y avait à Paris, reçue à la cour quoique de noblesse médiocre, une comtesse du Cayla, née Zoé Talon. Son père, avocat-général au Parlement, avait tenu en mains les pièces du dossier de Favras et sa discrétion avait plu au comte de Provence. Ce souvenir, les services rendus sous l'Empire à la cause royaliste, et surtout une beauté ferme et gracieuse, firent penser à M. Sosthène de La Rochefoucauld, un des deux coryphées de la Congrégation, qu'il y avait là peut-être un moyen d'action. M⁽ᵐᵉ⁾ du Cayla, instruite de ce que la Congrégation attendait d'elle, s'introduisit comme une solliciteuse, même du temps de M. Decazes, auprès du roi. M. Decazes eut vite fait de juger le péril et d'écarter l'intruse; mais quand il parlit, c'est elle qui surgit auprès du fauteuil où Louis XVIII affaissé sur lui-même attendait la mort. Il lui fallut être patiente, et se résigner à de longs silences, à de longs ennuis, entendre enfin souvent le roi se lamenter sur le départ de « son enfant, M. Decazes ». Elle brava tout, fit oublier tous les favoris anciens, et dès 1821, elle régnait en maîtresse sur le cœur et l'esprit du roi. De longs entretiens solitaires les réunissaient dans le cabinet royal, où les charmes florissants de la jeune femme affrontaient d'ailleurs sans risques la sénilité tremblotante du roi. Par cette femme de trente-six ans qu'elle avait placée auprès du monarque, c'était la Congrégation qui parlait, priait, requérait, imposait, et on peut dire qu'ayant ainsi fait garder toutes les issues qui menaient à la volonté suprême et vacillante à la fois, la Congrégation était la véritable souveraine et la dominatrice de la politique.

Cette organisation secrète et puissante en avait naturellement suscité d'autres qui, pour répondre à tant de défis éclatants et à tant de persécutions sournoises, se formèrent peu à peu dans le camp des libéraux. Au début de son règne, Louis XVIII pouvait faire illusion, mais dès la chute de M. Decazes, parmi ceux qui même étaient mêlés à la politique, aucun ne pouvait conserver le moindre doute sur le but poursuivi. C'était bien une restauration, le retour pur et simple au régime ancien, comme un pont construit pour rejoindre une rive désertée, par-dessus le torrent endigué de la Révolution. A cette audace croissante, et qui trouvait pour s'exprimer mille voix injurieuses à la Chambre et dans la presse, comment répondre? La loi électorale due à M. de Serre, restituant aux grands propriétaires tout le pouvoir, ajournait même l'espérance, même le rêve lointain d'une résurrection libérale. La presse censurée et mutilée dans chacune de ses expressions était en des mains fiévreuses comme un instrument inerte. Que faire? Que devenir? Il ne restait plus à l'énergie de quelques hommes indomptables, qui ne pouvaient tolérer ce joug de fer, qu'à se répandre dans des sociétés secrètes, à y former les complots libérateurs de ce régime et, comme précisément la Congrégation avait depuis de longues années donné l'exemple, l'exemple fut suivi.

Au mois de février 1821, dans la chambre modeste d'un étudiant, Coupeau, fut fondée la société des *carbonari*. Les statuts, adaptés aux coutumes françaises, avaient été rapportés d'Italie par deux jeunes hommes, MM. Joubert et Dupied, qui s'étaient rendus dans la péninsule pour offrir leur con-rage et leurs armes aux insurrections vaincues. Cette association formée en Italie pour résister au nom de l'indépendance nationale aux entreprises étrangères, encouragée par Murat, puis refoulée par lui, avait toujours groupé les plus intrépides soldats. Elle venait fleurir en France, allégée de tous les rites et de toutes les formalités tragiques dont il a plu aux romanciers d'exagérer encore l'importance. Elle était une association fermée, certes, mais qui s'ouvrait au premier coup, et si vite même, que tous les insuccès qui ont suivi les tentatives de complot peuvent être attribués à la naïveté de ceux qui étaient chargés d'accueillir les nouveaux venus.

Les carbonari étaient ainsi formés : il y avait des associations particulières, appelées *ventes* particulières, ayant chacune leur président, leur censeur, leur député. Quand dans la même ville il se trouvait vingt ventes, les vingt députés se réunissaient et formaient une *vente centrale*. Une seule communiquait avec les ventes particulières placées au-dessous d'elle, et qui s'ignoraient totalement l'une l'autre. De plus, elle communiquait au-dessus d'elle avec la *haute vente*, organe directeur et centralisateur, d'où tout venait, où tout revenait. Il était absolument interdit d'écrire, de laisser derrière soi la moindre trace palpable d'une entente ; tous les ordres étaient verbaux et ils étaient portés par des hommes sûrs.

Dès le début, cette société avait peu prospéré : c'est qu'elle était dirigée par des hommes à peu près inconnus, quoique d'un entier dévouement. La pensée leur vint de placer à leur tête La Fayette ; celui-ci accepta, et près de lui vinrent prendre place Cauchois-Lemaire, Arnold-Scheffer, Kœklin, Merlihou, avocat, de Cercelles, député, Voyer d'Argenson, député, M. de Schonen, conseiller à la cour royale de Paris ; dès que l'on connut cette formation, rassurées par la présence de La Fayette et de ses amis, les adhésions furent très nombreuses : il y eut, à Paris seulement, plus de cinquante ventes. Kœklin en fonda une à Mulhouse, et on distribua la France en trois sections dont chacune devait être couverte de ventes : est, avec Duchy comme directeur ; le midi, avec Arnold-Scheffer ; l'ouest, avec Rouen aîné, avocat.

L'organisation de l'ouest commença tout de suite, et un jeune étudiant, nommé Riobé, fut chargé, avec des lettres de La Fayette, d'aller parcourir cette région. Il se rendit à Saumur, s'aboucha avec quelques libéraux notoires, notamment avec l'aide-major Grandménil. Sa stupéfaction fut profonde : c'est qu'il trouvait en face de lui un groupement solide, organisé silencieusement par quelques hommes d'action, et qui s'appelait : *Les chevaliers de la liberté*. Ce groupement débordait au-delà de Saumur, allait d'Orléans à Poitiers, de Poitiers à Nantes, de Nantes à Paimbœuf. Il comprenait vingt mille adhérents, englobait dans son sein une grande partie de l'école des sous-officiers de Saumur. Pour communiquer entre eux, il y avait des commissaires qui, infatigables, parcouraient la région, relevaient les courages, réconfortaient les consciences, livraient au despotisme royal mille et mille combats obscurs. Pour se reconnaître, les adhérents formaient avec les doigts de la main droite un chiffre que devait compléter celui auquel le

(D'après une lithographie de la Bibliothèque nationale).

signe s'adressait, jusqu'à former le chiffre cinq : si le premier adhérent formait le chiffre trois, l'autre formait le chiffre deux.

Voici quelles étaient les forces mises au service du libéralisme par l'ardente propagande de quelques hommes. Mais à quoi allaient pouvoir servir toutes ces énergies enrégimentées, et qu'en faire si on ne les employait pas à la libération? La seule forme qui s'offrit aux organisateurs était la forme du complot, et du complot militaire : précisément les carbonari avaient fait dans l'armée des adeptes. La plupart des ventes étaient militaires et groupaient en elles, avec un petit nombre d'officiers, un nombre plus étendu de sous-officiers, et quelques soldats. Ces ventes militaires, à qui le hasard des déplacements de garnison faisait sillonner la France, s'occupaient toujours, sur leur passage, d'en former d'autres. Et ainsi, en 1821, les cadres inférieurs de l'armée prêtaient leurs chefs obscurs à la conspiration.

Le premier complot formé fut celui de Belfort. Joubert, Bazard, Voyer d'Argenson s'y étaient rendus et, sûrs d'un régiment, avaient formé le projet de prendre Belfort, puis de donner la main à la vente de Mulhouse, que Kœchlin avait fondée, de se joindre à la vente de Strasbourg et, dans cette ville forte, de hisser le drapeau tricolore et d'attendre. Le 24 décembre 1821 était la date de l'événement, mais cet événement fut reculé. La Fayette s'était engagé à se présenter à Belfort pour former avec Voyer d'Argenson et Kœchlin un gouvernement provisoire. Mais il fut retenu à son château de Lagrange (Seine-et-Marne) par la commémoration de la mort de sa femme, décédée là le 24 décembre 1807, des suites de la maladie par elle contractée dans les prisons d'Omutz, où elle subit héroïquement la même captivité que son mari. On ajourna la révolte au 1ᵉʳ janvier; La Fayette se met en route avec son fils Georges. A Belfort tout est prêt : les conjurés sont tellement certains du succès qu'ils revêtent ce jour-là, dans un banquet, les uniformes bannis et la cocarde tricolore. C'est le colonel Pailhès qui doit agir, colonel en demi-solde; toutes les dispositions sont prises. L'adjudant Tellier donne l'ordre à toutes les compagnies de mettre la pierre aux fusils et de se tenir prêtes pour la nuit. Mais voilà que tout s'écroule : un sergent que la confidence n'avait pas touché demande des explications le soir même à un capitaine, qui en réclame à son colonel, qui prévient le major de la place. On décommande les mesures; on arrête quelques-uns des conjurés qui s'enfuient; on arrête Pailhès, Buchey et Dublar. Mais pendant ce temps, La Fayette, son fils, Voyer d'Argenson, Manuel s'avancent. M. Bazard se précipite à leur rencontre, arrête La Fayette à quelques lieues, fait bifurquer sa voiture, qui maintenant roule sur Gray, et va chercher un abri chez un ami; les autres personnes qui le suivaient, parmi lesquelles était Manuel, furent averties.

Pendant qu'on instruisait le procès de Buchez, Dublar et Pailhès, une tentative fut faite pour leur délivrance. Elle avait à sa tête l'ex-colonel Caron, acquitté dans la conspiration du 19 août en même temps que Pailhès. Caron se confie à un ancien officier, Roger, et à un sergent en activité, Delzaive. Ce dernier trahit les confidences de Caron; mais les autorités, afin d'avoir en mains autre chose qu'un témoignage, méditent d'attirer Caron dans un piège. Delzaive l'avertit qu'un escadron va aller le rejoindre; effectivement Caron, sur la route de Mulhouse, trouve des hommes qui le rallient avec le cri de « Vive Napoléon! ». Il prend le commandement; la petite troupe s'ébranle, parcourant les villages, jusqu'au petit village de Dattenheim. Là ces hommes mettent fin à cette comédie indigne; ils sautent sur Caron et sur Roger, les attachent, les ramènent et un des sous-officiers apparaît sous son vrai nom et sous son vrai grade : c'est le capitaine Nicol. Caron, quoique n'appartenant plus à l'armée, d'où l'a chassé M. de Latour-Maubourg, est condamné à mort par le conseil de guerre; il forme un pourvoi. La Cour de cassation se réunit, mais on l'avertit que l'objet du litige a disparu : Caron, nonobstant son pourvoi éminemment suspensif, ayant été fusillé. Roger fut condamné à mort par la cour d'assises de Metz, gracié, exposé au milieu des sympathies publiques, couronné de chêne par un courageux citoyen, puis envoyé au bagne de Toulon, d'où M⁽ᵐᵉ⁾ Récamier, en 1824, devait le faire sortir. Quelques jours après, le maréchal-des-logis Thiers et le capitaine Nicol, qui avaient prêté les mains à cette œuvre de police, recevaient de l'avancement et touchaient sans honte le prix du sang.

Pendant ce temps, une autre conspiration qui avait germé à Paris éclatait à la Rochelle. Le 45ᵉ de ligne, en garnison au Havre, avait quitté cette ville pour Paris, en 1820, et séjournait dans la capitale en 1821. Ce régiment possédait un sergent-major, Bories, jeune et ardent adepte du libéralisme. Il ne tarda pas à se rencontrer avec des membres du carbonarisme, et fonda dans le 45ᵉ une vente, où entrèrent avec lui Pommier, sergent-major, Raoulx et Goubin, sergents. Lefèvre, soldat, d'autres encore. En janvier 1821, ce régiment allait quitter Paris; les carbonari militaires se rencontrèrent à dîner avec des membres de ventes : Hénon, Barradière, avocat, Gouran, chirurgien à Beaujon, d'autres encore. On y prémédita de faire révolter le régiment. Puis le régiment partit; pour son malheur, à Orléans, Bories, provoqué par un sergent suisse, se battit et fut, de ce chef, mis en prison. Pommier prit à sa place la présidence de la vente. Sur la route, Bories se confia à tort à diverses personnes, si bien qu'en arrivant à La Rochelle, une partie du complot était soupçonnée. Le sergent-major Goupillon, mis au courant, se trahit devant un tiers et, effrayé, dévoila tout. Précisément Pommier avait eu le tort de donner un banquet au général Berton, recherché au même moment pour une tentative insurrectionnelle dont nous aurons à parler, et d'aller rendre visite à Leresche, intermédiaire de La Fayette. On l'arrête avec Raoulx et Goubin qui ont assisté au banquet. On ne sait alors ce qui s'est passé. Les accusés ont raconté que le général Despinois, qui les interrogea, avait simulé son initiation au carbonarisme, qu'ils s'étaient fiés à lui, et qu'il avait recueilli à titre d'aveux ces confidences arrachées par la plus infâme des ruses. Ce général, cité à comparaître, ne se présenta jamais en justice.

Pommier, Raoulx, Goubin n'avaient pas seulement dévoilé ce qui se passait dans le régiment, mais tout ce qu'ils savaient et, par là, mis en cause les hommes de la vente supérieure qui se trouvaient à Paris et avec lesquels ils avaient dîné. Ceux-ci furent arrêtés et, vu la connexité, les sergents de la Rochelle, y compris Lefèvre, furent amenés devant le jury parisien. C'est là, qu'après une instruction de plus de six mois, pendant lesquels on tâcha de découvrir d'innombrables complices, c'est là qu'au mois de septembre 1822 vinrent échouer près de trente accusés. Après de longs débats, quelques-uns furent condamnés à des peines d'emprisonnement ; d'autres acquittés ; Raoulx, Pommier, Goubin, Bories, Goupillon condamnés à mort, ce dernier exempté de toute peine pour avoir révélé le complot. En vain Bories, dans un suprême appel au jury, l'avait supplié d'absoudre tout le monde sauf lui, avait appelé sur lui les responsabilités mortelles, offert la rançon de ses veines ouvertes pour racheter le sang de ses amis. Dans cette nuit, à peine éclairés par des torches, les quatre condamnés s'embrassèrent ; bien des larmes coulèrent devant cette glorieuse moisson de jeunesse que la mort allait inutilement faucher.

A Bicêtre, où on les incarcéra, on tenta de les faire évader ; 70 000 francs avaient été réunis, mais le complot échoua. Le 17 septembre, ils furent conduits à la Conciergerie, et de là, à six heures du soir, sur la place de Grève. Les carbonari, impuissants à les enlever par la ruse, ne les enlèveraient-ils pas par la force? Laisseraient-ils le bourreau accomplir son office? Dix mille carbonari, armés, pouvaient faire irruption et, avec la complicité de la foule, délivrer les prisonniers ; pour leur honneur et celui de l'association, ils pouvaient au moins le tenter. Rien ne vint ; ces vaillances qui, rassemblées et conduites, eussent fait à travers la troupe une trouée meurtrière, isolées et désunies se manquèrent à elles-mêmes. Au milieu de leur inutile cortège les quatre voitures passèrent. Au pied de l'échafaud, les quatre condamnés se donnèrent le tendre baiser de l'amitié fraternelle. Raoulx gravit le premier les marches et cria : « Vive la liberté ! » Puis Goubin, puis Pommier. Bories, enfin, s'écria : « N'oubliez pas que c'est le sang de vos fils qu'on fait couler ! » et il s'étendit sur la planche sinistre, chaude déjà de trois forfaits. Jusque dans la lunette il acclama la liberté. De cette tribune sanglante, ce cri partit, traversa la foule et alla vers l'avenir : le soir, il y avait bal aux Tuileries.

Quelques jours après, d'autres exécutions avaient lieu : c'était le règlement, par le pouvoir, de la conjuration de l'ouest. Cette fois, ce n'étaient plus les carbonari, c'étaient les *Chevaliers de la liberté* qui étaient frappés. Cette société, nous l'avons dit, avait son siège à Saumur et, de là, rayonnait partout dans l'ouest ; ses chefs étaient Grandménil, aide-major, Delalande, notaire, Baudrillet, commerçant, Delon, lieutenant d'artillerie, Caffé, médecin. Le noyau vigoureux était formé par des élèves-officiers de l'école de Saumur. Au mois de décembre 1821, le signal allait être donné, lorsqu'un incendie éclate, que les élèves de l'Ecole sont conviés à éteindre ; quelques-uns tombent sous l'écroulement d'un mur, on les transporte morts, on les fouille, on trouve des notes, des cartes, des appels, des mots d'ordre. On arrête divers d'entre les survivants: quelques mois après, le sous-officier Sirejean est fusillé (avril 1822).

Ce désolant échec n'avait pas entamé le courage des conjurés; avant même le procès de Sirejean, et dans le but de le délivrer avec ses coaccusés, un autre complot est ourdi. Il avait pour agent d'exécution le général Berton: ce général, qui avait commandé la cavalerie d'Exelmans au Mont-Saint-Jean, avait été licencié, emprisonné un an sans motif, relâché, repris, conduit par une persécution indigne à l'exaltation la plus explicable. Le plan est fait : la ville de Saumur se lève; on prend au château, que la garde doit livrer, 8 canons et 30000 fusils; on s'est emparé de la grille du sous-préfet et on écrit aux généraux d'alentour : ils viennent, on les arrête, on décapite le commandement; on rejoint à Nantes le 13ᵉ de ligne qui n'attend qu'un ordre; à Angers, d'autres conjurés; on marche sur Paris. Mais au moment d'exécuter le plan, sur la demande du docteur Caffé, on le modifie : c'est de Thouars que l'on doit partir pour soulever les paysans et enlever Saumur. Détestable pensée! De Thouars à Saumur il faut presque une journée de marche, et les autorités prévenues ne manqueront pas de se concerter. Le 24 février 1822, Berton a quitté Thouars, après avoir perdu quatre heures, traverse avec un faible contingent des villages stupéfaits, arrive le soir devant Saumur et s'arrête : personne ne bouge. Mais le sous-préfet est prévenu, on ferme les portes, on parlemente; Berton se retire, la petite troupe se disperse, et Berton va se cacher près de Rochefort. C'est alors qu'il va à la Rochelle s'offrir à la conjuration des quatre sergents et qu'on lui donne un banquet qui fut une des causes de l'arrestation des sergents de la Rochelle.

Berton, dont tous accusaient la faiblesse, est irrité contre lui-même : il lui faut une revanche. Précisément un autre complot va naître : Grandménil et Baudrillet sont allés à Paris, ont eu des rapports avec La Fayette qui les encourage. Berton est mis au courant : le régiment de Saumur doit se soulever, à la voix de l'un des sous-officiers, Voelfied, que La Fayette lui-même a recommandé. Une première entrevue a lieu le 12 juin; on prend rendez-vous pour le 17 juin. Voelfied se présente avec quatre sous-officiers, les recommande comme d'ardents « patriotes », on boit, et, soudain, ces hommes mettent en joue Berton, Baudrillet, Delalande, les arrêtent, les ligottent, les amènent à Saumur. Au mois d'octobre le procès vint devant la cour d'assises de la Vienne. Une particularité de ce procès fut la déposition de Baudrillet: à l'interrogatoire, devant le juge, Baudrillet avait imprudemment avoué avoir été chez M. de La Fayette, rue Saint-Honoré. Heureusement M. Delalande lui montre sa naïveté et le conjure de donner du général une telle description que ce dernier fût méconnaissable, et que la pensée commune fût que c'était un faux La Fayette qui avait été présent. Seulement, comme c'était Grandménil qui avait fait la présentation et que Grandménil était absent, c'était donner à croire à tous qu'il s'agissait d'un complot de police, alors que Grandménil était, comme Nantil, un homme d'un admirable dévouement. Le jury n'en condamna pas moins à mort Grandménil, Delon, d'autres par contumace, et Berton, Caffé, Henri Fradin, Sénéchaut, Saugé; les autres, au nombre de trente, sont condamnés à des peines variables. C'était le 11 septembre.

L'exécution de l'arrêt fut ajournée par des pourvois en revision et des demandes de grâces; furent graciés Fradin et Sénéchaut. Le 5 octobre, à midi, sur une place de Poitiers, devait avoir lieu la double exécution de Berton et de Caffé. A onze heures, ce dernier, dissimulé sous sa couverture, s'ouvrait l'artère crurale; on se précipita pour arrêter l'hémorragie afin que, par la décapitation, l'exemple fût fourni; mais la mort, plus clémente que la justice, délivra le malheureux de l'ignominieux contact du bourreau; sous peine de mutiler un cadavre, on ne pouvait plus porter le condamné à l'échafaud. Berton attendit la mort, se fit raser, rudoya le prêtre qui offrait l'hypocrisie de ses prières, et, à midi, parut sur la place. Il cria : « Vive la France ! Vive la liberté ! » et donna une vie que toute la mitraille de Waterloo avait épargnée. Le surlendemain, 7 octobre, Juglin et Saugé étaient exécutés à Thouars; Saugé jeta le cri de : « Vive la République ! » Deux condamnés seulement, l'un au Mans, l'autre à Thouars, l'avaient fait entendre.

Ce ne furent pas les dernières condamnations à mort, mais ce furent les dernières exécutions. Aussi bien le glaive de la Restauration pouvait s'émousser, car les conspirations étaient mortes, tuées par les conspirateurs. L'arrêt qui tranchait la tête des sergents de la Rochelle condamnait du même coup le carbonarisme. Impuissant devant l'échafaud, il ajoutait à l'insuccès de sa tentative, l'inertie au jour du péril. Toutes les vaillances tenues en réserve s'écartèrent de lui et, par d'autres voies, cherchèrent l'action salutaire.

Les échecs successifs subis par ces conspirations militaires étaient dus à plus d'une cause : d'abord à l'imprécision des ordres donnés, et surtout à ce fait que c'étaient d'obscures victimes qui tombaient, éclairées d'un faible rayon de gloire seulement au jour de l'expiation. L'attitude de la Restauration vis-à-vis des chefs a été diversement jugée, et l'on a discuté pour savoir si, en étendant la main, elle n'aurait pas pu saisir les plus hautes personnalités. Cela n'est pas douteux; la Restauration ne fut ni magnanime ni aveugle, elle fut habile, et voilà tout. A qui fera-t-on croire que, s'il l'eût voulu, M. de Villèle n'eût pas pu faire arrêter La Fayette et Voyer d'Argenson ? Il avait promis avec éclat de poursuivre tous les coupables, si des preuves juridiques lui étaient fournies, mais toute cette indignation masquait sa volontaire inertie. La police savait bien que M. de La Fayette était parti pour Belfort et n'avait bifurqué en route que sur un contre-ordre. Elle aurait pu, sur la déposition de Baudrillet, qui dénonçait formellement La Fayette et donnait son adresse, ouvrir une enquête. Elle ne le fit pas ; M. de Marchangy, d'ordinaire très brutal, et M. Mangin, procureurs généraux, ne firent que des allusions à ce fait. M. de Villèle ne se souciait pas d'ajouter aux difficultés en arrêtant l'illustre vieillard dont la jeune épée avait ouvert la voie à la liberté américaine. Il se disait aussi que cette impunité laissée aux chefs finirait par écarter les soldats, et en cela il ne se trompait pas.

La faute de M. de La Fayette ne fut pas d'éviter l'échafaud, car il ne fit pour cela aucun acte, brava par sa présence et par sa parole toutes les menaces, et il ne pouvait, après tout, forcer la main du geôlier. Sa faute fut d'avoir laissé, à l'abri de sa renommée, et par elle entraînés, se grouper tant de dévouements obscurs sans les diriger vers un but. Pourquoi, en effet, tous ces complots, et qu'auraient fait les conjurés triomphants? Ils voulaient prendre les villes fortes, s'avancer sur Paris, forcer le roi à capituler, soit. Mais une fois réalisé ce plan militaire si difficile, qu'auraient-ils fait? Ce qui est intéressant dans une insurrection, ce n'est pas seulement le jour où l'on agit, c'est d'abord la veille, car on peut être surpris, c'est surtout le lendemain, car il faut créer après avoir détruit. Que voulait-on créer ? Les divergences étaient telles que ces conspirations avaient l'aspect d'un carrefour bruyant où toutes les opinions s'expriment à la fois. Tous se levaient au nom de la liberté, nom magique, mais aussi nom équivoque s'il ne s'appuie pas sur un ferme dessein et sur un programme. Or la liberté, pour beaucoup parmi ces militaires mécontents et aigris, elle prenait la figure pâle de Napoléon II, et si, par impossible, celui-ci avait été restauré, les mêmes hommes, qui avaient avec son père piétiné le droit, l'eussent percé encore de leur épée. Ceux-ci voulaient le fils de Philippe Egalité. D'autres, mais en nombre extrêmement restreint, rêvaient à la République... Et c'était cette cohue désordonnée, sans lien moral, sans discipline d'esprit, qui allait à la conquête du trône !

M. de La Fayette n'a rien fait pour donner l'unité à cette foule ; que voulait-il lui-même ? Certes, il était désintéressé, ne recherchait rien que le rôle qu'il avait joué déjà, en Amérique, aux débuts de la Révolution, avant qu'il ne désertât son armée, le rôle de protecteur de la liberté. Il offrait sa vie allégremment et n'est pas responsable des ménagements habiles dont les ministres l'ont entourée. Mais ce n'est pas tout qu'un chef soit prodigue de son sang. Il doit être avare du sang de ses soldats. Et pour cela, non seulement il doit les organiser, mais il doit encore prendre des mesures pour que la part, toujours si grande, du hasard malheureux soit restreinte ; au lieu de cela, ce furent des ajournements, des retards, des initiations, comme celle de Voelfied, qui devaient coûter la liberté et la vie à bien des hommes.

Et puis si ces complots n'ont pu réussir, c'est qu'il n'était pas dans leur nature d'aboutir. Un complot qui vise seulement une personne, qui ne réclame que peu de bras pour son exécution, celui-là réussit presque toujours. Une main se lève, redescend, un homme est abattu, et l'œuvre sinistre est accomplie dans sa sauvage simplicité. Mais quand un complot veut renverser un régime, il faut bien en instruire des centaines de confidents qui, sans cela, seraient surpris par l'événement. Et voilà alors la contradiction insoluble, c'est que trop peu d'hommes ne suffisent pas à l'ampleur de l'entreprise, et trop d'hommes peuvent toujours contenir un imprudent ou un scélérat. En fait, sur cinq conspirations militaires, la Restauration a donné l'exemple de cinq délations militaires, et c'est par elles que tout a échoué.

Est-ce à dire cependant que ces conspirations aient été finalement inutiles? Il n'est jamais inutile de faire appel aux réserves de noblesse et de vaillance que l'homme porte en lui. Mettons à part les officiers généraux et les officiers supérieurs du premier Empire, qui ne pouvaient se consoler de la chute du régime, pour lesquels la Restauration, qui aurait pu les rallier, fut d'ailleurs injuste et brutale, et qui formèrent un syndicat militaire en face du syndicat royaliste. Les autres hommes qui se sont levés avaient un admirable désintéressement, s'ils ne possédaient qu'un idéal imprécis et une doctrine un peu confuse. Ils ont maintenu l'intégrité du patrimoine de fierté humaine que les générations doivent se transmettre et montré qu'ils avaient hérité de la Révolution le mépris souverain de la mort. Ne nous plaindrions-nous pas si cette époque, au lieu d'avoir été troublée même par des tumultes sans lendemain, s'était silencieusement résignée au joug? Ne pense-t-on pas que les frères de ces hommes, en 1830, leurs fils en 1848, ont frappé d'un bras plus robuste parce qu'ils vengeaient des martyrs? Et si le suffrage universel a enfin été restitué au peuple, avec la force révolutionnaire qu'il contient, si, par lui, les expropriations politiques et économiques se préparent au profit d'une humanité affranchie, n'est-ce pas un peu à toutes ces révoltes saintes que nous le devons? Il n'y a pas une immolation, une goutte de sang, une douleur, une larme, qui soient inutiles dans l'histoire du progrès humain...

On pense ce que put être la session parlementaire qui s'écoula pendant que les faits que nous venons de relater se produisaient et quelles délibérations la Chambre a pu prendre au bruit des feux de peloton et du couperet inlassable. La réaction sanglante dans le pays était doublée d'une réaction férocement froide au Parlement. La première victime qui lui fut offerte fut naturellement la liberté de la presse qui, restreinte et mesurée, éclose débilement sous le regard de la censure, n'en fut pas moins considérée comme responsable de tous les maux. C'est elle qui avait déchaîné les complots; c'est la plume, même asservie, qui avait aiguisé les poignards, et pour punir la glorieuse et éternelle vaincue, c'est elle qu'on voulut décapiter. M. de Peyronnet, qui succédait à M. de Serre, trouva trop libérale sa loi. Et il convient de rappeler les atteintes qui lui furent portées, car elles sont démonstratives du fol esprit de réaction dont la France va souffrir. On supprime le décret qui punissait l'attaque au *roi constitutionnel* et, par là, on signifie

(D'après un document de la Bibliothèque nationale.)

qu'il n'y a plus de respect à garder pour la Charte, abominable document arraché à la faiblesse royale, dont l'absolutisme est du même coup proclamé. On enlève au jury la connaissance des diffamations produites contre les fonctionnaires, et par là on dérobe à l'esprit public le droit de contrôle qui lui avait été tardivement restitué. Enfin, un délit nouveau est constitué : l'attaque contre une ou plusieurs classes de personnes. C'était prévoir uniquement la critique de l'aristocratie, devenue ainsi, de par la loi, une institution d'État, comme la religion, que la même loi, d'ailleurs, dans un texte nouveau, défendait contre « la dérision ». A ce propos, Royer-Collard prononça un admirable discours, supérieur à son temps et où, pour la première fois, apercevant au delà de la politique, il sonde le mal social dans sa profondeur. Il rappela ce qu'avait laissé derrière lui l'orage révolutionnaire et que, comme l'avait dit M. de Serres, la démocratie coulait à pleins bords. Mais ce fut pour montrer l'aristocratie inférieure à toutes les aristocraties de tous les temps, classe inerte et inférieure si ses ancêtres avaient été utiles, chargée dans son impuissance de tous les pouvoirs politiques. Il prononça à ce sujet la phrase fameuse et profonde : « Le gouvernement est constitué en sens inverse de la société : on dirait qu'il existe contre elle, pour la démentir et pour la braver ». C'était la première fois qu'un orateur s'élevait à cette philosophie et, désertant la superficie politique des problèmes, jugeait le fond. Mais cette parole, toute débordante d'amertume, passa sur la fureur parlementaire sans la calmer. Les brillantes philippiques de Benjamin Constant eurent le même sort. C'était l'ancien régime, son esprit étroit et fermé qui était redevenu le maître. La loi fut votée en dépit des efforts de Manuel, et le budget aussi, le 1er mai 1822.

Alors, à ce moment, eurent lieu, par anticipation, les élections pour les dix-sept départements renouvelables. Cette campagne électorale fut une débauche odieuse d'arbitraire et d'iniquités. La pression officielle se manifesta au clair regard par des circulaires où le fonctionnaire était placé publiquement entre sa fonction et sa conscience. Les injures, les calomnies, les délations, toutes les violences qui furent toujours en ce pays le cortège de la contre-révolution se donnèrent carrière. Cependant cet effort fut inutile, et les libéraux, grâce au vote de Paris qui élut dix libéraux sur douze députés, gagnèrent des sièges. Alors s'abattit sur la tête des fonctionnaires coupables de ce résultat la fureur des révocations et des disgrâces. Le baron Louis, pour avoir assisté au dépouillement d'un scrutin et surveillé les opérations, fut révoqué par le ministre Peyronnet de son titre de ministre d'État.

Le contre-coup de ces violences se fit tout de suite sentir à Paris. Les manifestations dues à la jeunesse des écoles se firent fréquentes et ardentes, et il ne suffit pas toujours du sabre des gendarmes chargeant les étudiants en droit sur la place du Panthéon pour avoir raison de ces légitimes ardeurs. La rage du gouvernement se tourna contre tous les citoyens, sans même qu'il prit garde, si fort était l'instrument de servitude qui le défendait contre les révoltes possibles, de discerner parmi eux ceux qui le pouvaient servir de ceux qui lui étaient hostiles. Il faut supposer une armée envahissante dominant un pays conquis pour se faire une idée des exactions et des abus imposés à cette France conquise par cette troupe d'émigrés. Croit-on que l'on réclame des passeports de tout homme qui voulait se déplacer ? Les affaires, les nécessités, les exigences de la vie commerciale ou privée, tout fut suspendu en France, car, bien entendu, le maire gardait le droit de refuser ses papiers à quiconque « pensait mal ». Ainsi deux habitants de Versailles, dont l'un chevalier de la Légion d'honneur, furent ramenés à pied, les fers aux mains, de Paris à Versailles, leurs papiers n'étant pas en règle !

A la Chambre, une courte session ramenait le débat sur le budget, qui fut voté au mois d'août 1822. C'était le premier budget du ministère Villèle, et en voici les éléments : Dépenses : 905 200 000. Recettes : 914 498 000. Excédent des recettes : 9 292... M. de Villèle, qui fut surtout un financier, inaugura à ce sujet une méthode budgétaire dont on peut dire qu'il y aurait profit pour nous à la reprendre. Il changea le point de départ de l'exercice financier et, au lieu que l'année budgétaire, s'adaptant au calendrier, commençât en janvier pour se terminer en décembre, il la fit commencer en juillet pour finir en juillet, chevauchant ainsi sur deux années. Il évitait ainsi les douzièmes provisoires, c'était une bonne méthode. Mais de quelles rétrogradations elle était composée ! A ce même budget, le gouvernement daigne faire voter la somme de 50 000 francs pour les écoles primaires. C'était la somme annuelle. M. de Laborde proposa de voter une augmentation qui fut écartée. A ce propos Royer-Collard, ancien directeur de l'Instruction publique, qui ne constituait pas encore un ministère, se demanda si quelqu'un, pour la défense du principe d'ordre, avait intérêt à l'ignorance humaine, et il prononça cette fière parole : « Je me demande s'il y a deux espèces humaines. » Quelle tristesse de penser que ces paroles adressées à la seconde Chambre introuvable peuvent revivre au spectacle qu'offre quelquefois notre temps !

De la Chambre avait disparu M. de Serres. Il avait reçu aux élections le salaire auquel il avait droit, de la main même de ces ultras dont sa parole passionnée, après les avoir meurtris, avait suivi les intérêts. Les ultras, redoutant le retour de sa conviction capricieuse, le firent échouer : il partit pour Naples, chargé de quelque mission obscure, en proie à un mal physique dont sans doute les regrets et l'amertume accrurent la violence et auquel il succomba. Exemple vivant et hélas ! inutile de la vanité du talent que ne soutient pas le caractère ! Grand orateur, il est associé à la gloire naissante de cette éloquence parlementaire dont il fut un des artisans. Homme de pensée débile et incertaine, il serait rayé de l'histoire, si celle-ci n'accueillait comme des manifestations du génie français l'éclat de la parole et la beauté, même nuisible, de l'effort.

CHAPITRE XII

MINISTÈRE DE VILLÈLE. — L'INTERVENTION EN ESPAGNE.

La Révolution à Madrid. — La Congrégation en France. — Les émigrés veulent l'intervention. — Résistance secrète de M. de Villèle. — Le Congrès de Vienne. — Les élections. — Échec de Benjamin Constant. — Le rôle de Mathieu de Montmorency et de Chateaubriand. — Ce dernier est nommé aux Affaires étrangères. — La Congrégation somme M. de Villèle. — Il cède. — Les crédits. — Débats à la Chambre. — Discours et expulsion de Manuel. — La guerre décidée. — L'armée part. — M. Ouvrard. — Marchés scandaleux. — Conspiration éventée. — Marche sur Madrid. — La corruption livre l'Espagne. — Fuite des Cortès. — Siège de Cadix. — Héroïque résistance de Riego. — Sa défaite. — Sa mort. — La corruption livre Cadix. — Ferdinand restauré. — L'Église et le Capitalisme.

Pendant que ces faits se déroulaient en France, à l'intérieur, et que les derniers cris de révolte contre la servitude écrasante s'éteignaient au geste du bourreau, l'Espagne offrait le spectacle d'un bouleversement sans précédent. Sur le trône que Joseph avait abandonné, Ferdinand, un Bourbon, s'était fixé. L'absolutisme le plus féroce lui tint lieu de programme et la sinistre terreur religieuse, par ses mains, glace les cœurs et les consciences. Une insurrection partie de l'île de Léon, et qui s'était répandue dans Cadix, se leva, forte de toutes les saintes colères exaspérées par l'iniquité. Son chef, le colonel Riego, marcha en avant ; la capitale répondit à son coup d'audace et, après des épreuves diverses, l'insurrection maîtresse, sinon du royaume, dont l'ampleur échappait à son emprise, du moins des rouages du pouvoir, s'imposa à Ferdinand. C'était le 6 janvier 1820.

La lâcheté royale accepta la Révolution accomplie et reçut de ces mains irritées la Constitution qu'elle promit publiquement de défendre, sauf à trouver dans la perfidie d'une traîtrise la suprême revanche de la peur.

Or, cette occasion lui sembla offerte en 1822.

La fièvre jaune vint s'installer à Barcelone et séjourner dans toute la Catalogne. Des milliers d'êtres disparurent sous des tourments jusqu'alors inconnus. Afin d'éviter l'entrée en France de malades ou de convalescents qui aurait contaminé nos villes, le Gouvernement établit une sorte de service sanitaire, fort de trente mille soldats. Or, les intentions du Gouvernement étaient différentes de celles qu'il exprimait, et ce n'était pas le seul souci de la salubrité publique qui le hantait. Pourquoi ce service était-il composé d'hommes si nombreux et pourquoi, s'il devait borner ses efforts à une sorte de surveillance sanitaire, un maréchal avait-il revendiqué le droit, peu glorieux, de commander ? La fièvre jaune d'ailleurs, exaspérée par l'été de 1822, tomba avec l'automne et le corps sanitaire demeura survivant à sa fonction pacifique. Pour quelle fonction belliqueuse ? Et surtout pourquoi le renforcer au point de porter l'effectif à 50 000 soldats ?

L'esprit public, un peu lent à s'émouvoir, parce qu'il était partiellement informé, ne se posait pas encore toutes ces questions et l'intrigue ministérielle, savamment ourdie, ne s'épanouissait pas encore dans un résultat monstrueux. Mais, en Espagne, et ce n'est pas une coïncidence fortuite, l'esprit de la contre-révolution fut fortifié. Ferdinand, qui tremblait devant les rebelles ministres que la Constitution lui imposait, tremblait moins : il éludait les problèmes, attendant le jour où, plus hardi, il les écarterait. En même temps, les partisans de l'absolutisme relevaient le parti, tiraient l'épée. C'est de France que partaient les volontaires (du fanatisme, de Bayonne, de Toulouse.

En même temps qu'eux, les encouragements belliqueux venus de Paris passaient la frontière. La France d'autrefois s'exaltait à la pensée que la Révolution extirpée, croyait-on, du vieux sol gaulois, allait resplendir sur le sol rocailleux de l'Espagne et que la patrie sanglante de l'Inquisition expierait ses formidables forfaits. Ferdinand, autre Louis XVI, était le représentant lointain de la cause légitime. C'était un Bourbon, et la France n'assisterait pas une seconde fois à l'épreuve impie où une couronne et une tête s'étaient de si près suivies dans leur chute. Ainsi, cette rhétorique exaspérée, comme un souffle d'orage, traversait la frontière et allait, contre l'indépendance espagnole, réconforter les insurgés royalistes. Mais la rhétorique ne fut pas la seule arme que trouvèrent nos royalistes français. De l'argent, de la poudre, des fusils, furent apportés aux révoltés sous la surveillance complaisante du Gouvernement.

En Espagne, soutenue par tous ces témoignages, l'insurrection royaliste devenait, pour les libertés publiques, un péril. C'était de l'Église qu'était parti le mot d'ordre. Afin de refaire les finances de l'État et d'obvier à la faillite nationale, le Gouvernement espagnol avait levé des impôts. Il avait frappé les privilèges, surtout les privilèges ecclésiastiques, qu'il rémunérait en même temps d'une indemnité suffisante. L'origine de la révolte était donc dans l'âpreté des revendications économiques en même temps que dans l'ardeur d'un zèle fanatique. Et dès les premières rencontres, l'insurrection fut appuyée par la présence de l'armée française, adossée à la frontière, conduite par un jésuite hardi dont le crucifix meurtrier en son symbole miséricordieux frappait au front les ennemis. Ferdinand, encouragé, relevait la tête : il la dû baisser, en apprenant cependant que les troupes régulières avaient eu raison de l'insurrection. Mais voici qui allait le réconforter : sa garde, inspirée par sa femme et par lui-même, se révolte. Elle va être maîtresse de la ville et marche sur les Cortès quand les miliciens et les partisans de la Charte la déciment et la massacrent. De nouveau la Constitution a vaincu et Ferdinand lui-même, de ses propres mains, livre à l'expiation légale les hommes qu'il avait conviés à la révolte.

En France, l'opinion suivait avec une attention passionnée tous ces troubles. A trente années de distance, comme en un miroir vieilli, la France revoyait son image. L'Indépendance espagnole, la cause du peuple avaient pour naturels soutiens les libéraux, les républicains. Tout le royalisme exalté, toute l'émigration rancunière, toute la race abominable par qui la Sainte-Alliance des rois avait meurtri la France, tombait en prière pour le triomphe du roi félon, traître à sa parole, traître aux instruments misérables de ses ambitions. La Chambre entendit la noble protestation du général Foy réclamant pour le peuple espagnol le droit de vivre sous la Charte par lui réclamée. Le ministère des Affaires étrangères était échu à Mathieu de Montmorency, émigré farouche, esprit borné, incapable de porter sur l'état de l'Europe un jugement sûr. Naturellement, ce fut dans sa bouche l'apologie de l'absolutisme royal et l'allusion inévitable au malheur des Bourbons. Le ministre promit de secourir s'il y avait lieu, par les armes françaises, le roi d'Espagne en péril. La forte parole de Manuel releva l'outrage. Pour l'honneur de la France libérale et révolutionnaire, l'orateur vengea de tous les sarcasmes et de tous les sophismes le peuple espagnol et fit par avance retomber sur les têtes incapables ou coupables des ministres la responsabilité du sang français.

Au sein du Gouvernement, cependant, un homme se tenait, silencieux et fermé, qui n'apparut pas au début, et qui était hostile autant que ces hommes du parti libéral à toute intervention française. C'était M. de Villèle lui-même. L'histoire lui doit cette justice de lui attribuer le difficile mérite d'une résistance obstinée aux conseils furieux de l'opinion et aux pressions de l'entourage royal et ministériel. Seul entre tous, il avait sur les évènements espagnols une vue claire et si le courage en lui n'eût pas défailli, peut-être la France eût-elle fait devant l'histoire l'économie d'une iniquité, sans compter l'épargne du sang. Mais le premier ministre devait céder.

Sur ces entrefaites s'ouvrit le Congrès de Vienne. A la vérité ce Congrès n'avait pas été fixé pour qu'on s'y occupât des affaires d'Espagne. On se souvient que les puissances affectaient de tenir des assemblées où se rencontraient les diplomates chargés d'apporter, au nom de leur pays, leurs vues sur l'Etat de l'Europe. A Troppau, à Laybach, à Aix-la-Chapelle déjà, les diplomates s'étaient abouchés. Ils allaient se rencontrer à Vienne et l'occasion s'offrait de traiter les affaires d'Espagne : c'étaient celles-ci que réservait à l'examen l'ordre du jour des nations.

Le Conseil des ministres délégua pour représenter la France le ministre des Affaires étrangères, M. de Montmorency. Le choix était en tous sens déplorable, en ce qu'il portait sur un incapable et en ce que cet incapable était un fanatique partisan de l'intervention en Espagne. M. de Villèle ne pouvait, sans se trop découvrir, faire obstacle à ce choix. Il crut qu'il serait suffisant de donner à M. de Montmorency des instructions précises et de lui dicter une réserve prudente. Il lui fut donc recommandé de jouer un rôle effacé « de ne pas être le rapporteur » des affaires d'Espagne et surtout de ne pas permettre que le rôle de la France fût indiqué par les puissances, la France voulant se réserver toute liberté d'action. En même temps on adjoignait à M. de Montmorency M. de Chateaubriand, qui venait de remplacer à Londres, comme ambassadeur, M. Decazes, démissionnaire.

La réserve imposée à M. de Montmorency était puérile et M. de Villèle était doué d'un trop pénétrant esprit pour s'imaginer que ces faibles lisières embarrasseraient la véhémence fanatisée de son envoyé. D'ailleurs, à interroger l'esprit et non la lettre de son mandat, M. de Montmorency tenait le droit d'agir en faveur de l'intervention. Certes l'opinion de M. de Villèle était défavorable à l'entreprise. Mais le Conseil tout entier et le roi lui étaient gagnés. Or, M. de Montmorency ne représentait pas M. de Villèle, mais le roi. Et dès son arrivée, déchirant la commission prudente qu'il avait reçue, il posa la question redoutable : Si la France retire de Madrid son ambassadeur, que feront les puissances ? Si elle intervient, lui prêtera-t-on un secours moral et même matériel ? L'Angleterre, par l'organe de Wellington, récusa le Congrès, s'opposa même au débat et refusa même de signer les procès-verbaux. La Prusse et l'Autriche promirent de retirer leur ambassadeur et de fournir un secours moral : seule, la Russie prêtait même la caution matérielle de son appui.

Ainsi la question était posée, résolue, en dépit de M. de Villèle, en dépit de ses ordres précis, de ses sages remontrances, de ses hautes leçons de prudence diplomatique dont sa correspondance (3ᵉ volume) porte la trace. Mais que faire? M. de Villèle résista encore. Il attestait que le pays ne lui était pas hostile dans sa répugnance à cette guerre et prenait à témoin le cours de la Bourse, le taux de la Rente qui avait baissé pendant que se nouait à Vienne contre l'indépendance espagnole cette intrigue internationale. Il essayait, par le cabinet anglais, d'aboutir à une transaction où le roi et le pays trouveraient leur compte et qui désarmerait les puissances. Même ce paradoxe se produisit que la Prusse, la Russie, l'Autriche retirèrent leur ambassadeur avec des formules variées, la Prusse poliment, l'Autriche durement, la Russie avec une insolence voulue. Le colonel répondit en donnant des passeports et en haussant lui aussi le ton jusqu'au mépris et jusqu'à l'insulte. Et la France, dont l'envoyé avait posé la question, gardait à Madrid son ambassadeur!

Mais M. de Villèle était au terme de la résistance. Le parti religieux veillait. C'était une intervention en faveur de la religion que méditait la Congrégation, ou plutôt une entreprise contre-révolutionnaire. Pour la Congrégation, défendre le roi, c'était défendre à la fois le principe de la légitimité royale et de la suprématie spirituelle, principes brisés par cette Révolution haïe dont le spectre se dressait menaçant dans la Péninsule. La Congrégation ne pouvait admettre que le ministre politique, le misérable instrument de sa volonté, se rebellât contre elle, et elle le briserait s'il ne voulait se montrer plus docile. On organisa un nouveau ministère dont M. de Vitroles était le chef avec M. de La Bourdonnaie et on demanda à M. de Villèle de choisir entre la guerre et son portefeuille : l'homme choisit le pouvoir et, le lendemain même, présentait à la Chambre un crédit de 100 millions pour envoyer 100 000 hommes en Espagne. M. de Martignac fut chargé du rapport.

Il s'acquitta avec élégance de cette tâche où la conscience seule devait apparaître, rappella pour la flétrir la première expédition de Napoléon qui, lui, ne cherchait que la gloire, tandis que le roi Louis XVIII cherchait la gloire et la justice. La justice commandait, paraît-il, que l'on meurtrît sur leur sol les Espagnols réfractaires à l'absolutisme royal, et ainsi l'émigration qui avait jeté sur la France le torrent d'hommes de l'Europe armée allait reprendre sur l'Espagne sa revanche.

C'est ce caractère que prit et que garda, par le débat passionné qui suivit à la Chambre, l'intervention de la France. La discussion fut une des plus hautes et des plus âpres qui aient honoré la tribune et elle eût suffi à illustrer les orateurs du parti libéral. Le général Foy y apporta la chaleur de son âme ardente et la compétence du vieux soldat qui avait en 1808 pris part à la guerre impériale. M. Royer-Collard y fit apparaître la noblesse constante d'une éloquence qui s'alimentait aux sources les plus pures du désintéressement dynastique. Tout ce que la parole humaine put dire pour écarter de la France cette œuvre impie et de sa gloire ce forfait, toutes les inspirations de la justice, de l'équité, de la liberté, se multiplièrent sur les lèvres des orateurs et dans des interruptions passionnées. Le parti ultra-royaliste célébrait la guerre avec une véritable furie, opposait au droit prétendu du peuple le droit du roi, flétrissait à l'égal d'un crime l'âpre désir de l'indépendance espagnole et rappelait par la voix de Chateaubriand que déjà Charles Ier et Louis XVI avaient été immolés. Allait-on supporter ces précédents et admettre qu'il serait dans le droit des peuples de tuer les rois?

C'était là l'unique raison : prendre la revanche dans le sang espagnol de la formidable défaite de 1793. Toute l'étroitesse de l'esprit de ce temps apparaît dans ses fureurs fanatiques et il est déplorable qu'un homme comme Chateaubriand y ait sacrifié. La mort de Louis XVI n'était pas toute la Révolution : elle en était un incident. La Révolution était, dans l'égalité au moins théorique, dans la suppression des droits féodaux, dans la destruction de la propriété ecclésiastique, surtout dans la substitution même d'une charte d'asservissement, c'est-à-dire d'un contrat, à l'absolutisme irresponsable d'autrefois. Personne n'était capable de défendre la

(D'après une estampe de la Bibliothèque nationale.)

Révolution et son œuvre d'émancipation mieux que Manuel. Le grand orateur ne manqua pas à son devoir. Sa parole grave et forte, s'appuyant sur une connaissance parfaite des hommes et des choses, alimentée par la plus haute culture, trouva, pour venger l'immortelle libératrice, de magnifiques accents. Il représenta que Louis XVI avait été précipité sous les coups de la menace étrangère et que pareil sort attendait peut-être, en son palais captif, le cruel et féroce Ferdinand. Et c'est alors que, pour défendre la Révolution, il prononça la phrase célèbre, ou que du moins rendit célèbre l'esprit de parti : « Ai-je besoin d'ajouter que les dangers de la famille royale en France sont devenus plus graves lorsque l'étranger eut envahi notre territoire et que la France, la France révolutionnaire (*Voix à droite* : Il ne connaît que celle-là !), sentant le besoin de se défendre par des *forces* nouvelles et une nouvelle énergie... » Il ne peut achever. Un tumulte concerté couvre sa voix d'une effroyable clameur. Cent députés, debout, trépignent, hurlent, le menacent, tandis que, calme et hautain, accoudé à la tribune, l'orateur regarde cette furieuse mêlée. Pendant une heure, les injures et les outrages pleuvent autour de lui ; l'orateur essaie de parler et le président, impuissant, lève la séance. Manuel descend, s'asseoit à la gauche, écrit au président pour protester.

La séance est reprise ; mais on ne la peut tenir. On la renvoie au lendemain 27 février. Alors M. de La Bourdonnaie réclame l'expulsion pour toute la session du membre qui a apporté à la tribune l'apologie du régicide. Manuel veut parler. Les colères lui ferment la bouche. M. de Saint-Aulaire, M. Demarcy, le général Foy, se précipitent pour le défendre. Aucune raison ne peut entamer le parti-pris violent de la droite. Manuel refuse de se défendre et de s'abaisser, revendique son droit de défendre la Révolution, écarte toute apologie du régicide et déclare qu'il est victime d'un guet-apens où l'on veut avoir raison de sa constance et de son courage. Enfin on renvoie aux bureaux la proposition que rapporte son propre auteur, et la Chambre l'ajourne au 3 mars.

L'expulsion ne faisait aucun doute. Au moins le parti libéral décimé fit face à la violence spoliatrice de la liberté et, par tous les orateurs, vengea par avance la tribune de la souillure de la force. Après quoi, Manuel fut expulsé, en dépit de l'appui que lui prêta Royer-Collard. La Chambre se sépare ; mais le lendemain voici Manuel, en costume, à son banc. Sommé de quitter son banc, il refuse : la garde nationale, mandée, répudie comme abominable l'ordre qui lui est donné. Il fallut faire donner les gendarmes qui, conduits par le colonel de Foucault, « accompagnèrent » l'orateur républicain.

Tous les députés de la gauche se retirèrent, protestèrent, refusèrent de prendre part aux débats, s'exclurent eux-mêmes avec la victime de toutes les haines rétrogrades. Au dehors, des manifestations vite réprimées vengérent de cet affront le noble représentant de la démocratie terrifiée. Soixante-deux députés s'abstinrent de siéger jusqu'à la fin de la session, tandis que le centre gauche négligea de prendre part aux délibérations et aux votes.

Ce coup d'État parlementaire avait été organisé. La droite ne pouvait tolérer l'orateur véhément, dont la parole inspirée la flagellait et qui, répondant aux provocations par des coups soudains, attestait, par sa seule présence, l'invincible espoir des générations opprimées. Déjà, lors de sa double élection, en Vendée, on avait voulu l'invalider. On préféra attendre et, pour la simple phrase qu'il avait prononcée, toutes les colères préméditées éclatèrent dans une feinte explosion. Même le *Moniteur* falsifia les paroles de l'orateur pour rendre apparent le grief allégué. Manuel avait montré la France faisant appel à des « *forces* nouvelles ». Le *Moniteur* porta « *formes* nouvelles » faisant ainsi ressortir qu'il y avait eu apologie du régime conventionnel... Manuel disparut : il ne devait plus reparaître sur la scène politique et, retiré à Maisons chez son ami le banquier Laffitte, il mourut à cinquante-deux ans, de ses blessures, reçues comme engagé volontaire de 1793. Le Gouvernement exigea que l'enterrement suivît, pour aller au Père-Lachaise, les boulevards extérieurs. Ainsi tomba, presque frappé à mort par la calomnie, l'un des premiers orateurs de ce temps, le premier, en tous cas, qui se présenta à la tribune les mains vides de tout *factum*, se confiant à sa parole libre et fière, artisan glorieux de l'éloquence parlementaire, noble soldat de la Révolution qu'il protégea, jeune et encore enfant de sa poitrine, et devenu homme, de son talent.

A une majorité formidable, surtout en l'absence du côté gauche qui, par son départ, portait le deuil de la tribune, le crédit de l'expédition fut voté. La Chambre des Pairs, en dépit d'une résistance opposée par les pairs que le duc Decazes avait nommés et d'une courte lutte de Talleyrand, approuva. Et la guerre fut déclarée ! Cent mille hommes s'ébranlèrent, en quatre corps, commandés par les maréchaux Moncey, Molitor, Oudinot, le général Dudesoulle, commandant la réserve, le duc d'Angoulême planant du haut de son inexpérience sur la médiocrité reconnue de ces chefs vieillis. Le major général était le général Guilleminot avec un chef d'État major, M. de Lestonde. Mais précisément, le carbonarisme agonisant allait profiter de ce rassemblement formidable pour préparer une insurrection militaire et pour faire se retourner contre les Bourbons de France l'épée tirée en faveur des Bourbons d'Espagne. Cette tentative folle était condamnée d'avance. L'armée s'était retirée du carbonarisme après lui avoir prêté une fidélité qui ne se démentit pas jusque dans la mort. Mais les exécutions sommaires qui l'avaient ensanglantée, et surtout celle des quatre sergents de la Rochelle, si elles ne l'effrayèrent pas, la jetèrent à tous les doutes. Toujours et toujours la main du bourreau s'abattait sur les soldats, jamais sur les civils.

Or, tout ce qu allait tenter sur cette armée, irritée de l'inégalité des châtiments, le carbonarisme, ne pouvait que se retourner contre lui. En vain, le colonel Paivoi se jeta en Espagne pour rassembler sept ou huit mille insurgés français, puis pénétrer avec eux au sein de l'armée, à la frontière et ébranler les soldats par la vue du drapeau tricolore. A peine trois cents hommes furent fidèles au rendez-vous, près d'Irun, et ils étaient dispersés par les mitrailles au pont de Béhobie: En même temps, la police surprenait dans une diligence la preuve du complot, dont, comme toujours, de jeunes imprudents étalaient les complications. On y vit des lettres adressées à M. de Latonde : on révoqua le général Guilleminot, on arrêta M. de Latonde, et le duc de Bellune quitta Paris, quoique ministre de la Guerre, pour aller remplacer le major général. Mais, sur les représentations du duc d'Angoulême, tout ce bruit cessa. Les chefs disgrâciés reprirent la faveur de leur commandement, et, pour étourdir l'armée et l'entraîner dans une diversion, le 7 avril 1823, on lui fit passer la frontière.

De grandes difficultés l'avaient jusque-là retenue, des difficultés d'ordre matériel. La campagne d'Espagne avait été préméditée et le plan avait été, depuis longtemps, préparé au ministère de la Guerre. Or, l'armée, à la veille de l'invasion, se trouvait sans vivres, l'intendant général n'ayant pris aucune mesure. Cette inertie coupable et volontaire profita au célèbre financier Ouvrard. Par une coïncidence qui doit bien peu au hasard, il se trouvait à Bayonne quand le duc d'Angoulême, pressé par les événements et par les jours, ne savait comment il nourrirait l'armée. Cet homme audacieux, sorte d'aventurier gigantesque, tour à tour favori et vaincu de la fortune, spéculateur sous le Directoire, arrêté, ruiné par Napoléon, en ce moment même faible et privé de tous ses droits, s'offrit comme munitionnaire général; il fut agréé et un contrat fut signé qui, soumis plus tard à l'examen de la Chambre — et nous l'y retrouverons — donnait le droit au bénéficiaire de prendre dans les magasins de l'État toutes les fournitures, et obligeait l'État à lui verser dans les cinq premiers jours du mois les onze douzièmes des sommes présumées pour la dépense du mois. Moyennant cette double condition, l'État donnait à M. Ouvrard, représenté au contrat, que son indignité légale lui interdisait de signer, par son fils, le titre et le profit de munitionnaire général. Comment, par quelles intrigues et par quelles corruptions M. Ouvrard est-il arrivé là? Nous le retrouverons plus tard.

Cette expédition d'Espagne fut, sauf la fatigue, une promenade militaire et nos troupes ne se rencontrèrent le plus souvent avec les troupes espagnoles que pour en constater le soudain évanouissement. Sans faire usage de leurs armes, les soldats traversèrent cette région escarpée qui, au sortir de la France, par Irun, avait offert en 1810 aux conquérants un redoutable et difficile passage. Mais l'émotion patriotique, l'exaltation d'autrefois étaient tombées ; seuls les hommes aisés et riches, les hommes de la classe moyenne déclaraient leur haine publique et impuissante à l'envahisseur. Mais le peuple, sous la domination abrutissante des moines complices de l'invasion, tantôt se taisait, tantôt acclamait l'armée française, le roi absolu, bénissant de ses mains serviles les armes meurtrières qui égorgeaient la liberté publique. La pauvreté aussi fut l'auxiliaire de la force en ce pays d'où la traditionnelle fierté semblait exilée : M. Ouvrard, démuni de toutes fournitures, avait fait appel, dans la région traversée, aux habitants, offrant de payer dix fois plus cher le produit réclamé, étalant sous le regard ébloui de cette détresse profonde des millions en pièces d'or ou d'argent. Dès lors, d'Irun à Madrid, par Vittoria, Valladolid, Segovie, l'armée passa entre une double haie de fournisseurs improvisés, marchands, trafiquants, paysans, montagnards, toute l'ignorance et toute la misère, dont, une fois de plus, la main des moines se servait.

Pour hâter la marche facile de cette armée, le duc d'Angoulême employa encore un autre moyen : la corruption. Les munitions que traînait derrière elle cette armée n'étaient pas seulement des boulets et des balles, mais des millions. Ces millions, par parcelles, furent offerts aux généraux espagnols dont le premier geste fut de mépris pour la faible quotité à laquelle les généraux français avaient fixé leur honneur.

Les offres, selon la procédure ordinaire de la corruption, se firent plus importantes et plus pressantes, et, le premier, le général L'Abisbal, chargé par les Cortès de défendre la ville de Madrid, déclara ne pouvoir plus résister. Il prit ses précautions pour livrer Madrid découvert, s'enfuit, mais laissa à de dignes lieutenants l'ordre de tenir en son nom l'infamante promesse que sa conscience stipendiée avait faite au plus délicat des Bourbons. Il fut fait comme il avait prévu et, le 24 mai, le duc d'Angoulême pénétrait courageusement dans Madrid en même temps que le maréchal Oudinot. Où était l'héroïque Madrid de 1808? Où étaient les défenseurs de Saragosse?

Le peuple, dans la désolation des classes aisées, les seules que l'esprit de la Révolution avait éclairées d'un faible rayon, le peuple acclama les libérateurs. Quelques jours après, le 1ᵉʳ juin, l'armée française se mit en campagne pour poursuivre les Cortès et le roi Ferdinand qu'ils tenaient captif. Les Cortès s'étaient réfugiés à Séville. A l'approche du général Boudesoulle ils quittèrent Séville et allèrent se jeter, avec leur proie royale, dans l'imprenable Cadix, tout près de cette île de Léon, d'où, en 1820, l'intrépide Riego s'était levé pour l'indépendance. Il s'y trouvait encore, et méditait d'en sortir, pour aller, par les chemins glorieux où il avait déjà passé, réveiller le sentiment de fierté qui semblait éteint à jamais. Il arriva ainsi à Gibraltar, puis à Almeria, désarma le général Tagar, ancien lieutenant d'Abisbal, traître comme lui, et, avec ses troupes, marcha vers le général Ballesteros, à Priego. Celui-ci avait été touché par la grâce corruptrice;

Il avait lentement reculé devant l'armée française et à chaque pas livré pour toujours à l'envahisseur une parcelle de ce pauvre pays trahi. Riego fait appel à lui, à son courage ; mais Ballesteros résiste. Riego est obligé de se retirer. Trois colonnes françaises le poursuivent. Il lutte, blessé se cache dans une ferme, où la dénonciation le fait découvrir. Alors, ce prisonnier de guerre que l'armée française eût dû garder et protéger contre les fureurs, les généraux français le livrent aux autorités espagnoles, c'est-à-dire au bourreau. Seul, avec le général Mina et le général Quevada, qui, au dernier moment, s'enfuit, Riego sut défendre la Constitution et son pays. Tous les autres trahirent leurs promesses et vendirent leur épée à d'autres généraux qui la leur achetèrent.

Ce fut là toute la gloire de cette expédition, dont la fin couronna dignement les débuts. L'imprenable Cadix fut achetée, les Cortès se rendirent et le roi Ferdinand, par des émissaires d'Ouvrard, reçut quatre millions pour distribuer, en monnaie de corruption, parmi ses gardiens. Sous la révolte de quelques jeunes hommes, Ferdinand promit par écrit, sans donner à sa signature d'autre caution que sa conscience, de n'user d'aucune représaille. Après quoi, la ville ouvrit ses portes : les deux Bourbons, celui de France et celui d'Espagne se rencontrèrent, l'un et l'autre ayant dignement trafiqué de l'honneur espagnol et de la liberté de ce malheureux pays.

La guerre était close : c'était un financier failli qui en avait été le plus intelligent, sinon le plus glorieux stratège. Alors commencèrent les saturnales de la vengeance : pillages de boutiques, provocations, violences, délations, assassinats; on fit au digne roi une fête sanglante. Un spectacle particulier en rehaussa l'éclat : le procès et l'exécution de l'intrépide Riego, pendu au milieu des acclamations. Cela, c'était la revanche visible de la contre-révolution victorieuse. Vint tout de suite la revanche invisible et pesante, dure et cruelle : les moines restaurés dans leurs privilèges, la religion toute puissante, la Congrégation exaltée. C'était la religion qui avait mené à la trahison la malheureuse Espagne. Le formidable pouvoir international, agissant aussi bien à Paris dans le cabinet de M. de Villèle, qu'à Cadix dans celui de Ferdinand, s'était montré partout, au camp des généraux félons, aux assemblées des représentants infidèles, au prétoire où Riego était égorgé, sur les places publiques où la foule ignorante et basse acclamait l'insolent triomphe de la force. En même temps qu'elle, c'était le capitalisme naissant, mais déjà corrupteur, avilissant et avili, qui, sous les traits du failli Ouvrard, avait agi.

La Congrégation avait inspiré l'abominable campagne, l'argent en avait été l'instrument, et l'acier des épées n'avait même pas eu le féroce mais probe honneur du triomphe. Dès l'aube du siècle se montraient donc associées pour la même tâche d'asservissement et de rétrogradation les deux forces qui tiennent encore le monde captif, mais dont des symptômes éclatants annoncent cependant la fin par les coups et pour le bonheur de la démocratie.

CHAPITRE XIII

LE MINISTÈRE DE VILLÈLE.

Retour d'Espagne. — La réaction en Espagne et en France. — L'Université décimée. — La Chambre dissoute. — La pression électorale. — Les libéraux traqués et vaincus. — La nouvelle Chambre. — Le cas de Benjamin Constant. — Le milliard des émigrés. — L'opération financière de de Villèle. — La lutte entre la propriété foncière et la propriété mobilière. — Les intérêts pécuniaires de l'Église. — Échec de de Villèle. — Révocation de Chateaubriand. — La réaction contre la presse. — Mort de Louis XVIII. — Rapide jugement.

Bientôt après s'effectua le retour de Ferdinand à Madrid. Du haut d'un char de vingt mètres et que, pour mieux symboliser la servitude, des hommes traînaient, le roi, délivré de ses sujets par la trahison et la corruption, put contempler sa puissance. Les effets en furent sinistres. La mort fit expier aux plus timides le forfait de leur indépendance à peine apparue. Et, à chaque coup que frappait le bourreau, à chaque chaîne qui enveloppait les membres meurtris du captif, à toute confiscation jetant à la ruine les vaincus, pour notre honte, on pouvait reconnaître la main de cette France, entraînée hors de ses traditions par l'émigration.

Mais en deçà des Pyrénées, en France, pour être moins lugubre, la réaction se fit aussi audacieuse. Cette guerre sainte, pour la légitimité et pour la Congrégation, souleva l'enthousiasme et désormais l'armée, traitée en suspecte, l'armée de la cocarde tricolore redevint pour la réaction le suprême espoir. Les émigrés avaient brutalisé les officiers, décimé les régiments, tant que l'armée leur apparaissait sous le voile sanglant des anciens combats — armée du despotisme impérial, mais aussi armée de la France, et qui, à Waterloo, avait défendu l'indépendance de la nation. Du moment que cette armée n'était plus le vivant rempart de la patrie, mais l'instrument du rapt international et de la force de réaction, cette armée redevenait sympathique et, comme symbole armé de la contre-révolution, elle eut sa part dans les joies publiques. A sa tête défila le duc d'Angoulême, qui s'était illustré par l'inertie et qui avait triomphé par les tentatives d'Ouvrard; puis, derrière lui, les généraux de cette guerre nouvelle où la cible visée n'avait pas été le cœur ardent des combattants, mais leur conscience débile. Pendant des semaines, pendant des mois se prolongea l'allégresse publique et ce triomphe facile et vain effaça, pour les esprits superficiels, la contrainte dégradante que les alliés, trois ans durant, avec la complicité royale, nous avaient fait subir.

Le lendemain de ce succès on contempla l'envers de la force et, comme toujours, le spectacle fut hideux. Qu'avons-nous gagné en Espagne ? Des malédictions qui ne furent même pas compensées par des profits. Le peuple exaspéré, exploité en 1808 par la soldatesque impériale et par ses chefs rapaces, meurtri en 1823, garda au cœur une blessure. Le roi ne fut naturellement pas reconnaissant pour qui l'avait remis sur son trône branlant. Ce fut l'Angleterre qui recueillit le bénéfice de toute la campagne et c'est avec elle que les traités de commerce furent élaborés.

Le seul profit fut, en France, pour la réaction abominable. Désormais elle se pouvait tout permettre et elle se vautra partout. Qui pouvait résister à ses coups ? Elle avait été jusque-là, quoique honteuse d'elle-même en son humilité devant l'étranger, redoutable à la liberté. Maintenant elle avait lavé ses souillures, elle le croyait du moins, repris contact avec la victoire militaire, et que les lys fussent salis de sang, tout comme l'aigle impériale. Il y avait pour elle orgueil et joie. Qui pouvait l'arrêter, lui répondre, lui résister ? Elle abattit autour d'elle, pour le compte de la Congrégation, toutes les têtes, illustres ou humbles, où le rayonnement de la pensée lui désignait une hostilité. Les universités furent vidées des rares hommes dont la parole libérale pouvait encore élever l'âme de la jeunesse. Même M. Guizot, qui avait été le complice assidu et vertueux, dans sa sophistique doctrinale, de la première heure, et que n'avait pas rebuté la solitude de Gand, même lui dut descendre de sa chaire. Royer-Collard fut chassé de la sienne, car ce royaliste sévère et probe, qui avait rêvé l'impossible réconciliation des deux mondes, l'ancien et le nouveau régime réunis, la vie se suffisant du sépulcre, Royer-Collard était suspect ! Les journaux, même littéraires, furent frappés, les écrivains dépouillés de leur pension, les simples particuliers traqués, un curé, sous l'ordre de l'évêque, refusant le baptême à un nouveau-né parce qu'il était tenu sur les fonts baptismaux par Manuel (De Vaulabelle, tome VI). Enfin on aboutit au but, qui était de dissoudre la Chambre et de la faire réélire pour sept années. Le 25 décembre 1823 cette Assemblée fut dissoute. Qu'avait-elle refusé aux caprices ministériels ? Rien. Elle avait voté la guerre, voté les crédits, chassé Manuel de la tribune, meurtri la liberté des peuples sous toutes ses formes ! Était-il possible de supposer qu'une autre Chambre serait plus docile ? Cette gageure paradoxale fut tenue et gagnée. On croyait avoir atteint les limites dernières de la réaction : on ne faisait que passer le seuil. L'histoire de la France va maintenant descendre dans la nuit.

Cette Chambre qui allait être élue, on se réservait de lui faire tenir sept années durant son rôle parlementaire — sauf la dissolution toujours possible à la demande du roi. On voit par là que le ministère engageait toute la partie et qu'il s'exposait, en cas d'insuccès même partiel, à se river pour un temps durable à une Chambre hostile. On s'attendait donc à ce que

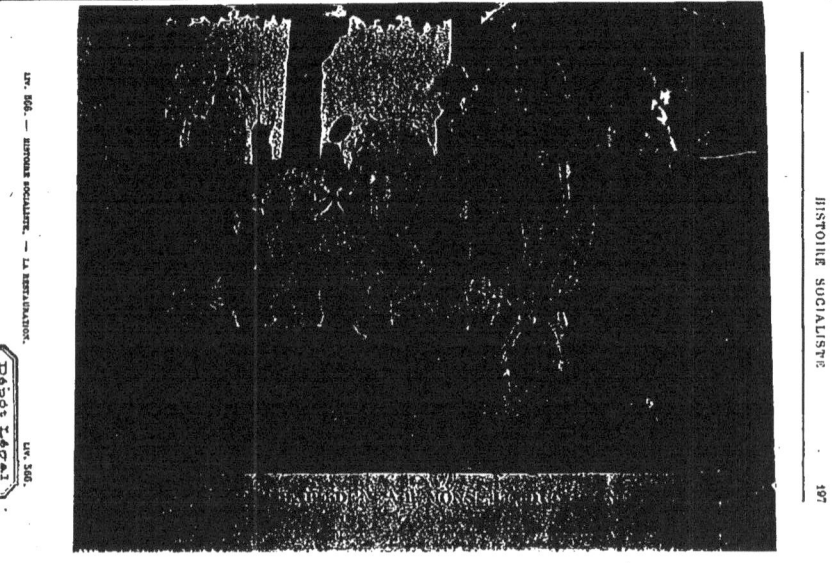

(D'après une estampe de la bibliothèque nationale.)

le Gouvernement prit ses ordinaires précautions et que la candidature officielle, depuis longtemps éclose et sous tous les ministères, apparût encore, qu'elle fût soutenue avec vigueur par les agents du pouvoir et imposée au corps restreint des électeurs presque tous tributaires de l'État; personne ne s'en indignait, ne s'en étonnait même. Mais la débauche de l'arbitraire fut telle que l'imagination forcenée d'un tyran ne l'aurait peut-être pas osé rêver si formidable. M. de Peyronnet, bien entendu, adressa des circulaires à ses agents, invoquant avec éclat la théorie nouvelle que celui qui sert le Gouvernement le trahit s'il n'use de sa fonction pour combattre ses ennemis. Cette littérature, que nous jugeons odieuse à distance, était devenue fade par son propre abus. Cette fois on alla plus loin : on fit appel aux procureurs généraux pour leur recommander de surveiller les notaires, les huissiers, les avoués, tous agents de l'État et qui lui devaient le dévouement complet. On eût pu supporter encore cette forme de la pression officielle. Mais celle-ci fit appel au faux : pour voter, un électeur devait payer un impôt de 300 francs. Ceux qui, parmi les électeurs, ne furent pas jugés capables de voter pour le pouvoir, subirent, pour cette année, un dégrèvement inattendu qui les rejetait hors de la liste des électeurs. D'autres, qui inspiraient confiance, étaient plus imposés et parvenaient ainsi, par un accroissement factice, au rang d'électeurs. A ceux-ci on refusait leurs titres ; à ceux-là on les renvoyait sous prétexte que leurs prénoms n'étaient pas semblables. Croit-on qu'un électeur qui s'appelait Chrysosthome fut privé du droit de voter parce que, si une *h* se trouvait sur son acte de naissance, cet *h* ne se retrouvait plus sur un autre de ses actes?

Bien entendu, le résultat de ces élections fut tel qu'on le pouvait attendre. Treize libéraux seulement purent triompher des honteux artifices par lesquels la volonté électorale avait été altérée. Le général Foy, MM. Casimir Perier et Benjamin Constant, qui avaient subi tout le choc de la réaction, revenaient. Les premières séances qui suivirent le discours du roi furent naturellement consacrées à la validation des pouvoirs. C'est en vain que la gauche signala les fraudes, les délits, les crimes commis contre la morale et contre la loi. Une invincible résistance lui fut offerte par une droite insolente, dont la victoire spoliée accroissait encore l'arrogance. Les libéraux, renforcés par quatre députés du centre gauche, dont Royer-Collard, formaient avec eux un groupe de dix-sept représentants, supérieur, certes, par la valeur morale et oratoire, mais ne pouvant même pas surmonter de sa voix, sans cesse étouffée, le tumulte concerté et grandissant. Seul, Benjamin Constant faillit être frappé, à la demande de M. Dudon, qui lui contesta sa qualité de Français, sous le prétexte de son extranéité matérielle et sans tenir compte de la nationalité de ses ascendants maternels et paternels qui étaient Français. M. Dudon s'emporta même jusqu'à reprocher à Benjamin Constant de louches spéculations. L'orateur libéral rejeta avec mépris cette insinuation et foudroya le vertueux personnage en lui rappelant des prévarications récentes et dont toute l'Assemblée avait gardé le souvenir. Puis, sur un rapport de Martignac, il fut admis.

Vinrent alors les premiers projets de loi dont le ministère, pour tenir la parole royale, saisit la Chambre : ce fut le projet destiné, par une conversion de la rente, à fournir aux émigrés une indemnité que des statistiques, d'ailleurs assez confuses, permettaient de fixer à un milliard. M. de Villèle, dont la compétence financière s'était manifestée souvent, même dans l'opposition à M. Decazes, avait arrêté un projet cependant assez obscur : la rente cinq pour cent descendait, par un vote législatif, à quatre pour cent, sous la réserve cependant que les porteurs de titres pouvaient, s'ils le désiraient, obtenir le remboursement. Ce un pour cent suffirait à M. de Villèle à payer, par la constitution de vingt-sept millions de rentes attribuables aux émigrés, un capital d'un milliard. A la Chambre le débat réunit contre la loi le général Foy, Royer-Collard, et quelques députés ultras, amis de Chateaubriand, ministre des Affaires étrangères, dont l'opposition au gouvernement même dont il faisait partie se manifestait sourdement. Mais la majorité qui s'apprêtait à accepter le projet, et qui couvrait de ses murmures la simple lecture des amendements proposés, rendit impossible tout débat ample et fort. C'est à la Cour des pairs qu'était réservé d'arrêter ce projet et de porter par son vote un coup redoutable, et le premier, à M. de Villèle. Mais c'est là aussi que le débat revêtit une forme et fut enveloppé de circonstances qui doivent nous retenir.

La Haute Assemblée était, en principe, hostile à cette conversion prétendue. Elle n'avait pas manifesté cette hostilité uniquement pour complaire aux vieilles rancunes de M. de Talleyrand ou de M. Decazes, ou aux velléités inexprimées de Chateaubriand, et il faut chercher dans d'autres mobiles l'inspiration qui la poussa à une résistance grandissante et à un vote négatif. Ce débat, à la vérité, n'était un débat politique que pour la forme. Au fond, il était un débat économique, et, quoique ces horizons nouveaux n'aient pas été signalés par la clairvoyance des orateurs, c'est bien à une question sociale que se heurtait l'assemblée inconsciente. Quelle était cette question? Elle tenait tout entière dans le conflit naissant et devenu si aigu entre la propriété mobilière et la propriété immobilière, et entre les hommes qui étaient, à cette époque, représentatifs de ces formes de propriété. Issue du cens politique qui remettait le pouvoir aux grands propriétaires, issue par conséquent de la puissance immobilière et terrienne, la majorité de la Chambre était acquise à toute mesure qui ne frappait pas les possédants immobiliers. Or, si l'on voulait indemniser à proportion d'un milliard les émigrés, il fallait trouver des ressources, et ces ressources ne se pouvaient découvrir que dans un impôt nouveau ou dans une opération financière. L'impôt nouveau ? Il frapperait la terre, tributaire du Trésor, au dire des défenseurs de la propriété immobilière, au moins pour un trentième de sa valeur. C'était là l'intolérable fardeau dont aucun de ceux qui possédaient ne voulait, même pour l'amour des émigrés, accepter le poids. Voilà pourquoi, devant la Chambre, où de grands seigneurs terriens ou leurs mandataires politiques formaient la majorité, l'opération financière de M. de Villèle, qui écartait le spectre de l'impôt, avait recruté tant de partisans.

Il n'en allait pas de même à la Cour des pairs. Elle était composée d'illustrations vieillies, d'anciens soldats, de nobles anciens, de financiers, de cette aristocratie nouvelle dont la force ne reposait pas sur la terre, mais sur l'argent. De plus, sans circonscription électorale, inamovibles et souverains, vivant à Paris et n'attendant rien de la province, ces pairs, s'ils n'étaient pas presque tous des porteurs de rentes, se mouvaient dans une société qui, rattachée à Paris par son goût ou par la nécessité, était la dépositaire des premiers et rares éléments de la fortune mobilière. Dès les premiers jours donc, le conflit se posa entre ces intérêts différents, ces fortunes différentes, et le choc qui eut lieu mit aux prises la propriété terrienne et la fortune mobilière, la Bourse et le champ, le hobereau et le financier ; tous deux, certes, ennemis héréditaires de la démocratie, mais le premier, brutal, pesant, féodal, féroce ; l'autre, astucieux, ingénieux, habile, susceptible d'ouvrir inconsciemment la porte au progrès.

L'origine de ces deux forces rivales et qui allaient se mesurer dans le champ clos du Luxembourg était dissemblable ; dissemblable était aussi l'influence qu'elles exerçaient. « Qui a la terre a les hommes », disait-on sous la Révolution, quand on abattait les droits féodaux, indiquant ainsi que la pression de la terre sur l'homme est formidable, écrasant à la fois son corps et sa conscience. Mais, pour redoutable qu'était et qu'est demeurée cette pression, elle est restreinte : l'influence de la propriété terrienne ne dépasse pas la région où elle est éclose. Au contraire, la fortune mobilière pèse moins sur l'homme, mais pèse sur plus d'hommes, étend son influence au loin, partout où, rapides comme le vent, volent les symboles ailés de sa puissance, et pour faire la conquête de l'homme et déterminer sa chute, elle a plus de moyens de séduction et de contrainte...

Aussi redoutables, ces deux forces rivales se rencontraient : l'échec de la propriété terrienne allait être certain. M. Roy, ancien ministre des Finances, attaqua la loi et la fit passer à l'épreuve cruelle d'une dialectique aiguisée. M. de Villèle se défendit et les forces demeuraient égales. Alors, intervint la Religion sous la forme onctueuse et meurtrière à la fois de l'archevêque de Paris, M. de Quelen. L'Eglise, certes, était intéressée au débat. Dépossédée par la Révolution de ses domaines qui étaient par parcelles aux mains des détenteurs nationaux, elle avait enrichi son patrimoine de rentes. Elle était tout acquise à la fortune mobilière que menaçait, par l'abaissement du cinq pour cent à quatre pour cent, l'opération de M. de Villèle. L'Eglise, de toute sa puissance, donna dans la discussion. Elle fut doucereuse et discrète et n'invoqua pas, par la bouche de l'orateur sacré, ses intérêts propres. Elle invoqua l'intérêt des petits porteurs, et montra que les aumônes allaient être, comme la rente, dépouillées d'un cinquième. Ce fut le dernier coup, et, en dépit de M. de Villèle, la propriété foncière fut battue. Ainsi, dans un débat où il s'agissait d'indemniser les émigrés et de défendre une cause chère au roi, à la Chambre, à la Cour des Pairs, à l'opinion royaliste, les émigrés étaient abandonnés. Plus forte que la conviction politique, la convoitise économique l'emportait. Dans ce duel, c'était la finance, la banque, le crédit, qui avaient lutté et vaincu, aidés d'ailleurs de l'Eglise dont le tabernacle prenait, au contact du coffre-fort, une sonorité impie et lucrative.

M. de Villèle était vaincu. Il ne partit pas, mais il se vengea. Depuis quelques semaines, une haine sourde, et qui allait éclabousser de ses éclats la politique, existait entre lui et Chateaubriand. Les scrupules avaient été légers à ce dernier, qui, partisan de l'intervention en Espagne, inspirateur tenace de ce crime retentissant, n'en avait pas moins supplanté le ministre des Affaires étrangères, Mathieu de Montmorency. Cette hâte à s'installer au pouvoir lui avait d'ailleurs été funeste en ce qu'il s'était aliéné la Congrégation dont le ministre exclu était l'instrument docile. Depuis, il avait triomphé, paré de toutes les amitiés illustres, de toutes les sympathies royales dont son zèle de courtisan avait, avec patience, recueilli le profit. Il était, pour le public superficiel, l'homme d'État universellement connu et dont le ministère ne pouvait, sans s'abandonner lui-même un seul jour, abandonner l'appui. Mais l'éclat, légitime celui-là, de sa réputation littéraire lui faisait illusion à lui-même sur la portée de sa réputation politique. Or, celle-ci,—nous ne parlons pas des renommées brouillonnes, éphémères, bruyantes, qui tombent avec le souffle irrité qui les apporta — ne se peut conquérir et soutenir que par un labeur obscur, une compétence arrachée chaque jour par une main avide au secret des choses, une persistance dans les idées et une tenacité dans la marche que même les obstacles n'arrêtent pas: car la tenacité et la persistance ne sont pas la rigidité, et l'habileté, sans choir à l'intrigue, peut tourner les difficultés. De ce faisceau de qualités premières et secondaires, Chateaubriand n'avait aucune : le Conseil des ministres fut le théâtre habituel et discret de son incompétence vaine et de sa paresse d'esprit. Détaché de la politique par ses côtés arides et rebutants, il n'était que le héraut sonore dont la clameur était devenue inutile et qui se rencontre chaque jour avec l'opiniâtre lutteur dont les veilles préparent les jours. Là était M. de Villèle, dont le caractère fut médiocre, mais l'esprit vigoureux, clairvoyant, volontaire. L'antipathie entre ces deux hommes, et qui était due à tout ce qu'il y avait d'irréconciliable dans leurs conceptions, leurs manières, leurs attitudes, s'accrut quand M. de Villèle apprit que Chateaubriand faisait opposition, à la Cour des pairs, à son projet. Sitôt celui-ci abattu, Chateaubriand fut congédié par une ordonnance que M. de Villèle obtint aussi aisément du roi malade et vieilli qu'il avait obtenu la nomination.

Ainsi, et surtout par la brutalité et la soudaineté de l'exécution, M. de Villèle se donnait un ennemi éclatant. Cet ennemi était tolérable, même par ses intrigues, quand il était retenu dans les entraves du pouvoir. Restitué à la liberté, il devenait, par la passion, la véhémence, l'éloquence, un adversaire formidable. Tout de suite Chateaubriand commença la lutte dans le *Journal des Débats* qui fut ravi par lui à la cohorte des journaux ministériels. Il accusa avec frénésie le ministère d'attenter à la liberté ! Il était temps vraiment que Chateaubriand s'en aperçût, et sa clairvoyance tardive ne pouvait que lui attirer une question : pourquoi avait-il, comme ministre, supporté toutes ces violations de la liberté, et si, depuis qu'il était journaliste, elles étaient devenues pour lui plus cruelles, c'est donc qu'il ramenait tout à son immense orgueil ? Cette observation qui fut dans les esprits, même les plus simples, désarma, pour un moment, sinon sa fureur, au moins l'effet de cette fureur. Ce n'était d'ailleurs là qu'un incident de second ordre et dont la conséquence politique se devait montrer plus tard.

Satisfait de cette exécution qui soulignait sa maîtrise, M. de Villèle chercha à la Cour des pairs un facile triomphe en faisant voter la loi de septennalité. Par là, on entendait le prolongement du mandat parlementaire pendant sept années. Le vote fut facilement obtenu. Le débat ramena la question qui sera aussi durable que le parlementarisme et qui est de savoir quelle doit être, pour le bien public, la durée du mandat politique. A vrai dire, la question change avec le régime. Dans une monarchie pareille à celle que Louis XVIII représentait, des élections fréquentes sont nécessaires : car l'élection est, si restreint et si asservi que soit le corps électoral, le seul procédé qu'a ce pouvoir de connaître l'opinion. Dans une démocratie où toutes les manifestations sont permises, une élection chaque année et par représentation partielle serait la plus vaine des agitations. En principe, l'apprentissage parlementaire exige une durée assez longue et, de plus, l'opinion a le droit de pénétrer dans une Chambre, d'un coup, si elle le peut, sans soumettre ses passions et ses intérêts au crible de l'élection partielle... La septennalité fut votée.

Ce triomphe léger ne suffit pas à M. de Villèle pour qu'il se tînt satisfait. La réaction se fit plus sévère : on rétablit la censure, les journaux furent décimés par les poursuites et, en même temps; enchaînés par des liens dorés du pouvoir. On acheta tout ce qui s'offrit et la sévérité légale frappa là où la vénalité avait été impuissante. Le scandale de la *Quotidienne*, feuille cependant ultra-royaliste, achetée en la personne de tous ses propriétaires moins un, Michaud, qui résista, fut chassé de chez lui par la police, fut condamné par la justice, enfin trouva des juges à la Cour, ce scandale retentissait encore quand, sans doute, par pitié pour l'histoire, le destin, plaça là, en septembre

1824, la mort du vieux roi. Son agonie fut courte : malade, replié sur lui-même, ne prenant plus ni air, ni mouvement, il céda sous le poids de la vie, et peu à peu s'éteignit. Il était mort le 12 septembre.

Il ne laissait pas une place vide. Depuis son retour en France, sauf quand la nouveauté de la situation étonnait encore par son contraste, son esprit, il avait laissé le pouvoir à d'autres. Ce furent, tour à tour, Blacas, Decazes, Richelieu, de Villèle. Fut-il habile comme on l'a prétendu ? Non pas. L'habileté ne se peut comprendre que sous une forme agissante et il était condamné au repos d'esprit. Les velléités de gouvernement libéral et ses retours à l'ultra-royalisme n'étaient chez lui que le reflet d'une pensée étrangère. Libéral avec Richelieu, après avoir été rétrograde avec Blacas, plus libéral encore avec Decazes, il subissait l'action de ces hommes. Du jour où la Congrégation eut placé à son chevet Mᵐᵉ du Cayla, il devint, aux mains de cette sainte intrigante, l'instrument de toutes les fureurs. Le sang coula, sans l'excuse de la guerre civile, sous le couperet légal. Il fut d'un monstrueux égoïsme, indifférent à la vie, à la mort, blasé sur toutes choses. Son rôle eût pu être grand : essayer de réconcilier deux forces ennemies, présider à la transaction suprême où les traditions mourantes réclament un peu de vie aux aspirations nouvelles ; ouvrir le long du torrent révolutionnaire de minces canaux par où le déchaînement de la tempête eût pu jeter son écume ; demander aux uns d'oublier, aux autres d'apprendre ; tenir pour respectable son serment de fidélité à la Charte au lieu de ruser avec sa propre parole, il eût pu faire tout cela. Il le tenta, non pour la beauté de l'entreprise, ni même, comme un artiste souverain, pour la noblesse de l'effort, même inutile, mais conduit par Decazes, c'est-à-dire en vieillard envoûté par la courtisanerie séduisante et non en homme qui sait et qui veut. Aussitôt rattaché à Mᵐᵉ du Cayla, il goûta près d'elle des charmes dont le parfum seul pouvait griser sa sénilité somnolente. Ainsi il s'éteignit chrétiennement et royalement, tandis que séchait l'encre sur la dernière feuille qui reçut son dernier sonnet grivois.....

QUATRIÈME PARTIE

DE LA MORT DE LOUIS XVIII A LA CHUTE DE CHARLES X

(Du 25 septembre 1825 au 30 juillet 1830.)

CHAPITRE XII

SITUATION POLITIQUE. — PREMIÈRES MESURES. — RÉACTION. — LE SACRE.
MORT DU GÉNÉRAL FOY. — MORT DE L'EMPEREUR ALEXANDRE.

La mort de Louis XVIII n'avait surpris personne, et la somnolence alourdie qui fut pour lui la longue préface du trépas avait préparé les autres à la succession. Dès que le duc D'Uzès eut, selon le cérémonial restitué par la royauté française, crié : « Le roi est mort! » tous se levèrent et l'agenouillement des courtisans fit place à une autre attitude : « Vive le roi! » répondirent les clameurs déjà adulatrices. Et ce vœu bruyant qui venait saluer un vieillard presque aussi âgé que le roi mort, quoique, il est vrai, plus indemne de par la nature, avait quelque chose d'ironique et de dérisoire.

Sous les pas du roi, la foule des quémandeurs royalistes se pressait, tandis que la foule ignorante, écartée des fastes et des manifestations de la politique, attendait pour voir ce qui allait choir du geste nouveau. Le premier effort d'un roi, fût-il destiné par l'ambition jusque-là contenue de son âme à l'autocratie la plus âpre, son premier effort est pour sourire, bénir et pardonner, comme si les plus inflexibles monarques sentaient cependant que l'absolutisme est un outrage au monde et qu'il a besoin de se faire tolérer. Charles X ne manqua pas, sur les conseils de de Villèle, à cette mode, fit amnistier quelques captifs, voulut paraître, sans cortège ni gardes, au contact du peuple et faire prendre confiance à ses sujets. Même ces gestes ayant paru trop courts et trop simples, Villèle y ajouta la garantie au moins provisoire d'une modification légale et, par ses soins, la censure fut supprimée, la liberté de la presse rétablie : ce qu'on appelait la liberté, c'est-à-dire un précaire et intermittent régime de discussion tempérée par les saisies et par les poursuites. Mais, en dépit de cet effort pour conquérir les sympathies, aucune communication ne s'établit avec le peuple. Comment aurait-elle pu se former? Il eût fallu, pour cela, que le peuple, frappé d'amnésie instantanée, rayât de la plus récente histoire politique, des actes et

(D'après un document de la Bibliothèque nationale.)
LIV. 567. — HISTOIRE SOCIALISTE. — LA RESTAURATION.

des inspirations de réaction, et il savait bien que le pouvoir occulte du comte d'Artois avait poussé aux mesures extrêmes de rétrogradation le vieillard chancelant dont il escomptait la fin. On savait bien que sa maison avait été le nid de toutes les intrigues, son entourage, l'état-major tour à tour éclatant ou perfide qui menait tous les combats, qu'il avait exploité le sang de son fils dans un intérêt politique. Comment et pourquoi le roi n'aurait-il pas ressemblé au prétendant, et comment le masque dur de l'héritier présomptif se serait-il prêté à des adoucissements tardifs? L'habitude revint vite, et tous s'aperçurent que sous le front médiocre que meurtrissait le poids de la couronne, aucune idée nouvelle et hardie n'était issue ; que ce cœur, figé comme l'était l'esprit, restait fermé à toutes les inspirations suprêmes. La réaction allait se déchaîner, et son premier sourire n'était que l'emprunt traditionnel fait au protocole royal qui veut que le premier geste du roi, dès l'avènement, soit une caresse.

Le passé du roi ne pouvait longtemps mentir, et ce n'était pas à son âge, quand les préjugés écrasaient en lui toute velléité libérale, que Charles X pouvait se modifier. Aux gestes de parade succédèrent des actes, et si le libéralisme fut sur les lèvres, on s'aperçut que la réaction était dans le cœur. Le ministère, investi d'autant plus de la confiance du roi que, comme héritier du trône, c'était lui qui l'avait formé, le ministère va surprendre l'opposition libérale par le zèle rapide et brutal avec lequel il va remplir sa tâche rétrograde.

Successivement des projets sont déposés, tant à la Chambre des députés qu'à la Chambre des pairs. A la Chambre des pairs, on demande de décider que dorénavant les congrégations de femmes puissent être autorisées non plus par une loi, mais par simple ordonnance. C'était lever toute difficulté à l'éclosion monstrueuse de ces associations innombrables qui vont envelopper d'invisibles et mortels réseaux la conscience du pays. La loi est salutaire, car le Parlement, mis en garde par la sollicitation dont il est l'objet, responsable, et tout de suite, devant l'opinion publique, le Parlement n'agit pas légèrement. Et la formidable machine parlementaire ne crée pas aussi aisément des congrégations qu'une obscure et simple ordonnance qui coule pour ainsi dire, d'une seule goutte d'encre, de la plume d'un ministre. Ceux-là savaient ce qu'ils voulaient qui allaient soustraire au contrôle aigu du Parlement la formation légale des congrégations de femmes, et on ne peut que rendre hommage à leur volonté rétrograde, dans l'instant même où on mesure les excès. Pouvoir, par l'artifice de la foi et par l'exploitation matérielle des pensées mystiques, pouvoir ainsi arracher aux familles pauvres ou riches les missionnaires gracieux et fidèles de la religion, guetter l'heure opportune où la faiblesse, la douleur, la désespérance, le dégoût de vivre, l'horreur des complications matérielles, la terreur de l'avenir, où toutes ces forces malsaines et provisoires livrent les femmes débiles au cloître, agir, les attirer, les emprisonner dans la douceur amollissante du couvent, c'était, ce fut toujours le but suprême de la religion, qui a besoin du dévouement, de la discipline d'esprit, de l'abdication de la nature pour prospérer. Or, le Parlement aurait tenu la comptabilité publique des autorisations réclamées et accordées, et pu prendre peur de la répétition meurtrière de ses propres consentements. Mais qu'une ordonnance soit sollicitée, signée, publiée, enfouie dans des publications légales, et que de ce simple geste naisse la congrégation, voilà qui était bien et utile. Malgré tout, cependant, la Chambre des pairs n'osa se dessaisir et, à la voix de MM. Lanjuinais et Pasquier, maintint la nécessité du contrôle et de l'autorisation législatifs.

La Chambre des Pairs, cependant, allait racheter par un impardonnable vote tout l'effort qu'elle avait accompli contre la congrégation et, pour ainsi dire, donner satisfaction à l'Église après lui avoir refusé un avantage. L'occasion lui en fut offerte dans le vote de la loi sur le sacrilège. Depuis longtemps le clergé, le haut clergé surtout, le banc des Évêques à la Cour des pairs sollicitait un redoublement de rigueur contre l'incrédulité du siècle. Il avait obtenu, malgré M. de Serre, autrefois, que la morale religieuse fût mise à l'abri de tout débat. Cela ne lui pouvait plus suffire, et il voulait, par des actes éclatants, frapper, au nom de la miséricorde, les profanations :

« La profanation des vases sacrés et des hosties consacrées est crime de sacrilège.

« Toute voie de fait commise sur des vases sacrés ou sur les hosties consacrées est déclarée profanation.

« La profanation des vases sacrés est punie de mort simple.

« La profanation des hosties consacrées est punie de la peine du parricide. »

A ces quelques dispositions tranchantes comme un couperet peuvent se réduire les dispositions de la loi nouvelle. C'était un implacable attentat au bon sens, à la raison, à la religion. Au bon sens, car quel être, à moins de déséquilibre, irait manifester la liberté de son incrédulité en brisant des vases et en souillant des hosties ? A la raison, car, même si ces actes étaient accomplis, qu'engageaient-ils et quelle opinion, quelle théorie, quelle philosophie auraient jamais accepté de se produire sous ces brutales apparences. A la religion enfin, car, d'abord, ces mesures législatives laissaient croire que des ennemis du dogme catholique en voulaient même aux innocents symboles où il se réfugie. C'était, en outre, supposer que, par son propre rayonnement et son seul prestige, elle ne parvenait pas à conquérir les âmes et qu'il lui fallait l'appui du juge.

Par conséquent une assemblée vraiment attachée à la religion eût dû répudier cette loi barbare qui faisait couler le sang des hommes comme avait coulé le sang de son fondateur déifié. Quelques catholiques, en effet, protestèrent. MM. Portalis, Pasquier, de Broglie s'honorèrent à soutenir les droits de la raison et ceux de la foi sincère, par hasard d'accord, contre l'attentat légal. Il était réservé au théoricien absolu de la monarchie dogmatique, à M. de Bonald, de prononcer de sanguinaires paroles et, pour ainsi dire, d'aiguiser, au rebord de la tribune, l'arme souillée du bourreau. « Que fait-on en prononçant en cette matière une condamnation à mort, disait-il, sinon renvoyer devant son juge naturel le criminel sacrilège ? » L'orateur raya lui-même d'une main pudiquement tardive cette abominable parole, mais la tache de sang est demeurée sur ce discours. La Chambre des pairs, après avoir substitué à la peine du parricide, qui entraînait la chute du poing, l'amende honorable du coupable, crut avoir assez fait pour l'humanité et vota cette loi bestiale où le spiritualisme chrétien venait chercher un refuge (127 voix contre 92). Peut-être était-ce dans l'esprit des pairs qui attachèrent leur nom à ce legs sanglant de l'ancien régime, peut-être était-ce de leur part une concession théorique qui leur permettait de faire excuser leur résistance pratique à la loi sur les congrégations de femmes. En fait, la loi du sacrilège ne fut pas appliquée : les pairs savaient qu'elle ne le serait pas, et ils la votaient pour satisfaire platoniquement une Église dont les colères avaient été allumées par leur précédent refus hostile aux congrégations. A tout prendre, et pratiquement, il valait mieux ne pas laisser éclore dans une nuit funeste des couvents innombrables, et voter une loi qui ne serait pas appliquée. Peut-être est-ce bien le compromis douteux où s'est arrêté l'esprit parlementaire du temps. Si cela est, ce compromis est haïssable. Certes, le bourreau ne fut jamais mis en mouvement par cette loi, mais c'est aux lois votées que se juge une époque : et qu'on puisse dire plus tard que la Restauration a pris de pareilles mesures, voilà qui jette sur elle un reflet sinistre et sanglant.

La Chambre des députés devait, en effet, souscrire à ces mesures, au mois d'avril 1825, par 210 voix contre 95. En vain Royer-Collard immortalisa le débat en y mêlant sa parole grave et triste, traductrice sincère des regrets qui agitaient cette âme désabusée par les excès du royalisme. En vain il distingua entre le péché que la religion châtie des feux éternels, et le crime que la société frappe de ses plus provisoires arrêts, rien ne tint devant la majorité frénétique qui voulait donner pour symbole au dogme le code pénal et qui ne voyait pas ce qu'il y avait de dérisoire à pleurer au pied d'une croix pour exulter au pied d'un échafaud.

La Chambre discuta avant la loi sur le sacrilège et, tandis que la Chambre des pairs était saisie de la loi sur le sacrilège, la Chambre discuta l'indemnité des émigrés. On se rappelle que M. de Villèle avait vainement essayé de trouver des ressources pour doter les émigrés. Aussi il voulait tenir, vis-à-vis de l'extrême fraction de son parti, une promesse faite et donner une satisfaction au personnel aigri, remuant, enveloppant et impérieux qui s'agitait déjà autour du comte d'Artois et qui n'avait pas quitté Charles X. Mais où trouver ces ressources que lui avait, en refusant la conversion, refusé la Chambre des Pairs, lui causant un premier et cuisant affront ?

Tout d'abord, on essaya d'évaluer la valeur totale des biens qui avaient été remis par la Révolution à la Nation. Comment faire ? Il fallait connaître les revenus. Or, il y avait, à cause des dépréciations subies, une difficulté très grande à connaître ce revenu. On le fixa tout de même à l'aide d'une évaluation arbitraire et il se trouva que, sous la plume de de Villèle, ce chiffre vint s'inscrire à 1 297 760 007 fr. 00 ! Plus d'un milliard était dû aux émigrés. Mais comme ils avaient reçu (l'État ayant payé à leur place dettes ou reprises) une somme de 309 940 445 francs, en bon et honnête comptable, de Villèle opérait la soustraction : tout compte fait, l'État devait 987 819 002 fr. 06 ! Où trouver les ressources ? Voici : On créait 30 millions de rentes 3 0/0 représentant un capital de un milliard et inscrites par cinquièmes, pendant cinq ans par conséquent, sur le grand-livre de la dette publique.

Le débat qui s'institua à ce sujet fut certes éclatant et la parole déjà mourante du général Foy, comme si elle sentait qu'elle adressait un adieu au monde, y fut incomparable de vigueur et d'éclat. Mais ce débat aurait pu être formidable par les conséquences sociales auxquelles il aurait pu et dû aboutir. La mesure dont profitaient les émigrés ne fut envisagée que sous son aspect politique. Quel redoutable aspect économique elle offrait ! Ainsi une assemblée régulière avait mis à la disposition de la Nation les biens des émigrés, les châtiant d'avoir quitté le sol national et de le livrer à l'ennemi, et avait exigé des acquéreurs un prix. Or, que faisait une Assemblée nouvelle, elle aussi régulière ? Elle faisait payer par la Nation les émigrés dépossédés par la loi. Ainsi les acquéreurs du bien avaient versé le prix, et de plus, comme contribuables, devenaient, eux ou leur fils, débiteurs vis-à-vis des anciens propriétaires. Ainsi était atteinte leur propriété, cependant consacrée par la loi qui avait autorisé la vente, et par le contrat qui l'avait enregistré. A quoi servaient donc les lois, ces contrats des nations, les contrats, ces lois des particuliers ? Où était la sécurité pour le possesseur ? Que devenait le fondement du droit de propriété puisque le pic infatigable des générations futures le pouvait atteindre ? Peut-être même, par l'effroi causé à l'aristocratie et à la bourgeoisie possédante dont cet exemple et ce précédent pouvaient ralentir le zèle, on aurait pu éviter le vote de la loi.

Cet aspect de la mesure ne fut pas abordé. Les ultra-royalistes, par une rencontre inattendue, se trouvaient d'accord avec les libéraux pour repousser la loi. Les royalistes trouvaient que le paiement de l'indemnité consacrait le rapt révolutionnaire et ils auraient voulu que les terres fussent reprises à leur possesseurs et l'indemnité à eux versée. Quelques-uns des orateurs royalistes traitèrent de voleurs et de scélérats les acquéreurs. Le général Foy releva, dans une brûlante apostrophe, cet outrage. Et ce cri révolutionnal re échappa de ses lèvres déjà contractées par la douleur : « Les possesseurs des biens nationaux sont presque tous les fils de ceux qui les ont achetés! Qu'ils se souviennent que leurs pères furent traités de voleurs et de scélérats!... Et si on essayait de leur arracher par la violence les biens qu'ils possèdent réellement, qu'ils se souviennent qu'ils ont pour eux le roi et la Charte et et qu'ils sont vingt contre un. »

Une foule de voix : « C'est un langage de factieux! C'est un appel à la révolte! »

En effet, et il était difficile qu'il fût plus brutal. Ni ce cri, ni les discours ne purent empêcher ce vote (250 voix contre 124). Ce fut là, si l'on excepte un discours spécial du général Foy sur l'organisation militaire, son dernier grand discours, et d'ailleurs la Chambre, après le vote du budget de 1826, entrait en vacances (Juin 1825).

Ces vacances furent un peu remplies par la cérémonie du sacre de Charles X. Le vieux monarque avait hâte de recevoir l'onction sainte sur ce front où la fortune infidèle avait jeté tour à tour tant d'obscurités et de rayons. Ce fut une fête officielle par excellence où le clergé eut naturellement la première place, protégé hautain, protecteur invisible, maître des couronnes chancelantes et des volontés débiles. Le bruit était à peine terminé de cette cérémonie où les robes d'évêques se mêlaient aux uniformes martiaux que tombait sur le champ de bataille politique un homme que le champ de bataille militaire avait épargné. Le général Foy succomba à une maladie cruelle, l'hypertrophie du cœur.

Le deuil fut général et la manifestation qui enveloppa ce cercueil, à la fois éclatante et émue. La mort stupéfie davantage ceux qui survivent quand elle scelle à jamais la parole sur les lèvres d'un orateur. Celui-là avait été grand par lui-même et la noblesse naturelle de sa pensée avait fait surgir en lui l'éloquence qui leur servit tour à tour d'arme et de parure. Soldat depuis la vingtième année, mêlé aux boucheries dont le premier Empire fit sa gloire, il n'avait pu recevoir une éducation oratoire. Mais sa culture, accrue par d'incessantes recherches et formée, dès le tout jeune âge, par un goût prononcé pour les sévères études, avait incessamment déposé en cette âme de soldat le levain immortel de la parole. Dès qu'il eut abandonné l'épée impuissante qui avait guidé une division à Waterloo, il s'était jeté au combat politique. Il y vieillit vite comme on vieillit vite à l'autre combat. Il fut l'interprète des idées libérales et renoua les traditions de ce temps avec le temps de la Constituante. Le peuple, la bourgeoisie libérale vinrent au bord de sa tombe. Et comme il laissait dans la misère sa femme et ses cinq enfants, une souscription nationale leur offrit un million dans un élan spontané, mêlant aux dons de M. Laffitte (50 000 francs), Casimir Périer (10 000 francs), les plus humbles oboles.

Pendant ce temps agonisait à l'extrémité de l'Europe, sur la mer d'Azof, l'empereur Alexandre, qui devait mourir le 30 décembre 1825. Il mourut déséquilibré, en proie à un mal mystique, fuyant les lieux qui lui étaient coutumiers parce qu'ils lui apparaissaient peuplés de fantômes. Il laissa, quelque temps avant sa mort, la cour, Saint-Pétersbourg, son palais, ses amis, et descendit vers le midi de son Empire, sentant qu'il suivait la voie funèbre qui le menait au tombeau entrevu. Il mourut du typhus, mais son corps délabré et son esprit surexcité avaient, pliant sous les excès, depuis longtemps perdu la force qui lui aurait permi de résister au fléau. On s'arrête devant cette nature un peu fuyante qui déconcerte l'analyse. Il fut certes secourable à la France égorgée et rançonnée, au lendemain de Waterloo, et ne permit pas que la pesanteur prussienne écrasât tout à fait notre essor. Est-ce par générosité, par amitié pour M. de Richelieu, par intérêt et pour ne pas laisser grossir de spoliations nouvelles le lot de ses associés? En tous cas, il le fit. Mais la France ne prêta qu'une attention évasive à ce théâtral décès. Cet homme était mort des excès de l'autocratie, grisé des parfums enivrants du despotisme, ivre à la fois d'action et de pouvoir, impuissant parce qu'il pouvait tout, ne voulant plus parce qu'il pouvait tout vouloir, attristé de la vanité même de sa force... On ne le put faire remarquer en France où une pareille constatation eût été un outrage pour le monarque constitutionnel malgré lui et qui s'efforçait de monter vers le pouvoir absolu — à soixante-neuf ans! En effet, l'année 1826 s'ouvrait.

Elle s'ouvrit par un acte qui, quoique louable, ne peut emporter dans la balance le poids des autres actes ni racheter les mesures meurtrières par où la Restauration tenta de procéder à un rétablissement chimérique. Le gouvernement régla, au mieux des intérêts nationaux et particuliers, les difficultés soulevées à Saint-Domingue depuis 1814 par le retour des anciens colons chassés par les noirs qu'avaient d'ailleurs surexcités et provoqués, en 1802, le général Leclerc, émissaire de Bonaparte. On reconnut l'indépendance du gouvernement et on fit payer des droits à concurrence de 150 millions pour indemniser les colons... Mais cette mesure était à peine prise qu'un projet audacieux émanant du pouvoir marquait jusqu'à quel degré, dans le passé, entendait retourner le nouveau régime : nous voulons parler du droit d'aînesse.

C'était un projet cher à l'ultra-royalisme, à ces survivants vieillis et aigris d'un passé mort, que ce projet qui devait restituer au xix° siècle étonné la législation de l'ancien régime. Et, dans le désir de revenir à cette législation ancienne, il n'y avait pas seulement le désir de rétablir une mesure rétrograde, mais celui d'humilier la Révolution, de brouiller sur des sillons glorieux sa trace géante, de détruire l'égalité souveraine qui, de ces mêmes sillons, s'était levée. Mais, malgré tout, le projet fut arrêté à la

Chambre des pairs et par des hommes qui cependant, comme MM. Molé et Pasquier, ne tenaient pas à la Révolution par des liens bien vivants. A la vérité, le rétablissement du droit d'aînesse entraînait la reconstitution de la grande propriété, enrayait le morcellement, était une atteinte à la petite propriété. En reconstituant de grands domaines entre quelques mains, on créait une caste privilégiée au point de vue social, au point de vue politique aussi, puisque le droit de vote s'appuyait sur l'importance de l'impôt. On organisait autour de la monarchie une garde éclatante et solide, armée de droits redoutables, dont la vie dépendrait du sort de la monarchie et qui serait liée par l'intérêt plus que par la conscience à son périssable destin.

Ce projet témoignait non seulement d'un désir violent de résurrection féodale, mais aussi d'une pauvreté de vues qui étonne quand on pense qu'on peut imputer cette médiocrité dans les aperçus à M. de Villèle. La vérité, c'est qu'il n'était nullement partisan de ce projet que lui imposait, au nom des émigrés insatiables, son collègue M. de Peyronnet. Comme pour la guerre d'Espagne, il laissait l'initiative de toutes ces fautes à d'autres, sans se douter qu'un ministre de sa taille adhérait à ces fautes quand il ne protestait pas et que les responsabilités historiques s'alourdissaient sur son front.

Il fallait, en effet, être frappé de cécité pour ne pas apercevoir que par un pareil projet le régime marchait à l'encontre du siècle et revenait sur des chemins désertés par la société. On pouvait haïr la Révolution et regretter que la fatalité historique l'ait fait surgir ; mais la supprimer, supprimer les semences jetées au monde de ses mains pleines, arracher à la conscience des hommes le dépôt des vérités et des principes qui y avait été placé, c'était une œuvre qui eût été impossible même au Dieu qu'imploraient tant d'agenouillements et qui ne pourrait, s'il existait, effacer ce qui fut. D'autre part, c'était ne pas comprendre l'essor économique nouveau dû à la création de la fortune mobilière et s'imaginer qu'on concentrerait les terres en quelques mains quand les capitaux tendaient à se diviser et à évoluer. C'était une folie. Sans compter la brutale atteinte à l'égalité cimentée par la famille, la déchéance jetée sur les cadets, sur les filles, le droit de tous les enfants au même régime familial et qu'ils tiennent de ce que le sang qui circule dans leurs veines fut le même dans les veines paternelles. Il y avait enfin l'avenir du pays, si cette chimère avait pu se réaliser, l'avenir du pays, écrasé sous cette concentration formidable, ennemie du progrès, fermée à toute application nouvelle de la science, routinière, rétrograde, stagnante. Tous ces spectres effrayèrent la Chambre des pairs, qui repoussa le projet ; restait la tentative qui marquait un état d'esprit inquiétant.

Comme toujours, la religion, pour marquer la défaite qu'elle venait d'éprouver en partie, faisait appel à des manifestations exubérantes et couvrait les rues, les places, les carrefours du tumulte de ses processions. Une sorte de nervosité dévote s'emparait du pouvoir qui, humble et soumis, suivait ces processions, le roi donnant l'exemple de la docilité obséquieuse

(D'après une estampe de la Bibliothèque Nationale.)

devant les évêques. Les casernes étaient envahies par les processions, chaque compagnie devant se rendre en corps à l'église, l'aumônier était maître des consciences et des grades, véritable espion de la congrégation et par qui les notes étaient fournies sur le compte des officiers. L'injustice violente de la faveur rejetait dans le rang ou tout près du rang les officiers qui avaient déplu. Des démissions suivaient les promotions scandaleuses où d'autres officiers triomphaient, leur uniforme n'étant plus que la livrée des valets de l'Église. Des missions partout parcouraient le pays, interdisant les représentations théâtrales sous le prétexte d'outrage au ciel, et surtout poursuivant Molière jusque dans la tombe en empêchant la reproduction de ce *Tartufe* dont les manœuvres souples et cyniques rappelaient trop leurs actuels procédés. La sacristie gouvernait, et dans son obscurité, le prêtre, redouté, dominait les familles. La congrégation allait jusqu'à placer des domestiques et jusqu'à rechercher les secrets de l'alcôve. Jamais son insolence ne fut pareille. Elle avait emprisonné dans ses mains invisibles tout le pouvoir, le roi, la cour, une partie de la presse. L'heure de son règne était venue et c'était elle qui tenait le sceptre débile que Charles X ne maniait plus.

A ce moment cependant, un coup redoutable, presque mortel, lui fut frappé. Il ne lui venait pas des soldats du libéralisme que cette réaction débordait, mais d'une main qu'on lui croyait amie. M. de Montlosier, ancien membre de la Constituante, émigré, défenseur intransigeant de l'ancien régime, publiait un *Mémoire à consulter*, qui fut contre l'organisation des jésuites un brillant réquisitoire. Certes le vieil ennemi de la Révolution, qu'avait plus encore aigri l'exil, ne pensait pas défendre par ce retentissant pamphlet la pensée libre dont il avait l'instinctive horreur. Il ne défendait même pas le libéralisme. Fidèle à sa foi, il parlait au nom de la religion, compromise par l'exploitation éhontée dont la compagnie de Jésus se faisait un bénéfice moral et un lucre matériel : sous les coups de ce catholique agenouillé devant l'autel dans un sincère élan, et qui n'était suspect à aucun, la congrégation recula. A la Chambre, M. de Frayssinous, interpellé, avoua l'existence, niée jusqu'alors, de cette association illégale que tant d'édits avaient proscrite. M. de Montlosier, ne se contentant pas de son accusation publique, dénonça à la cour de Paris cette existence irrégulière. Tous attendaient l'arrêt de la cour, déjà odieuse au royalisme pour avoir acquitté des journaux libéraux. La cour se déclara incompétente, mais en rappelant le nombre et la date et la substance des édits qui avaient interdit la congrégation des jésuites. La condamnation indirecte, mais tout de même redoutable, frappait au front cette compagnie, qui chancela. Contre elle, toutes les forces restées intactes, celles de la vieille France gallicane que représentait M. de Montlosier, celle de la France libérale qui parlait par M. Casimir Périer, la France des philosophes que la presse libérale symbolisait, la France des juristes indifférents à tout ce qui n'est pas la loi et qui s'exprimait par la cour de Paris, tout luttait. Mais, pris de vertige sur les hauteurs où le hasard de la vie et les retours de la fortune l'avaient placé, le vieux roi ne pensait plus, ne voyait plus. Il livrait son intérêt même, l'intérêt dynastique, ou dignité de roi laïc, tout le prestige résumé officiellement en lui de la longue lignée des rois ; il livrait tout à l'association insatiable pour qui les peuples sont des moyens, et aussi les monarques... En même temps, à l'extérieur, la politique de la France s'assombrissait. L'Angleterre, par la bouche de son ministre Canning, insultait la France en rappelant l'expédition militaire en Espagne, au moment où l'Angleterre envoyait une armée en Portugal. Mais qu'importait la baisse de notre influence et la fin de notre rayonnement extérieur ? Oui, dedans l'Église triomphait, les jésuites relevaient le front, la pensée de Voltaire était honnie, la honte de la Révolution lavée sous les flots bénits de l'eau sainte. Et cependant la réaction n'avait pas épuisé son souffle !

CHAPITRE XV

La loi de justice et d'amour. — L'imprimerie menacée. — Discours de Royer-Collard. — La loi votée à la Chambre élective est retirée à la Chambre des pairs. — Allégresse générale. — La garde nationale dissoute. — La censure rétablie. — La Chambre dissoute. — Élections. — Défaite du gouvernement. — Démission de Villèle. — Son œuvre. — Ministère Martignac.

A la fin de l'année 1826 le gouvernement, par l'intermédiaire de M. de Peyronnet, avait déposé un deuxième projet de loi sur la presse. La liberté de la pensée demeurait l'éternelle ennemie et c'est à lui chercher chaque jour de plus fortes entraves que travaillaient tous les réacteurs. A vrai dire, ce projet nouveau était aussi nuisible à l'imprimerie qu'au journal. On obligeait chaque imprimeur d'une feuille périodique à dire par avance, sur le vu des cahiers manuscrits dont il était nanti par l'écrivain, la quantité de feuilles et de lignes que contiendrait, une fois imprimée, cette matière. Malheur à l'imprévoyant industriel qui se trompait d'une ligne ! Tout ce qui dépassait ses prévisions tombait sous le ciseau et la phrase suspendue demeurait suspendue. Interdiction de publier quoi que ce soit s'il n'était observé un délai de cinq ou de dix jours, selon le nombre des feuilles, entre le dépôt de ces feuilles et leur apparition dans le public. Et qui est-ce qui constituait l'acte de publication ? Le fait seul de transporter hors de l'imprimerie les feuilles imprimées, ce qui rendait impossible au relieur de les rassembler en volumes... C'était la mort de cette industrie prospère, l'atteinte portée à des industriels, à des ouvriers, l'entrave mise autour de la pensée, outrage moral et préjudice matériel tout ensemble portés par une main imprudente. Ce fut la loi de *justice et d'amour*, — ainsi dénommée par dérision dans le peuple.

Un long cri de révolte retentit contre cette cruelle provocation. Des ultra-royalistes, des royalistes sincères, épouvantés par le surgissement de ces fautes, préface du surgissement des catastrophes, des libéraux comme

Casimir-Périer protestèrent. Aucun ne le fit avec plus de puissance que Royer-Collard. Le discours par lui prononcé demeure un des monuments les plus hauts de l'éloquence parlementaire. L'apostrophe, l'ironie, la virulence et la mélancolie mêlées en font un des chefs-d'œuvre les plus parfaits de la tribune. C'est à ce moment que, dénonçant les tyrans implacables, minuscules et médiocres potentats qui n'avaient, comme la Révolution ou Bonaparte, ni l'excuse de la gloire, ni celle du génie, il montra la faction invisible, mais aussi saisissable que si elle marchait enseignes déployées : « Je ne lui demande pas qui elle est, où elle va, d'où elle vient : elle mentirait ! » Jamais la compagnie de Jésus n'avait senti plus brûlant sur son âme le fer rouge de la flétrissure. Rien n'y fit, la loi fut quand même votée : si Gutenberg avait vécu, ces mains frénétiques l'eussent certainement conduit à la mort. Un orateur catholique n'allait-il pas jusqu'à dire « que l'imprimerie était une des plaies dont Moïse n'avait pas frappé l'Égypte ? » (Discours de M. de Salaberry.)

Le public accueillit avec effroi d'abord cette manifestation nouvelle de la pensée jésuitique, se demandant jusqu'où irait l'envahissement mortel qui recouvrait déjà une partie du pays. Le seul espoir demeurait fixé sur la Chambre des pairs. Celle-ci était depuis longtemps irritée de la brutalité avec laquelle de Villèle menait le gouvernement. Plus irritée encore elle était à la pensée que ce ministre, dont les vues personnelles n'auraient pas été hostiles à une direction plus libérale, inclinait sur la violence par peur des énergumènes surexcités qui s'agitaient autour de lui et pour garder, grâce à eux, un pouvoir trop convoité. De plus, l'œuvre passionnée de Chateaubriand commençait à faire sentir ses effets. La rupture plus personnelle que politique qui avait à jamais rendus implacables l'un à l'autre ces deux hommes avait, au début, diminué la portée des attaques violentes dont, sous la main de Chateaubriand, le *Journal des Débats* était rempli, mais le temps avait effacé ce souvenir et maintenant l'origine des coups retentissants était allé dans l'oubli. Restaient les coups, tenaces et rudes. Et la Chambre des pairs s'apprêtait à faire à ce projet de loi, à la loi vandale, comme avait dit Chateaubriand, un accueil détestable, d'autant que, recherchant les occasions de montrer sa brutalité, le gouvernement, à l'enterrement de M. de la Rochefoucauld-Liancourt, avait arraché le cercueil à des porteurs volontaires, engagé une lutte sacrilège au terme de laquelle le cercueil brisé avait roulé dans la boue.

Aussi M. de Villèle redouta-t-il le contact de cette assemblée, et, par un artifice misérable qui trompa un moment la naïveté publique, il fit retirer le projet de loi. La joie éclata partout, sur les visages, dans les rues, par les illuminations dont chaque scintillement dévoilait le fond de l'opinion. Des ministres avertis et sages, pour qui le gouvernement n'eût pas été une entreprise de combat contre la Nation, eussent puisé dans ce fait un enseignement et le projet retiré l'eût été pour toujours. Mais l'esprit cauteleux de de Villèle et l'esprit brutalement hardi de M. de Peyronnet, hommes d'expédients plus qu'hommes de principes, en avait autrement décidé. Et même ils allaient, comme pour accroître les difficultés que les évènements accumulèrent, procéder à la dissolution de la garde nationale, et porter ainsi, sur la tête d'une milice civique qui se confondait avec la population, un défi définitif à toute la ville.

Le roi, le 12 avril 1827, quelques jours avant que le projet fût retiré, avait approché de près la garde nationale qui, ce jour-là, jour anniversaire de sa rentrée à Paris, prenait par exception la garde aux Tuileries. Il en avait reçu des marques de respect, chacun croyant qu'il était un prince débonnaire, mais bien intentionné, que ses ministres trahissaient en le conduisant à une politique mauvaise. Touchante candeur de la population et qui prouve qu'avec un peu d'habileté un roi aurait pu étayer sur elle une popularité sinon durable, au moins sérieuse! Le roi, tout heureux de ces marques de respect, promit de passer en revue toute la garde nationale et fixa au dernier dimanche d'avril cette cérémonie militaire.

Mais les ministres veillaient : précisément on retirait le projet de loi de la Chambre des pairs et les manifestations ardentes auxquelles donna lieu à Paris et à Lyon ce retrait blessèrent des gouvernants trop disposés à rechercher une revanche politique à des défaites personnelles. Qu'allait faire le roi au milieu de ce peuple hostile à ses ministres et qui l'avait montré? La revue eut lieu : les cris de « Vive la charte! vive la liberté de la presse! » égalèrent les cris de « Vive le roi! » et le front de Charles X se rembrunit. Mais la revue finie et la dislocation ayant eu lieu, ce fut une autre manifestation : ces bataillons traversaient les rues de Paris, la rue de Rivoli, en acclamant la liberté et en criant : « A bas les ministres! » C'en était trop. Le conseil se réunit et l'ordonnance de dissolution de la garde nationale vint ajouter à l'impopularité de ce ministère précaire. On peut, certes, trouver qu'il était impossible à un gouvernement de laisser une troupe en armes juger violemment ses actes, tandis qu'elle était en service commandé. Soit, mais gouverner, c'est prévoir. Et la moindre clairvoyance, en l'état des esprits, eût prévu qu'un rassemblement aussi formidable (il y eut à la revue 300 000 spectateurs) était susceptible de donner lieu à une manifestation. Mais, frappés de folie, les ministres ne recherchaient-ils pas cette manifestation pour en déduire des actes de rigueur nouvelle? On le peut croire.

La session de 1827 allait être close (22 juin). Des rumeurs circulaient sur les actes de violence que préparaient les ministres. Ceux-ci étaient muets. Mais leur silence masquait des coups de force. On le vit dès que la Chambre fut partie. Une simple ordonnance rétablissait la censure en matière de presse. Et, peu attentif aux colères que cet acte engendrait, le ministère travaillait à une autre mesure. Il regardait l'horizon, interrogeant ses préfets, se réunissant, donnant l'impression d'une minorité factieuse, qui aurait détourné l'arme des lois et en frapperait une nation un moment stupéfaite. Quand M. de Villèle crut que tout était prêt, il agit et le même jour, 5 novembre 1827, le *Moniteur* enregistra quatre ordonnances : 1° la Chambre était dissoute et les élections fixées au 24 novembre; 2° la censure était retirée; 3° soixante-seize pairs nouveaux étaient nommés; 4° les présidents des collèges électoraux étaient choisis.

Ce coup de force semblait devoir frapper les oppositions diverses que le gouvernement rencontrait sur son chemin, surtout en ne leur laissant pas le temps de se rassembler, de se concerter. Du même coup, la Chambre des pairs expiait son hostilité, en recevant l'afflux nouveau de soixante-seize membres qui allaient noyer sous leur docilité toute prête l'indépendance relative de l'assemblée. Mais le gouvernement qui se portait à de telles mesures s'obligeait à vaincre totalement ou à périr. Il avait frappé toutes les têtes, les individus, toutes les collectivités : l'Académie, en la personne de Villemain qui avait protesté contre la loi de *justice et d'amour*, la Chambre en la dissolvant, la Chambre des pairs en brisant son ressort de libre contrôle, les ouvriers, les industriels, les gardes nationaux, ceux qui pensent, ceux qui travaillent, la presse, le livre, et défié ainsi toutes les forces vives et saines dont une nation ne peut se passer sans mourir. Comment vaincre tous ces ennemis qui, d'ailleurs, puisque le combat prenait cette âpreté et cette ampleur, allaient s'unir tous ensemble? Le zèle maladroit des préfets, les violences, les fraudes, rien de tout cela ne pouvait arrêter le mouvement formidable qui surgissait de la rue, des salons, des ateliers, des banques, ameutait les carrefours et surexcitait les esprits. La presse donne l'exemple : elle soutient à la fois M. de la Bourdonnaye, l'ancien ultra, converti aux exigences du parlementarisme, et La Fayette! Tout était prêt : en quelques jours, les indignations surprises avaient noué un concert irrésistible...

Le gouvernement profita de quelques incidents à Paris pour créer un mouvement de stupeur : à la suite de manifestations puériles par le nombre et par l'âge des manifestants, la troupe avait tiré. Mais la province ne fut pas entamée par l'exploitation de cette bagarre sanglante où la main de la police avait laissé des traces visibles. L'opposition revenait avec soixante sièges. Paris, sur 8 000 suffrages exprimés, avait donné 1 100 voix au gouvernement. Benjamin Constant n'avait eu contre lui que 22 voix. Royer-Collard était élu sept fois. M. de Peyronnet n'était élu nulle part!

C'était la défaite irrémédiable et sombre. En vain, M. de Villèle voulait se rattacher au pouvoir qui lui était dérobé, conclure, transiger, promettre, duper.

Toutes les fractions lui montrèrent un visage irrité ou méprisant. Il dut comprendre. Il dut partir et ne s'y résigna qu'en janvier 1828. Après la combinaison frivole de M. de Chabrol, naquit celle qui devait être plus durable et plus féconde, celle de Martignac.

M. de Villèle était vaincu par lui-même. Le caractère lui avait toujours manqué et le goût violent pour le pouvoir lui avait suggéré des actes d'autant plus répréhensibles que sa conscience les lui reprochait tout bas. Autour de lui, une minorité agitée et brouillonne avait agi, voulu, gouverné. Il lui avait assez de temps tenu tête pour qu'on puisse dire de lui qu'il était clairvoyant. Mais cela aussi permet de dire, puisqu'il céda, qu'il fut plus qu'un autre responsable. C'est lui qui a amené, par la succession des fautes les plus graves et les plus aisées à éviter, la chute de la monarchie. C'est lui qui a préparé les folies dernières par lesquelles dans quelques mois s'effondrera le régime. Et tout cela pour durer ! En effet, il a blâmé la guerre d'Espagne, le projet sur le droit d'ainesse, d'autres lois encore. S'il laissa la guerre se faire et les lois se préparer, c'est qu'il ne voulait pas résigner son pouvoir. Administrateur, financier, homme de budget et de chiffres, il ne fut pas un homme d'État : à ce degré supérieur ne montent que les hommes publics en qui la conscience parle et qui savent ne pas incliner au caprice des forces et aux entraînements des hommes leur pensée mûrie par l'expérience.

Les difficultés qu'allait rencontrer M. de Martignac tenaient à la dispersion dans la Chambre élective des partis. Il n'y avait pas eu contre de Villèle une opposition, mais des oppositions, rassemblées par des haines communes. Et maintenant qu'avait disparu le ciment qui les fortifiait, elles ne formaient plus qu'une poussière dans l'Assemblée.

Mais au moment où M. de Martignac succédait à M. de Villèle, si ardente que fût la lutte politique, l'attention des partis n'était pas tout entière absorbée par les événements intérieurs. Depuis six années, l'opinion, de degré en degré, participait par une émotion plus vive aux événements extérieurs. La lutte héroïque que soutenait la Grèce, le retentissement des combats livrés sur cette terre rendue prodigieuse par l'antiquité, de jour en jour les incidents davantage connus sollicitaient l'esprit public et le cœur de chacun.

La Grèce, soumise au joug turc, après l'avoir longtemps subi, s'était à la fin révoltée contre l'absolutisme d'une tyrannie sans repos. Si la tyrannie est toujours dure, quelles que soient les mains qui l'imposent, elle est intolérable aux moins sensibles, quand elle tombe sur une race des mains d'une race différente, ennemie, hostile, quand rien avec elle n'est commun, ni la langue, ni la pensée, ni la croyance, quand le passé interrogé proteste en rappelant des traditions d'indépendance. C'était le cas pour la malheureuse et noble nourricière intellectuelle du monde, à laquelle tout homme cultivé doit les joies sans nombre de l'esprit. Elle s'était révoltée, tandis que l'Europe, indifférente à son initiative comme elle l'avait été à son martyre, semblait ne pas voir. Nous ne parlons que de l'Europe officielle, des diplomaties, des cours, des parlements. A dire le vrai, l'embarras était grand pour tous les pouvoirs, et surtout pour le pouvoir français qui, dirigé par M. de Villèle, était hostile à toute intervention pacifique de la France.

Il faut bien reconnaître que M. de Villèle était dans la logique même de sa politique. Il s'était sourdement opposé à l'expédition d'Espagne, encore qu'il s'agit pour la légitimité d'aller soutenir la légitimité, pour les Bourbons de soutenir à la fois un principe et leur famille. Il n'avait cédé que quand la Congrégation lui avait montré prête à le laisser choir la main puissante qui l'avait élevé. Ici, c'était une opération contraire : il s'agissait d'aller au secours d'un peuple en révolte contre son souverain légitime et de donner un détestable exemple révolutionnaire. Aussi M. de Villèle résistait.

Pendant ces années, la guerre s'allumait sur tous les points de cette Grèce et, près des lieux immortalisés par ses premiers héros, d'autres héros renouaient à travers le temps la tradition sublime. L'audace de ce peuple sur terre, sur mer, surtout, jetait dans la terreur les Turcs. Sur les flots, les vaisseaux turcs ne pouvaient résister, malgré leur masse, à ces esquifs légers qui voltigeaient autour d'eux, les enserraient, portaient par des brûlots sacrifiés le feu à leur bord, déterminaient des explosions formidables. L'amiral Miaoulis surtout se distinguait par la rapidité des coups forcenés qu'il portait à la flotte du sultan, si bien que celui-ci, menacé, fit appel à Mohammed-Ali, le sultan d'Égypte, lequel lui délégua son fils Ibrahim.

La lutte va se resserrer à partir de ce moment. Rachyd, le général turc, met le siège devant Missolonghi, la citadelle fortifiée de la Grèce. Le siège dura quinze mois, fut fertile en sorties, fut levé, repris, et aurait duré plus longtemps, si Rachyd, écrasé, n'avait fait appel à Ibrahim. Ce dernier fut repoussé deux fois ; il préféra prendre la ville par la famine que par la force, et y pénétra, en 1826, non sans qu'une explosion effroyable ait jeté dans les airs plus de cinq mille hommes. La Grèce était vaincue, et le pays de Léonidas allait disparaître sous les flots de la bestialité turque.

A la fin l'esprit public brisa l'inertie des diplomates. L'opinion publique s'émut en France, formée de royalistes, de libéraux, de tous ceux à qui le souvenir de l'antiquité restituait tant de joies rares et précieuses. Mais il est probable que le sentiment tout seul n'aurait pas triomphé si l'intérêt politique et l'intérêt mercantile n'y avaient ajouté leur force.

L'Angleterre avait souscrit un emprunt en faveur des Grecs. Allait-elle laisser disparaître son gage avec la Grèce immolée par les barbares ? La Russie désirait faire de la mer Noire un lac russe. N'était-ce pas le moment pour elle de satisfaire son ambition ? Seule, la France désintéressée agitait ses armes par amour pur et vrai de la Grèce vouée à un malheureux destin. L'opinion publique fut si forte dans les trois pays que, le 20 juillet 1827, les gouvernements préparèrent une convention où ils s'engagèrent à faire des représentations au sultan, à enrayer sa marche, à soustraire en partie la

(D'après un document de la Bibliothèque Nationale).

LIV. 569. — HISTOIRE SOCIALISTE. — LA RESTAURATION. LIV. 569

Grèce à son joug et à ne plus lui laisser qu'un lien financier, par un impôt annuel, avec la Turquie.

Le sultan refusa. On le menaça. Il refusa encore. Il fallait agir. Les trois flottes anglaise, française, russe se présentèrent devant Navarin, où elles mouillèrent en octobre. Pour mieux surveiller les vaisseaux turcs, ces escadres pénétrèrent dans le port. Soudain un coup de feu abattit, sans provocation, un aspirant de vaisseau venu sur un navire turc. Ce fut le signal d'une épouvantable tuerie : pendant cinq heures, les canons tonnèrent. Après quoi, la fumée ayant disparu, on chercha les navires turcs. Ils étaient détruits et, avec eux, avaient péri six mille hommes. La Turquie n'avait plus de marine. La Grèce était délivrée de son redoutable ennemi.

Pas tout à fait cependant. Si les ports où la flotte turque gouvernait avec insolence étaient libérés de sa présence grâce au désastre qui l'avait engloutie, restait à ses troupes de terre l'intérieur du pays. Et Ibrahim vengeait par le fer et par le feu, sur les hommes et sur les femmes, l'écrasante défaite par où avait succombé la marine du sultan. Allait-on le laisser faire, et l'immolation de la Grèce serait-elle la rançon ironique et sanglante de la victoire non cherchée à Navarin? L'embarras était extrême, et jamais vainqueurs ne furent plus attristés de leur victoire que les Anglais, dont l'amiral avait, par le privilège de l'ancienneté, commandé en chef à Navarin. En détruisant la flotte turque, les canons de la coalition européenne avaient anéanti la Turquie, et celle-ci, sans marine ni troupes, ne pourrait plus faire face au colosse russe. Ainsi l'Angleterre se trouvait avoir travaillé au triomphe d'une politique qui lui était odieuse.

Néanmoins il fallut agir. Les trois nations une fois encore se mirent d'accord pour porter le coup décisif à l'insolence d'Ibrahim. Mais ce coup, qui le frapperait? L'Angleterre en revendiquait l'honneur, d'autant plus jalousée par la Russie, que celle-ci redoutait de la part de l'Angleterre l'occupation sans fin de la Grèce et la revendication d'un salaire plus formidable que la tâche. On finit par décider que ce serait la France, qui devait ainsi à son désintéressement le mandat de civilisation qu'elle allait rapidement remplir.

Ainsi fut décidée l'expédition de Morée. Quatorze mille hommes partirent sous les ordres du général Maison, au refus par M. de Caux, ministre de la guerre, d'employer Marmont ou Bourmont que lui voulait imposer le roi. L'Angleterre essaya en vain de gêner le débarquement en négociant directement le départ d'Ibrahim à Alexandrie. Le général Maison débarqua, bivouaqua. Il lui suffit de faire le geste et, sans tirer l'épée, il obtint la soumission d'Ibrahim. Ainsi, pour toujours, la Grèce voyait disparaître de son sol sacré la lourde infanterie arabe, et, par les mains de la France, était préservé d'une plus longue souillure le jardin délicat où la pensée humaine vit éclore tant et tant de merveilles.

En France, par là même, le libéralisme triomphait. C'est lui qui, en partie, avait fait décider l'expédition sur mer, puis l'expédition sur terre, aidé cependant, il faut le dire, de quelques royalistes comme Chateaubriand qui, outre le désir de déplaire à Villèle, voyaient dans les Grecs moins des soldats de l'indépendance nationale que des chrétiens levant la croix devant l'Islam. Mais le triomphe tout moral du libéralisme fut indirect et non moins puissant. Cette expédition de délivrance, faite pour arracher la Grèce à son joug, était la revanche de l'ignominieuse expédition d'Espagne, par où tant de chaînes avaient été nouées. Cette fois le fer, si souvent souillé, était épuré à un noble usage, et la force n'était plus une prostituée puisqu'elle s'ennoblissait au service du droit.

CHAPITRE XVI

LE MINISTÈRE DE M. DE MARTIGNAC

La situation des partis. — Élection du président. — Le roi choisit Royer-Collard. — Tactique de M. de Martignac. — Création du ministère de l'Instruction publique. — La Société de Jésus frappée. — Protestation des évêques. — Intervention du pape. — Intrigues de la Cour avec M. de Polignac. — Les libéraux s'allient aux ultras. — Les lois sur les communes et les départements. — Double échec du ministre. — Fin de la session. — Le roi congédie M. de Martignac. — Responsabilité des libéraux et du ministère.

Nous l'avons dit un peu plus haut : ce qui rendait plus difficile la tâche du ministère Martignac, c'est qu'il ne trouvait en face de lui qu'une poussière où s'étaient dissociés les éléments si fermes encore d'une opposition farouche. Le ministère de Villèle avait été abattu sous les coups d'une coalition et non par le méthodique effet d'une opposition homogène. Aux élections, quiconque arborait une opinion hostile à sa politique avait été soutenu par toutes les fractions, et nous avons vu La Fayette et M. de la Bourdonnaye confondus dans la même sympathie. Mais maintenant que l'ennemi était à terre, que pour panser insuffisamment les blessures de son amour-propre on l'avait nommé pair de France, en même temps que MM. Corbière et de Peyronnet (et sans doute aussi pour que leur présence à la Chambre élective ne fût pas un élément de trouble et une cause d'intrigue), maintenant que la cible vivante qui disciplinait, en les appelant sur elle, tous les coups, avait disparu, où ces coups allaient-ils porter et sur qui ?

L'ultra-royalisme revenait à ses fureurs premières et M. de la Bourdonnaye, qui semble bien, à considérer la correspondance de Chateaubriand et de de Villèle, avoir cédé une rancune personnelle, redevenait, sous une forme plus parlementaire, le personnage intransigeant d'autrefois. Les libéraux aussi retournaient à leur programme. En deux parties égales la Chambre était divisée. Restait entre ces fractions une trentaine de membres qui obéissaient à la direction politique de M. Agier. Il n'étaient pas ultra-royalistes, il n'étaient pas libéraux. Ils avaient le désir de concilier la Charte avec le libéralisme et, pour mieux dire, de rendre le libéralisme monarchique et la royauté libérale. Dans une période aussi troublée, cette fraction devait être souveraine, et selon qu'elle apporterait ses votes à l'une des parties de l'Assemblée, déterminer une politique de recul ou de progrès. Cela ne manqua pas.

Le premier effet se manifesta dans l'élection du président. Au premier tour de scrutin, le parti ultra l'emportait sur le nom de M. de la Bourdonnaye, tandis que Royer-Collard et Casimir Périer arrivaient les derniers sur cinq. Il fallut un second tour, et la fraction de M. Agier, froissée de l'attitude de la droite, vota pour les candidats libéraux, si bien que M. Delalot, un ami de M. Agier, fut désigné le premier. En haine de cette fraction qui venait de lui infliger une défaite, l'ultra-royalisme insista auprès du roi qui choisit comme président l'illustre Royer-Collard. La guerre était ainsi déclarée à cette minuscule et souveraine fraction et l'ultra-royalisme intransigeant et brutal en avait perdu l'appui.

Cette première indication ne fut pas négligée par M. de Martignac. Orateur habile, élégant, fleuri, moins rude que Villèle, mais clairvoyant, agréable et doux, séduisant autant qu'était souvent rebutant son prédécesseur, Martignac sentait qu'il avait devant lui une grande tâche, et ni sa conscience, ni son courage ne s'en émurent. Mais, il ne voulait pas se livrer dans l'état d'indécision où étaient encore les partis. Il attendait. Il avait, dès le premier jour, manifesté cependant une intention virile : en constituant son cabinet, il avait résolument détaché du département des Affaires ecclésiastiques le ministère de l'Instruction publique qui y était englobé. C'était une grande réforme et courageuse, car c'est d'elle que date la séparation de l'Université d'avec l'Eglise. Il avait mis, il est vrai, à la tête de ce département nouveau et qui allait se suffire à lui-même, il avait mis M. de Vatimesnil, qui avait donné tant de gages à la congrégation. Le choix de la personne rendit moins âpres les protestations de la droite contre cette création. On comptait sur M. de Vatimesnil pour ne faire de ce ministère de l'Instruction publique qu'une annexe de la congrégation. Mais M. de Vatimesnil trompa ses anciens amis et sa première mesure pour recommander à l'Université de se tenir loin des jésuites fut la manifestation heureuse et imprévue d'un état d'esprit tout nouveau.

En même temps qu'ils prenaient cette mesure de laïcité, courageuse pour le temps où ils vivaient, et qui consistait à remettre le ministère de l'Instruction publique hors du département ministériel des Affaires ecclésiastiques, les ministres nommaient une commission chargée d'examiner l'application des lois du royaume. C'était, par une périphrase incolore, désigner l'existence illégale de la société de Jésus et appeler sur son cas les méditations des juristes. Cette commission méditait encore quand le Gouvernement proposa une loi nouvelle sur la presse : elle supprimait la censure, elle supprimait l'autorisation préalable, mais elle exigeait, pour chaque journal, un cautionnement égal à 10.000 francs de rente ! C'était la liberté menacée par la fortune et la pensée mise à la merci de l'argent. C'était l'influence remise aux riches et la conscience des pauvres chargée, avant de prendre son essor, d'un poids trop lourd. Habile, trop habile balancement d'une politique trop souple ! On retirait d'une main ce que l'autre main avait donné. En séance, et en dépit des efforts des libéraux, le cautionnement fut maintenu, quoique abaissé à 6000 francs de rente !

Cependant les passions étaient loin d'être calmées, et ce ministère, venu avec de droites intentions d'apaisement, était enveloppé de toutes les colères des partis. Fort heureusement, le ministère lui-même n'était pas encore la cible visée par toutes ces colères. Si ardente avait été la lutte sous l'autre gouvernement, si profonde était la blessure faite par lui aux consciences que, non satisfaits par sa définitive retraite, les partis recherchaient encore M. de Villèle. Retiré à la Chambre des pairs, celui-ci n'avait même pas trouvé dans la dépossession dont il avait été frappé la contre-partie d'un loisir d'esprit ou d'un repos physique. Presque aussi souvent que quand il gouvernait, et avec la même amertume, les critiques virulentes cherchaient, pour blesser ce cadavre politique, le chemin de la conscience en lui toujours vivante. Et après bien des rumeurs, préface ordinaire des grandes initiatives parlementaires, la mise en accusation du ministère précédent fut apportée par M. Labey de Pompières, s'exprimant au nom des libéraux. Après un court et violent débat provoqué par l'impropriété ou l'imprudence des termes, cette proposition fut renvoyée à une commission dont M. Girod (de l'Ain) fut le rapporteur. Cruel embarras ! Dans les recherches auxquelles elle se livrait, cette commission se heurtait au silence combiné partout pour faire échouer sa tâche, aux résistances les moins dissimulées : c'était de corruption, c'était de trahison que le dernier gouvernement était accusé. Et on ne l'avait pu meurtrir de ce solennel affront qu'en ayant bien soin d'isoler de ses ministres le roi, dont la personne sainte était sacrée. La trahison de M. de Villèle consistait précisément à avoir intercepté tous les souffles de sympathie qui du peuple montaient vers le roi. Mais le roi, irrité en sentant déprécier et accuser les longs services dont il avait toujours approuvé la loyauté, avait réclamé de M. de Martignac qu'il s'opposât à ce que des mesures fussent prises contre M. de Villèle. M. de Martignac avait promis et, enchaîné par sa promesse, la voulait tenir. D'où, sous ses ordres discrets, mais directs, cette résistance passive des fonctionnaires et même des ministres, qui répondaient aux commissaires : « Je n'ai de comptes à rendre qu'au roi, mon maître. »

C'était une dérision pour ce Parlement qui se croyait maître de ses votes, et un démenti donné à son désir. La commission, ballottée d'un ministère à l'autre, impuissante devant les serrures fermées qui mettaient à l'abri de son regard les archives, établit cependant quelques griefs. La dissipation de la fortune publique, à propos de la guerre d'Espagne, des concessions faites à des ordres religieux et qui avaient entamé les droits de l'État, des séquestrations arbitraires, des spoliations, des fraudes formaient le faisceau, sinon de ses preuves, du moins de ses affirmations. Mais comment conclure et démontrer après avoir affirmé ? La commission ne le savait.

Or, pendant qu'elle cherchait le moyen de résoudre ce problème, un scandale sans précédent éclatait. On a vu un peu plus haut que le Gouvernement avait installé une commission chargée d'examiner la situation juridique des Jésuites qui persistaient, en dépit d'édits et d'ordonnances d'expulsion, à couvrir le sol de la France. C'était déjà une défaillance du pouvoir que de paraître douter de l'illégalité d'une congrégation brisée par tant d'actes et d'arrêts. Et, sans doute, cette défaillance était volontaire de la part de M. de Martignac qui, en créant une commission, se dispensait de donner, dès l'avènement de son cabinet, une opinion compromettante. Mais il n'est pas de solution ajournée qui ne s'impose à moins que la rare faveur des événements n'en débarrasse les hommes d'État. Donc cette commission avait réfléchi, travaillé, discuté, et voici le résultat auquel, à une voix de majorité, elle aboutissait : la société de Jésus n'avait rien de contraire aux lois du royaume !

Ainsi, d'un seul coup, étaient rayés de l'histoire et des annales judiciaires les édits et les arrêts qui avaient proscrit, comme mettant en péril par ses intrigues tenaces et souples la sûreté de l'État, cette congrégation. C'était un défi à l'opinion, au Parlement, à la cour de Paris. Et les libéraux s'agitaient sur les bancs du Parlement. Ils se demandaient si cette commission n'avait pas obéi à des influences du Gouvernement et si une connivence perfide avec la cour n'était pas la cause de ce scandaleux avis. M. de Martignac était à vrai dire, par de pareils propos, injustement soupçonné. Il avait, en entrant au ministère, un très ferme dessein, avoué au roi, et qui était de mettre obstacle à l'invasion religieuse. Seulement il avait peut-être compté, pour faciliter sa tâche, sur cette commission, ce qui était une faute de principe, un gouvernement ne devant jamais dissimuler derrière un paravent factice ses responsabilités. Sous les menaces libérales, il prit un parti, celui de frapper les Jésuites. Le roi céda, puis résista. Mais M. de Martignac avait en mains un moyen de pression dont il ne dédaigna pas d'user : c'était de livrer M. de Villèle aux fureurs parlementaires. L'ancien ministre devenait ainsi la rançon des Jésuites. Le roi, sur une menace de démission, céda enfin, et parurent ces ordonnances du 10 juin 1828 qui attirèrent sur la tête de M. de Martignac toutes les invectives sacrées, quoique, à la vérité, elles ne méritassent pas ce déchaînement de colères par leur timidité.

En effet, les ministres empêchaient les Jésuites de diriger et d'enseigner, mais non de vivre en France. C'était un recul sur la législation antérieure et comme un désaveu des arrêts rendus. Le clergé tout entier, par ses hauts dignitaires, surtout par la voix hautaine de M. de Clermont-Tonnerre, protestait. Pour réduire ces insolences, que le Concordat n'éteignait pas, le ministère s'adressa à Rome, et Rome, grâce à l'intermédiaire de Chateaubriand, donna au clergé l'ordre de se calmer. Il le fit, et de suite.

Mais l'obéissance passive dont, vis-à-vis du pape, le clergé venait de faire preuve était tout extérieure. La discipline sacrée descendait sur les faits et non dans les consciences. Si l'agitation cessa, si les ministres du culte, intimidés à la fois par l'attitude pontificale et par des mesures de suspension de traitements s'interdirent toute action bruyante, une vaste et silencieuse intrigue se noua qui avait pour but d'arracher le pouvoir aux mains qui, d'après l'ultra-royalisme, trahissaient les intérêts dynastiques.

De ce jour, le cabinet Martignac était condamné à mort. L'échéance seule était incertaine, mais non le résultat. M. de Martignac, dont le souple esprit entrevoyait les difficultés, sembla en avoir le pressentiment. Il se rapprocha visiblement de la gauche avec le désir d'appeler comme collaborateurs de sa politique M. Casimir Périer ou le général Sébastiani, le désir de confier d'autres fonctions moins hautes, mais positives, à d'autres membres du parti libéral. Précisément la place de M. de la Ferronays allait devenir vacante. Ministre des Affaires étrangères, un peu étranger aux coutumes parlementaires, effrayé des hardiesses de M. de Martignac, M. de la Ferronays désirait s'évader de responsabilités hautes. On pensait, par des mutations dans le ministère même, donner le ministère de la Guerre au général Sébastiani et celui du commerce à M. Casimir Périer... Mais le plan ne put tenir.

Le roi, en effet, commençait à agir contre son propre ministère. Dès que M. de Villèle eut été parti, il était tombé sous l'influence de Martignac dont la grâce expansive et séductrice avaient captivé un moment son esprit. Mais veillait près de lui, avec les regards jaloux d'un favori éconduit, le prince Jules de Polignac. De Villèle avait écarté ce rival en discréditant son intelligence et en faisant état de la légèreté de ses conceptions. Et sa parole avait pu, un temps, effacer, même dans l'esprit du roi, le souvenir des services rendus à la cause, l'émigration, la conspiration Cadoudal, la condamnation, dix années d'internement subies par ce prince. Ambassadeur à Londres, sur un message secret du roi il revenait, en apparence pour les besoins de sa fonction, en réalité pour rentrer dans le ministère. Mais aux premiers mots insinuants du roi, tout le cabinet se leva pour parler. C'était lui donner, par la présence de cet émigré intraitable, partisan des plus folles mesures de réaction, une couleur que n'auraient pu tolérer ses membres. Le roi comprit, Polignac aussi, et il repartit après avoir prononcé en faveur de la Charte et du parlementarisme un discours où une conversion hypocrite à de nouvelles idées apparaissait, satisfaisante seulement pour les naïfs.

Personne ne crut au repentir politique du prince intraitable ni que cette intransigeance hautaine avait pu abdiquer les théories du droit divin lui pour se commettre au soutien de la Charte. Mais s'il ne laissa pas derrière lui des convictions, le prince laissa derrière lui un plan : réunion sur le terrain royaliste de toutes les fractions royalistes qu'une stupide et stérilisante division avait affaiblies, et, par l'union reconquise, la chute du ministère était certaine.

On put croire un moment à l'échec définitif de ce plan quand on vit le résultat de l'élection présidentielle dans la session de 1829. Royer-Collard fut élu le premier et les royalistes ultras ne purent grouper sur le nom de M. de la Bourdonnaye que quatre-vingt-dix voix, mais cette assurance donnée à la droite de sa faiblesse numérique lui fut plus un encouragement qu'une déception. Seulement, puisque par le seul nombre elle ne pouvait pas triompher, elle allait, par la ruse et la diplomatie parlementaire, essayer de presser les évènements.

Le parti libéral était reconnaissant à M. de Martignac de son attitude. Aux gages par lui fournis, le parti répondit par un gage identique : il ne soutint pas, il retira au contraire, en séance, la proposition de mise en accusation dirigée par un de ses membres, Lubey de Pompières contre M. de Villèle. Ainsi, il permettait à M. de Martignac de tenir, vis-à-vis du roi, la promesse faite et qui, on le sait, consistait à épargner toute amertume ou tout affront à ses prédécesseurs. Et M. de Martignac s'imaginait que tous ces procédés aimables et utiles en même temps lui permettraient de conquérir définitivement sur le roi une influence que leur récent voyage triomphal en Alsace, et où l'émotion du roi s'était manifestée par des larmes, lui permettait de croire acquise.

Cette émotion, si elle n'avait pas été factice, avait été fugitive. Dès qu'il avait quitté des yeux les paysages sévères de l'Alsace, égayés pour lui de mille fleurs et de mille lumières, le roi était retombé aux mains de la congrégation tenace. Des intrigues dont elle était le bras, dont il était le pivot, entouraient le ministère et au loin Polignac veillait. Dans des manifestations successives, la droite de ce Parlement démontrait son visible intérêt qui était de reprendre à ces mains trop libérales le fardeau du pouvoir.

M. de Martignac avait déposé, le 10 février 1829, un projet de loi sur l'organisation des communes, un autre projet sur l'organisation départementale. Ce double projet avait pour but d'affirmer, en ce qui concernait la gestion de la commune, le principe de l'élection ; en ce qui concernait le

(D'après une estampe de la Bibliothèque Nationale).

LIV. 570. — HISTOIRE SOCIALISTE. — LA RESTAURATION.   LIV. 570.

département, d'épurer un peu les sphères administratives où figuraient, artisans de toutes les fraudes du passé, nombre de préfets. Les plus imposés de la commune formaient un corps de notables, extrêmement réduit d'ailleurs, et qui nommait le conseil municipal dont, jusqu'ici, le choix appartenait au préfet. Ce corps ne pouvait pas s'élever à un nombre de membres supérieur à trente, plus deux électeurs sur cent habitants. Les plus imposés du canton, auxquels se joignait un électeur sur cent, nommaient le conseil d'arrondissement et les plus imposés de l'arrondissement, avec le surcroît d'un électeur sur mille, nommaient les conseillers du département. La commission chargée d'examiner différents projets, les aggrava dans le sens libéral, et demanda l'inéligibilité des ministres du culte avec la suppression du mot « notables. »

Mais quel projet viendrait le premier en discussion ? Sur cette simple question de procédure, le gouvernement, à sa stupéfaction, fut battu. La gauche réclamait la discussion immédiate du projet touchant l'organisation départementale, désireuse qu'elle était de constituer tout de suite un corps de contrôle sur les préfets. Le gouvernement s'en tenait au projet communal le premier déposé ; au scrutin, les libéraux et les ultras se levèrent ensemble et firent contre le gouvernement une majorité.

C'était une surprise. Il semble même qu'elle eût été salutaire, si les libéraux et le gouvernement, avertis par elle, comprenant que les ultras profiteraient de leur désaccord, s'étaient rassemblés. Au lieu de cela, la dispersion des efforts fut la loi communément observée. Quand vint le projet sur le fond, le rapporteur, le général Sébastiani, un libéral, apporta les exigences intransigeantes de ses amis. Sur la suppression des conseillers d'arrondissement, les libéraux votèrent, la droite s'abstint, et l'amendement hostile au gouvernement fut voté.

En vain M. de Martignac avait développé, pendant ce débat, toute la souplesse brillante de son esprit, ramené les uns, critiqué sans amertume les autres, offert le spectacle d'un homme admirablement doué par toutes les forces de séduction et de logique qu'il détenait en lui. Il était battu. Il se retira avec Portalis, et revint avec un décret royal opérant le retrait du projet.

C'était la rupture violente et définitive avec la gauche. Désormais le ministère va vivre au jour le jour, sans majorité, sans lendemain, exposé aux rencontres hasardeuses, mais décisives, des libéraux et des ultras. Le vote du budget de 1830 occupa l'Assemblée, dont toutes les attentions se détachaient des questions pécuniaires pour se reporter sur la situation politique [1].

1. Cependant cette indifférence ne permit pas à M. de Peyronnet d'échapper à un vote provoqué par Dupin aîné et mettant en demeure le gouvernement de poursuivre devant les tribunaux l'ancien ministre du cabinet Villèle pour mauvaise gestion des deniers de l'État.

La Chambre se sépara au mois de juin 1829. C'était le moment attendu pour agir. Le prince de Polignac, mandé une fois encore par message secret, quitta son ambassade de Londres et revint à Paris. Des rumeurs, des bruits, des propos divers, annonçaient la fin du ministère Martignac. Ce ministère cependant demeurait incrédule au milieu de ces nouvelles. Il fallut, pour l'éclairer, l'insistance avec laquelle, au début du mois d'août, le prince de Polignac demanda au ministre des finances Roy s'il consentirait à faire partie de sa combinaison. Peu après, le roi annonçait au ministère qu'il le remplaçait par un ministère nouveau : M. de Polignac devenait ministre des affaires étrangères ; M. de la Bourdonnaye, ministre de l'Intérieur ; Courvoisier, de la justice ; et le général de Bourmont, l'homme de Waterloo, ministre de la guerre.

L'annonce de cette nouvelle fit tomber du sommet de ses illusions un peu puériles M. de Martignac. Ce dernier avait toujours eu dans le roi une confiance sans limite. Il prenait la courtoisie, la cordialité, l'affabilité des manières pour des traductions sincères d'un sentiment plus profond. Surtout depuis le retrait des lois d'organisation municipale, M. de Martignac avait cru retrouver la faveur royale et la posséder sans partage. On a peine à comprendre que ce parlementaire affiné, que cet esprit souple et vivant ait manqué de la plus élémentaire clairvoyance et que, notamment, la double arrivée du prince de Polignac, les propositions à peine voilées faites par le roi qui tentait de faire pénétrer dans le conseil son favori, on a peine à comprendre que cet ensemble de faits n'ait pas davantage frappé ses yeux.

Sous son masque tranquille et bon, le roi astucieux préparait à son premier ministre une chute lamentable, et il ne l'avait conservé près de lui que pour atteindre sans heurt la fin de la session. Celle-ci venue, M. de Martignac n'avait pas attendu bien longtemps les effets de la faveur capricieuse. Il pouvait se rappeler, avec une stupéfaction un peu ingénue, les paroles larmoyantes du roi qui, en Alsace, au milieu des acclamations, lui disait : « Quelle nation, monsieur de Martignac ! Et que ne ferait-on pas pour elle ! » Ce qu'il allait faire, on allait le voir. Pour le moment, il préparait le plan.

Il faut dire que Charles X avait sur les lèvres, au moment où il congédiait ses ministres, sinon une raison, du moins un habile et convaincant prétexte. C'était l'absence de majorité à la Chambre, l'insécurité ministérielle qui en était l'effet. La majorité vacillante et bigarrée, faite du libéralisme naïf et de l'ultracisme calculateur, en effet, n'offrait aucun lendemain à ce ministère et, par elle, toute conception réfléchie était frappée de stérilité. A proposer des lois rétrogrades M. de Martignac n'aurait pas gagné les hommes de réaction qui, pour leur besogne, n'avaient pas besoin d'autres mains que les leurs.

A proposer des réformes libérales, il aurait pu se sauver. Mais voici précisément où M. de Martignac et les libéraux commirent des fautes de tactique qui témoignaient d'une ignorance complète et des intentions du roi et de l'avenir.

Les libéraux furent trop ardents dans la revendication même juste de certaines modifications, notamment à propos des lois sur l'organisation municipale. Sûrs des intentions libérales ou demi-libérales du gouvernement, ils auraient dû, avec lui, concerter leur tactique. Il eût été nécessaire de combiner les interventions, de régler sur la scène parlementaire les effets, de discipliner l'action. Au lieu de cela, à la voix du général Sébastiani, ancien général de parade du premier Empire, dont les fanfaronnades, en 1808, en Espagne, avaient égayé l'armée, à sa voix rude et âpre, les libéraux, sans ménagements, marchèrent. Habilement, les ultras, se servant de ces instruments d'opposition, laissèrent faire, et on sait ce qui advint. Il n'était pas défendu de penser que l'ambition, la convoitise, l'intérêt menaient les chefs du libéralisme, que les conseils vertueux de M. Guizot, désabusé parce que non employé, ne furent pas étrangers à cette tactique : les libéraux portent le poids de la chute du ministère Martignac, lui-même coupable de trop de confiance aveugle envers un roi hypocrite... Ce fardeau, il est vrai, paraît léger à qui sait ce qui suivit, et que la fosse éternelle où glissait jour par jour la monarchie légitime était par elle-même creusée. De l'initiative insensée du roi Charles X, de ce ministère nouveau et dernier, comme de l'épuisement du mal, le bien va enfin sortir, et dans des journées saccadées où la vaillance civique se dressera, va se décider le sort du dernier des Bourbons régnants.

CHAPITRE XVII

LE MINISTÈRE POLIGNAC

Les intentions du ministère. — Convocation de la Chambre élective. — Discours menaçant de Charles X. — La réponse énergique des députés. — Agitation de la cour. — Prorogation, puis dissolution de la Chambre. — Campagne personnelle de Charles X. — Écrasement électoral du ministère. — Expédition d'Alger. — Plan du ministère. — Les ordonnances de Juillet. — Protestation des journalistes. — Calme apparent de la capitale.

« Charles X est bien toujours le comte d'Artois de 1780 ». Par cette exclamation, Royer-Collard, en apprenant la formation du ministère nouveau, traduisit l'opinion générale, non pas seulement celle des libéraux, évidemment suspects de partialité à l'égard du choix du roi, mais l'opinion des royalistes sincères qui n'avaient pas séparé, dans leur conception, la monarchie de la Charte et révélait l'accouplement transactionnel de la liberté et du sceptre. Ceux-là étaient atteints jusqu'à la conscience : ils prévoyaient la longue suite de folies et de provocations par où sombrerait, sous la colère et le mépris, la tentative nouvelle.

Comment la justifier, en effet? Dès l'avènement du régime, en 1814, en 1815, le roi avait rencontré des résistances. Il pouvait en redouter la longueur et la puissance. Le prestige exercé par la force impériale, le souvenir de sa splendeur, même déchue, tout cela pouvait inquiéter la monarchie. De vieilles rancunes demandaient à s'assouvir; des émigrés revenaient les mains vides, la tête blanche, le cœur empli d'une haine farouche...

Dans cet état, un roi, un régime avaient pu peut-être faire appel à des mesures de réaction, mesurer la liberté, ruser avec la Charte imposée. Mais, depuis, qu'avait fait la France pour mériter qu'on la meurtrît encore? Elle avait élu des libéraux, envoyé à la Chambre des royalistes équilibrés et sages, voulu prendre au sérieux le système représentatif dont, d'une main avare, le régime l'avait doté. Mais, ce faisant, elle avait exercé son droit reconnu par le roi lui-même. Fallait-il qu'elle l'exerçât, pour gagner ses faveurs, dans le sens imposé par ses préfets? Alors, c'était le despotisme ancien aggravé de l'hypocrisie constitutionnelle... Toutes ces réflexions amères vinrent à l'esprit de tous, et plus d'un royaliste sincère sentit se détacher de son cœur l'amour fidèle et loyal qui le portait à défendre le roi. D'autant que, si jusqu'ici Charles X avait été tenu au-dessus des fautes ministérielles par la constante pensée du peuple, en ce jour il devenait personnellement responsable, ayant congédié lui-même, sans même l'apparence d'un vote de la Chambre, des ministres qui formaient, par une sélection choisie, un groupe d'hommes de culture élevée, de talents assouplis et divers et de connaissances étendues.

Le défi éclatant que la seule formation de ce ministère contenait en elle fut entendu et compris. Une révolte, sourde d'abord et qui va devenir plus sensible, y répondit. A toute occasion, le peuple et la bourgeoisie, la pensée et le travail, les intérêts et les convictions, tout ce qui constitue la solidité et la splendeur d'un pays, tout protestait. La Fayette traversa la France de l'Auvergne à Grenoble, de Grenoble à Lyon, au milieu d'une haie d'admirateurs qui acclamaient en ce vieillard debout le souvenir ancien de la Constituante et revoyaient dans ses yeux, encore vifs, les lueurs premières des jours révolutionnaires.

Pendant ce temps, le ministère se livrait à toutes les dissensions intestines. M. de La Bourdonnaye, s'opposant à la nomination d'un président du Conseil, de peur, sans doute, que ce président fût un autre que lui, donna sa démission dès que M. de Polignac, avec raison d'ailleurs, en voulut imposer un. Cette sortie violente ne peut pas cependant être attribuée uniquement à la question de la présidence.

M. de la Bourdonnaye était demeuré un des rares royalistes gallicans, ennemi de la congrégation, hostile à l'empiètement du pouvoir religieux de la Société de Jésus sur le domaine législatif. Sans doute, de sourdes intrigues ourdies autour de lui, et où la vivacité de son caractère, ardent était escomptée, ne furent pas indifférentes à son départ.

Restait à convoquer la Chambre ? On la convoqua pour le 2 mars 1830. M. de Polignac, qui a disparu dans une tourmente et qui a subi la dépréciation que la défaite impose aux vaincus, n'avait pas cependant négligé de méditer pendant de longs mois sur une conception politique. Peut-être était-il, l'ayant adoptée ou recueillie d'un autre esprit, hors d'état de la faire prévaloir, car il était léger, manquait d'esprit de suite, était peu préparé aux luttes de plus en plus amples de la tribune. Il voulait, après quatorze années d'une éclipse heureuse, ramener, par la force des armes, la gloire militaire sur le sol national et ressusciter, pour le profit de la royauté légitime, encore humiliée de ses auxiliaires prussiens et anglais, les victoires d'autrefois. Cependant les arts de la paix, ses intérêts, ses labeurs n'échappaient pas à son esprit et il se flattait, embrassant ainsi des réalités contradictoires, de fonder, à l'extérieur, sur le développement de l'industrie et du commerce, un régime puissant. Quant à la liberté, elle était exclue de ce programme. M. de Polignac ayant décidé que la bourgeoisie, une fois enivrée des victoires où le sang du peuple aurait seul coulé, une fois repue d'avantages matériels, ne voudrait plus penser...

Ce paradoxe politique, qui, sans tenir compte des ressources budgétaire, accouplait les contraires, la guerre et la paix, le labeur intérieur qui réclame les mêmes bras que la besogne de sang, servit de base à l'évolution de la politique royaliste. Tout de suite, dès la rentrée du Parlement, le roi exprima le désir de venger la civilisation sur les Barbaresques. En même temps que l'expédition d'Alger était annoncée, le roi, menaçant, déclara qu'il ne voulait même pas prévoir les résistances qui pourraient être apportées, à la Chambre, à sa politique.

Ce fut, sinon une stupéfaction, du moins une colère fort vive et d'autant qu'elle était excitée par le triomphe bruyant où la droite manifestait sa joie. Le Parlement avait donné cependant à la droite une indication qui rendait vains tous ces espoirs en désignant le premier pour la présidence Royer-Collard et en n'accordant que quelques voix au représentant de toutes ces fureurs attardées. Par là, il est vrai, la Chambre, avait marqué qu'elle ne suivrait pas cette politique rétrograde, que, par un coup de force, on tentait d'acclimater parmi elle. Il ne pouvait expliquer la colère du roi par ce vote. Cependant il désigna encore Royer-Collard.

Maintenant il fallait répondre et rédiger l'adresse. La Chambre des pairs répliqua par une solennelle adhésion à la Charte. La Chambre élective y voulut ajouter une affirmation de plus. Sa commission, pénétrant dans le débat, ne se bornant pas à afficher des marques de respect, mais discutant l'état de la situation, donna le jour à une réponse ferme et forte. La partie politique y était traitée avec un ménagement où la pusillanimité n'entrait pour rien et où l'on sentait au contraire la mesure d'une Assemblée qui, ayant le droit pour elle, le voulait garder. Et voici la petite phrase révolutionnaire qui se distingua parmi les autres et amena les complications extrêmes où va maintenant se mêler notre histoire nationale :

« Sire, la Charte que nous devons à votre auguste prédécesseur et dont
« votre Majesté a la ferme résolution de consolider le bienfait, consacre,
« comme un droit, l'intervention du pays dans les délibérations des intérêts
« publics. Cette intervention devait être, elle est en effet indirecte, sage-
« ment mesurée, circonscrite dans des limites sûres, exactement tracées,
« et que nous ne souffrirons jamais qu'on ose tenter de franchir; mais elle
« est positive dans son résultat, car elle fait du concours permanent des
« vues politiques de votre gouvernement avec les vœux de votre peuple la
« condition indispensable de la marche régulière des affaires publiques.
« Sire, notre loyauté, notre dévouement nous condamnent à vous dire que
« ce concours n'existe pas. »

C'était la condamnation forte et mesurée à la fois de toute la politique de Charles X. C'était l'indication à lui donnée que le nouveau ministère n'avait pas, n'aurait pas la confiance de la Chambre. Dès lors, une seule voie, par la main de la Chambre élective, était tracée à l'impérieux monarque : c'était de renvoyer ses ministres. En vain, dans la discussion qui suivit, pour atténuer les effets de cette Charte, pour calmer les craintes de la fraction royaliste apeurée qui les suivait, les libéraux soutinrent-ils que ce résultat n'était pas par eux visé. Lequel, alors? La Chambre d'ailleurs accorda une attention soutenue, solennelle à ces débats. Elle sentait qu'elle pénétrait dans une voie nouvelle et qu'elle marchait vers un horizon inconnu. Ce fut son honneur de s'y enfoncer avec calme, maîtresse d'elle-même comme la France était maîtresse de ses destinées et de n'avoir pas donné pour préface, à l'un des plus grands actes de notre histoire une violente ou fiévreuse ou frivole controverse.

Comment le roi, entouré de ses ministres, reçut-il cette communication? On n'en peut douter, par ce qu'on sait de son caractère léger et obstiné, par ce qu'on sait de l'état d'esprit de ses collaborateurs. Il reçut avec une dignité hautaine Royer-Collard qui lut la déclaration de la Chambre, au pied de ce trône déjà branlant. Il répondit que ses intentions étaient immuables et qu'il les ferait connaître à l'Assemblée. Le roi était prêt, en effet. Dans un conseil antérieur, où avait été discutée la réponse qu'il opposait à l'adresse, la majorité des ministres avait décidé de dissoudre la Chambre. Mais, comme pour ce coup de force inattendu les préfets pouvaient être surpris, on se contenta, pour masquer la dissolution, d'une prorogation qui devait durer jusqu'en septembre. La Chambre fut donc prorogée.

Après cette prorogation, la cour ne demeura pas immobile. L'ardeur du roi sexagénaire était à chaque instant excitée par un entourage violent qui lui faisait prendre pour une injure personnelle le refus de concours dont la Chambre l'avait menacé.

Ce ne furent, dans les jours qui suivirent, que fiévreuses enquêtes auprès des préfets, communications, lettres, visites. Une agitation scandaleuse soulevait l'administration tout entière, la portait, selon les lieux et selon .es hommes, à la ruse ou à la force, à la corruption ou à la violence. Peu d'électeurs, dans ce chiffre restreint que constituait le corps électoral (80.000), purent se dispenser de recevoir l affront d'une pression cynique ou d'une sollicitation. Pendant ce temps, les députés, à qui étaient signalés ces actes, ne pouvaient demeurer indécis sur leur caractère et sur leur portée. Pourquoi tous ces préparatifs et à quoi devaient-ils servir, sinon au combat ?

D'autant que, malgré le désir qu'avait le ministère de tenir secrètes ses propres délibérations, il ne pouvait échapper à certaines indiscrétions qui trahissaient, en soulignant la gravité de la mesure préparée, les dissensions gouvernementales. On allait dissoudre la Chambre ; tous étaient d'accord sur cet acte. Mais que ferait-on le lendemain au cas, où en dépit des affirmations préfectorales, la Chambre réélue serait aussi hostile que la Chambre dissoute ? Comme tous les esprits faibles qui redoutent pour la fragilité de leurs conceptions le contact de la réalité, M. de Polignac s'emportait et ne souffrait pas qu'on pût, sans s'attacher à une chimère, s'attacher à une telle hypothèse. Cependant, pressé de répondre, il avait déclaré qu'en ce cas le roi tiendrait tête à la représentation issue d'un scrutin révolutionnaire et frapperait encore de dissolution cette chambre inacceptable. — Quoi ! même avant d'entrer en contact avec elle ! même avant de savoir quelles sont ses vues ! même avant de justifier par une première discussion l'acte de force prémédité ! — « Oui, même avant », répliquait M. de Polignac, que le roi et le dauphin approuvaient de la tête. — Oui, même avant et au nom de l'article 14 qui donne au roi le droit d'agir « pour la sûreté de l'État ». M. de Courvoisier, effrayé, se retira, suivi de M. de Chabrol ; on les remplaça par M. de Chantelauze et par M. de Peyronnet. Ce revenant du ministère Villèle suffisait à indiquer aux timides ou aux aveugles le plan de violence frénétique auquel M. de Polignac allait attacher son nom.

Quelques jours avant que ces remaniements ne s'opérassent, avait paru l'ordonnance de dissolution, le seize mai 1830. La Chambre était dissoute, les collèges d'arrondissement étaient convoqués pour le 25 juin, les collèges de département pour le 3 juillet, et la Chambre elle-même pour le 3 août. La cour attendait merveille de ces élections où une majorité minima de quarante voix lui était promise par les préfets. Pour la gagner, le Gouvernement descendit à l'acte qu'avait toujours, jusqu'ici, refusé le roi. Charles X rédigea un manifeste électoral, pour prier à la fois et commander. Ainsi il entrait tout armé dans la lice. Ainsi il devenait le monarque de combat et non le roi constitutionnel que la fictivité souveraine d'une feuille de papier

(D'après un document de la Bibliothèque nationale.)
LIV. 571. — HISTOIRE SOCIALISTE. — LA RESTA... LIV. 571.

constitutionnelle sépare au moins des responsabilités. Ainsi il appelait sur sa tête blanchie et entêtée tous les coups. Ainsi, par avance, il faisait sienne la défaite, et interprétait, non contre un ministère, mais contre le régime, le vote qu'allait émettre le pays.

Emmaillotté dans la fraude et dans la ruse, courbé sous la pression de la propriété insolente et du pouvoir arrogant, le pays se leva tout de même et, devant le péril ressuscité de l'ancien régime, dressa, sous l'air pur du ciel, sa taille fière et forte. Sous l'amas des bulletins vengeurs, le trône fut submergé : sur 148 députés à élire, le trône en obtint 55 ! M. d'Haussez, ministre, fut repoussé dans cinq collèges. Ainsi, non seulement les 221 votants de l'adresse revenaient, mais la minorité de 181 voix, qui avait soutenu le roi, était entamée au profit des libéraux. Il y avait bien une majorité de 40 voix, mais elle était, portée au double, du côté des adversaires du ministre...

C'était la déroute. En vain, pour en pallier l'effet, toutes les cloches saintes, dans la journée du 9 juillet, renvoyèrent leurs échos à tous les tumultes des grandes villes ou à toutes les solitudes des champs. En vain on célébra par l'encens et par la poudre mêlés la victoire que nos troupes venaient de remporter sur les murs d'Alger. La France, depuis trois ou quatre ans, avait de légitimes griefs contre les Barbaresques qui rendaient tous les jours moins sûres et moins honorables les relations de commerce. Des réclamations introduites touchant des créances non recouvrées s'étaient heurtées à la fois à l'iniquité et à l'insolence du dey. Les ministres s'étaient souvent entretenus de la question de savoir s'ils ne mettraient pas fin à cet état, purgeant ainsi la Méditerranée des vols et des rapts que des corsaires audacieux venaient accomplir loin même de leurs propres eaux. Soudain, un incident brutal ne permit plus l'indécision. Notre consul Deval se présentant devant le dey pour faire valoir des réclamations au nom du Gouvernement, sur une réponse par lui faite à une insolence du dey, reçut un coup d'éventail. Le ministère, soutenu par tous les partis, encouragé même plus fortement par les libéraux que par les royalistes, décida une expédition armée.

Le commandement de l'armée de 37 000 hommes qui devait débarquer fut confié, au milieu des protestations les plus violentes, à M. de Bourmont. Marmont, qui avait sollicité la fonction, que son ancienneté et l'élévation de son grade rendaient plus susceptible de recevoir le commandement, fut écarté. Le destin le réservait à une besogne aussi sanglante et moins glorieuse.

La flotte ne commit pas la faute qui avait failli coûter à Charles-Quint plus que ses navires et son prestige, sa vie. Elle n'aborda pas Alger de front, faisant face, sur une côte hérissée de canons, à des hauteurs d'où la mort, comme tombant du ciel, jaillissait. Le chef de l'expédition profita d'un plan bahila, conçu pendant sa captivité par un officier du génie capturé sous le premier Empire et puis échangé. Celui-ci avait vite reconnu que le débarquement sur la place de Sidi-Ferruch, à dix-huit kilomètres d'Alger, serait moins meurtrier et qu'ensuite l'armée escaladerait les hauteurs et redescendrait sur Alger qu'on dominerait ainsi au lieu d'en être dominé. Ce plan de génie, tracé par la main obscure d'un prisonnier, enveloppé depuis vingt ans de la poussière des archives militaires, permit donc à Bourmont, en spoliant de sa gloire le véritable artisan de sa victoire, d'essayer de réhabiliter sous le drapeau blanc l'infidèle soldat qui avait, devant l'ennemi, déserté le drapeau tricolore.

Le plan fut suivi jusqu'au bout. Les Français débarquèrent, écrasèrent les Arabes à Staoueli et, maîtres des hauteurs qui environnaient Alger, imposèrent au dey affolé et menacé par ses janissaires la capitulation la plus étendue. Par ce coup éclatant, la porte de l'Algérie était ouverte, et ses plaines, jusque-là insalubres, témoins des révoltes et des meurtres, allaient s'ouvrir, d'abord sous l'âpre conquête de l'épée, ensuite sous l'âpre conquête de la charrue. Mais ce ne fut que peu à peu, et sans que les ministres de Charles X aient eu devant les yeux, aussi vaste qu'elle le devint, l'entreprise complète à laquelle la France doit son prolongement radieux...

Aussi la victoire était-elle célébrée sur tous les tons, et les hymnes reconnaissantes montaient des autels vers le ciel. Mais tout ce tumulte exagéré ne pouvait distraire la France du coup de force qui venait de la meurtrir, et du coup de force qui contre ses destinées se préparait. En effet, ni Charles X, ni M. de Polignac, fidèles à leur première opinion, n'abandonnaient l'espoir de continuer le combat. Et comme toujours, pour assurer leur faiblesse ou leur violence, ce qui est la même chose, contre toute velléité raisonnable, ils s'empressaient de fonder sur des rapports de préfecture ou de police leur conception agressive. Que pouvaient valoir ces rapports rédigés par des plumes asservies qui, sachant que la vérité affirmée les rendrait suspectes, chargeaient de toutes les illusions propres à flatter le roi les lourdes feuilles officielles? Ces rapports disaient que la masse était indifférente, restreignaient à une agitation superficielle le tumulte civique qui déjà s'apprêtait, et le roi savourait ces renseignements conformes à ses désirs, se croyant en face seulement d'une poignée d'agitateurs qui n'auraient pas raison de sa divine mission.

Jamais gouvernement plus aveugle n'a conquis l'impopularité avec un art plus savant. Ce qui se préparait, ce n'était pas une révolte, mais une révolution. Des symptômes éclatants pour des esprits non prévenus en eussent averti le ministère. Des sociétés, entre autres *Aide-toi, le ciel t'aidera*, appelaient à elles, selon leur rang et leur profession, tous les citoyens dont le droit diminué ou anéanti réclamait la justice. La presse, en dépit des lois qui étouffaient son essor, s'enhardissait à des critiques quelquefois acerbes.

MM. Thiers, Mignet, Armand Carrel, dans le *National;* Baude, dans le *Temps,* d'autres encore dans le *Courrier Français*, meurtrissaient chaque jour de leur plume un régime qui enlevait l'espérance aux plus confiants et le calme aux plus placides. Penché sur cette opinion bouillonnante, le duc d'Orléans, habile, irréprochable, incapable de compromettre par un mot, même par un geste, sa situation de prince du sang, observait. Il attendait. Il s'offrait au roi comme un ami discret, à la bourgeoisie comme un soutien sûr. Qu'il le voulût ou non, il était enveloppé de toutes les espérances d'une bourgeoisie qui se serait accommodée de Charles X libéral, qui ne voulait pas la ruine de la monarchie, qui avait besoin de l'autorité politique pour soutenir son autorité sociale, mais qui ne pouvait pas offrir son front et sa conscience aux outrages. Cette bourgeoisie, dont M. Casimir Périer était le représentant et Dupin le conseil intéressé, voulait un changement dynastique dans la monarchie et se contentait d'une charte libérale, loyalement observée.

Tous ces désirs, à peine voilés, dénoncés même par l'imprudent langage du général Sébastiani, eussent dû éclairer le gouvernement et lui montrer que c'était la personne de Charles X qui était visée. Royalistes sincères, ces ministres, par amitié pour le roi, par affection pour le régime, auraient dû disparaître. Même à ce moment, la réconciliation était possible. Il suffisait que Charles X s'inclinât, en roi et en honnête homme, devant la volonté du pays légal. Mais où gouvernaient l'amour-propre, la passion, la rancune, l'ambition, il n'y avait plus place pour la sagesse, et le sort de la monarchie fut joué comme aux dés par des mains puériles, dont on ne peut pas dire qu'elles étaient affolées, tellement elles étaient inconscientes de l'œuvre pour elles mortelle qu'elles accomplissaient.

Le conseil se réunit donc. M. de Peyronnet trouvait peu opportunes les ordonnances préparées, et pour que cet esprit imprévoyant fût frappé de cette éventualité, il fallait vraiment que la réalité fût bien proche des regards. Mais M. de Polignac insista : il dépeignit, telle qu'il la connaissait par ses préfets, la situation de la France, impatiente de voir son roi triompher et l'autocratie satisfaite ; la masse paisible et qui ne recherchait qu'un bonheur matériel, repoussant les tentatives ambitieuses d'une minorité brouillonne. Eternelle caricature de l'âme de la France à toutes les époques! Entraînés, les collègues du prince de Polignac ne réclamèrent plus que le droit de signer respectueusement après le roi les ordonnances fameuses. Un lourd silence pesa sur le conseil après que chaque ministre eut d'un mot attaché sa responsabilité au document meurtrier des prérogatives légales. Le dauphin, insouciant, incompétent, frivole, appuya d'un signe de sa tête légère ces mesures graves. Charles X réfléchit, le front dans ses mains. Revit-il, en quelques secondes, les journées révolutionnaires, la fuite éperdue de l'émigration, la voie ouverte à la charrette, une couronne abattue, un régime tombé? Cela est infiniment probable. Cette vision funèbre l'anima alors,

Toute sa vie il avait gourmandé la faiblesse fraternelle qui avait, à l'entendre, conduit au désastre la monarchie. Toute sa vie, il avait déclaré que l'acte brutal du fer déchaîné eût sauvé de la captivité et de l'échafaud le débile monarque dont il entendait bien ne pas suivre le détestable exemple. Il aimait mieux « monter à cheval qu'en charrette. » Il se prépara donc à monter à cheval. On verra que ce ne fut que pour forcer le cerf dans les bois de Rambouillet pendant qu'à Paris tombait sa couronne.

Il signa. Il signa le testament d'ailleurs inefficace de la monarchie. Quatre ordonnances reçurent aussi le sceau des ministres. La première ordonnance visait la presse : elle interdisait à tout journal de paraître sans autorisation, renouvelée tous les trois mois et révocable. Un écrit qui aurait plus de vingt feuilles ne pouvait paraître qu'avec l'autorisation du ministre de l'Intérieur. Conséquence : c'était la presse mise dans la main du pouvoir et les livres aussi.

La seconde ordonnance dissolvait à nouveau la Chambre.

La troisième ordonnance et la quatrième avaient trait aux élections : la Chambre était réduite de moitié; les patentés exclus, la grande propriété foncière seule admise au droit de vote; la Chambre renouvelable partiellement par cinquième, et dépouillée du droit de proposer un amendement.

Le cri de révolte que devait arracher à toute conscience, même oblitérée par le principe royaliste, cet acte de folie, ne fut poussé, cependant, que par quelques hommes. Une sorte de stupeur pesa d'abord sur les esprits. Ce n'était plus la violence couverte au moins d'une apparence légale. C'était la provocation armée, la guerre civile ouverte. Précisément, en prévision des troubles légers qu'il prévoyait tout de même, M. de Polignac avait massé à Paris quelques effectifs. Près de vingt mille hommes se tenaient prêts et on avait remis aux mains impopulaires de Marmont les pouvoirs rigides de la répression même sanglante.

La stupeur pesa longtemps sur les esprits. Que faire? On avait envisagé tous les moyens légaux, articles de journaux, banquets de protestation, réunions, rédaction d'une adresse nouvelle (car on ne croyait pas à la dissolution), tout, sauf que le pouvoir violerait la Charte et hérisserait autour de lui les baïonnettes. Que faire? Le peuple lent à s'émouvoir, peu touché par des journaux qui agitaient tous les problèmes sauf celui de son indépendance définitive, écarté par un cens étroit du champ des partis, le peuple ne savait rien encore quand les privilégiés, à qui le sort de la politique était remis, déjà enfiévrés et indécis, s'agitaient. On prit même pour de l'indifférence cette ignorance.

La bourgeoisie libérale, étroite et rude, sauf quelques exceptions qui l'honoraient, n'était pas prête à une résistance violente. Et d'ailleurs, comment l'eût-elle opposée, sans les faubourgs, sans le peuple, sans l'auxihaire redoutable et désintéressé qui avait été jusque-là le soldat de ses ambitions ? Elle chercha donc à préparer une résistance légale. Dans les bureaux du *National*, les journalistes se réunirent, et la plume à la fois modérée et vive de M. Thiers, rédigea, pour une protestation collective, un document qui fut publié. MM. Dupin et Casimir-Périer effrayés fermaient leur demeure totalement ou à demi aux protestataires.

Les députés dispersés se rassemblaient avec peine. Dans la soirée du 26 juillet tout semblait perdu pour la cause de la liberté et Saint-Cloud où la Cour, des hauteurs ensoleillées, pouvait apercevoir la capitale, recélait à ce moment tous les espoirs... Mais le peuple va entrer en ligne, le peuple, que cette querelle ne touche pas et qui ne va travailler qu'au changement d'un trône, ce peuple accusé d'ignorance, et qui seul clairvoyant, même où son intérêt immédiat n'apparaît pas, lève son bras robuste, car il sait, par l'histoire de son patient labeur, que sa victoire totale dépendra des défaites partielles imposées par lui aux préjugés et aux réactions.

CHAPITRE XVII
LES TROIS GLORIEUSES

La folie de la cour. — Le peuple de Paris. — Défaillance de la bourgeoisie libérale. — Première journée. — Seconde journée. — Paris est debout. — L'insurrection est générale. — Le drapeau tricolore. — Marmont supplie la cour de rapporter les ordonnances. — Ordre d'arrestation contre six députés. — Les réunions des députés. — Troisième journée. — Défection de deux régiments. — La commission municipale. — La Fayette général en chef. — Départ de Saint-Cloud. — Le duc d'Orléans lieutenant général. — Sa visite à l'Hôtel de Ville. — La royauté nouvelle. — Chute de l'ancienne. — La République. — Jugement sur la Restauration.

Le sort était jeté ! Une cour hostile à tout progrès, fermée à toute idée moderne, conduite par un gouvernement inconscient, allait se perdre. L'histoire de ce suicide historique vaut, pour plus d'une raison, d'être conté. D'abord, parce que ce récit, qui appartient à notre histoire, marque, plus peut-être que tous ceux qui le précèdent, ce qu'était l'état d'esprit de Charles X, et quels hommes, surgis des profondeurs du passé au début du XIXᵉ siècle, gouvernaient le pays. Par le contraste entre ces hommes, semble-t-il, d'une autre race, et la société qui les entoure, l'esprit s'imprègne d'amertume, il est vrai, mais aussi de lumière. Et puis le récit des faits héroïques qui marquèrent ces trois journées libératrices montre le peuple sur le piédestal immortel d'où la philosophie décevante du scepticisme historique ne le pourra faire choir. Il fut intrépide, ce qui est peu, il fut désintéressé ; il fusilla, pour se défendre, sur les barricades du droit ; mais, le coup parti, il tendit la main aux blessés, même aux Suisses, héritiers historiques des assassins du 10 août. Il ébranla sous son poing robuste la porte royale des Tuileries, mais il garda sous sa main délicate des trésors innombrables. Ce spectacle se vit, dont beaucoup sentirent leur cœur s'attendrir, d'hommes hâves, pâles, déguenillés, sanglants quelquefois, noirs de poudre, sans pain, monter une faction intrépide auprès de caisses emplies d'or. Chair meurtrie tous les trente ans par la mitraille des coups d'État, et quelquefois, dans l'intervalle, par la mitraille des guerres dynastiques, toujours prête à s'offrir aux coups, à saigner, à souffrir! Ces journées à défaut d'autres feraient le peuple de Paris immortel.

Son courage, sa pitié, ses fureurs puissantes et ses larmes douloureuses, sa noblesse devant le malheur de ses ennemis, le mépris de sa pauvreté rançonnée pour la fortune opulente, ce n'est pas seulement par ces admirables traits qu'il s'offre au regard de l'histoire. A d'autres époques, il fut pareil, et chaque coin de rue, dans ce Paris tourmenté et tordu par les tempêtes, pourrait redire un récit héroïque ou touchant. Mais en 1830 le peuple fut le seul qui sut, comprit, vit le but, marcha. Les politiciens s'écartèrent de lui, les uns parce qu'une délicatesse raffinée s'effrayait de ce dur contact, d'autres parce que ce rude artisan du droit futur désertait, pour créer son œuvre, la légalité passée. M. Thiers, ses rédacteurs, ses amis, nombre de députés protestèrent, puis, sur une visite de la police, après avoir honorablement résisté, à la nouvelle d'arrestations, partirent pour une retraite isolée, cherchant la fraîcheur d'un abri contre cet été deux fois brûlant. M. Baude, du *Temps*, s'enhardit jusqu'à repousser, le code pénal à la main, le commissaire qui venait briser ses presses, jusqu'à ameuter le peuple autour du serrurier qui rivait les fers des forçats, le seul dont on pût obtenir les services. Les députés étaient introuvables. Quatorze à peine se réunirent chez M. Casimir-Périer. Pâle, incertain, nerveux, larmoyant, M. Casimir-Périer ne redoutait rien tant que les responsabilités. Pendant ce temps, sans la direction morale des journaux, sans l'aide des orateurs libéraux, le peuple agit. Seul, laissé à lui-même, il fut un profond politique.

La première journée, celle du 27 juillet, fut moins mouvementée qu'on ne l'aurait supposé. Marmont, à qui le commandement était échu, désireux de ne pas charger sa conscience d'un massacre, s'installa fortement sur la place du Carrousel et aux alentours. De là il pensait braver une émeute que la cour réfugiée à Saint-Cloud prenait pour une manifestation puérile, et que Marmont eût cependant la clairvoyance, dès les premières heures, de hausser aux justes proportions d'une révolution. Des gendarmes parcoururent les rues : on tira. Trois hommes du peuple tombèrent, premières victimes desquelles la vengeance allait descendre. La nuit fut formidable sous les étoiles.

Le lendemain, 28 juillet, un mercredi, le peuple presque tout entier fut debout. Sorties de dessous terre, construites pendant la nuit, des barricades innombrables coupaient Paris en fractions, en parcelles, en morceaux. Chaque quartier se subdivisait en plus étroites places où des combattants attendaient. Une émotion sainte les soulevait dans ce combat pour le droit. Indifférents, à ne considérer que leur intérêt immédiat, à l'enjeu de la bataille, ces soldats désintéressés faisaient face à l'armée, cautionnant de leurs poitrines la liberté de la presse ravie, le droit électoral mutilé, le contrôle parlementaire anéanti. D'ailleurs, des combattants venaient de partout. Les anciens soldats de Waterloo, humiliés si souvent, appelés « les brigands de la Loire » par les revenants de Coblentz, avaient ressaisi d'une main raidie le fusil qui, meurtrier autrefois du droit des autres, allait s'ennoblir à la défense de la liberté...

Cependant l'armée, composée de 10 000 hommes, disciplinés, armés, commandés, opposait encore une force redoutable à ces impatiences. Soudain les rumeurs s'accrurent, une sorte de soulèvement, un mouvement profond se firent sentir. Un bruit à la fois sinistre et joyeux, qui appelait à la mort mais aussi à la liberté, retentit : le tocsin de Notre-Dame ébranlait les airs et, pour la première fois depuis quinze ans, le drapeau tricolore, aujourd'hui drapeau de la révolte, flottait. Ce fut le premier appel collectif et général. Des maisons, jusque là fermées, de nouveaux combattants sortirent. Ouvriers et étudiants, ouvriers surtout, désertèrent le travail quotidien pour la tâche ininterrompue des siècles qui réclamait leur sang. Les femmes montaient sur le haut des maisons des pavés, s'apprêtant à achever l'œuvre de mort et à lapider ceux que la fusillade aurait épargnés. Le tocsin, qui avait tant de fois appelé les âmes à la servitude, les appelait à l'émancipation. Et, s'il fut entendu, s'il suscita de nouvelles recrues pour la bataille des rues, c'est que jusque-là beaucoup, redoutant une manifestation sans lendemain, s'immobilisaient. Du moment que le mouvement était général, profond, qu'il s'agissait de briser le trône, toutes les natures réfléchies se firent enthousiastes, et beaucoup qui avaient marchandé leur bras à une œuvre provisoire pénétrèrent dans le combat, puisqu'on y pouvait mourir.

Marmont avait pris ses dispositions. Mais il se sentait envahi. Avec les minutes croissait sa responsabilité. Que faire? Il ne voulut pas attendre que l'insurrection forçât ses cantonnements, et après avoir écrit à Charles X pour l'avertir du tour des événements et lui dire qu'il s'agissait d'une révolution, il donna les ordres : une colonne devait fouiller les Champs-Elysées, une autre se diriger vers la Porte-Saint-Denis, une troisième rejoindre la Bastille, la quatrième tâcher de toucher à la Madeleine. En même temps il écrivait encore à Saint-Cloud, pour prévenir avec instance le monarque aveugle et sourd. Il reçut une réponse. Et quelle réponse ! Ordre donné par M. de Polignac d'arrêter: MM. Laffitte, général Gérard, général La Fayette, de Salverte, Marchais, Mauguin, Audry de Puyraveau... Quant à M. Casimir Périer, récemment décoré par le roi, il était épargné.

Il faut exécuter l'ordre et, si Marmont le veut, il le pourra de suite, car les députés à lui dénoncés viennent en délégation lui demander de faire cesser le feu. Marmont ne voulut pas devenir un geôlier pour ceux que leur loyauté lui livrait. Il reçut les délégués. Il était d'accord avec eux, moins

(D'après un document de la Bibliothèque Nationale.)

peut-être parce que son esprit penchait vers la justice que parce que son cœur « abreuvé d'outrages », comme il disait, gardait une mortelle rancune à la cour, au roi, à ses ministres qui avaient désigné Bourmont et non lui pour conquérir Alger. Mais il ne pouvait rien faire que transmettre un avis.

Les députés revinrent rendre compte chez M. Audry de Puyraveau de leur inutile mandat. Ils se trouvaient peu nombreux, à peine trente. Parmi eux, beaucoup cherchaient une issue à cette terrible situation. Que deviendraient-ils si Charles X triomphait? Et comment ne triompherait-il pas? Cependant, les députés menacés d'arrestation furent irréprochables, et c'est à ces six parlementaires, en y joignant MM. Bérard, qui offrait sa maison aux réunions, de Schonen, le général Lobau, c'est à ce groupe restreint d'hommes que se peut circonscrire le courage parlementaire; MM. Périer et Sébastiani défaillirent à chaque heure du jour. Les députés qui avaient protesté refusèrent de signer la protestation!

Marmont avait bien fait connaître au roi la visite qu'il avait reçue. Il appuyait de son avis personnel l'opinion devant lui émise, et parlait de retirer sans retard les ordonnances. Il chargea de ce pli un de ses aides de camp, chargé de mettre verbalement en relief, d'après ses impressions propres, la situation. Cet officier partit pour Saint-Cloud. Déjà le fidèle et clairvoyant ami du trône, l'ami des premiers jours, M. de Vitrolles, avait supplié le roi de céder. Il s'était heurté à un vieillard obstiné, ne parlant que de son droit, de ses sujets et rempli d'illusions. Le colonel porteur du pli ne fut pas plus heureux. « Abrégez! » disait sèchement le roi, quand l'officier rappelait, par quelque détail, l'audace triomphante des insurgés. « Agissez par masse! » C'est tout ce que put tirer du roi l'aide de camp, presque suspect...

Agir par masse! Il n'était plus temps. L'insurrection, comme une mer, battait les colonnes qui étaient venues la sillonner. Le chef de la colonne Porte-Saint-Denis, le général Quinsonnas, était prisonnier. Autour de lui, des poitrines haletantes et robustes formaient un intrépide rideau que les mains tremblantes des soldats n'osaient pas percer. A la pointe Saint-Eustache, les Suisses qui venaient par là à son secours furent assaillis avec un redoublement de colère. Balles et pierres, un orage effroyable les cribla. Ils purent cependant se frayer un chemin. Mais l'insurrection était générale. Le sang coulait partout. Partout des barricades, des fusils qui les hérissent, des fenêtres matelassées qui sont des créneaux meurtriers d'où la mort inlassable s'échappe. La nuit vint faire cesser le combat, mais non le terminer. Elle fut impénétrable dans cette ville où les réverbères avaient servi de matériaux aux barricades. Mais elle ne fut pas silencieuse. Des rumeurs, des piétinements, des roulements de charrettes, des coups de pics, tout témoignait d'une activité héroïque. Le soleil du 29 juillet, en se levant, éclaira une capitale subdivisée en mille camps retranchés.

Marmont est livré à lui-même. Dans son ombre, et sans paraître, agissent des ministres accablés, sauf M. de Polignac, qui promène à travers ces catastrophes, par lui seul causées, une sérénité faite de son inconscience. Marmont veut proposer un armistice. Il écrit. Mais comment imprimer cette proclamation et qui la portera à la connaissance du peuple? Coup sur coup cependant ses plans s'écroulent. La troupe peut vaincre une émeute, mais une révolution la submerge. Après deux jours de combats, les Parisiens étaient plus nombreux, plus violents, plus audacieux. L'éclair de leurs yeux hardis faisait apparaître l'espérance. Ils se battaient pour la justice, pour le droit. Ils s'offraient à la mort. Et toute la population était debout. Sous la conduite du jeune polytechnicien Charras, l'Ecole polytechnique ayant été licenciée, soixante élèves s'étaient joints au peuple. Un homme comme M. Laffitte, dont les caisses contenaient des millions, présidait, blessé au pied et ne pouvant marcher qu'avec une béquille, les réunions insurrectionnelles des députés. L'illustre La Fayette était prêt à devenir le chef militaire de la révolte. Des avocats, des médecins, des rentiers, des négociants, tous se mêlaient au peuple pour que la libération fût prompte et complète. Comment les officiers, les soldats n'auraient-ils pas été frappés de cela? Le 5e et le 53e de ligne, qui se trouvaient stationnés sur la place Vendôme firent défection. Les Suisses qui occupaient le Louvre, sur un ordre mal compris, l'abandonnent. Un enfant s'y glisse, appelle les insurgés. Ceux-ci garnissent les fenêtres et tirent. Les Suisses s'enfuient épouvantés. Ainsi deux trouées formidables étaient faites à travers les positions de Marmont, et le drapeau tricolore flottait sur la demeure royale. Il n'en devait plus descendre.

A Saint-Cloud des visites se succédaient. M. de Senmonville, le grand référendaire, et M. d'Argout, après avoir été entretenir Marmont, étaient venus supplier le roi de céder. M. de Polignac les avait devancés. M. de Vitrolles était revenu. L'inconscience, l'impéritie, l'incapacité régnaient avec le roi dans ce palais tranquille, où l'écho des fusillades meurtrières ne soulevait pas un remords. Après diverses discussions, on nomma chef de toutes les troupes le dauphin, qui devenait le chef de Marmont. Celui-ci immédiatement recevait l'ordre d'abandonner Paris : Paris fut abandonné.

Ainsi, devant l'insurrection victorieuse, pas à pas, les contingents armés reculaient. Le drapeau de la force s'inclinait devant la majesté du droit. Face à face pendant trois jours avec ces combattants bariolés, faisant du costume du travail l'uniforme martial de la révolte sainte, les soldats décontenancés, doutant de leurs chefs, comprenant que la consigne ne peut rien entreprendre sur la conscience, ces soldats avaient vu une révélation supérieure à leurs ordres, un droit supérieur à leur force, une discipline morale faite d'idées supérieure à leur discipline physique commandée par le règlement et sanctionnée par la peur. Aussi, après avoir quitté Paris, ils se répandirent à travers champs. A toute heure on venait annoncer une désertion nouvelle: des soldats rendaient, à Sèvres, leurs fusils aux habitants; un colonel arrivait à Saint-Cloud avec le drapeau et huit hommes, tout ce qui demeurait de son régiment. Et M. de Polignac, à qui on indiquait ces abandons collectifs qui désorganisaient la troupe, avait cette réponse qui juge l'homme et le temps : « Eh bien, qu'on tire sur la troupe! »

Cependant le dauphin avait pris possession de ses fonctions qui mettaient sous ses ordres le maréchal Marmont. Marmont, à qui la déclaration de l'état de siège avait donné deux jours entiers une souveraineté de pouvoir effroyable, avait résigné son mandat meurtrier avec aisance. Il était cependant frappé de la rapidité de la catastrophe et, comme toute sa fortune était destinée à s'écrouler avec la dynastie, il tenait au triomphe de cette dynastie. Clairvoyant, plus avisé, lui, un soldat chargé d'une besogne de vigueur, que les politiques prétendus qui l'avaient fait nommer général en chef, il avait averti deux fois Charles X de la nécessité de concessions. Mais tout glissait, la parole de Marmont, celle de Vitrolles, sur cet esprit obstiné et vieilli. Cependant, à défaut des paroles, les actes allaient emporter la volonté du roi.

A Paris, en effet, l'insurrection victorieuse cherchait à s'organiser, parce qu'elle redoutait un retour offensif, parce qu'elle voulait profiter de la victoire. Elle cherchait un chef, un organe, un symbole. Le symbole rayonnait par tous les éclats du drapeau tricolore. L'organe fut constitué à l'aide d'une commission dite municipale. Comment fut constituée cette commission? et surtout pourquoi, devant l'ampleur révolutionnaire d'un tel mouvement qui menaçait la monarchie tout entière, prit-elle ce qualificatif modeste et restreint? Ce fut l'œuvre des députés timorés; lorsque l'on parla devant eux d'installer un gouvernement provisoire, la pâleur couvrit leur front. M. Casimir Périer, qui avait à demi fermé sa demeure aux réunions et qui avait avec le roi assez de relations pour ne pas avoir été jeté sur la liste des arrestations, protesta; aussi M. Dupin, qui n'offrait que des consultations juridiques à propos de la Charte. Un gouvernement provisoire brisait tout lien avec Saint-Cloud, donnait une figure révolutionnaire au mouvement, jetait, en cas d'insuccès, devant le conseil de guerre les hommes responsables. A part Laffitte, Benjamin Constant, La Fayette, Bérard, le général Lobau, Audy de Puyravau, Manguin, quelques autres, aucun ne voulait envisager cette éventualité. Une commission municipale formée pour ramener la sécurité dans Paris prenait tout de suite l'allure d'une assemblée dont le mandat seulement matériel se pouvait défendre, même au lendemain d'une victoire du roi.

C'était là la pensée secrète des hommes de la bourgeoisie libérale qui, sauf les exceptions que nous avons plus haut rappelées, défaillirent tous devant leur tâche. Mais qu'importait aux autres, au peuple, à la classe ouvrière qui s'étaient levés et, en cas de revers, étaient voués à l'écrasement, à la persécution qui suit les défaites civiques? Le fait effaçait la forme et, municipale ou non, cette commission ne siègerait pas une heure sans devenir une commission nationale, d'autant que M. Laffitte en prenait la présidence et que La Fayette, désigné par le vœu ardent du peuple, imposé plus qu'il ne fut nommé, prenait le titre de général de la garde nationale. Tout de suite il se rendit à l'hôtel de ville et ce fut, tout de suite aussi, autour du vieux chef militaire, autour des souvenirs qu'il symbolisait, que se rallièrent les troupes épuisées mais vaillantes de l'insurrection.

Il faut dire aussi, pour ne pas jeter un trop absolu jugement sur les hommes et sur les choses, que le retrait des troupes ordonné par le dauphin pouvait et devait prendre pour les esprits une toute autre signification que celle d'une retraite. L'idée qui hantait obstinément l'esprit des libéraux, et qui était logique, c'est que ce coup d'État contre la volonté électorale du pays, préparé pendant des mois dans des conseils secrets, n'avait pas pu ne pas être envisagé dans toutes ses conséquences. Pour les libéraux, Charles X et M. de Polignac avaient dû prévoir leur défaite, le soulèvement parisien, la rencontre des troupes et du peuple, l'insuccès des armes royales dans Paris, la nécessité de faire appel à toute l'armée pour noyer Paris dans le sang, au prix d'un grand meurtre collectif. Le retrait des troupes, ordonné par le dauphin dont on connaissait l'impéritie, il est vrai, mais l'obstination dans le dessein, n'était-il pas le premier acte de cette sombre tragédie où Paris menaçait de succomber? On pouvait d'autant mieux s'en douter que l'on connaissait les conseils de Marmont qui pressait le roi de se retirer sur la Loire, au sein d'une armée de cent mille hommes, et de convoquer, pour renforcer ses actes, la Chambre à Tours ou à Blois. On s'en pouvait d'autant mieux douter que, toute sa vie, Charles X avait blâmé son frère, Louis XVI, de sa pusillanimité et déclaré qu'un acte de force aurait arrêté l'élan de la Révolution. L'acte de force n'allait-il pas venir maintenant et Paris n'était-il pas à la veille du jour où il allait une fois de plus s'immoler pour défendre le droit de la nation et, par là, le droit des peuples?

Cette immolation probable fut, sinon l'excuse, du moins l'explication des faiblesses parlementaires, et l'histoire en doit tenir compte, car elle est humaine. Mais cette œuvre sinistre et prochaine ne fit pas baisser le regard ardent et fier des combattants, et ce sera leur gloire éternelle d'avoir assumé sans pâlir les responsabilités dernières. Ce sera celle de La Fayette qui, le premier, eût succombé sous les coups, de quelques hommes intrépides à qui l'histoire donne l'éclat de ses mentions, du plus grand nombre, inconnu, obscur, anonyme, héroïque, qui, hélas! ne peut avoir dans l'histoire qu'un piédestal innommé, pareil à ces colonnes brisées et vides de noms qui s'élèvent, dans les cimetières, pour symboliser le double néant de la mémoire des hommes et de la mémoire des choses. Mais la génération qui provoqua, appela sur elle le choc redoutable, préféra le sacrifice à une vie inerte, se prépara à faire don au monde, par l'amoncellement des cadavres, d'un magnifique exemple de fierté, demeure lumineuse sous le regard reconnaissant. Elle a relié à l'acte sublime de la Révolution notre temps et épuré et agrandi, pour nos mains qui furent, hélas! souvent trop petites, le patrimoine de la noblesse humaine.

Heureusement la logique n'habitait pas sur les hauteurs de Saint-Cloud, où, parmi le luxe et la somptuosité suprême de cette dernière demeure, errait un roi épouvanté de sa tentative. Trois jours de combat, les représentations de Vitrolles, de MM. de Sennonville et d'Argout, l'inconscience hébétée de M. de Polignac, le silence des autres ministres, la création d'une commission municipale, le surgissement de La Fayette armé de l'épée civique, tout inclina à la fin cet esprit à la conciliation. Il était trop tard! Le roi s'imaginait qu'il lui suffirait de nommer M. de Mortemart président du conseil et de révoquer six ministres pour tout changer. Il le fit. Mais quand, sur les conseils de Vitrolles, on lui présenta la révocation des ordonnances comme nécessaire, il signa sans vouloir lire. M. de Mortemart, incapable, vint errer dans Paris, comme une épave sur une mer houleuse. Il perdit toute une journée — celle du 30 juillet — à chercher à qui parler. Il alla à la Chambre des pairs, ne vint pas à la Chambre des députés, où on l'attendit vainement, fut éconduit par la commission municipale, qui refusa, sous le prétexte qu'elle manquait de pouvoirs suffisants, de recevoir la révocation des ordonnances, finit enfin par se faire donner acte par La Fayette du dépôt qu'il effectuait au nom du roi, s'engouffra obscurément dans ce mouvement comme dans une mer, et si profondément qu'il ne put même pas aviser du résultat de ses démarches le roi, qui attendit vainement un jour et une nuit une communication de son envoyé.

Cependant l'insurrection ne pouvait pas attendre de la grâce des événements une solution. Le peuple avait rendu nécessaire cette solution. Qui allait la dégager? Après l'heure des résolutions vint l'heure des intrigues. Les libéraux, effrayés autant de l'indomptable énergie du peuple que de l'âpre tyrannie des Bourbons, cherchaient à asseoir leur fortune entre ces deux camps violemment ennemis. Des démarches furent faites par M. Laffitte, en leur nom, auprès du duc d'Orléans qui, au début des événements, s'était subitement effacé. Il s'était exilé au Raincy, à l'insu de tous, et d'inutiles visites lui furent faites à Neuilly. Il vint enfin sur un mot pressant de Laffitte. Son état d'irrésolution était extrême; le désir violent de la couronne était combattu en lui par la crainte de l'insuccès, soit que le trône branlant se raffermît, soit que le peuple, allant jusqu'au bout de son mouvement, fondât la République. Même il expédia à Charles X une lettre où il se déclarait son fidèle sujet... Mais soudain il la fit redemander au porteur. Que s'était-il passé?

Fuyant devant le peuple, devant la majesté enfin aperçue de sa révolte, la Cour avait quitté Saint-Cloud pour Versailles. C'était la retraite, la retraite éperdue, au milieu de l'isolement qui précède la triste fin des puissants. Si le roi fuyait, c'est donc que la couronne vacillante allait choir de ce front sans audace et devenir la proie du premier geste. Redevenu courageux, Louis-Philippe enfin répondit : il accepta la fonction de lieutenant-général du royaume. La Chambre se réunit. Elle décida, pour frapper un coup, d'aller faire consacrer ce lieutenant-général à l'Hôtel de Ville, la légalité mourante cherchant dans la force créatrice de la Révolution un sûr auxiliaire.

Pénible et triste démarche à travers ces rues encore soulevées de la capitale. Quelques-uns à peine saluaient au passage le duc d'Orléans, dont la main cherchait les étreintes avec une ostentation trop visible. Derrière lui, quelques députés précédés de Laffitte dans une chaise à porteurs. L'arrivée à l'Hôtel de Ville réservait un plus froid accueil au roi futur, qui trouva sur les marches du palais insurrectionnel tous les combattants irrités, ou déçus, ou refroidis. La commission municipale lui donna enfin asile. Mais restait à accomplir le geste symbolique : La Fayette prit par le bras l'homme dont le père lui avait été ennemi, se montra aux fenêtres, agita les trois couleurs révolutionnaires et subversives, et embrassa le duc. Ce fut une acclamation. La royauté nouvelle était née de la chaude étreinte de la révolution.

La royauté ancienne, pendant ce temps, marchait vers l'exil, par étapes et comme si elle avait voulu savourer sa déchéance. De Saint-Cloud, où elle régnait encore arrogante, l'autocratie de droit divin s'était repliée sur Versailles et puis sur Rambouillet, au milieu d'un désordre sans pareil, cheminant parmi les paysans gouailleurs, les soldats déserteurs, les officiers transfuges, les citadins soulevés. Le long des routes, des giberues, des fusils, des sacs jetés pêle-mêle attestaient que la force se retirait de cette royauté qui ne se pouvait imposer que par le fer et à qui le fer manquait. En vain, par un suprême artifice, Charles X, pour laisser croire à la prééminence de son pouvoir, avait investi le duc d'Orléans de ses fonctions de lieutenant-général. Il était trop tard, la fonction avait été décernée par la Chambre, reconnue par la rue, et l'investiture royale était une capitulation et non une consécration. D'ailleurs les premiers pas vers l'exil, si discrets fussent-ils, avaient eu dans Paris le retentissement d'une fuite éperdue. Les libéraux apeurés avaient relevé un front pâli par la crainte; MM. Thiers et Guizot, un moment absents, avaient montré leur profil aigu et souriant à la fois; le duc d'Orléans s'était enhardi et, comme toujours, le fait donnait naissance au droit. L'Assemblée délégua à Charles X des commissaires qu'il ne voulut point voir et qu'il accepta. Par une ironie supérieure, telle que seul le destin la peut contenir, le maréchal Maison était au nombre des délégués, et ce même soldat, indifférent sous son armure servile, avait, comme général, reçu le comte d'Artois à Calais en 1814, et l'accompagnait à Cherbourg en 1830. Marmont fut au nombre des rares courtisans pour lesquels le malheur avait encore un rayonnement : il avait quelque mérite à s'endurcir ainsi contre l'infortune. Maltraité par la royauté, qui devait cependant à sa défection son succès rapide, laissé sans commandement important, privé du commandement des troupes en Algérie au profit de Bourmont, dont la trahison éclatante devant l'ennemi recevait des récompenses, il avait encore, dans une scène d'une violence inouïe, été désavoué par le dauphin, injurié, emprisonné, presque frappé, s'était démis de ses fonctions de général, et n'avait repris son grade que pour chevaucher à la portière de la dernière voiture où la dernière royauté de droit divin s'acheminait vers l'exil. Le supplice fut long à celle-ci. Pendant quelques jours, en effet, Charles X, à petits pas, comme si son incurable orgueil attendait un rappel de la sympathie populaire, voyagea de Paris à Cherbourg. La dignité civique lui épargna de tardifs affronts, et ce convoi presque funèbre connut au moins le silence qui respecte les morts. Mais on ne put masquer au roi le drapeau tricolore flottant, dans l'air rayonnant du mois d'août, au-dessus des monuments, ce drapeau de la France impie et révolutionnaire qui avait abrité au Temple le premier captif du peuple. Enfin à Cherbourg finit l'exode de cette dynastie impopulaire et folle : le roi, le dauphin, les princesses, sa suite s'embarquèrent pour l'Écosse.

De là, le roi, quelques mois après, partit pour l'Autriche et il mourut en 1838, incorrigible, s'amusant à comploter, avec la fortune, une restauration.

Louis-Philippe allait monter sur ce trône, fait de tous les soutiens libéraux, appuyé sur les baïonnettes révolutionnaires qui n'avaient lui sur ce champ de bataille qu'au profit d'une monarchie nouvelle. On a beaucoup discuté pour savoir si dès 1830 la République n'aurait pas pu se relever du tombeau et soulever, d'un geste brusque, la lourde pierre qui l'avait, avec Danton et Robespierre, scellée au néant. On peut, certes, hardiment soutenir qu'une minorité intrépide, agissante, toute prête, aurait, après avoir proclamé la République, pu fonder, sous son égide, un régime libéral résistant. D'innombrables sociétés existaient, avaient vécu en laissant des héritiers de leurs espérances, un peu épars, il est vrai, mais qu'un geste eût ralliés. Du sang des soldats d'une cause sainte, le germe répandu par les échafauds politiques aurait levé. Et quant aux esprits craintifs et étroits qui ont confisqué au profit de Louis-Philippe la royauté, un rayon violent de lumière eût jeté en eux une clarté nouvelle. Quant à Paris, debout encore et frémissant, debout par sa jeunesse ardente, par sa maturité toute prête, debout par ses ouvriers dont les mains durcies devaient encore soutenir d'autres combats, il aurait arboré fièrement les couleurs de la République, et aucune main n'eût été assez virile pour les lui ôter.

Qu'est-ce donc qui a manqué à la République, puisque l'élan ne lui faisait pas défaut, puisque les grandes villes de province, préparées par tant d'agitation, auraient accepté le règne renouvelé de la liberté? Il lui manqua d'abord les intérêts du commerce, de l'industrie, l'appoint d'hommes comme MM. Laffitte, Casimir Périer, qui redoutaient, pour leurs intérêts, le régime de nivellement égalitaire. Il lui manqua, ensuite, la confiance dans l'Europe, et on peut bien dire que c'est à la crainte d'une

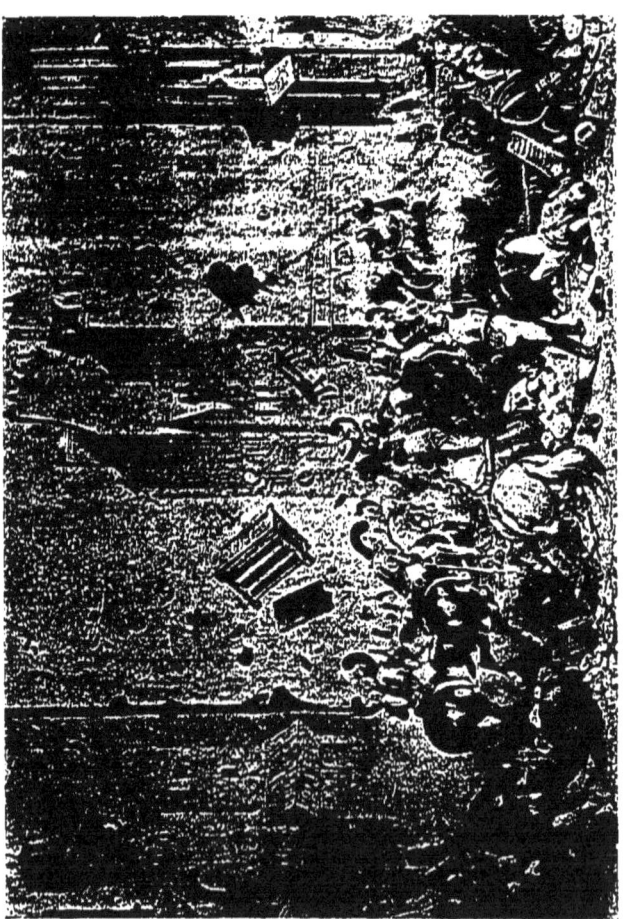

LA RUE SAINT-ANTOINE.
(D'après un document de la Bibliothèque nationale.)

revanche extérieure et d'une guerre néfaste que céda, par exemple, un homme comme La Fayette. Pour lui, pour quelques-uns des hommes qui le suivirent, la royauté constitutionnelle qui allait éclore était une transaction nécessaire entre la Révolution encore calomniée et redoutée, et la République, sa fille trop débile.

Ce qui a manqué, surtout à ce moment, c'est l'éducation populaire. Les libéraux, dans leur opposition à la royauté, avaient toujours, et pour cause, dédaigné la propagande active par où les cœurs et les cerveaux se gagnent, par où les consciences s'épurent. Le peuple ne voyait pas, et aucune voix désintéressée n'avait tenté d'apporter un peu de vérité à ce souverain déchu. Nul n'avait osé, pendant ces quatorze années de prostration, parler de la République. Son nom n'avait été jeté que comme une outrance paradoxale et non comme un mot d'ordre. Les libéraux s'étaient épuisés dans une opposition dynastique, parlant du respect de la Charte et ne prévoyant aucun horizon derrière l'enceinte bornée de la Chambre. Aussi, dans la vacance du pouvoir royal, la République ne put se dresser comme le fait nécessaire; elle n'avait pas assez frappé les oreilles et les yeux. Grande leçon et qui prouve que le peuple ne doit jamais laisser à d'autres mains qu'aux siennes la direction de ses destinées ! Grand exemple et qui prouve que l'éducation incessante des individus est la seule sauvegarde des collectivités !

En tombant, Charles X entraînait avec lui la dynastie d'essence divine et féodale, qui se rattachait, par tous ses espoirs, à un régime ancien aboli, qui n'avait accepté le régime nouveau qu'à titre transactionnel et provisoire. La perfidie de Louis XVIII et celle de Charles X caractérisent la Restauration; ils n'eurent pas le courage de restaurer les anciennes coutumes, ils n'eurent pas la loyauté d'accepter les nouvelles lois que le monde moderne avait promulguées. Toute leur politique fut de ruser avec la Charte qui leur fut un intolérable fardeau, avec le suffrage restreint dont les manifestations outrageaient leur absolutisme, avec la Chambre qui, même en les approuvant, leur fut toujours odieuse. Cette déloyauté contient l'histoire de toutes les crises et surtout de la crise suprême, où, trop longtemps abusée, la naïveté populaire enfin éclata en colère.

Qu'on ne s'empresse pas d'ailleurs de conclure que plus d'habileté aurait ménagé à la dynastie une pérennité éclatante ! Plus d'habileté et de confiance auraient évidemment acclimaté plus longtemps en France la dynastie des Bourbons. Des princes plus fermes, plus instruits, plus vivants, plus souples, auraient, par des concessions habiles, gagné du temps. Le drapeau tricolore arboré dès 1814, le cens peu à peu agrandi, une liberté moins avare de ses dons, un respect scrupuleux de la Charte, plus de cordialité, plus de popularité, un appel direct à la bourgeoisie libérale, tout cela eût permis sans doute l'économie de 1830; mais non l'économie de 1848 qui eût été avancé par le destin. Il est pour une monarchie, même libérale, un terme aux concessions : c'est la République. Or, celle-ci planant au-dessus des cœurs, serait devenue visible pour les yeux, et jamais même une Charte libérale n'eût effacé des annales humaines la Déclaration des droits de l'Homme. Un peu plus tôt, un peu plus tard, la République eût donc surgi, et quand on pense que pour les générations les années sont les mois des hommes, on juge par là la puérilité de la question.

La Restauration eut cependant des mérites. Elle prit le fardeau des défaites nationales et déshabitua la nation de la gloire militaire par où tant de catastrophes avaient surgi. Elle créa la tribune parlementaire, et ce trône nouveau, dans le chancellement des trônes anciens, est demeuré debout, supérieur aux tempêtes. C'est le bienfait inestimable de ce régime d'avoir laissé vivre l'instrument qui lui devait donner la mort. La génération de libéraux qui a relevé la tribune, l'a illustrée, gardée, malgré ses défaillances, a droit à notre gratitude. Du moment que la parole pouvait retentir, les destins mauvais étaient enchaînés et la République devait naître.

CHAPITRE XIX

LES IDÉES SOCIALISTES ET LA RESTAURATION

Saint-Simon et ses disciples. — L'enseignement de la Révolution. — L'état de l'industrie. — La classe ouvrière. — Saint-Simon. — Ses œuvres. — Ses disciples.

Ce n'était pas pour le triomphe de leurs intérêts immédiats que s'étaient levés les ouvriers dans Paris révolté. Leur honneur sera d'avoir prêté leurs bras robustes, déserteurs du travail pacifique, au labeur furieux qui ne devait engendrer d'immédiats profits que pour la classe dirigeante. Mais un sourd instinct les avertissait que les services rendus aux aspirations de la classe dirigeante ne peuvent jamais se retourner contre la classe vaincue. D'un idéal plus élargi la bourgeoisie profite pour s'améliorer elle-même et rendre à la justice plus d'hommages. Rien n'est perdu pour personne quand l'humanité s'élève, et jamais l'ascension d'une classe ne peut se produire sans qu'un lent ébranlement ne se communique à l'autre.

Et puis, il faut le dire, les ouvriers n'avaient pas la conscience très nette de leurs devoirs, de leurs droits. Comment l'auraient-ils eue? L'enseignement théorique où étaient proclamés les droits éternels du travail asservi ne descendait pas encore jusqu'à leur masse obscure, trop loin des sommets pour en percevoir le rayonnement. Et quand même l'enseignement théorique serait venu, sur leurs droits, informer les travailleurs, il eût manqué, à cette propagande des idées, le fait, la leçon de choses, en un mot, la force économique, illustrant d'un exemple la parole qui en dénoncerait déjà l'abus.

La Révolution française avait passé. Il est vraiment étrange qu'à si peu d'années de son labeur, et quand tant d'hommes en avaient été les témoins, il y ait eu dans les consciences si peu de germes. La calomnie, qui est l'arme de la contre-révolution, avait discrédité devant des générations débiles ses grands hommes, et le fiel de l'histoire jésuitique avait filtré à travers les tombes hâtives où leur mémoire immortelle attendait la vérité. L'Empire, succédant au Consulat, avait, par sa violence splendide, déraciné en ce pays toute énergie propre, et l'horreur que causait le régime de guerre s'étendait à l'acte révolutionnaire, violent aussi, mais qui avait libéré quand l'acte impérial avait asservi. Enfin, au point de vue économique, la Révolution n'avait donné que des enseignements peu profitables à l'émancipation ouvrière, au moins si le regard était superficiel qui les interrogeait.

Elle avait exalté l'individu, et au sortir de la longue compression royale, on le comprend. Elle avait rendu impossible toute association, par réaction contre la contrainte des maîtrises et des jurandes, par peur aussi des complots. Elle avait fondé le droit individuel, la liberté du travail, le droit d'accéder à la propriété, en un mot, déchaîné toutes les initiatives de l'être et aussi, sans qu'elle le voulût, tous les égoïsmes. A ne considérer que cette forme de son action, on la pouvait prendre, comme on la prend encore, pour la grande initiatrice du droit des individus opposé aux exigences de la collectivité.

Rien n'est plus faux que cette donnée subalterne qui émane de critiques peu clairvoyants. Mais cette donnée sévissait surtout pendant la Restauration. La Révolution a créé la liberté et l'égalité : ce sont là ses filles immortelles. Elle a voulu que l'être fût libre. Non pas libre seulement au regard de la féodalité mourante, du régime royal aboli ; libre au regard de toutes les puissances terrestres et célestes. Elle a donné de la liberté cette définition que la liberté n'existe pas sans la sûreté. Qu'est-ce donc que la sûreté, la sécurité du lendemain ? Par quoi peuvent-elles être assurées ? Par la propriété, et c'est ce qui fait que la propriété est pour ainsi dire la matérialisation de la liberté : n'est pas libre celui qui, le lendemain, peut, s'il perd sa place, son salaire, son instrument de travail, être réduit à la détresse. Sa liberté ne naîtra qu'avec l'appropriation de l'instrument de vie.

Mais comment cette haute leçon, qui n'est qu'humaine et qui nous vient de la Révolution, elle aussi humaine, avant d'être française, comment cette haute leçon aurait-elle été aperçue pendant la Restauration ? A cette époque, la propriété ne s'offrait au regard que sous la forme capitaliste. Les champs subdivisés par la loi successorale qui autorise et impose même le partage entre des enfants égaux en droit n'étaient pas menacés par les procédés de culture, par une concurrence internationale qui fait tomber le sac de blé d'Amérique devant la porte du fermier qui s'apprête à expédier le sien. L'industrie était aux mains de petits industriels, et les ouvriers moins nombreux étaient isolés les uns des autres. A peine la vapeur commençait à soulever le couvercle, et l'espoir n'était à personne de la voir bouillonner, frémissante et dominatrice, à travers le monde. La forme de la propriété était individuelle, le travail était individuel, et il paraissait moins dérisoire qu'à notre époque de rappeler à l'ouvrier qu'il avait le droit théorique d'accéder à la propriété. Le machinisme n'était pas encore assez puissant pour servir le monde et asservir les hommes. Les grandes centralisations d'ouvriers qu'il a rendues nécessaires ne s'étaient pas formées, apportant à une classe d'hommes l'instinct de la solidarité. Les communications avec les pays voisins étaient trop difficiles pour que, de nation à nation, l'écho de l'oppression nationale éveillât la révolte internationale. Par conséquent, la propagande nationale ne pouvait pas encore faire lever dans l'immense sillon les germes de la justice.

Cependant, pour l'honneur de l'esprit humain, et comme pour bien montrer qu'il n'est pas asservi à la matière, des hommes d'élite, sans pouvoir encore appuyer leur conception à des réalités vivantes, mais les pressentant dans un avenir obscur, parlaient du droit social. Gloire à leur mémoire ! Ils ont tenu dans l'obscurité et dans l'ignorance le flambeau dont la flamme légère devait grandir, et ils l'ont sauvée de toutes les tempêtes !

En 1824, après que Louis XVIII fut mort, un autre homme défaillait à sa tâche surhumaine parmi de rares amis : c'était le comte de Saint-Simon. Après une vie mouvementée, soldat de l'Indépendance américaine, ingénieur dont les projets rebutent les États, spéculateur sur les fonds nationaux, ami de la Révolution, riche puis pauvre, puissant puis misérable, malade et recueilli sur un grabat par un domestique ancien, dégagé par cette main reconnaissante du labeur ingrat qui le faisait vivre, enfin, indépendant, studieux et noble philosophe, élevé par la force de sa pensée au-dessus de la terre, qui eut son corps quand nous avons sa mémoire, le comte de Saint-Simon a jeté sur le mouvement social de larges jugements. Il a fondé une philosophie, une doctrine, une école, et ses disciples plus heureux ont connu plus que lui l'admiration des hommes. Restant, par les mesures mêmes de notre histoire, au temps de la Restauration, cette doctrine n'exigera de nous que peu de mots, car c'est à d'autres, à ceux qui raconteront le développement qu'elle prit, qu'appartiendra davantage un droit dont nous ne voulons pas abuser.

Les conceptions sociales de Saint-Simon, répandues dans des livres nombreux, ne s'offrent pas à l'esprit avec une netteté et une simplicité complètes. La confusion règne un peu parmi un assemblage quelquefois contradictoire. Et il est heureux que ses disciples aient pu condenser dans des formules moins hâtives, et exposer dans des livres plus clairs les conceptions auxquelles ils ont puisé les leurs. Il semble que de la vie de Saint-Simon, de cette vie mouvementée, quelque chose se soit communiqué à sa pensée mobile, généreuse. Vieilli, malade, sentant la vie se retirer (n'alla-t-il pas au devant de la mort par une tentative de suicide ?) le monde fuir, il voulait tout voir, tout dire, tout noter, et si la méthode n'a pas toujours discipliné ses pensées, c'est que celles-ci jaillissaient d'un cerveau perpétuellement frappé de tous les spectacles, à qui rien ne demeurait étranger, et qui fut l'ardent réceptacle de toutes les idées qui agitaient le monde. D'ailleurs, Saint-Simon a pensé comme son époque pensait, et il en est un reflet fidèle. En vingt ans à peine, deux régimes nouveaux, une terre nouvelle, un horizon nouveau, une magnifique floraison qui semblait spontanée, une agitation perpétuelle, une insécurité lamentable pour les pensées et les intérêts, des ruines et près d'elles des matériaux innombrables et disparates — telle était l'image qu'offrait la société après la Révolution, pendant l'Empire, au début de la Restauration. L'homme, si puissant qu'il soit, n'échappe pas au mouvement universel, et la fièvre générale a communiqué à Saint-Simon une excitation bien légitime.

Du moins, et tout de suite, il fixa la règle invariable d'où doivent procéder nos conceptions, et il y demeura fidèle : les faits sociaux ne se peuvent et ne se doivent examiner que d'après les règles de la science, et cette souveraine qui domine les faits physiques domine aussi les faits humains. Ce sera plus tard le plus sûr héritage que recueilleront des mains amies. C'était, en attendant, la protestation la plus ferme contre l'envahissement des conceptions anciennes. Invoquer la science comme seule arbitre, c'était reléguer au loin cette fatalité chrétienne qui soumet aux caprices du ciel les mouvements de la terre et fait l'homme tributaire de Dieu. C'était aussi écarter la fatalité naturelle, qui permettait à l'homme politique de comparer la société à la nature, de déclarer soumis, comme dans la nature, à la loi du plus fort le plus faible. La science est révolutionnaire. Elle dérobe la vie à l'action de Dieu, et elle permet de dire que la société doit être un progrès sur la nature, doit la corriger, ne lui point ressembler, la force morale, que la nature ignore, devant servir de règle à la société.

Sur quoi la société, tributaire seulement de la science, sera-t-elle fondée ? Saint-Simon a indiqué, à vingt années de distance, en 1802 et en 1823, le même système, mais sous deux formes différentes. En 1802, dans les *Lettres d'un habitant de Genève*, il indique que la société est fondée sur trois classes : les sages, les conservateurs, les égalitaires. Les sages sont les savants et les artistes, les conservateurs sont les propriétaires, les égalitaires sont ceux qui ne possèdent pas. Mais le vague des formules ne permet pas de trouver encore dans cette tentative de l'esprit le fondement de la doctrine. En 1819, le *Système industriel*, et en 1823-1824 le *Catéchisme des industriels* vont compléter et surtout expliquer l'ébauche : les industriels héritent le pouvoir politique des soldats et des propriétaires. Ce pouvoir politique est à la fois temporel et spirituel. A qui ira le temporel? Aux hommes utiles, aux industriels. A qui ira le pouvoir spirituel? Aux intellectuels, aux savants.

Pour bien saisir cette vue, il faut définir, comme Saint-Simon le fit, le mot industriel. Sous sa plume, ce mot n'a pas le sens précis et restreint que lui donne notre langue : l'industriel est celui qui travaille, que ce soit le patron, que ce soit l'ouvrier. Et l'industrie est l'ensemble des travailleurs auxquels Saint-Simon adjoint même les commerçants, qui échangent cependant et ne créent pas. Donc c'est à tous ceux qui travaillent, quel que soit leur emploi, quelle que soit leur place sur les degrés de la hiérarchie sociale, c'est à l'ensemble de ceux qui fondent et créent que doit échoir le pouvoir. Ce pouvoir, il le faut arracher aux militaires, représentants attardés de la force destructive, aux propriétaires, représentants de la féodalité. La part temporelle de ce pouvoir demeurera aux mains des hommes utiles. La part spirituelle aux mains des artistes, des savants, des penseurs philosophes, créateurs de doctrines et de beautés, comme les autres sont créateurs d'utilités.

On peut tout de suite démêler ce qui, au regard du socialisme contemporain lui est opposé, ce qui lui est identique, dans cette large doctrine. Saint-Simon entrevoit la société gouvernée par les travailleurs, et il confond dans les travailleurs les ouvriers et les patrons. C'est le système de la collaboration des classes, et non celui de la lutte des classes. C'est le patron et l'ouvrier associés pour une même œuvre, qui est la direction de l'État, et cela suppose entre eux des intérêts similaires et non des intérêts opposés; mais on comprend que Saint-Simon se soit attaché à cette vue. Le spectacle que, surtout en 1802, il avait sous les yeux ne le pouvait pas amener à une autre pensée. Ce n'était pas l'époque florissante du machinisme tout puissant; il n'y avait pas de grandes industries excluant, par leur étendue, l'accession des plus pauvres. L'ouvrier se confondait avec l'instrument de travail qui était le prolongement de son bras. Le patron était modeste, travaillant lui-même. Il n'y avait pas encore séparation, comme aujourd'hui, entre le créateur de la fortune et l'instrument de la fortune. Dès lors, on pouvait croire à la permanence d'intérêts similaires et réunir dans la même classe ceux qui maintenant défendent des intérêts hostiles.

Mais le fondement de la doctrine demeure solidement socialiste. Tout d'abord, c'est l'expropriation de la classe oisive et de la classe destructive, au profit de la classe qui travaille. Le socialisme n'a pas d'autre formule.

C'est l'égalité dans les rapports politiques et économiques. C'est surtout la condamnation formelle de la liberté, envisagée comme le droit de ne rien faire, de faire le mal. La force avec laquelle Saint-Simon enchaîne l'homme au travail le rattache plus encore au socialisme, qui réclame précisément que le pouvoir soit dérobé à ceux que leur paresse enrichit[1].

L'aspect sous lequel le travail apparaît à Saint-Simon s'est modifié dans son esprit. Tout au début, le travail n'était que l'obligation naturelle et primordiale qui rattachait l'homme à la vie. C'était, pour lui, pour son œuvre, pour son devoir satisfait qu'il devait travailler. Cette conception s'est élargie avec le temps. Saint-Simon a vu les hommes, tels qu'ils sont, enchaînés au passé, à l'avenir, dépositaires passagers de l'œuvre du temps. Il a eu la noble vision d'une humanité laborieuse, et qui travaille non seulement pour subsister, mais pour s'améliorer, pour agrandir le patrimoine, refouler l'horizon, conquérir sur le néant un peu de vie. Le travail n'est plus pour lui un devoir individuel, mais un devoir social; l'idée de la solidarité humaine se lève.

Déjà en 1814, frappé de tous les maux de la guerre, il avait émis, dans la *Réorganisation de la Société européenne*, la pensée supérieure d'un Parlement européen chargé d'élucider « les intérêts communs de la société européenne ». C'était la protestation contre la guerre, et elle était générale. C'était plus, c'était l'organisation de la paix, sa permanence, la sécurité rétablie sur les frontières mouvantes. Sans doute, imprégné des préjugés du temps, et peut-être aussi pour atténuer la hardiesse de cette idée, il fixe à 25,000 francs de rente le cens de l'éligibilité pour les députés de ce Parlement, mais le cens eût disparu, l'Assemblée fût demeurée, et cet internationalisme réformateur et pacifique eût mis fin au choc des épées entremêlées pour l'hécatombe.

En 1825 allait être fondé le journal le *Producteur*, destiné à répandre la doctrine saint-simonienne. Mais la mort surprit, pour le confier au repos, l'ouvrier sur sa tâche. Saint-Simon mourut au mois de mai 1825. Surgi d'une famille féodale, petit-neveu du duc célèbre qui se fit le défenseur de l'aristocratie, fils adoptif de la démocratie, il déserta la noblesse pour venir au peuple souffrant. Des disciples, des amis très rares suivirent jusqu'à la tombe ce convoi qui traversa les rues, sous le regard indifférent des hommes.

Mais l'idée demeure. Olinde, Rodrigues, Léon Halévy, Duvergier, Bailly étaient les premiers amis de la première pensée avec Augustin Thierry et Auguste Comte; Enfantin et Bazard se joignirent à ce groupe et l'École saint-simonienne ouvrit ses portes aux adhérents, en même temps

---

1. En 1819, dans un journal, l'*Organisateur*, Saint-Simon avait appliqué cette pensée aux princes et à la cour, en mettant en balance ce que coûterait au pays la disparition de ces princes ou celle de savants et de travailleurs. Poursuivi en cour d'assises, il fut acquitté.

(D'après une estampe de la Bibliothèque nationale).

qu'avec le *Producteur*, enfin fondé, et par l'*Exposition de la Doctrine saint-simonienne*, les théories précises, plus nettement mises en relief, finissaient par gagner quelques esprits.

Envisagée dans son ensemble, la société est décrétée d'incohérence et d'anarchie. Elle donne asile à la pire misère et à la plus dégradante « exploitation de l'homme par l'homme ». Partout cette exploitation se retrouve, dans tous les rapports des hommes, et le travail humain, chargé d'une prime, dont le nom change mais dont le profit enrichit les oisifs, réclame sa part. Comment, disent les disciples, faire avec cette incohérence qui jette les uns sur les autres pour les meurtrir, des hommes qui se devraient embrasser dans une association fraternelle. Il faut découvrir et abattre la base inique sur laquelle l'exploitation repose. Et quelle est-elle? Elle est la propriété et sa transmission héréditaire dans les familles.

D'ailleurs, cette propriété est destinée à périr de ses propres coups : cette prime, appelée loyer ou fermage, cette prime dont elle frappe comme d'un impôt le travail, diminue peu à peu et pourra se réduire au minimum, tomber au néant. Ici, la critique des disciples saint-simoniens est fausse.

L'intérêt, le loyer, le fermage, le profit, tomberont certes par degré, sous l'action de la concurrence, sous l'afflux des capitaux, mais il n'y aura pas de jour où les capitaux seront improductifs; l'essence de la propriété capitaliste est le profit et le logement gratuit ou le crédit gratuit restent des chimères. Sans compter que les regards de ceux qui entrevoyaient ces merveilles n'embrassaient qu'un trop étroit champ d'action. Le monde était plus vaste encore de leur temps que du nôtre et la société capitaliste, quand le profit lui manque sur les vieilles terres témoins de ses prodigieuses conquêtes, s'expatrie, se répand au dehors, toujours en quête de nouveaux débouchés.

Mais, cette réserve faite, le principe par eux affirmé demeure, qui est l'iniquité blessante pour tant d'hommes, privés de la propriété, c'est-à-dire de la vie, de la liberté vraie, du bonheur. Mais pour restaurer la justice, une révolution était nécessaire, c'est-à-dire une transformation totale de la société et non une série de mesures. Par là encore l'école saint-simonienne se rattache au socialisme. L'application serait aisée : il faudrait, selon le besoin des localités, et par branche de travail, remettre aux hommes les instruments de travail.

Cependant comment sera accompli ce grand labeur? Il ne demande pas que des bras, mais aussi des cerveaux, et des consciences. Il faut que l'homme soit meilleur, que l'humanité s'élève à la solidarité, à la fraternité. Comment pourra-t-elle y parvenir, si, dans l'instant où les revendications des malheureux apparaissent, l'esprit général n'est pas gagné par l'éducation? C'est la partie morale du plan de saint-simonisme. Ce n'est pas la partie la moins haute, ni la moins utile. Elle vient compléter la doctrine purement matérielle exposée. Elle répond à toutes les critiques grossières des esprits délicats, qui entrevoient le socialisme sous la forme d'une poussée de bestialité humaine. Ce ne sera pas, ce ne pouvait être. C'est que le socialisme n'est pas seulement un appel aux intérêts, une surexcitation de l'égoïsme d'une classe substituée à l'égoïsme des individus, l'avidité changeant de terme, mais gardant ses convoitises; il est un appel aux nobles instincts de la nature, à l'élévation constante des sentiments et de la pensée, et par là sera adouci et ennobli d'idéalisme le fatalisme économique qui amènera les transformations du monde.

Telle fut, réduite presque à un squelette, et nous nous en excusons, la doctrine saint-simonienne, telle, du moins, que, jusqu'en 1830, ses disciples l'exposèrent. Nous ne pouvons, sans sortir du cercle que nous nous sommes tracé, suivre dans le temps les progrès de la doctrine. Au moment où elles étaient exposées, ces idées ne frappaient que de rares esprits, esprits d'élite, il est vrai, qu'on retrouvera, dans tous les ordres, au premier rang. Mais il n'importe à l'idée qui est jeune encore, même quand celui qui l'enfanta de sa douleur et de ses enthousiasmes succombe, vieilli et découragé. Ce sera l'honneur de la doctrine saint-simonienne, l'honneur du socialisme auquel elle s'incorpore, d'avoir regardé au-dessus et au-delà de la mêlée humaine, aperçu à l'horizon les générations qui se préparent à leur tâche, encore dans le mystère inconnu de leur formation, d'avoir pensé pour elles, souffert pour elles. Et quand cette pensée généreuse, cette chère souffrance qui vaut tant de joies, non seulement sera la part de quelques hommes dont l'esprit cultivé se révolte, mais la part d'innombrables travailleurs, n'est-ce pas la plus haute conquête de l'esprit humain? Des millions d'hommes, ravis par le socialisme à l'égoïsme, se penchent sur les sillons, sur l'enclume, sur la terre, sur le fer, sur la matière qu'ils animent de leur souffle, et cependant ils ne pensent pas seulement à eux, mais à ceux qui viendront après eux et qui ne sont pas leurs enfants. La famille agrandie jusqu'aux générations inconnues, la patrie élargie à la mesure de l'univers, des hommes ne refoulant plus les hommes par la pensée, les appelant, souffrant de leurs souffrances, accordant avec leur cœur inconnu les pulsations de leur cœur trop étroit, c'est la conquête morale que la société doit au socialisme. Et quand même nos rêves seraient vains, vaine notre attente, la justice inaccessible, le bonheur fuyant, il resterait de l'action du socialisme que le présent au moins serait épuré, ennobli, élevé. Ceux qui ont été les premiers ouvriers de cette œuvre de vie, Saint-Simon et ses disciples, ont mérité une gratitude dont il ne faudrait pas mesurer la force et l'étendue aux quelques lignes hâtives et incomplètes où se reflètent ici leurs idées.

RENÉ VIVIANI.

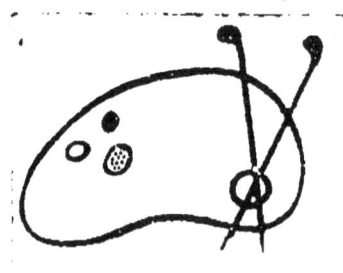

Début d'une série de documents en couleur

1ᵉ Série.   Prix : 50 centimes.

Histoire Socialiste
(1789=1900)

SOUS LA DIRECTION DE

Jean JAURÈS

PAR

JEAN JAURÈS (Constituante et Législative), JULES GUESDE (Convention jusqu'au 9 thermidor), GABRIEL DEVILLE (du 9 thermidor au 18 brumaire), BROUSSE (du 18 brumaire à Iéna), TUROT (d'Iéna à la Restauration), VIVIANI (la Restauration), FOURNIÈRE et ROUANET (le règne de Louis-Philippe), MILLERAND (la République de 1848), ANDLER et HERR (le second Empire), JEAN JAURÈS (la guerre franco-allemande), DUBREUILH (la Commune), JOHN LABUSQUIÈRE (la 3ᵉ République 1871-1885), GÉRAULT-RICHARD (1885-1900), JEAN JAURÈS (Conclusion. — Le bilan social du xixᵉ siècle).

NOMBREUSES ILLUSTRATIONS

Jules ROUFF et Cⁱᵉ, éditeurs, Cloître Saint-Honoré, PARIS

Histoire Socialiste
(1789-1900)

SOUS LA DIRECTION DE

JEAN JAURÈS

par

JEAN JAURÈS, JULES GUESDE, GABRIEL DEVILLE, BROUSSE, TUROT, VIVIANI, FOURNIERE, ROUANET, MILLERAND, ANDLER, HERR, DUBREUILH, JOHN LABUSQUIERE, GERAULT-RICHARD.

A mesure qu'une nouvelle classe sociale surgit et affirme sa force, elle ne cherche pas seulement à préparer l'avenir : elle veut comprendre le passé et l'interpréter selon les lumières nouvelles de sa conscience.

L'heure est venue pour le prolétariat ouvrier et paysan de prendre possession par la pensée du siècle qui va finir comme il se saisira par l'action du siècle qui s'ouvre.

Paysans, Ouvriers, ceci est l'histoire des efforts et des luttes de vos pères.

Cherchez-y un surcroît de force et de clarté pour les luttes de demain.

JEAN JAURÈS.

10 Cent. la Livraison illustrée | **50 Centimes le Fascicule**
(deux par semaine.) | (5 livraisons, 40 pages) (1 fascicule tous les 18 jours).

EN VENTE CHEZ TOUS LES LIBRAIRES ET MARCHANDS DE JOURNAUX

Tous les lecteurs recevront gratuitement, avec la dernière livraison, les titre, faux-titre, table et couverture pour brocher ou relier cet important ouvrage.

Jules ROUFF et Cie, éditeurs, Cloître Saint-Honoré, PARIS

Imprimerie Vve Albouy, 75, avenue d'Italie. — Paris.

1re Série.   Prix : 50 centimes.

Histoire Socialiste (1789=1900)

SOUS LA DIRECTION DE

JEAN JAURÈS

PAR

JEAN JAURÈS (Constituante et Législative), JULES GUESDE (Convention jusqu'au 9 thermidor), GABRIEL DEVILLE (du 9 thermidor au 18 brumaire), BROUSSE (du 18 brumaire à Iéna), TUROT (d'Iéna à la Restauration), VIVIANI (la Restauration), FOURNIÈRE et ROUANET (le règne de Louis-Philippe), MILLERAND (la République de 1848), ANDLER et HERR (le second Empire), JEAN JAURÈS (la guerre franco-allemande), DUBREUILH (la Commune), JOHN LABUSQUIÈRE (la 3e République 1871-1885), GÉRAULT-RICHARD (1885-1900), JEAN JAURÈS (Conclusion. — Le bilan social du XIXe siècle).

NOMBREUSES ILLUSTRATIONS

Jules ROUFF et Cie, éditeurs, Cloître Saint-Honoré, PARIS

Histoire Socialiste
(1789-1900)

SOUS LA DIRECTION DE

JEAN JAURÈS

par

JEAN JAURÈS, JULES GUESDE, GABRIEL DEVILLE, BROUSSE, TUROT, VIVIANI,
FOURNIERE, ROUANET, MILLERAND, ANDLER,
HERR, DUBREUILH, JOHN LABUSQUIERE, GÉRAULT-RICHARD.

A mesure qu'une nouvelle classe sociale surgit et affirme sa force, elle ne cherche pas seulement à préparer l'avenir : elle veut comprendre le passé et l'interpréter selon les lumières nouvelles de sa conscience.

L'heure est venue pour le prolétariat ouvrier et paysan de prendre possession par la pensée du siècle qui va finir comme il se saisira par l'action du siècle qui s'ouvre.

Paysans, Ouvriers, ceci est l'histoire des efforts et des luttes de vos pères.

Cherchez-y un surcroît de force et de clarté pour les luttes de demain.

JEAN JAURÈS.

---

10 Cent. la Livraison illustrée	50 Centimes le Fascicule
(deux par semaine.)	*(5 livraisons, 40 pages) (1 fascicule tous les 18 jours).*

EN VENTE CHEZ TOUS LES LIBRAIRES ET MARCHANDS DE JOURNAUX

Tous les lecteurs recevront gratuitement, avec la dernière livraison, les titre, faux-titre, table et couverture pour brocher ou relier cet important ouvrage.

Jules ROUFF et Cie, éditeurs, Cloître Saint-Honoré, PARIS

Imprimerie Vve ALBOUY, 75, avenue d'Italie, Paris.

112ᵉ Série. Prix : 50 centimes.

Histoire Socialiste
(1789-1900)

SOUS LA DIRECTION DE

Jean JAURÈS

PAR

JEAN JAURÈS (Constituante et Législative), JULES GUESDE (Convention jusqu'au 9 thermidor), GABRIEL DEVILLE (du 9 thermidor au 18 brumaire), BROUSSE (du 18 brumaire à Iéna), TUROT (d'Iéna à la Restauration), VIVIANI (la Restauration), FOURNIÈRE et ROUANET (le règne de Louis-Philippe), MILLERAND (la République de 1848), ANDLER et HERR (le second Empire), JEAN JAURÈS (la guerre franco-allemande), DUBREUILH (la Commune), JOHN LABUSQUIÈRE (la 3ᵉ République 1871-1885), GÉRAULT-RICHARD (1885-1900), JEAN JAURÈS (Conclusion. — Le bilan social du xixᵉ siècle).

NOMBREUSES ILLUSTRATIONS

Jules ROUFF et Cⁱᵉ, éditeurs, Cloître Saint-Honoré, PARIS

Histoire Socialiste

(1789-1900)

SOUS LA DIRECTION DE

JEAN JAURÈS

par

JEAN JAURÈS, JULES GUESDE, GABRIEL DEVILLE, BROUSSE, TUROT, VIVIANI,
FOURNIERE, ROUANET, MILLERAND, ANDLER,
HERR, DUBREUILH, JOHN LABUSQUIÈRE, GÉRAULT-RICHARD.

A mesure qu'une nouvelle classe sociale surgit et affirme sa force, elle ne cherche pas seulement à préparer l'avenir : elle veut comprendre le passé et l'interpréter selon les lumières nouvelles de sa conscience.

L'heure est venue pour le prolétariat ouvrier et paysan de prendre possession par la pensée du siècle qui va finir comme il se saisira par l'action du siècle qui s'ouvre.

Paysans, Ouvriers, ceci est l'histoire des efforts et des luttes de vos pères.

Cherchez-y un surcroit de force et de clarté pour les luttes de demain.

JEAN JAURÈS.

| 10 Cent. la Livraison illustrée | 50 Centimes le Fascicule |
| (deux par semaine.) | (5 livraisons, 40 pages) (1 fascicule tous les 18 jours). |

EN VENTE CHEZ TOUS LES LIBRAIRES ET MARCHANDS DE JOURNAUX

Tous les lecteurs recevront gratuitement, avec la dernière livraison, les titre, faux-titre, table et couverture pour brocher ou relier cet important ouvrage.

Jules ROUFF et Cie, éditeurs, Cloître Saint-Honoré, PARIS

Imprimerie Vve ALBOUY, 75, avenue d'Italie, Paris.

Histoire Socialiste
(1789-1900)

SOUS LA DIRECTION DE

JEAN JAURÈS

par

JEAN JAURES, JULES GUESDE, GABRIEL DEVILLE, BROUSSE, TUROT, VIVIANI, FOURNIERE, ROUANET, MILLERAND, ANDLER, HERR, DUBREUILH, JOHN LABUSQUIÈRE, GERAULT-RICHARD.

A mesure qu'une nouvelle classe sociale surgit et affirme sa force, elle ne cherche pas seulement à préparer l'avenir : elle veut comprendre le passé et l'interpréter selon les lumières nouvelles de sa conscience.

L'heure est venue pour le prolétariat ouvrier et paysan de prendre possession par la pensée du siècle qui va finir comme il se saisira par l'action du siècle qui s'ouvre.

Paysans, Ouvriers, ceci est l'histoire des efforts et des luttes de vos pères.

Cherchez-y un surcroît de force et de clarté pour les luttes de demain.

JEAN JAURÈS.

10 Cent. la Livraison illustrée | **50 Centimes le Fascicule**
(deux par semaine.) | (5 livraisons, 40 pages) (1 fascicule tous les 18 jours).

EN VENTE CHEZ TOUS LES LIBRAIRES ET MARCHANDS DE JOURNAUX

Tous les lecteurs recevront gratuitement, avec la dernière livraison, les titre, faux-titre, table et couverture pour brocher ou relier cet important ouvrage.

Jules ROUFF et Cie, éditeurs, Cloître Saint-Honoré, PARIS

Imprimerie Vve Albouy, 75, avenue d'Italie. — Paris

Série.   Prix : 50 centimes.

Histoire Socialiste
(1789=1900)

SOUS LA DIRECTION DE

JEAN JAURÈS

PAR

JEAN JAURÈS (Constituante et Législative), JULES GUESDE (Convention jusqu'au 9 thermidor), GABRIEL DEVILLE (du 9 thermidor au 18 brumaire), BROUSSE (du 18 brumaire à Iéna), TUROT (d'Iéna à la Restauration), VIVIANI (la Restauration), FOURNIÈRE et ROUANET (le règne de Louis-Philippe), MILLERAND (la République de 1848), ANDLER et HERR (le second Empire), JEAN JAURÈS (la guerre franco-allemande), DUBREUILH (la Commune), JOHN LABUSQUIÈRE (la 3ᵉ République 1871-1885), GÉRAULT-RICHARD (1885-1900), JEAN JAURÈS (Conclusion. — Le bilan social du xixᵉ siècle).

NOMBREUSES ILLUSTRATIONS

Jules ROUFF et Cⁱᵉ, éditeurs, Cloître Saint-Honoré. PARIS

Histoire Socialiste

(1789-1900)

SOUS LA DIRECTION DE

JEAN JAURÈS

par

JEAN JAURES, JULES GUESDE, GABRIEL DEVILLE, BROUSSE, TUROT, VIVIANI, FOURNIERE, ROUANET, MILLERAND, ANDLER, HERR, DUBREUILH, JOHN LABUSQUIÈRE, GERAULT-RICHARD.

A mesure qu'une nouvelle classe sociale surgit et affirme sa force, elle ne cherche pas seulement à préparer l'avenir : elle veut comprendre le passé et l'interpréter selon les lumières nouvelles de sa conscience.

L'heure est venue pour le prolétariat ouvrier et paysan de prendre possession par la pensée du siècle qui va finir comme il se saisira par l'action du siècle qui s'ouvre.

Paysans, Ouvriers, ceci est l'histoire des efforts et des luttes de vos pères.

Cherchez-y un surcroit de force et de clarté pour les luttes de demain.

JEAN JAURÈS.

---

10 Cent. la Livraison illustrée | **50 Centimes le Fascicule**
(deux par semaine.) | *(5 livraisons, 50 pages) (1 fascicule tous les 18 jours).*

EN VENTE CHEZ TOUS LES LIBRAIRES ET MARCHANDS DE JOURNAUX

Tous les lecteurs recevront gratuitement, avec la dernière livraison, les titre, faux-titre, table et couverture pour brocher ou relier cet important ouvrage.

Jules ROUFF et Cie, éditeurs, Cloître Saint-Honoré, PARIS

Imprimerie Vve ALUOUY, 75, avenue d'Italie, Paris.

" Série.   Prix : 50 centimes.

Histoire Socialiste
(1789=1900)

SOUS LA DIRECTION DE

JEAN JAURÈS

PAR

JEAN JAURÈS (Constituante et Législative), JULES GUESDE (Convention jusqu'au 9 thermidor), GABRIEL DEVILLE (du 9 thermidor au 18 brumaire), BROUSSE (du 18 brumaire à Iéna), TUROT (d'Iéna à la Restauration), VIVIANI (la Restauration), FOURNIÈRE et ROUANET (le règne de Louis-Philippe), MILLERAND (la République de 1848), ANDLER et HERR (le second Empire), JEAN JAURÈS (la guerre franco-allemande), DUBREUILH (la Commune), JOHN LABUSQUIÈRE (la 3ᵉ République 1871-1885), GÉRAULT-RICHARD (1885-1900), JEAN JAURÈS (Conclusion. — Le bilan social du xixᵉ siècle).

NOMBREUSES ILLUSTRATIONS

Jules ROUFF et Cⁱᵉ, éditeurs, Cloître Saint-Honoré, PARIS

Histoire Socialiste
(1789-1900)

SOUS LA DIRECTION DE

JEAN JAURÈS

par

JEAN JAURÈS, JULES GUESDE, GABRIEL DEVILLE, BROUSSE, TUROT, VIVIANI,
FOURNIERE, ROUANET, MILLERAND, ANDLER,
HERR, DUBREUILH, JOHN LABUSQUIÈRE, GÉRAULT-RICHARD.

A mesure qu'une nouvelle classe sociale surgit et affirme sa force, elle ne cherche pas seulement à préparer l'avenir : elle veut comprendre le passé et l'interpréter selon les lumières nouvelles de sa conscience.

L'heure est venue pour le prolétariat ouvrier et paysan de prendre possession par la pensée du siècle qui va finir comme il se saisira par l'action du siècle qui s'ouvre.

Paysans, Ouvriers, ceci est l'histoire des efforts et des luttes de vos pères.

Cherchez-y un surcroit de force et de clarté pour les luttes de demain.

JEAN JAURÈS.

---

10 Cent. la Livraison illustrée | **50** Centimes le Fascicule
(deux par semaine.) | (5 livraisons, 40 pages) (1 fascicule tous les 18 jours).

EN VENTE CHEZ TOUS LES LIBRAIRES ET MARCHANDS DE JOURNAUX

Tous les lecteurs recevront gratuitement, avec la dernière livraison, les titre, faux-titre, table et couverture pour brocher ou relier cet important ouvrage.

Jules ROUFF et Cie, éditeurs, Cloître Saint-Honoré, PARIS

. ° Série.   Prix : 50 centimes.

Histoire Socialiste
(1789=1900)

SOUS LA DIRECTION DE

Jean Jaurès

PAR

JEAN JAURÈS (Constituante et Législative), JULES GUESDE (Convention jusqu'au 9 thermidor), GABRIEL DEVILLE (du 9 thermidor au 18 brumaire), BROUSSE (du 18 brumaire à Iéna), TUROT (d'Iéna à la Restauration), VIVIANI (la Restauration), FOURNIÈRE et ROUANET (le règne de Louis-Philippe), MILLERAND (la République de 1848), ANDLER et HERR (le second Empire), JEAN JAURÈS (la guerre franco-allemande), DUBREUILH (la Commune), JOHN LABUSQUIÈRE (la 3ᵉ République 1871-1885), GÉRAULT-RICHARD (1885-1900), JEAN JAURÈS (Conclusion. — Le bilan social du xixᵉ siècle).

NOMBREUSES ILLUSTRATIONS

Jules ROUFF et Cⁱᵉ, éditeurs, Cloître Saint-Honoré, PARIS

Histoire Socialiste

(1789-1900)

SOUS LA DIRECTION DE

JEAN JAURÈS

par

JEAN JAURÈS, JULES GUESDE, GABRIEL DEVILLE, BROUSSE, TUROT, VIVIANI, FOURNIÈRE, ROUANET, MILLERAND, ANDLER, HERR, DUBREUILH, JOHN LABUSQUIERE, GÉRAULT-RICHARD.

A mesure qu'une nouvelle classe sociale surgit et affirme sa force, elle ne cherche pas seulement à préparer l'avenir : elle veut comprendre le passé et l'interpreter selon les lumières nouvelles de sa conscience.

L'heure est venue pour le prolétariat ouvrier et paysan de prendre possession par la pensée du siècle qui va finir comme il se saisira par l'action du siècle qui s'ouvre.

Paysans, Ouvriers, ceci est l'histoire des efforts et des luttes de vos pères.

Cherchez-y un surcroît de force et de clarté pour les luttes de demain.

JEAN JAURÈS.

10 Cent. la Livraison illustrée | **50 Centimes le Fascicule**
(deux par semaine.) | (5 livraisons, 40 pages) (1 fascicule tous les 18 jours).

EN VENTE CHEZ TOUS LES LIBRAIRES ET MARCHANDS DE JOURNAUX

Tous les lecteurs recevront gratuitement, avec la dernière livraison, les titre, faux-titre, table et couverture pour brocher ou relier cet important ouvrage.

Jules ROUFF et Cie, éditeurs, Cloître Saint-Honoré, PARIS

Imprimerie Vve Albouy, 75, avenue d'Italie. — Paris.

www.ingramcontent.com/pod-product-compliance
Lightning Source LLC
Chambersburg PA
CBHW070536160426
43199CB00014B/2276